科学版精品课程立体化教材·经济学系列

微观经济学

（第二版）

任保平　宋　宇　主　编
郭俊华　林建华　副主编

- 国家精品资源共享课教材
- 国家级精品课程教材
- 陕西省精品课程教材
- 教育部教育质量工程项目“理论经济学创新人才培养模式实验区”核心课程教材
- 教育部教育质量工程项目“教育部高等学校特色专业建设点”核心课程教材

科学出版社
北　京

内 容 简 介

“微观经济学”是经济类、管理类本科专业的基础课程和核心课程，主要研究在资源充分利用的情况下资源的合理配置问题。本教材主要讨论产品市场及其均衡、要素市场及其均衡、消费偏好与消费者均衡、价格效应与消费者选择、显示偏好与跨期消费、技术和要素投入与生产者行为、生产成本与生产者行为、企业与市场、市场结构与厂商均衡、博弈论与企业策略、一般均衡与福利经济学、不确定性与不完全信息、市场失灵与外部性、政府失灵与微观规制等问题。与现有同类教材不同的是：本教材在编写过程中，力求以中国的案例来说明许多理论；在教材深度上偏向于中级教程，形成图像式和代数式相结合的教材模式；在教材体例上体现出史–论–图一体化的范式。

本教材可作为高等院校财经类专业本科生的教学用书，也可供相关专业教师、研究生和经济学研究者参考、阅读。

图书在版编目（CIP）数据

微观经济学 / 任保平，宋宇主编. —2 版. —北京：科学出版社，2017
科学版精品课程立体化教材 · 经济学系列
ISBN 978-7-03-050278-0
Ⅰ. ①微… Ⅱ. ①任… ②宋… Ⅲ. ①微观经济学–高等学校–教材 Ⅳ. ①F016

中国版本图书馆 CIP 数据核字（2016）第 245517 号

责任编辑：方小丽 / 责任校对：郭瑞芝
责任印制：赵 博 / 封面设计：蓝正设计

科 学 出 版 社 出版
北京东黄城根北街 16 号
邮政编码：100717
http://www.sciencep.com

北京华宇信诺印刷有限公司印刷
科学出版社发行 各地新华书店经销
*
2009 年 6 月第 一 版 开本：787×1092 1/16
2017 年 1 月第 二 版 印张：20 3/4
2025 年 9 月第十六次印刷 字数：492 000

定价：49.00 元

（如有印装质量问题，我社负责调换）

第二版前言

《微观经济学》是 2008 年西北大学“西方经济学”课程被评为国家精品课程之后，西北大学经济管理学院西方经济学教学团队集体编写的一本教材，本教材从 2009 年出版以来，在科学出版社的支持下至今已经印刷了 9 次，被国内许多大学使用，取得了良好的效果。此次，在科学出版社的支持下，我们对这本教材进行了修订，出版第二版。本次修订主要修改了以下方面：

（1）增加了一些专栏目录。例如，增加了专栏 4-2 消费者均衡条件的数学证明，专栏 8-1 社会成本，专栏 8-2 沉没成本，专栏 11-1 博弈论在微观经济学中的重要性，专栏 11-2 电商价格战博弈，专栏 12-2 阿马迪亚·森与福利经济学基础理论，专栏 12-3 帕累托改进与卡尔多改进，专栏 13-1 风险态度与风险认知，专栏 15-2“搭便车”问题，专栏 15-3 寻租活动的形式与后果。

（2）增加了一些相关链接。例如，相关链接 5-1 恩格尔系数在我国的适用性，相关链接 12-2 中国的基尼系数，相关链接 13-2 管理的最大问题是激励机制设计，相关链接 14-3 科斯定理的辩论，相关链接 15-1 中国《反垄断法》起航。

（3）修改和增加了课后习题。结合课程内容修改了课后习题。同时增加了一些新的习题，主要是增加了一些计算题，以突出微观经济学的基本特点。同时也对一些扩展性阅读资料进行了删减和增加。

（4）对文字进行了修改，同时也对原教材中不妥的相位图、公式进行了核对。

宋宇教授负责《微观经济学》（第二版）的修订，整个修订工作由宋宇教授、郭俊华教授、林建华副教授分工完成，最后由任保平教授统一进行通稿。这些修订是教材在使用过程中许多同学和读者建议和反馈的结果，此次修订得到了科学出版社张凯编辑的支持和督促，对此表示感谢。由于整个修订工作时间紧迫，在修订中可能还存在一些不足之处，敬请读者提出批评意见，以便于我们进一步完善。

任保平
西北大学经济管理学院
2016 年 10 月 2 日

第一版前言

西方经济学的内容包括微观经济学和宏观经济学，微观经济学是经济类、管理类本科专业的基础课程和核心课程。学生通过该课程的学习，可以为进一步学习经济学、管理学及其他课程打下坚实的基础。该课程针对已具备高等数学知识的财经类本科生，为其专业必修课。通过学习，要求学生认识并把握微观经济学的基本理论框架和分析逻辑，理解并弄清微观经济学的基本概念，熟悉并掌握图形分析、案例分析以及简单的数学模型分析等基本分析方法和技巧，提高运用所学的经济学理论知识和分析工具分析与解决现实经济问题的能力。

♦ **本教材的形成过程**

西北大学很早就开设了西方经济学课程，并将其作为专业基础课程和重点建设课程。早在20世纪80年代，西北大学经济管理学院各专业就开设了西方经济学课程，最早由李瑞芝教授开设，此后邹东涛、赵增耀、杨小卿等都讲授过西方经济学课程。

20世纪90年代以来，随着经济学课程体系的改革，西方经济学分化为“宏观经济学”和“微观经济学”，分为两学期开设，形成了以王忠民教授为主体的教学队伍，李树民、杨小卿、赵增耀、王小龙、范王榜、林建华都成为该课程的教学人员。

进入21世纪，随着人员的流动和人才的引进，教师队伍发生了新的变化。任保平教授、常云昆教授、李树民教授、严汉平教授、范王榜副教授、杨小卿副教授、宋宇副教授、郭俊华副教授、林建华博士、岳丽萍博士都成为西方经济学课程的主讲教师，形成了西方经济学课程教学团队，师资队伍进一步壮大，学历结构和职称结构进一步优化。

经过多年的建设，1998年西方经济学成为国家理论经济学人才培养基地核心课程，2004年成为西北大学精品课程和陕西省重点学科，2006年成为陕西省精品课程，2007年成为教育部“理论经济学创新人才培养模式实验区”核心课程、“教育部高等学校特色专业建设点”核心课程，2008年被评为“国家级精品课程”。随着西方经济学课程体系的进一步完善，围绕“宏观经济学”“微观经济学”的教学，又进一步开设了“西方经济学流派”“西方经济学说史”“西方经济学前沿专题”等课程，在教学手段上充分利用现代教学设备，形成了较完善的多媒体教学手段。本教材就是在西方经济学国家级精品课程建设中形成的。

♦ **本教材的作者队伍及其分工**

为了加强西北大学经济管理学院西方经济学精品课程的建设，在科学出版社的支持下，我们编写了这部《微观经济学》。本教材的大纲是由任保平教授提出，并和宋宇副教授商量后确定的。各章初稿的编写分工如下：第一章，西北大学任保平；第二章，西北大学林建华；第三章，西北大学林建华；第四章，江苏科技大学汤向俊；第五章，西北大学邵晓；第六章，西北大学张如意；第七章，西北大学宋宇；第八章，西北大学郭俊华；第九章，西北大学安树军和蔡炳全；第十章，江西师范大学蓝春娣；第十一章，西北大学高煜；第十二章，兰州商学院柳江；第十三章，西北大学宋宇；第十四章，中国劳动关系学院谢琦；第十五章，西安理工大学王艳。在各章初稿的基础上，由任保平、郭俊华、宋宇、林建华四人分工统稿，任保平负责第二至五章的修改，宋宇负责第八章至第十一章的修改，郭俊华负责第七、十二、十三章的修改，林建华负责第一、六、十四、十五章的修改。最后，任保平教授从总体上对本教材进行了加工和润色。

♦ **本教材的特色**

国内翻译了许多微观经济学的国外原版教材，但是这些教材基本上是以美国案例为主的，难以解释国内的许多经济问题。同时许多高校也编写了自己的教材，但是这些教材基本上是以介绍为主，缺乏应用性。本教材在编写过程中，参考了国内外的多种教材，形成了以下特色：

（1）在理论体系上构建和现有体系不同的体系结构。在体系上将微观经济学分为五大篇：第一篇为微观经济学的基础，包括“微观经济学概述”“市场理论：产品市场及其均衡”“市场理论：要素市场及其均衡”；第二篇为需求的微观分析，包括“消费偏好与消费者均衡”“价格效应与消费者选择”“显示偏好与跨期消费”；第三篇为供给的微观分析，包括“技术、要素投入与生产者行为”“生产成本与生产者行为”“企业与市场”；第四篇为市场均衡的微观分析，包括“市场结构与厂商均衡”“博弈论与企业策略”“一般均衡与福利经济学”；第五篇为不确定性、信息和市场与政府失灵，包括“不确定性与不完全信息”“市场失灵与外部性”“政府失灵与微观规制”。

（2）以中国的事实为案例，形成了基于中国事实的理论分析。现有的翻译教材以及国内编写的教材，大多依据美国的案例来说明问题。本教材在编写过程中，许多理论力求以中国的案例来说明。例如，第三章中用相关链接“要素价格的扭曲将导致宏观不均衡”来说明要素价格的形成和作用。第五章“价格效应与消费者选择”中，以中国恩格尔系数的变动来说明恩格尔系数。第十四章中通过“广州企业污染河水致鱼大量死亡肇事企业被关闭”的案例来说明外部性的治理。

（3）本教材在深度上偏向于中级教程，形成图像式和代数式相结合的教材模式。例如，在第十二章“一般均衡与福利经济学”中，现有教材主要介绍帕累托最优与一般均衡，本教材在帕累托最优与一般均衡的基础上，进一步介绍了阿罗–德布鲁模型。在第四章“消费偏好与消费者均衡”中不仅介绍了传统基数效用论，而且进一步介绍了跨时期选择、显示性偏好的弱公理和强公理，力求将微观经济学的前沿进展纳入本教材体系之中。

（4）本教材体例上体现出史–论–图一体化的范式。在教材形式上，附加了“专栏”“相关链接”等形式。拓展性知识通过“专栏”形式来介绍。例如，在第十四章介绍外部性理论时，通过专栏介绍“外部性理论的新进展”；在微观经济学假设中，通过专栏介绍“经济人假设及其修正”。需要进一步阅读的东西通过“相关链接”来介绍，例如，为了使学生在学习外部性理论时进一步了解中国的外部性，本教材通过相关链接介绍“改革中出现的‘外部性问题’”。由于我们水平和认识上的局限性，本教材难免会存在不足之处，欢迎读者和各位同行批评指正。

♦ **致谢**

在本教材的编写过程中，我们参考了近年来国际和国内出版的同类教材，吸收了各家长处，参考的教材和书目在各章最后的“扩展性阅读资料”中已列出，在此表示感谢。

本教材的编写是以西北大学经济管理学院西方经济学教学团队为主体，同时得到了西安理工大学、兰州商学院、江西师范大学、江苏科技大学、中国劳动关系学院的支持。此外，本教材是“国家级精品课程教材”、“陕西省精品课程教材”、教育部教育质量工程项目“理论经济学创新人才培养模式实验区”核心课程教材以及“教育部高等学校特色专业建设点”核心课程教材。本教材在编写过程中得到了西北大学教务处和经济管理学院的大力支持，西北大学副校长任宗哲教授、经济管理学院院长白永秀教授、教务处处长王正斌教授给予了积极的鼓励和支持，在此表示感谢。同时，本教材的编写和出版也得到了陕西省外国经济学学说研究会会长冯涛教授、副会长常云昆教授以及西北大学经济管理学院李树民教授等的支持，在此一并表示感谢。最后，科学出版社的林建编辑为本教材的出版付出了辛勤的劳动，并在大纲形成和教材的思路上提供了许多建设性的意见，在此表示感谢。

任保平

2009年2月于西北大学新村

目 录

第一章

微观经济学概述 ······1

第一节 经济学的基本问题 ······1

第二节 微观经济学的基本问题 ······5

第三节 微观经济学的研究方法 ······6

第四节 微观经济学的演化及其新进展 ······8

本章提要 ······16

关键概念 ······17

复习思考题 ······18

扩展性阅读资料 ······18

第二章

市场理论：产品市场及其均衡 ······19

第一节 产品市场的需求分析 ······19

第二节 产品市场的供给分析 ······24

第三节 产品市场的市场均衡与均衡价格 ······29

第四节 产品市场的弹性理论 ······32

第五节 均衡价格理论的运用 ······43

本章提要 ······44

关键概念 ······45

复习思考题 ······46

扩展性阅读资料 ······46

第三章

市场理论：要素市场及其均衡 ······47

第一节 要素的需求分析 ······47

第二节 要素的供给分析 ······50

第三节 要素市场的均衡 ······51

本章提要 ······64

关键概念 ······64

复习思考题 65
扩展性阅读资料 65

第四章 消费偏好与消费者均衡 66
第一节 消费者偏好 66
第二节 预算约束 75
第三节 消费者均衡 76
本章提要 79
关键概念 79
复习思考题 80
扩展性阅读资料 80

第五章 价格效应与消费者选择 81
第一节 收入变化对消费者均衡的影响 81
第二节 价格变化对消费者选择的影响 84
第三节 税收变化对消费者选择的影响 94
本章提要 95
关键概念 95
复习思考题 96
扩展性阅读资料 96

第六章 显示偏好与跨期消费 97
第一节 显示偏好 97
第二节 消费者的跨时期选择 103
第三节 跨时期均衡的比较静态分析 106
本章提要 108
关键概念 108
复习思考题 108
扩展性阅读资料 109

第七章 技术、要素投入与生产者行为 110
第一节 生产技术 110
第二节 生产函数 113
第三节 要素投入与生产者选择 119

本章提要……126
关键概念……126
复习思考题……126
扩展性阅读资料……127

第八章　生产成本与生产者行为……128
第一节　生产成本与要素价格……128
第二节　短期成本函数……132
第三节　长期成本函数……137
第四节　生产者成本最小化……141
本章提要……143
关键概念……143
复习思考题……144
扩展性阅读资料……144

第九章　企业与市场……146
第一节　企业的目标……146
第二节　交易费用与企业的本质……150
第三节　企业的规模……154
本章提要……157
关键概念……157
复习思考题……157
扩展性阅读资料……158

第十章　市场结构与厂商均衡……159
第一节　市场结构……159
第二节　完全竞争市场的厂商均衡……160
第三节　完全垄断市场的厂商均衡……174
第四节　垄断竞争市场的厂商均衡……183
第五节　寡头垄断市场……190
本章提要……200
关键概念……201
复习思考题……201
扩展性阅读资料……203

第十一章 博弈论与企业策略 ········204
第一节 博弈论概述 ········204
第二节 完全信息静态博弈 ········210
第三节 完全信息动态博弈和不完全信息静态博弈 ········219
本章提要 ········223
关键概念 ········224
复习思考题 ········224
扩展性阅读资料 ········225

第十二章 一般均衡与福利经济学 ········226
第一节 一般均衡理论 ········226
第二节 福利经济学的基础理论 ········231
第三节 帕累托最优与一般均衡 ········240
第四节 阿罗–德布鲁模型 ········248
本章提要 ········253
关键概念 ········253
复习思考题 ········254
扩展性阅读资料 ········255

第十三章 不确定性与不完全信息 ········256
第一节 不确定性与风险 ········256
第二节 不完全信息 ········260
第三节 非对称信息与激励机制 ········264
本章提要 ········274
关键概念 ········274
复习思考题 ········274
扩展性阅读资料 ········275

第十四章 市场失灵与外部性 ········276
第一节 外部性问题 ········276
第二节 外部性的校正方案 ········281
第三节 产权与科斯定理 ········287
本章提要 ········291
关键概念 ········291

复习思考题……292
扩展性阅读资料……293

第十五章 **政府失灵与微观规制**……294
第一节 公共产品……294
第二节 公共决策与政府失灵……299
第三节 寻租理论……302
第四节 微观规制理论……305
本章提要……309
关键概念……310
复习思考题……310
扩展性阅读资料……311

专栏目录

专栏 1-1　经济人假设及其修正……3
专栏 2-1　吉芬商品之谜……22
专栏 2-2　需求价格弹性的指示功能……41
专栏 3-1　教育与工资差别……57
专栏 3-2　欧拉定理……63
专栏 4-1　效用理论及其发展……67
专栏 4-2　消费者均衡条件的数学证明……77
专栏 5-1　替代效应与收入效应的数学表述……87
专栏 5-2　斯勒茨基替代效应与收入效应的计算……88
专栏 5-3　理解为什么价格在经济运行中起着核心作用……91
专栏 6-1　显示偏好理论、价格指数与消费者境况……101
专栏 7-1　生产函数的各种形式……114
专栏 8-1　社会成本……129
专栏 8-2　沉没成本……130
专栏 9-1　非私有制企业的目标……149
专栏 9-2　对输油管通常为油田和炼油厂共同拥有的具体解释……152
专栏 9-3　通用汽车公司购买费雪车体公司……153
专栏 10-1　完全垄断与完全竞争市场的比较……183
专栏 10-2　完全竞争、垄断竞争和完全垄断市场的厂商均衡比较……190
专栏 10-3　各种市场类型比较……199
专栏 11-1　博弈论在微观经济学中的重要性……205
专栏 11-2　电商价格战博弈……213
专栏 12-1　希克斯与一般均衡理论……229
专栏 12-2　阿马迪亚·森与福利经济学基础理论……233
专栏 12-3　帕累托改进与卡尔多改进……237
专栏 13-1　风险态度与风险认知……258
专栏 14-1　外部性理论的新进展……280

专栏 14-2 排污权交易在国内外的应用及发展趋势 …… 286
专栏 15-1 公共产品的识别 …… 295
专栏 15-2 “搭便车”问题 …… 298
专栏 15-3 寻租活动的形式与后果 …… 302

相关链接目录

相关链接 1-1　人生离不开选择……1
相关链接 1-2　一种新的微观经济学范式……16
相关链接 3-1　要素价格的扭曲将导致宏观经济不均衡……52
相关链接 3-2　中国的要素市场分割……53
相关链接 4-1　经济学中水和钻石的价格之谜……70
相关链接 5-1　恩格尔系数在我国的适用性……83
相关链接 6-1　利率政策对我国居民跨期消费选择的效应……105
相关链接 7-1　我国建筑业三层次规模报酬分析……117
相关链接 8-1　成本、收益与利润分析在企业决策中的应用……141
相关链接 9-1　企业的团队生产理论……154
相关链接 9-2　产权经济学对企业理论的贡献……156
相关链接 10-1　《反垄断法》：市场经济法治化的重要环节……175
相关链接 10-2　中国市场结构中的寡头垄断问题……191
相关链接 11-1　从日常生活看"博弈论"……207
相关链接 11-2　上海大众营销策略博弈分析……221
相关链接 12-1　香烟税——局部均衡分析的实例……226
相关链接 12-2　中国的基尼系数……239
相关链接 13-1　艰难化蝶——中国二手车市场的死穴和软肋……262
相关链接 13-2　管理的最大问题是激励机制设计……267
相关链接 14-1　广州企业污染河水致鱼大量死亡　肇事企业被关闭……279
相关链接 14-2　国内首个排污权交易平台在浙江嘉兴成立……285
相关链接 14-3　科斯定理的辩论……289
相关链接 15-1　中国《反垄断法》起航……306

第一章

微观经济学概述

微观经济学（microeconomics）研究的是经济社会中经济个体的经济行为，这里的经济个体包括单个的消费者、单个的企业和单个的要素所有者等。这些经济个体或经济单位又通过市场产生相互联系、相互影响和相互作用。微观经济学主要阐述经济社会中的这些经济个体根据什么和怎样做出经济决策；消费者怎样做出购买产品和劳务的决策；企业针对消费者需求与收益和成本的比较关系怎样做出生产的决策；工人怎样决定劳动流向与劳动流量；等等。本章作为导论部分主要就微观经济学的基本问题做出介绍。

第一节 经济学的基本问题

1. 稀缺性与经济学

经济学是研究如何将稀缺的资源分配于不同的用途，以满足经济主体多样化需求的科学。稀缺性（scarcity），又称稀少性，在经济学中特指相对于人类欲望的无限性而言，经济物品或者生产这些物品所需要的资源等的相对有限性，即人类拥有无穷的欲望，但只拥有有限的资源。有限资源永远无法满足人类无限的欲望。其有限性促使竞争及选择的出现，有时候还扩张到能带来收益的社会资源。经济资源具有稀缺性质，由于其稀缺性，人们要在经济资源的各个用途之间进行选择，这就产生了如何合理地配置和充分利用稀缺性的资源来满足人类的需要的问题。经济学就是研究如何将稀缺性的资源有效地配置于相互竞争的用途之中，以使人类欲望得到最大限度的满足的一门学问。

相关链接 1-1　人生离不开选择

关于做出决策的第一课可以归纳为一句谚语：“天下没有白吃的午餐。”为了得到喜爱的一件东西，人们通常不得不放弃另一件喜爱的东西。做出决策要求人们在一个目标与另一个目标之间有所取舍。

我们考虑一个学生必须决定如何配置他最宝贵的资源——时间。他可以把所有的时间用于学习经济学；他可以把所有的时间用于学习心理学；他也可以把时间分配在这两个学科上。他把某一个小时用于学习一门课时，就必须放弃本来可以学习另一门课的一小时。而且，对于他用于学习一门课的每一个小时，他都要放弃本来可用于睡眠、骑车、看电视或打工赚零花钱的时间。

还可以考虑父母决定如何使用自己的家庭收入。他们可以购买食物、衣服；或者全家度假；他们也可以为退休或孩子的大学教育储蓄一部分收入。当他们选择把额外的一美元用于上述物品中的一种时，他们在某种其他物品的消费上就要少一美元。

当人们组成社会时，他们面临各种不同的交替关系。典型的交替关系存在于“大炮与黄油”之间。当我们把更多的钱用于国防以保卫我们的海岸免受外国入侵（大炮）时，我们能用于提高国内生活水平的个人物品的消费（黄油）就少了。在现代社会里，同样重要的是清洁的环境和高收入水平之间的交替关系。要求企业减少污染的法律增加了生产物品与劳务的成本。高成本使这些企业赚的利润少了，支付的工资低了，收取的价格高了，或者是这三种结果的某种结合。因此，尽管污染管制给予我们的好处是更清洁的环境，以及由此带来的健康水平的提高，但其代价是企业所有者、工人和消费者收入的减少。

社会面临的另一种交替关系是效率与平等之间的交替。效率是指社会能从其稀缺资源中得到最多东西；平等是指这些资源的成果公平地分配给社会成员。换句话说，效率是指经济蛋糕的大小，而平等是指如何分割这块蛋糕。在设计政府政策的时候，这两个目标往往是不一致的。例如，我们考虑的目的在于实现更平等地分配经济福利的政策。某些政策，如福利制度或失业保障，是要帮助那些最需要帮助的社会成员。某些政策，如个人所得税，是要求经济上成功的人士对政府的支持比其他人更多。虽然这些政策对实现更大平等有好处，但它以降低效率为代价。当政府把富人的收入再分配给穷人时，就减少了对辛勤工作的奖励；结果，人们工作少了，生产的物品与劳务也少了。换句话说，当政府想要把经济蛋糕切为更均等的小块时，这块蛋糕也就变小了。

认识到人们面临交替关系本身并没有告诉我们人们将会或应该做出什么决策。一个学生不应该仅仅因为要增加用于学习经济学的时间而放弃心理学的学习；社会不应该仅仅因为环境控制降低了我们的物质生活水平而不再保护环境；也不应该仅仅由于帮助穷人扭曲了工作激励而忽视了他们。认识到生活中的交替关系是重要的，因为人们只有了解他们可以得到的选择，才能做出良好的决策。

资料来源：梁小民. 微观经济学纵横谈. 北京：生活·读书·新知三联书店，2002：3

2. 资源配置

资源配置（resource allocation）与资源利用是经济学研究的两个永恒主题。资源配置是指把稀缺性的资源配置到相互竞争的各种用途上。资源配置主要解决三个问题，即生产什么、怎样生产、为谁生产。资源配置是经济学的核心问题，因为资源配置是社会再生产始终面临的问题，资源配置的效率决定了生产的效率，人类生产活动必须面对资源的稀缺性，对资源做出选择，必须回答资源配置的方式和方向。

3. 经济学的假设

（1）理性经济人假设。理性经济人是指个人在一定约束条件下实现自己的效用最大化。理性经济人假设是指经济活动中的任何个体和组织都是以利己为动机，总是力图以最小的经济代价去追逐和获取自身最大的经济利益。

●专栏 1-1 经济人假设及其修正

“经济人”一词是由意大利经济学家帕累托（Pareto）率先提出并引进经济学的，但人们总是将经济人假设的创立与亚当·斯密的名字联系在一起。原因在于，他在《国富论》中把人本性恶作为经济学的前提假设，把个人利己主义的利益追求当做人类经济行为的基本动机。斯密之后，约翰·穆勒依据西尼尔提出的个人经济利益最大化公理，对斯密关于人类行为的看法进行了形式化处理，从人类行为的各种动机中抽象出经济动机——财富最大化动机，奠定了经济人假设的第一块基石——自利原则，并提炼出经济人假设的基本内涵：经济人就是会计算、追求自身经济利益最大化的人。马歇尔（A. Marshall）等新古典经济学家则承接了边沁（Jeremy Bentham）关于“幸福与痛苦”的功利主义道德哲学，同时引进了实证主义的“行为”概念，确立了经济人假设的第二块基石——极大化原则，并将经济人假设归纳为约束条件下的求极值问题。此后，经过萨缪尔森、弗里德曼等的修缮，在主流经济学中，经济人假设的标准理解是：在理想的情况下，人们具有完全有序的偏好、完备的信息和无懈可击的计算能力，在经过深思熟虑之后，他会选择能比其他行为更好地满足其偏好的行为。其中自利原则和理性行为原则是核心。简而言之，经济人就是自身利益或效用的最大化者，对自利最大化的任何偏离都是非理性的。

经济人从其诞生的那一天起，众多经济学家对其进行一系列的证伪或批判。这些争论导致了经济学对理性经济人的内涵和外延的扩大和修缮，充实了理性经济人的内容。

1. 经济人的利益不仅仅是经济利益

针对经典经济人的完全利己主义，20 世纪 20 年代起，行为科学家分别提出了实利人、社会人、成就人和复杂人等人性假设，提出人性是复杂多变的，不仅仅要追求经济利益，还明确地包括尊严、名誉、社会地位等不能用纯经济尺度来衡量的“利益”。也就是说，经济人使其自身最大化的效用涵盖个人所能追求的任何目标。依据马斯洛的需要层次理论，为获得一种无形资产或满足自己更高层次的需要，人类的最终利己目的则可以表现出利他主义的行为，西蒙指出，“这种利他实际上意味着明智的利己”。这些努力力图使“经济人”这种抽象的人更接近于“真实的人”。

2. 经济人并不总是追求最大化

莱宾斯坦提出 X 效率理论，认为个人的努力或行为不是一个常量，而是与压力有关。通常的情况是：由于动力也可能是压力的不足，人们只是把一部分精力用于做出合理决策所必需的信息上，而让决策同时也依赖于习俗、惯例和道德规范方面，因而经济人并不总是努力追求最大化。

3. 不完全信息和正交易费用条件下经济人的理性是有限的

传统“经济人”提出的完全理性假设包括追求个人效用最大化需要具备完全信息和完全计算能力等内容。这就是说，经济人具有追求最大化的意图，也具有追求最大化的能力。然而日常的观察和精心设计的实验表明，现实生活中人的经济行为与完全理性的人的假设是有差异的。诺贝尔经济学奖获得者西蒙针对此提出了有限理性的概念。从而为经济学研究，特别是微观经济行为研究开辟了一片崭新的领域。由于存在有限理性，即有限的信息能力和计算能力，加上偏好的不确定性，经济人在进行决策时很可能无法使用或放弃最大化的决策方式，而采用类似于大拇指原则的一些简单的决策方法在有限的时间内得到一个满意的解并非最优解。即便是经济人可以追求最大化的结果，也只能在有限的范围内选择局部最优。

4. 经济人存在机会主义倾向

经典经济人暗含着这样一个假定，即每一个经济人都具有完全的制度知识，他们完全了解在资源稀缺性和未来不确定性约束下的相互竞争的自利行为所必须遵守的规则，由于人具有完全理性，制度也就不重要了。为此，制度经济学对经典经济人做了两个方面的修正：一是承袭人的有限理性假定，二是机会主义行为倾向的假定，即经济人具有随机应变，投机取巧，为自己谋取更大私利的行为倾向。威廉姆森认为，经济人的自利行为常常会走到机会主义上去，也就是说，经济人都自利，不但自利，只要能够利己，就不惜去损人。他会借助于不正当的手段谋取利益，其动机强烈而复杂。人的这种行为倾向是人类社会多种制度产生的一个重要来源，制度可以在一定程度上约束机会主义行为倾向。显然，机会主义的倾向的假设实际上是对追求自身利益最大化假设的补充，使其更加接近现实。

5. 经济人的理性受所在社会历史文化等因素的影响

新制度经济学的另一代表人物——诺斯，为了解释制度的稳定与变迁，考察了人的认知过程，对经典经济人的理性进行批判，认为人的学习对人的决策产生重大影响，人的学习不仅仅是个人在其一生中的经验产品，而且还包括那些沉淀于文化中的经验积累。积累起来的经验知识存量又被置入人的学习，并成为路径依赖，即过去对现在和未来产生巨大的影响。也就是说，生活在特定社会中的人总是受到所在社会的历史文化传统、宗教信仰、政治观点的影响，而人在决策中会不知不觉地受到这些因素的影响，从而产生偏见。在这种情况下，人很难成为新古典意义的理性经济人。在诺斯的论证中，似乎把历史文化传统、宗教信仰、政治观点等因素包括进去以后，人的行为就变得非理性了。但是，诺斯仍然认为人的理性是有限的，因此，他关于经济人的认识可以说没有超出经典经济人的窠臼。

6. 经济人的理性受他人行为的制约

传统的理性经济人忽略了现实社会中人与人之间的社会关系对人的选择的影响。具体地说，人的行为的一个基本表现就是每一个人的行为都会影响他人，同时也必然会受到其他人行为的影响。其他人行为策略的变化无疑会影响其自身实现最大化的方式，进而改变效用最大化值，加大或减小实现最大化的难度。因而个人效用最大化的过程，绝不可能不受外界的影响。特别是在现代社会经济条件下，人们的行为相互依赖程度加大，利益关系更加复杂，不同利益主体的决策的相关程度更加明显。这样，作为理性的经济人对自己行为的选择必须以他对局中人将如何反应的判断为基础。正是由于人与人之间行为的相关性，每个人的收益和效用不仅同他自己的行为和付出有关，而且在很大程度上要受制于他人。实践已经充分证明：单位经济活动空间中的利益主体个数越多，相互依赖和相互影响的程度越大，越适用于相关理性的描述。从对经济行为主体的具体描述来说，在人口众多的环境里，人均占有财富少，单位生产效率低时，理性的行为不是追求效用最大化而是追求最低的必须要求（特别是生活要求）的满足。这时个人自主选择的能力越小，相互依赖性就越突出，相关理性的特征就表现得更突出。

资料来源：周怀峰. 经济人假设的修正与经济学的发展. 韩山师范学院学报（社会科学版），2006,（4）：7-11

（2）信息完全假设。市场交易双方对交易的内容、商品的质量、衡量标准有完全充分和对称的假设。

4. 基本的经济学模型

（1）产权与交换动机。产权的界定是市场交易的前提，只有存在明确的产权界定，交易才有可能产生。

（2）私人利益。私人利益得到确认，交易规模才能发展起来。

（3）市场机制。市场机制通过价格协调各种经济利益主体的行为，为经济主体提供信息和激励，最终达到资源的有效配置。

第二节　微观经济学的基本问题

“微观”是希腊文“μικρο”的意译，原意是“小”。微观经济学是研究社会中单个经济单位的经济行为，以及相应的经济变量的单项数值如何决定的经济学说。微观经济学，亦称市场经济学或价格理论，其中心理论是价格理论。微观经济学的一个中心思想是自由交换往往使资源得到最充分的利用，在这种情况下，资源配置被认为是帕累托有效的。其基本问题包括以下几方面。

1. 研究对象

微观经济学主要以单个经济单位（单个的生产者、单个的消费者、单个市场的经济活动）作为研究对象，分析单个生产者如何将有限的资源分配在各种商品的生产上以取得最大的利润；单个消费者如何将有限的收入分配在各种商品的消费上以获得最大的满足。同时，微观经济学还分析单个生产者的产量、成本、使用的生产要素数量和利润如何确定；生产要素供应者的收入如何决定；单个商品的效用、供给量、需求量和价格如何确定；等等。

2. 研究内容

微观经济学关心社会中的个人和各组织之间的交换过程，它研究的基本问题是资源配置的决定，其基本理论就是通过供求来决定相对价格的理论。所以微观经济学的主要范围包括消费者需求、厂商进行的供给和收入分配。

（1）均衡价格理论。该理论研究影响需求的各种因素需求函数和供给函数；在需求和供给两方面的力量变化对比中，市场最终走向暂时的均衡状态，此时，需求量等于供给量的市场价格，也就是均衡价格。均衡价格决定理论及弹性理论。

（2）效用理论与消费者行为。该理论主要研究效用、总效用与边际效用、边际效用与总效用的关系、边际效用分析与效用最大化的条件、消费者剩余、消费者行为与需求定理的关系。

（3）生产者行为理论。该理论研究生产者如何把有限的资源用于各种商品的生产上而实现利润的最大化，这一部分内容包括成本与收益理论和厂商理论。

（4）市场结构理论。该理论把市场结构分为完全竞争、垄断竞争、寡头垄断、完全垄断四种市场结构，研究每一种市场结构的厂商均衡条件及资源配置的效率状态。

（5）福利经济理论。该理论包括福利经济学的基础理论、福利经济学基本定理、公平（equity）与效率（efficiency）、帕累托最优及其条件、市场结构与帕累托最优。

（6）博弈论与厂商策略。该理论主要研究博弈论的基本问题、纳什均衡、子博弈精炼纳什均衡、重复博弈及厂商策略。

（7）不确定性、信息和市场失灵。该理论主要研究：不确定性不完全信息、不确定性与期望效用、风险与保险、信息与信息成本、道德风险与逆向选择；委托代理问题、激励机制设计；市场失灵，外部性、外部成本与外部收益、公共产品；政府失灵与公共选择，公共决策、官僚制度、政府失灵；寻租理论、微观规制理论。

3. 基本假设

微观经济学认为，自由交换往往使资源得到最充分的利用，在这种情况下，资源配置被认为是帕累托有效的。微观经济学的基本假设如下：

（1）经济人假设。在经济活动中，经济主体所追求的唯一目标是自身经济利益的最大化，消费者追求的是最大限度的自身满足，生产者追求的是最大限度的自身利润。生产要素所有者追求的是最大限度的自身报酬。经济主体所有行为都是理性的和有意识的，不存在经验型的或者随机型的决策。

（2）资源充分利用。微观经济学是在假定资源能充分利用的前提下，研究资源的合理配置问题。

（3）产权明确。在完全的市场经济中，一切市场行为都必须以明确的产权为前提，不同的产权形式会带来资源配置的不同效率。

（4）完全信息。经济活动的当事人都有充分的和相同的信息，而且获取信息不需要任何成本。

（5）厂商都是以利润最大化为唯一目标的整体。利润最大化是厂商的唯一目标。

第三节　微观经济学的研究方法

1. 个量研究方法

个量研究即是个体的研究方法，它主要以单个经济主体的活动为着眼点和研究对象，在假定其他条件不变的前提下来研究个体的经济行为和经济活动，其特点是把一些复杂的外在因素排除掉，从而突出个体经济主体运行的状况和特征。这种研究方法在具体的使用中，主要分析单个企业要素的投入量、产出量、成本和利润的决定及单个企业的有效资源配置、单个居民户的收入合理使用，以及由此引起的单个市场中商品供给和需求的决定、个别市场的均衡等问题。

这种研究方法的使用往往将某一个体的具体情况和局部特征表现得非常清楚，但其局限性也是明显的，主要有以下方面：一是只看树木不见森林，难以注意到宏观经济问题对个量关系或个体经济行为的影响；二是这种方法既得的结果常常是有条件的。这种研究方法是在假定其他条件不变的情况下，排除了一些外部经济因素来研究个体经济问题，然而在实际的经济生活中，一些外部因素却常常是事物发展的重要条件，有时这些外部因素还可能会成为影响经济运行的主要因素。

2. 实证分析方法和规范分析方法

（1）实证分析（positive analysis）方法。实证分析方法研究经济现象是什么，即是对客观事物的状况，以及客观事物之间的关系是什么的真实性陈述。

（2）规范分析（normative analysis）方法。这一方法的哲学基础始于库恩的规范理论，它们强调科学及其发展是与价值观密切相关的，在科学研究中不可能没有价值观，在西方经济学中，福利经济学和政策理论往往属于规范。

3. 均衡分析方法

经济均衡是指经济体系中各种力量处于平衡时的状态。均衡分析方法（equilibrium analysis）就是研究各种经济变量如何趋于平衡的方法。马歇尔在其《经济学原理》中曾经借用机械力学的研究方法来说明经济的均衡，通过作用和反作用的力量来说明均衡、均衡的形成及其变化。因此，均衡研究的方法主要研究的是各种经济力量达到均衡所需要的条件和均衡实现稳定的条件。均衡分析方法通常有两种，即局部均衡和一般均衡。

（1）局部均衡分析。局部均衡分析是将经济事件分为若干部分，将某些部分存而不论，而集中考察其中的某一部分。有人将这种研究方法称为孤立市场研究，即先对部分进行研究，然后将部分综合起来得到总体情况。

（2）一般均衡分析法。一般均衡分析法则侧重于借助各种经济因素间的相互依存关系来分析整个经济体系的均衡，19 世纪末由瓦尔拉斯（Leon Walras）提出该方法，重视不同市场中各种商品和要素的产量和价格的相互关系。如果资源供给状况、消费者偏好、技术函数已知，一般均衡理论便能从数学上证明要素和商品价格自行调节以达到彼此相互适应的水平，即均衡状态。

4. 边际分析方法与增量分析方法

边际分析方法与增量分析方法基本上是一回事。边际分析方法就是运用导数和微分方法研究经济运行中微增量的变化，用以分析各经济变量之间的相互关系及变化过程的一种方法。这种分析方法广泛运用于经济行为和经济变量的分析过程，如对效用、成本、产量、收益、利润、消费、储蓄、投资、要素效率等的分析多有边际概念。

5. 静态分析、比较静态分析和动态分析

（1）静态分析方法（static analysis）。静态分析方法是抽象出时间因素和变化过程而静止地分析问题的方法，其主要致力于说明什么是均衡状态和均衡状态所要达到的条件，而不管达到均衡的过程和取得均衡所需要的时间。当已知条件发生变化后，均衡状态会由一种状态转化到另一种状态。

（2）比较静态分析方法（comparative static analysis）。如果只着眼于前后两个均衡状态的比较，而不考虑从一个均衡点的移动过程和经济变化中的时间延滞，该方法则被称为比较静态分析方法。

（3）动态分析方法（dynamic analysis）。动态分析方法是对经济体系变化运动的数量进行研究，它通过引进时间的因素来分析经济事件从前到后的变化和调整过程。由此可以看出，按照是否考虑经济数量在时间上的变化而把研究方法区分为静态分析和动态分析。

6. 数理模型分析方法

数理模型分析方法是指在经济分析过程中，运用数学符号和数字算式的推导来研究和表示经济过程和现象的研究方法。数理方法的引入的确为经济学的方法增添了新的内容，这种分析方法可以使经济过程和经济现象研究的表述更简洁清晰，其推理更加直观方便和精确，使经济学的理论框架更加条理化、逻辑化和明了化。该模型的变量包括：内生变量（endogenous variable），即在模型之内解决的变量；外生变量（exogenous variable），即在模型之外解决的变量。模型建立的步骤包括：第一，选择变量；第二，估算参数；第三，验证与分析；第四，预测。

第四节 微观经济学的演化及其新进展

（一）微观经济学的演化过程

微观经济学的历史渊源可追溯到亚当·斯密的《国富论》和阿尔弗雷德·马歇尔的《经济学原理》。20 世纪 30 年代以后，英国的罗宾逊和美国的张伯伦在马歇尔的均衡价格理论的基础上，提出了厂商均衡理论，这标志着微观经济学体系的最终确立。

微观经济学的发展，迄今为止大体上经历了五个阶段。第一阶段：17 世纪中期到 19 世纪中期，是早期微观经济学时期，或者说是微观经济学的萌芽时期。第二阶段：19 世纪晚期到 20 世纪中期，是新古典经济学时期，也是微观经济学的奠基时期。第三阶段：20 世纪 30 年代到 60 年代，是微观经济学的完成时期，也是微观经济学的建立体系时期。第四阶段：20 世纪 60 年代至 80 年代，是微观经济学的进一步发展、扩充和演变时期。第五阶段：20 世纪 80 年代至今，是微观经济学的深化时期。

（1）第一阶段：微观经济学的萌芽时期。微观经济学的发源最早可以追溯到 17 世纪价值论的研究初期。不少的经济学家，很早就在研究整个资本主义经济活动的同时，把个别商品价值的形成和决定、个别市场价格的决定和变动，以及工资、利润和地租的数量关系作为重要的研究对象。这一时期西方经济学在对资本主义经济活动做宏观考察的同时，也做了微观的探讨。但是，在西方经济学的初创时期，宏观分析和微观分析是经常混合在一起的，二者没有明确的界限。

（2）第二阶段：微观经济学的奠基时期。19 世纪初期到 20 世纪中期，资本主义自由竞争向垄断过渡，企业在社会经济发展中的地位日益突出，如何从微观角度研究企业行为、企业成本的降低、消费者需求等问题成为一个需要深入研究的现实问题，这些问题为微观经济学的研究奠定了客观基础。19 世纪晚期到 20 世纪初期，边际主义学派兴起，提出边际效用价值理论，为微观经济学的兴起奠定了基础。1838~1947 年，是经济学向数学借用武器的一个历史发展阶段，借用的基本武器是微积分，尤其是偏导数、全微分和拉格朗日乘数法。边际分析法是这一时期产生的一种经济分析方法，同时形成了经济学的边际效用学派。这一阶段微观经济学研究取得的成就可概括为三个方面：形成和发展了一套完整的微观经济活动者行为理论；提出了一般经济均衡问题，建立了一般经济均衡的理论框架；创立了当今的消费者理论、生产者理论、垄断竞争理论及一般经济均衡理论的数学基础。这些研究初步奠定了微观经济学的基础。

（3）第三阶段：微观经济学的建立体系时期。20 世纪晚期到第二次世界大战结束，以厂商理论为主体形成了微观经济学理论体系。20 世纪 30 年代以后，英国的罗宾逊和美国的张伯伦在马歇尔的均衡价格理论的基础上，提出了厂商均衡理论。罗宾逊的“垄断竞争理论”、张伯伦的“不完全竞争理论”、无差异曲线的应用对需求理论的修正、一般均衡分析对局部均衡分析的补充及福利经济学的建立，标志着现代微观经济学体系的最终确立。它的体系主要包括均衡价格理论、消费经济学、生产力经济学、厂商均衡理论和福利经济学等。总体来看，从 20 世纪 40 年代到 50 年代，厂商理论日益充实和发展，它所涉及的领域也日益广泛。现代微观经济学在马歇尔“均衡价格论”和克拉克“边际生产力论”的基础上，补充了“厂商理论”，不仅内容大为丰富，而且逐步建立起独立的体系。

（4）第四阶段：微观经济学的发展、扩充和演变时期。20 世纪 60 年代开始，微观经济学在价格理论、消费理论、生产理论、分配理论方面形成了扩展，福利经济学成为微观经济学的重要内容，但福利经济学既涉及个人，又涉及整个社会，它与微观及宏观两种分析都有关系。因为无论以庇古（A. C. Piyou）为代表的传统福利经济学，或以后的“新”福利经济学都是以效用理论和边际分析为基础的。从这一概念出发，新旧福利经济学都以研究社会经济福利为研究对象，企图探求生产资源的配置如何达到最适度，以及随之而来的国民收入如何达到极大值，作为个人福利之总和的“社会福利”如何达到极大化。但社会福利问题牵涉到伦理标准和价值判断，因而这方面的研究使“微观经济学”具有了相当浓厚的“规范性”（normative）分析的色彩。

（5）第五阶段：微观经济学的深化时期。20 世纪 80 年代以来，新制度经济学、产权经济学、交易费用理论、公共选择理论、博弈论、信息经济学、寻租理论进一步兴起，促使了微观经济学理论体系的深化。萨缪尔森（P. A. Samuelson）在他的《经济学》里提出了“新微观经济学”，把“时间经济学”“人力资本”“人口的经济理论”“法律经济学”“爱与利他主义经济学”都作为“新微观经济学”的内容。这种深化不仅使现代微观经济学的考察范围大为扩充，而且使它的内容和研究对象也发生了重大的变化。与微观经济学理论的深化相适应，一些新的经济学理论随之产生，如交易成本、产权、非均衡、资产定价、寻租、非对称信息、现实性偏好等。

（二）微观经济学的新进展

20 世纪 30 年代以后，微观经济学曾经在相当长一段时间内发展缓慢。20 世纪 60 年代中后期以来，政府干预宏观经济导致的问题越来越突出，这就使经济学家开始重新审视和探究政府与市场调节经济的作用。正是在这种探究中，微观经济学获得了新的进展。这些新进展主要表现在如下几方面。

1. 消费者行为和企业行为研究的新进展

关于消费者行为和企业行为的新近研究是从理性经济人行为假定开始的。从检验消费者行为是否符合效用最大化或偏好最大化开始，相继出现了显示偏好理论、时间偏好与跨时期选择理论、风险条件下的选择理论，以及选择理论在家庭、婚姻、罪与罚、政治市场等方面的应用。

（1）显示偏好理论。在传统的需求理论中，通常假定消费者具有一个性质良好的效用函数（效用理论）或偏好序列（偏好理论），在给定的价格和收入约束条件下，从已知商品集合中选择一个使效用或偏好最大化的商品组合。这种分析只有在消费者的效用函数或偏好序列已知且具有若干良好性质时才有意义。但在实际生活中，效用或偏好不能被直接观察，能直接观察的只是消费者的选择行为。如果能找到选择行为与偏好之间的某种关系，进而言之，如果消费者的“选择”显示“偏好”，那么需求理论和偏好理论就可以建立在可观察的消费者行为基础上，这就为检验消费者行为与最大化公理的一致性提供了可能，这就是“显示偏好理论”的基本思想。萨缪尔森率先提出了这一理论，并经霍撒克（H. S. Houthakker）、里克特（M. K. Richter）等补充，建立起一套公理体系，重新证明了需求定律，推导无差异曲线，证明竞争性均衡的存在和稳定性，证明复合商品定理，证明关于社会选择函数的定理，等等，从而使“显示性概念”成为检验各类行为理性的重要方法。

（2）时间偏好与跨时期选择理论。传统消费者理论所考察的主要是在确定性条件下消费者的静态选择问题，而在现实中，消费者面对的是不确定性环境下进行跨时期的选择。人们对当前消费胜过对未来消费的评价，这就是时间偏好，在这种观念下，消费者面临在消费和储蓄之间的选择，即跨时期选择。从现有文献来看，拉姆齐（Frank P. Ramsey）在 1928 年发表的论文《储蓄的数学理论》，无疑是第一次从动态最优化角度探讨了“时际福利”最大化问题，并在一定假设条件下推导了导致最优经济增长的最优储蓄率。顺着这一脉络，阿莱（M. Allais）、萨缪尔森、戴蒙德（P. A. Diamond）等提出了与拉姆齐的“无限期界模型”（unlimited horizon model）不同的“交叠世代模型”（intergenerational model），目前，动态的“跨时期选择”已在现代经济学中有了普遍应用。

（3）风险条件下的选择理论。20 世纪六七十年代以来，随着认知心理学和其他心理分支的发展和成熟，人们对新古典理性假说或预期效用（expected utility，EU）理论进行了检验，结果发现：在确定条件下，理性公理假设成立，而在模糊或不确定条件下，人的行为常常违背理性公理假设。因此，在不确定条件下进行决策，必须考察人们的复杂心理。例如，选择中存在遗憾和喜悦的心理感情，也存在模糊的认知，因而人的理性是有限的，在这种情况下，出现了三种有代表性的理论，即观望理论、遗憾理论及模糊模型。在风险大量存在的情况下，如何有效回避风险就十分重要，因此，对保险市场、证券市场、期货合同等问题的研究，成为微观领域的一个活跃分支。其中最为突出的成就包括风险资产（衍生证券）、代价理论、资产组合选择理论、资本资产定价模型、套利定价理论等。

（4）厂商理论的新发展。新古典厂商理论研究的是一种原子式厂商，即把厂商当做一个黑箱，或把厂商行为等同于一个使利润最大化的个人业主行为，所有的问题都抽象在生产函数之中。这样，厂商组织规模大小似乎无关紧要，厂商内部组织效率似乎也不成问题，厂商内各成员间的努力也似乎是无差异的。然而现实与理论的差异是巨大的，围绕着上述三个问题，企业理论面向现实逐步得以发展起来。

第一，企业的本质和边界。这一问题最早由科斯（Ronald Harry Coase）使用“交易成本”来解释：企业存在是为了减少市场交易成本，从而把交易转移到企业内部。威廉姆森（Williamson，1975）、Kleinetc 和 Alchian（1978）、格罗斯曼和哈特（Grossman and Hart，1986）、Laffont 等（1986）等从资本专用性、不完全合约与纵向一体化等角度，阐述了企业存在的理由和合理规模问题。

第二，企业的内部组织效率问题。在一个企业内部，如何有效地利用信息，激发雇员积极性；如何设计竞赛、晋升规则，以及建立激励机制；等等。在这方面，阿尔钦和德姆塞茨（Alchian and Demsetz，1972）从团队生产角度解释了企业内部结构的激励问题（监督成本）。威廉姆森等研究了不同内部组织形式将存在不同效率。

第三，最大化厂商模型与委托–代理问题（principal-agent problem）。针对现代公司制度所有权与经营权分离的现实，作为厂商代表的经理并不必然追求最大利润目标，而是按照个人主义的原则，追求自身利益最大化。在正常情况下，经理层依据其特定信息优势而独享决策权，其行为与动机必然对企业行为产生重大影响。因此，在现代企业组织条件下，投资者的潜在权力大部分未经行使就丧失了，只剩下资本市场通过被接管的威胁对经理产生一种完全制约。后来发展起来的“委托–代理理论”所要解决的正是针对经理对厂商利润最大化的偏离。

2. 博弈论及其在经济分析中的应用

博弈论本来是数学的一个分支，但是，博弈论在经济学中取得了最成功、最广泛的应用。20 世纪 80 年代，博弈论逐渐融入经济学研究中，成为微观经济学研究的重要方法和组成部分。

传统微观经济学在谈到个人决策时，通常认为这是一个在给定价格参数和收入条件下的最优选择问题，个人的选择不影响他人，也不依赖于他人。但在现实生活中，经济作为一个整体，人与人之间的选择是相互作用的，不考虑对手的反应是不理智的。从另一角度来看，博弈论或对策论是研究决策主体的行为发生直接相互作用时的决策，以及这种决策的均衡问题。因此，从本质上来说，现实中大量的经济活动可以用博弈论来分析。在当代，冯·诺依曼（von Neumann）和摩根斯特恩（Morgenstern）是首次系统地把博弈论引入经济学的学者，1944 年他们合作出版的《博弈论与经济行为》成为划时代的里程碑。

20 世纪 50 年代是博弈论大发展的年代。合作博弈获得了空前的进展，非合作博弈也开始产生，纳什（Nash）关于均衡的定义、图克（Tucker）提出的“囚犯难题”，奠定了非合作博弈的基础。到了 20 世纪 60 年代，泽尔腾（R. Selten）改善了纳什均衡的概念，引入了动态分析；豪尔绍尼（J. Harsanyi）则把不完全信息引入博弈研究。到 20 世纪 80 年代，Kreps、Wilson 等发展了动态不完全信息博弈（game of imcomplete information）的模型，提出了著名的“信誉”问题模型。值得指出的是，博弈论在经济学中的绝大多数应用模型都是在 20 世纪 70 年代中期之后发展起来的。大约从 20 世纪 80 年代开始，博弈论逐渐成为主流经济学的一部分，甚至可以说已成为现代微观经济学的基础。

3. 市场失效和政府规制问题的深入研究

论证市场价格机制的资源配置功能，构造和完善一般均衡的理论体系，可以说是传统微观经济学的核心内容，同时也构成了当代微观经济理论发展的一条重要线索。但是，从社会福利角度来看，价格机制并不是万能的，它不可能有效调节人们经济生活的所有领域，这就出现了“市场失效”。从纯经济分析角度看，针对“市场失效”的研究主要包括外部性理论、公共产品、交易成本、市场权力（market power）及信息问题。

（1）外部性理论。最早对“外部性”问题进行研究的是剑桥学派的两位奠基者 Henry Sidgrwick 和马歇尔。尤其是后者，在 1890 年首创了“外部经济”和“内部经济”这一对概念。到 20 世纪 20 年代，庇古出版了《福利经济学》，补充了“内部不经济”“外部不经济”这一对概念。1928 年，阿温·杨（A. Young）在著名论文《收益递增与经济进步》中系统地阐述了动态的外部经济思想。在这些思想的影响下，第二次世界大战以来，外部性理论从如下三条路径进行发展：①遵循庇古的研究思想，对众多的外部不经济问题进行了深入的探讨，这些问题包括交通拥挤、石油和捕鱼区相互依赖的生产者的共同联营问题，以及日益受人关注的环境污染问题。②针对外在性（尤其是外在不经济）问题，提出了众多的“内在化”途径。除传统的政府干预方式外，1960 年罗纳德·科斯提出了明晰产权的思路。此外，英国经济学家、1977 年诺贝尔经济学奖得主詹姆斯·E. 米德（J. E. Meade）曾于 1972 年提出此后被阿罗（K. Arrow）进一步发展了的另一种方式，即认为外在性的存在内在地等同于竞争性市场的缺乏。③沿着马歇尔，尤其是杨格，关于“规模经济”（动态的外部经济）思路进行发展。1970 年齐普曼（J. S. Chipman）

在《经济学季刊》上发表了《规模的外在经济与竞争均衡》一文，再次继承了这一思想。1986 年芝加哥大学保尔·罗默（Paul Romer）在《政治经济学杂志》上发表了《收益递增与长期增长》，首次系统地建立了一个具有外在效应的竞争性动态均衡模型；1988 年罗伯特·卢卡斯（Robert Lucas）在《货币经济杂志》上发表了《论经济发展的机制》一文，明确地把人力资本的外在效应存在当做经济增长的一个重要因素。

（2）公共产品理论。公共产品在很大程度上区别于私人产品，就在于它具有“公共性”，可以提供一种正的外部效应，而且在原则上它能使社会全体成员享受这种外部收益。如果由市场机制来调节，则永远不可能实现公用产品的有效配置，因此，如何有效解决这一问题，就成为长期以来困扰经济学家的一道难题。20 世纪 50 年代，萨缪尔森提出并部分解决了公用产品理论的一些核心问题：第一，如何用分析的方法定义集体消费产品？第二，怎样描述生产公用产品所需资源的最佳配置的特征？第三，如何评价能给公共部门的支出提供财源的既有效率而又公平的税收体系的设计。20 世纪 70 年代以后，公用产品理论的发展主要集中在探讨这样一个问题上：如何设计一种机制，使之保证公用产品的决策者贯彻效率原则，从而避免“白搭车”现象。第一种思路是将公用产品供给的决定诉诸政治程序，用公共投票方式解决；第二种思路是设计一种计划程序诱导个人基于自己利益而真实显示其对公用产品的偏好。克拉克（Clarke）和格罗夫斯（Groves）等对后一思路进行了大胆的探讨。

（3）交易成本与产权理论。正统微观经济学关注的是，在既定私有制财产结构下，如何解释市场的作用，如何建立市场行为者追求自身利益最大化的模型。其前提是交易成本为零。但事实上，现实世界中存在大量的经济运行费用和摩擦力，这些问题又会严重影响企业行为和市场资源配置的效果。科斯把这一问题归结为市场与组织的产权界区上出了问题，并用交易成本来解释。在交易成本学派的学者看来，在理性有限、机会主义行为及未来不确定性几种因素综合发生作用时，市场作为交易管理机制就会失效。当科斯把交易成本引入社会成本问题时，就引出了法与经济学的问题，即科斯问题及科斯定理。科斯定理在实际中形成了三种不同解释，即产权与合同思路、公共选择思路以及自由竞争思路，从而引导出产权理论的不同路线。每一路线观察角度虽不同，但结论几乎相同：市场失效问题本身可以尝试通过私人协议的方式去解决，而不必抛弃市场机制，这就涉及将经济学运用到法律分析中，这是微观经济学理论发展的一个重大突破。

（4）市场权力与政府规制的理论和实践。在私人市场经济运行过程中还可能会产生另一类市场失效问题——由市场结构的缺陷或市场权力的失控而引起的失效。这就是：一方面出现了大企业的垄断；另一方面又出现了过度的市场竞争，或在信息不完全、预期不准确条件下展开的“盲目的竞争”，这一切都会使社会经济资源的配置失去效率，或者使社会消费的公正原则遭到破坏。市场机制在这两方面的失效，构成了现代微观经济理论研究的一个重要内容，也构成了政府规制的一个重要理由。然而，在实践中，政府规制并不总产生预想的效果，其同样会产生政府规制的失效问题。从经济理论分析的角度重视这些问题，主要是 20 世纪 60 年代以后的事情，并由此引发了人们对竞争和垄断性质的重新认识。关于政府规制的一个重要领域就是所谓自然垄断问题的讨论。在西方市场经济中，国家有时对某些行业的价格和进入实行全行业管制，只允许一家企业垄断全部生产。这就是自然垄断。20 世纪 70 年代以前的传统理论认为，从全社会利益出发，政府必须对自然垄断进行管制，因为自然垄断企业存在规模经济，其平均成本随产量增加而持续下降，自由竞争可能造成低效率，因而某种程度的政府干预是必要的。20 世纪 70 年代中期以后，尤其是 20 世纪 80 年代以来，鲍莫尔（W. J. Baumol）等对自然垄断有了新的认识。他们认为，即使规模经济不存在，即使平均成本上升，只要单一企业供应整个市场的成本小于多个企业分别生产的成本之和，由单一企业垄断市场的社会成本就仍然最小，该行业就仍然是自然垄断行业。因而新的结论是：对自然垄断的企业，有时要管制，有时不要管制，这要根据平均成本的升降、企业承受力的有无，采取不同的对策。其中，“企业的承受力”保证垄断企业不被潜在竞争挤出市场，从而潜在的竞争可以代替管制，这就是所谓可竞争市场的作用。

4. 不确定经济学和信息经济学的发展

从四十余年的发展来看，不确定性经济学和信息经济学已构成了微观经济学的一个重要领域。把不确定性和信息问题（信息不对称或不完全）融于经济分析中，使经济分析的环境条件向经济现实跨近了一大步，增强了经济理论对经济现实的解释能力和预测能力。

（1）不确定性经济学。在不确定性分析方面，美国芝加哥学派创立者弗兰克・奈特教授做了开创性贡献，明确地把不确定性与风险作为一种经济问题来分析。他在 1921 年出版的《风险、不确定性和利润》一书，至今仍被认为是这一领域的经典之作。大约从 20 世纪 50 年代起，这一问题开始引起经济学界和一些数学大师的广泛关注，其中杰出的代表人物有阿罗、萨维奇（L. J. Savage）、德布勒（G. Debreu）、安斯考伯（F. J. Anscombe）、奥曼（R. J. Aumann）、雷法（H. Raiffa）、萨缪尔森、阿莱等。他们的主要成就包括：运用概率论来度量风险和描述不确定性，运用数学公理化方法刻画不确定性环境下人们的经济行为（决策理论），引入精细的决策树分析，以及将不确定性分析纳入一般均衡模型之中。此外，他们对回避风险、减少不确定性的途径等问题也有相当多的探讨。

（2）信息经济学。在 20 世纪上半叶，许多学者从不同角度，对信息经济学的思想启蒙做过贡献。例如，凡勃伦（T. Veblen）从知识增长作为财富主要源泉角度（1919 年出版《资本的性质》），哈耶克（F. von Hayek）从市场信息角度，马夏克（J. Marschak）、阿罗和西蒙（H. A. Simon）从统计决策和管理决策角度，鲍莫尔从福利经济学的角度，等等。1959 年马夏克发表了《信息经济学评论》一文，首次正式使用了“信息经济学”这一概念。与此同时，西蒙的《管理决策新科学》、施蒂格勒（G. Stigler）的《信息经济学》（1961 年）、马赫卢普的《美国的知识生产与分配》、阿罗的《保险、风险和资源配置》及希尔（Hill）的《经济学与信息论》（1967 年），分别从管理与统计决策、信息搜寻、知识产业、信息社会和信息论角度，奠定了信息经济学作为一门独立学科的基础。从四十余年的发展来看，在微观领域，信息经济学有两个重要的研究分支：一是在不完全信息条件下的经济分析，关心的是“信息成本”和最优的信息搜寻。二是非对称信息条件下的经济分析，这是现代信息经济研究的核心内容之一，有人甚至把这一领域的发展称为微观经济理论最活跃的研究领域。

（三）微观经济学的发展趋势

方法论的变化对20世纪80年代以来的西方经济学的发展产生了重大的推动作用，从而使微观经济学呈现出鲜明的时代特征，出现了以下趋势。

1. 分析工具的数理化趋势

经济学与数学的结合本来不是始于20世纪，但第二次世界大战后，数学在经济学中的应用是如此的专门化、技术化、职业化，甚至到了登峰造极的程度，从而使经济学这个大厦更严密，表达更准确，思维更成熟。数学化成为经济学发展的主流趋势，这主要表现在以下三个方面：一是计量经济学的崛起，二是统计学在经济学中的大规模运用，三是博弈论的引进。

2. 假定条件的多样化趋势

“经济人”的假定是新古典经济学的研究基础，是新古典微观经济学的核心，也是新古典宏观经济学的基石之一，在数百年的发展过程中得到了不断的完善和充实，在西方经济学中占据了主流位置。可是，在20世纪的这100年中，“经济人”的假定条件也被不断地修改和拓展，甚至批评和攻击。例如，西蒙认为经济人的计算能力是“有限理性”的，行为者无法在多种可能的选择中做出最终选择；贝克尔拓展了“经济人”的假设，认为个人效用函数中具有利他主义的因素，这才是人类行为的一般性；鲍莫尔主张用“最大销售收益来代替最大利润的目标函数”，因为实证经验表明经理层的薪金与销售收益的关系大于它与利润的相关程度；莱本斯坦1966~1981年发表的4篇论文中一反“利润极大化、效用极大化、成本极小化”的经济人传统假定，认为上述假定在完全竞争下是适用的，而在垄断型企业里利益最大化原则是个“例外”。公共选择学派提出的挑战是“经济人”在追求个人利益最大化时，并不能得出集体利益最大化的结论，“阿罗定理”即可说明个人福利的简单加总不一定与社会福利一致。新制度主义对“经济人”假定的修改则更为宽泛，认为这个假定过于“简单化”，因为除了物质经济利益以外，人还有追求安全、自尊、情感、地位等社会性的需要。

3. 研究领域的超经济化趋势

经济学方法论的演进与肯定并非完全建立在对前一种方法或另一种方法的否定之上，而更多的是随着时代主题和研究角度的变化，随着个人兴趣和专业特长的不同而愈加显示出重要性和独特性。20世纪西方经济学的演变中出现的一个十分引人注目的现象：经济学研究领域与范围开始逐渐超出了传统经济学的分析范畴，经济分析的对象扩张到几乎所有人类行为，小至生育、婚姻、离婚、家庭、犯罪等，大至国家政治、投票选举、制度分析等。对于经济学研究领域的这种帝国式的“侵略”与扩张，有人称为“经济学帝国主义”。

相关链接 1-2　一种新的微观经济学范式

萨缪·鲍尔斯的《微观经济学：行为、制度和演化》，总结了 20 世纪 90 年代以来博弈论、行为与实验经济学、演化经济学、制度经济学等对个人行为和制度演化的最新理解及应用，尤其体现了作者及其合作者提出的“制度与偏好共生演化”思路，从而迥异于我们从前见到的任何“微观经济学”教材。其特色就是：相对于传统的“经济人”理性假设，它以“情境依存的偏好”为基础；相对于经典的价格理论，它代之以对交换中的契约与权力的分析；相对于标准经济学制度分析的缺失，它把解释经济制度及其长期演化视作理论目标。虽然对于经济学的新古典传统而言，这本书无疑属“离经叛道”，但它确实处于更大的经济学和社会科学传统之内。要了解关于行为与制度的前沿进展，这本书不可不读。鲍尔斯认为，如道德感、正义感等带有利他主义倾向的人类行为，不过是先于个人而存在的、作为人类合作秩序的社会规范，在经过自然与环境双重选择和人类长期演化之后，被固化在我们心中的某种品质。在个人的偏好结构中，既包含着“自涉”的个人偏好，也包含着“他涉”的社会偏好。这是在坚持“方法论个人主义”前提下，解决制度的整体性和社会倾向性问题的唯一途径。

资料来源：鲍尔斯 S. 微观经济学：行为、制度和演化. 江艇，等译. 北京：中国人民大学出版社，2006：1-2

4. 案例使用的经典化趋势

在西方经济学中，用案例阐明一个定理、寓意一个规律已经司空见惯，人人皆知的“看不见的手”就是明证。但是，20 世纪西方经济学中的“举例”，不仅已经发展到了“经典化”的地步，而且在有些定理中不举例已不足以说明问题，甚至所举的案例已具有不可替代性。这种案例的唯一性，既简单明了，通俗易懂，又几十年上百年一贯制，代代相传，成为一种象征。被一些学者认为“博大精深”“深奥无比”的科斯定理，是通过一个简单的“牛群到毗邻的谷地里吃谷”的故事来完成的；1977 年诺贝尔经济学奖获得者米德在论述外部性的发生与补偿时，给读者讲述的是“蜜蜂与果园”的例子；同样论述外部性，庇古的举例更为浪漫与优美，是“火车与飞鸟”的故事。百年来西方经济学家的笔下已为后人留下了许许多多的经典性“案例幽默”。一提起“灯塔”，人们就会知道是指公共物品消费中收费难的“搭便车”难题。从穆勒 1848 年最初举例灯塔开始，在此后的一个半世纪里，灯塔便“常明不熄”一直传到今天，几十名著名的经济学家围绕灯塔写出了许许多多的著名论文。

➢本章提要

微观经济学研究的是经济社会中经济个体的经济行为，主要阐述经济社会中的这些经济个体根据什么和怎样做出经济决策。消费者怎样做出购买产品和劳务的决策；企业针对消费者需求与收益和成本的比较关系怎样做出生产的决策；工人怎样决定劳动流向与劳动流量；等等。

经济资源具有稀缺性质，由于稀缺性人们要在经济资源的各个用途之间进行选择，这就产生了如何合理地配置和充分利用稀缺性的资源来满足人类需要的问题。

微观经济学的中心理论是价格理论。微观经济学的一个中心思想是自由交换往往使资源得到最充分的利用，在这种情况下，资源配置被认为是帕累托有效的。微观经济学的基本假设包括经济人假设、资源充分利用、产权明确、完全信息、厂商都是以利润最大化为唯一目标的整体五个方面。

微观经济学的研究方法有个量研究方法、实证分析方法和规范分析方法、均衡分析方法、边际分析方法与增量分析方法、静态分析、比较静态分析和动态分析、数理模型分析方法。

20 世纪 60 年代中后期以来，政府干预宏观经济导致的问题越来越突出，这就使经济学家开始重新审视和探究政府与市场调节经济的作用。正是在这种探究中，微观经济学获得了新的进展。

微观经济学的发展大体上经历了五个阶段：17 世纪中期到 19 世纪中期，是微观经济学的萌芽时期。19 世纪晚期到 20 世纪中期，是微观经济学的奠基时期。20 世纪 30 年代到 60 年代，是微观经济学的完成时期。20 世纪 60 年代至 80 年代，是微观经济学的进一步发展、扩充和演变时期。20 世纪 80 年代至今，是微观经济学的深化时期。

20 世纪 80 年代以来微观经济学的研究出现了新的趋势，如分析工具的数理化、假定条件的多样化、研究领域的超经济化、案例使用的经典化。

➢关键概念

微观经济学（microeconomics）
稀缺性（scarcity）
资源配置（resource allocation）
经济人（economic man）
实证分析方法（positive analysis）
规范分析方法（normative analysis）
均衡分析方法（equilibrium analysis）
静态分析方法（static analysis）
比较静态分析方法（comparative static analysis）
动态分析方法（dynamic analysis）
内生变量（endogenous variable）
外生变量（exogenous variable）

➢复习思考题

1. 如何理解“经济人”假设的内涵？经济人假设对于经济学研究的意义是什么？
2. 如何理解资源稀缺性与资源配置的关系？
3. 价格是如何配置资源的？
4. 实证经济学包括道德观或者价值观吗？它与规范经济学的关系如何？
5. 简述微观经济学的发展阶段。
6. 20 世纪 80 年代以来微观经济学的发展出现了哪些新的趋势？

➢扩展性阅读资料

方福前. 2005. 20 世纪西方微观经济学的发展与成果. 教学与研究，（10）：62-69

方福前. 2006. 西方经济学新进展. 北京：中国人民大学出版社

高鸿业. 2004. 20 世纪西方经济学的发展. 北京：商务印书馆

曼斯菲尔德 E. 1999. 应用微观经济学. 王志伟，等译. 北京：经济科学出版社

平狄克 R S，鲁宾费尔德 D L. 2013. 微观经济学. 第八版. 李彬，高远，等译. 北京：中国人民大学出版社

萨缪尔森 P A，诺德豪斯 W D. 2005. 微观经济学. 萧琛译. 北京：人民邮电出版社

斯蒂格利茨 J E，沃尔什 C E. 2013. 经济学. 第四版. 黄险峰，张帆译. 北京：中国人民大学出版社

张培刚. 1997. 微观经济学的产生与发展. 长沙：湖南人民出版社

张培刚，张建华，方齐云. 1998. 简论现代微观经济学的新进展. 当代财经，（1）：18-24

Alchian A A，Demsetz H. 1972. Production，information costs，and economic organization. American Economic Review，62（5）：777-795

Grossman S J，Hart O D. 1986. The costs and benefits of ownership：a theory of vertical and lateral integration. Journal of Political Economy，94（4）：691-719

Klein B，Alchian A A. 1978. Vertical integration，appropriable rents，and the competitive contracting process. Journal of Law & Economics，21（2）：297-326

Laffont J J，Tirole J，Toulouse U D. 1986. Using cost observation to regulate firm. Journal of Political Economy，94（3）：614-641

Williamson O E. 1975. Markets and hierarchies: analysis and antitrust implications. New York：Free Press

第二章

市场理论：产品市场及其均衡

在市场经济中，价格是由供求关系决定的，所以，供给与需求分析是分析产品市场及其均衡的起点。本章先分析产品市场的需求和供给，并在此基础上分析产品市场上均衡的形成和均衡价格的决定。

第一节　产品市场的需求分析

一、产品市场的需求及其影响因素

1. 需求的含义

产品市场需求是指消费者在某一特定时期内，在每一价格水平上愿意而且能够购买的商品量。根据定义，现实的需求要同时具备两个要件：其一是购买欲望；其二是购买能力。二者缺一不可，既有购买欲望又具购买能力才能形成有效需求。

2. 影响需求的因素

消费者的购买欲望和购买能力受许多因素制约，有经济因素，也有非经济因素，概括起来主要有以下几点：

（1）商品本身的价格。通常，在其他条件不变的情况下，商品的价格高，则该商品的需求就少；价格低，则需求多。

（2）相关商品的价格。在其他条件不变时，对某种商品的需求还受其相关商品价格的影响。相关商品可分为替代品和互补品。替代品是指那些功能相似可以相互替代以满足人们同种需要的商品，如猪肉和牛肉。该商品替代品的价格与该商品的需求呈同方向变动。互补品是指那些功能相互补充才能满足人们某种需要的商品，如家用电器和电。该商品互补品的价格与其需求呈反方向变动。

（3）消费者的收入水平。消费者的收入水平是决定其购买能力的重要因素。就一般商品而言，在其他条件不变的情况下，收入水平和需求正相关，需求会随收入的增加而增加，随收入的减少而减少。

（4）消费者偏好。消费者偏好是指消费者主观上对某种商品的偏爱心理。受历史、社会、文化等因素的影响，消费者会在主观上形成某种偏爱心理，使其消费具有明显的倾向性。在其他条件相同的情况下，消费者对某种商品偏好的增强或减弱均会影响到该商品的需求。

（5）消费者对未来的预期。消费者对未来的预期主要是指消费者对未来经济发展状况、自身收入水平及商品价格水平的判断。如果消费者认为未来经济增长形势乐观、自身收入水平稳步上升、商品或劳务价格将会上涨，就会增加当前的需求；反之，则当前的需求会减少。预期效应有时会带来价格越高，需求量越大的反常现象，这是因为人们普遍具有“买涨不买跌”的心理。

（6）政府的政策。政府实施的某些政策会刺激或抑制消费，从而增加或减少消费者对商品或劳务的需求。例如，降低银行贷款利率、提高个人所得税免征额、建立完善的社会保障制度等政策措施会刺激消费需求的增加；相反的举措则会抑制消费，使需求减少。

影响需求的因素是复杂的，除以上分析的六点外，社会人口及其构成、历史传统、社会制度、风俗习惯及对外开放程度等因素也会对需求产生不同程度的影响。

二、需求函数、需求表、需求曲线

1. 需求函数

需求函数是指需求与影响需求的各因素之间的函数关系。如果把以上分析的影响需求的各因素作为自变量，需求作为因变量，则需求函数可表达为

$$Q_d=f(P,\ P_r,\ Y,\ T,\ E,\ P_g) \tag{2-1}$$

其中，Q_d表示对某种商品的需求量；P表示该种商品或劳务本身的价格；P_r表示相关商品的价格；Y表示消费者的收入水平；T表示消费者偏好；E表示消费者对未来的预期；P_g表示政府的政策。

若只考察商品本身价格对其需求量的影响，而不考虑其他因素，则需求函数可表达为

$$Q_d=f(P) \tag{2-2}$$

2. 需求表、需求曲线

在影响需求的其他因素不变的情况下，商品本身价格及其需求量之间的关系可以用需求表和需求曲线加以表示。

需求表是表示某种商品的各种价格及其相应的需求量的数字序列表，如表 2-1 所示。

表 2-1 某商品的需求表

价格–需求量组合	价格/元	需求量/千克
A	2	10
B	3	9

续表

价格–需求量组合	价格/元	需求量/千克
C	4	8
D	5	7
E	6	6

表 2-1 清楚地反映了商品本身价格与其需求量之间的函数关系。当商品价格逐步由 2 元上涨至 6 元时，其需求量则由 10 千克逐渐减少到 6 千克，商品的需求量同其价格呈反向变动关系。

需求曲线是表示商品本身价格与其需求量之间关系的曲线。需求曲线可以由需求表中给出的价格–需求量组合得出，能够更直观地反映商品需求量与其价格之间的反向变动关系。

图 2-1 是根据需求表 2-1 绘制的一条需求曲线。在图 2-1 中，横轴表示商品的需求量 Q，纵轴表示商品的价格 P，Q_d 表示需求曲线。根据需求表 2-1 中的数据可以在坐标图中描出 A、B、C、D、E 五点，将之连接起来，就得到了一条由左上方向右下方倾斜的需求曲线，表示需求量与价格反方向变动。

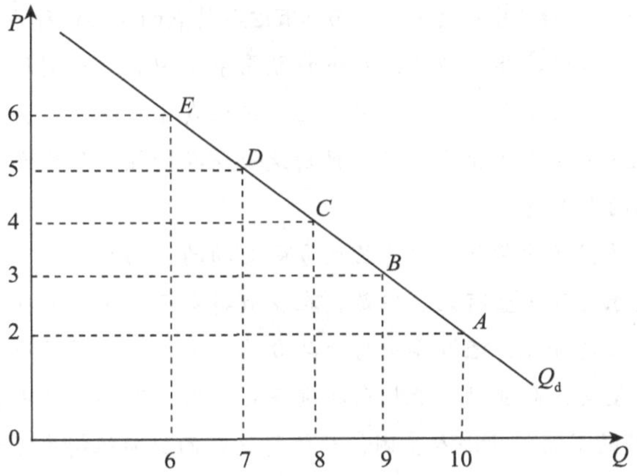

图 2-1　需求曲线

三、需求定理

需求函数、需求表及需求曲线所描述的商品需求量及其价格之间的关系，被称为需求定理。其具体内容是：在其他条件不变的前提下，商品的需求量与其价格反方向变动，价格上升，需求量减少；价格下降，需求量增加。

需要注意的是，需求定理只存在于平均意义上，也就是说对于绝大多数商品而言，其需求量与价格之间的关系符合需求定理的描述，但对于一些特殊商品，如吉芬商品和炫耀性商品来说，其需求量和价格之间的关系与需求定理相悖。

吉芬商品主要指贫困地区中生活所必需的低档商品，这类商品因英国人吉芬（Giffen）而得名。吉芬注意到，在 1845 年爱尔兰发生大灾荒时，虽然马铃薯的价格急剧上涨，但人们对其需求不减反增。通过调查，吉芬发现根源所在：灾荒使爱尔兰人民收入急剧减少，除马铃薯外，人们没有能力购买其他食物，因此，尽管马铃薯价格上涨，其需求也没有减少。后来，人们将贫困地区的低档商品统称为吉芬商品。

炫耀性商品主要指某些价格昂贵、能够炫耀消费者财富和地位的商品，如珠宝、古董、名画、名车等。这类商品的象征意义与其价格正相关，价格越高，其炫耀作用越强，需求量越大；价格下降，其炫耀作用减弱，需求量下降。

虽然吉芬商品和炫耀性商品并不符合需求定理所揭示的商品需求量及其价格之间的关系，但由于它们在商品总量中所占比重极小，且发生于特定环境下，因此，这类商品的存在并不能否定需求定理的存在，也不会妨碍基于需求定理对市场均衡进行分析。

●专栏 2-1　吉芬商品之谜

在经济学中，需求定理是指在其他条件相同时，一种商品价格上升，则该商品需求量减少。这是绝大多数人所共知的道理，也符合理性人行事的假定。但是，1845 年在爱尔兰大饥荒时期，出现了一件奇怪的事，马铃薯价格在上升，但需求量也在持续增加。英国经济学家吉芬观察到了这种与需求定理不一致的现象，这种现象也就被经济学界称为“吉芬之谜”，而具有这种特点的商品被称为吉芬商品。

“吉芬之谜”其后已经被经济学家解开，而被看做需求定理的一种例外。需求定理后面还掩盖着消费者对商品需求的差异。在经济学中，当一种商品的价格发生变化时，会对消费者产生两种影响：一种是使消费者的实际收入水平发生变化，另一种则是使商品的相对价格发生变化，这两种变化都会改变消费者对某一种商品的需求量。

对于所有商品来说，替代效应都是与价格呈反方向变动的，而且在大多数情况下收入效应的作用小于替代效应的作用，需求定理一直有效。但是，在少数特定情况下，某些低档商品的收入效应作用要大于替代效应的作用，正是如此，经济学中将商品分为正常商品和低档商品两大类，正常商品的需求量与消费者的收入水平呈同方向变动；低档商品则反之。这在现实生活中也不难理解。试想一下，1845 年爱尔兰饥荒使大量的家庭因此陷入贫困，马铃薯这样的仅能维持生活和生命的低档品，无疑会在大多数贫困家庭的消费支出中占一个较大比重，马铃薯价格的上升更会导致贫困家庭实际收入水平大幅度下降。在这种情况下，变得更穷的人们为了生存下来，就不得不大量地增加对低档商品的购买而放弃正常商品，相比马铃薯这种低档商品来说，已经没有比这更便宜的替代品了，这样发生在马铃薯需求上的收入效应作用大于替代作用，从而造成马铃薯的需求量随着马铃薯价格的上升而增加的特殊现象。一种商品只有同时具备“低档品”和“收入效应大于替代效应”这两个条件时，才可以被称为吉芬商品。

资料来源：苏斌. 对西方经济学中吉芬物品的质疑思考. 学术研究，2004，（10）：48-51

四、需求量的变动与需求的变动

需求和需求量是两个既相互联系又相互区别的概念。需求量是指在某一时期内，在一定价格水平下，消费者购买的商品数量。需求则是指在一定时期内，商品需求量与其价格之间的一一对应关系，它反映在不同价格水平时的需求量。在图像上，需求为一条线，而需求量为需求曲线上的一个点。与此相应，需求曲线的变动就分为需求量的变动和需求的变动两种情况。

需求量的变动是指由商品本身价格的变动而引起的对该商品需求量的变动，由于它并不改变需求函数和需求表，因此，在图形上表现为沿着原有需求曲线的移动；需求的变动是指由商品本身价格以外的因素变动，如收入变化、偏好改变所引起的对该商品需求的变动，这种变动会改变需求函数和需求表，因此，在图形上表现为原有需求曲线的整体移动。需求曲线的两种变化情况如图 2-2 所示。

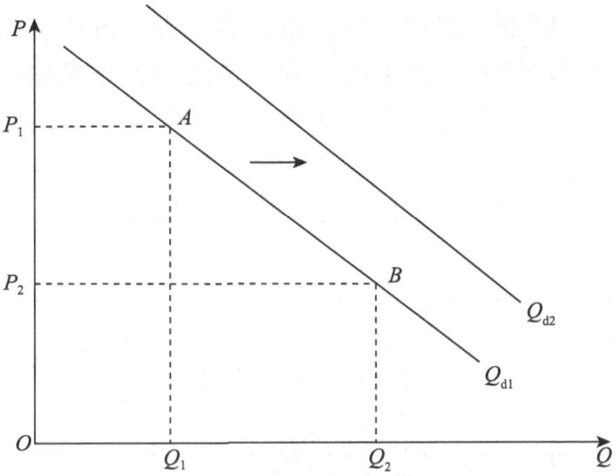

图 2-2　需求曲线的移动

在图 2-2 中，横轴表示需求量 Q，纵轴表示价格 P，Q_{d1} 表示原有的需求曲线。首先考察需求量的变动。需求曲线 Q_{d1} 上的 A 点表示在价格水平为 P_1 时，该商品的需求量为 Q_1，当商品价格由 P_1 下降至 P_2 时，需求量由 Q_1 增加至 Q_2，此时，A 点沿着原来的需求曲线向右下方移动至 B 点。可见，当商品本身价格发生变化时，会引起需求量的变化。价格上升，需求曲线上的点向左上方移动；价格下降则向右下方移动。其次，考察需求的变动。假设在商品本身价格不变的前提下，由于收入的增加，在每一价格水平上消费者的需求量都会增加，此时，需求曲线整体向右上方移动，即由 Q_{d1} 移动至 Q_{d2}。可见，当商品本身价格以外的其他因素发生变化时，会导致需求的变动。需求增加，需求曲线向右上方移动；需求减少则向左下方移动。

五、产品市场的个人需求与市场需求

以上我们对个人需求的定义、影响因素及其变动规律进行了全面分析，但市场价格的决定依赖于市场需求而非个人需求，因此，有必要在个人需求的基础上，进一步探讨市场需求。

所谓市场需求是所有个人对某种产品或劳务需求的总和。将每一价格水平上个人的需求量加总，即可得到市场需求量。假定市场上有 A、B 两个消费者，个人需求与市场需求之间的关系如表 2-2 所示。

表 2-2 个人需求与市场需求表

产品价格/元	A 的需求量/千克	B 的需求量/千克	市场需求量/千克
2	8	9	17
3	7	7	14
4	6	5	11
5	5	3	8
6	4	1	5

由表 2-2 可以看出，同个人需求一样，市场需求也与价格呈反向变动关系，价格高则需求量少，价格低则需求量多。由于市场需求是由个人需求加总而来，因此，影响个人需求的因素就是影响市场需求的因素，此外，市场需求还受消费者人数的影响，与消费者人数正相关。

可由表 2-2 得出个人需求曲线与市场需求曲线，如图 2-3 所示。

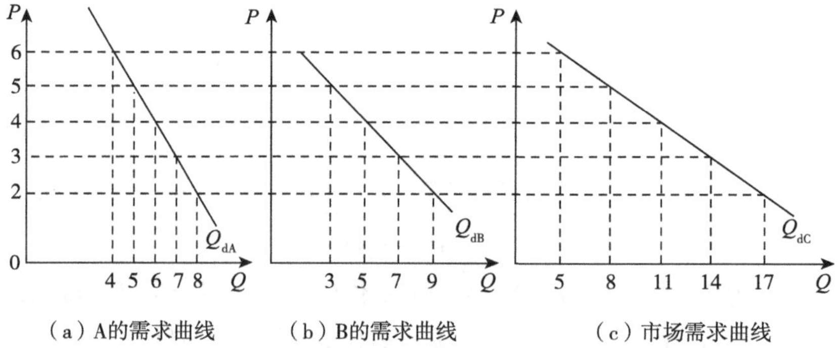

图 2-3 个人需求曲线与市场需求曲线

由图 2-3 可知，将个人的需求曲线水平相加，即可得出市场的需求曲线，它表示某种产品的市场需求量与价格之间的关系。由于市场需求量与价格负相关，因此，市场需求曲线也是一条向右下方倾斜的线。

第二节 产品市场的供给分析

一、产品市场的供给及其影响因素

1. 产品市场供给的含义

产品市场的供给是指在某一特定时期内，在每一价格水平上厂商愿意而且能够提供的商品数量。根据定义，现实的供给也须同时具备两个要件：其一是厂商供应商品的意愿；其二是厂商供应商品的实际能力。二者缺一不可，既有供应商品的意愿又具供应商品的实际能力才能形成现实的供给。

2. 影响产品市场供给的因素

与需求一样，影响厂商供给意愿和供给能力的因素很多，概括起来主要有以下几点：

（1）商品本身的价格。在其他条件既定的情况下，商品本身价格的高低直接决定厂商利润的大小。价格上升，厂商可获取更多利润，因此，厂商会扩大生产，使供给量增加；反之，厂商则选择缩减生产，使供给量减少。

（2）相关商品的价格。当相关商品的价格发生变动时也会影响到某种商品的供给量。例如，小麦和玉米是替代品，在玉米的价格不变而小麦的价格上升时，农户就会减少玉米的种植而增加小麦的种植面积，这样玉米的供给减少，而小麦的供给则相应增加。

（3）生产要素的价格。生产要素价格是厂商生产成本的主要组成部分，生产要素价格的变化直接影响到厂商的利润。在其他条件既定的情况下，生产要素价格上升，厂商的生产成本增加而利润减少，厂商会减少商品的供给；反之，生产要素价格下降使厂商利润增加，商品供给会相应增加。

（4）厂商的生产技术和管理水平。厂商的生产技术和管理水平决定了厂商的生产效率。在一般情况下，厂商生产技术和管理水平的提高可以降低生产成本，使其利润增加，因此，追求利润最大化的厂商会扩大生产，增加供给。

（5）厂商对未来的预期。与消费者一样，厂商也会对未来的经济前景及价格走势进行判断。如果预期未来经济发展良好、价格水平上升，厂商在制订生产计划时就会增加产量供给。如果厂商对未来经济发展持悲观看法，预期商品价格下降，在制订生产计划时就会减少产量供给。

（6）政府的税收政策。政府的税收政策对厂商的生产成本有直接影响，政府税收增加，会提高厂商的生产成本，在其他条件不变的情况下，厂商的供给会相应减少；反之，政府的减税措施有助于刺激厂商增加供给。

除以上分析的各因素之外，厂商的商品供给还受生产规模、进出口贸易、厂商的经营发展战略及气候等因素的影响。

二、供给函数、供给表、供给曲线

1. 供给函数

供给函数是指供给与影响供给的各因素之间的函数关系。如果把以上分析的影响供给的各因素作为自变量，供给作为因变量，则供给函数可表达为

$$Q_s=f(P,\ P_r,\ P_f,\ M,\ E,\ T) \tag{2-3}$$

其中，Q_s表示对某种商品的供给；P 表示该种商品或劳务本身的价格；P_r表示相关商品的价格；P_f表示生产要素的价格；M 表示厂商的生产技术和管理水平；E 表示厂商对未来的预期；T 表示政府的税收政策。

若只考察商品本身价格对其供给量的影响，而不考虑其他因素，则供给函数可表

达为

$$Q_s=f(P) \tag{2-4}$$

2. 供给表、供给曲线

在影响供给的其他因素不变的情况下，商品本身价格与其供给量之间的关系可以用供给表和供给曲线来表示。

供给表是表示某种商品的各种价格及其相应的供给量的数字序列表，如表 2-3 所示。

表 2-3 某商品的供给表

价格–供给量组合	价格/元	供给量/千克
A	2	6
B	3	7
C	4	8
D	5	9
E	6	10

表 2-3 清楚地反映了商品本身价格与其供给量之间的函数关系。当商品价格逐步由 2 元上涨至 6 元时，其供给量也由 6 千克逐渐增加到 10 千克，商品的供给量同其价格呈同向变动关系。

供给曲线是表示商品本身价格与其供给量之间关系的曲线。供给曲线可以由供给表中给出的价格–供给量组合得出，能够更直观地反映商品供给量与其价格之间的同向变动关系。图 2-4 是根据需求表 2-3 绘制的一条供给曲线。

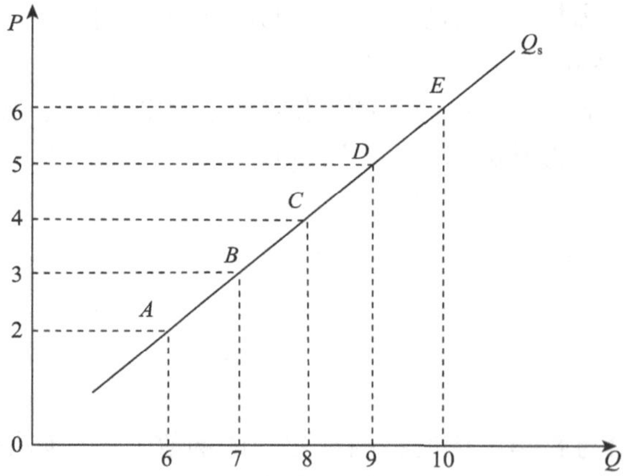

图 2-4 供给曲线

在图 2-4 中，横轴表示商品的需求量 Q，纵轴表示商品的价格 P，Q_s 表示供给曲线。根据供给表 2-3 中的数据可以在坐标图中描出 A、B、C、D、E 五点，将之连接起来，就得到了一条由左下方向右上方倾斜的供给曲线，表示供给量与价格同方向变动。

三、供给定理

供给函数、供给表及供给曲线所描述的商品供给量及其价格之间的关系，被称为供给定理。其具体内容是：在其他条件不变的前提下，商品的供给量与其价格同方向变动，价格上升，供给量增加，价格下降，供给量减少。

需要注意的是，供给定理也只存在于平均意义上，也就是说对于绝大多数商品而言，其供给量与价格之间的关系符合供给定理的描述，但对于一些特殊商品，如劳动力和土地等来说，其供给量和价格之间的关系与供给定理并不相符。

劳动力商品的供给有其自身的变动规律。劳动力作为商品，其价格表现为工资。在一定范围内，劳动力供给会随着工资的增加而增加，但工资增加到一定程度后，随着工资水平的进一步上升，劳动力的供给不仅不会继续增加，相反会逐渐减少。

土地的供给也有自身的特点。由于土地是大自然赋予的，其面积是固定不变的，因此，无论价格怎样变动，土地的供给量始终不变。

同样，虽然上述两种商品并不符合供给定理所揭示的商品供给量及其价格之间的关系，但它们的存在属于特例，并不能否定供给定理的存在及以此为基础对市场均衡所进行的分析。

四、供给量的变动与供给的变动

供给和供给量是两个既相互联系又相互区别的概念。供给量是指在某一时期内，在一定价格水平下，厂商供应的商品数量。供给则是指在一定时期内，商品供给量与其价格之间的一一对应关系，供给反映在不同价格水平时的供给量。在图像上，供给为一条线，而供给量为供给曲线上的一个点。与此相应，供给曲线的变动分为供给量的变动和供给的变动两种情况。

供给量的变动是指由商品本身价格的变动而引起的对该商品供给量的变动，由于它并不改变供给函数和供给表，因此，在图形上表现为沿着原有供给曲线的移动；供给的变动是指由商品本身价格以外的因素变动，如生产要素价格变化、生产技术改变所引起的该商品供给的变动，这种变动会改变供给函数和供给表，因此，在图形上表现为原有供给曲线的整体移动。供给曲线的两种变化情况如图 2-5 所示。

在图 2-5 中，横轴表示需求量 Q，纵轴表示价格 P，Q_{s1} 表示原有的供给曲线。首先考察供给量的变动。供给曲线 Q_{s1} 上的 A 点表示在价格水平为 P_1 时，该商品的供给量为 Q_1，当商品价格由 P_1 上升至 P_2 时，供给量由 Q_1 增加至 Q_2，此时，A 点沿着原来的供给曲线向右上方移动至 B 点。可见，当商品本身价格发生变化时，会引起供给量的变化，价格上升，供给曲线上的点向右上方移动；价格下降则向左下方移动。其次考察供给的变动。假设在商品本身价格不变的前提下，由于生产要素价格下降，在每一价格水平上厂商的供给量都会增加，此时，供给曲线整体向右下方移动，即由 Q_{s1} 移动至 Q_{s2}。可见，当商品本身价格以外的其他因素发生变化时，会导致供给的变动，供给增加，供给曲线

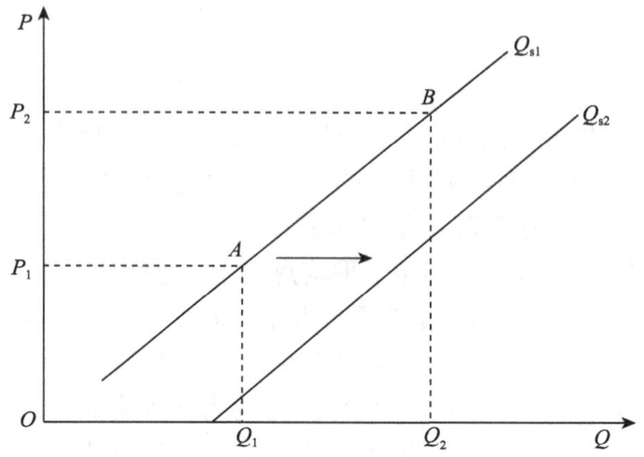

图 2-5 供给曲线的移动

向右下方移动；供给减少则向左上方移动。

五、产品市场的单个厂商供给与市场供给

市场供给是市场价格的另一个决定因素，如同对市场需求的分析一样，在单个厂商供给的基础上，可以推导出市场供给。

所谓市场供给是所有厂商对某种产品或劳务供给的总和。将每一价格水平上单个厂商的供给量加总，即可得到市场供给量。假定市场上有 A、B 两个厂商，单个厂商供给与市场供给之间的关系如表 2-4 所示。

表 2-4 单个厂商供给与市场供给之间的关系表

产品价格/元	A 的供给量/千克	B 的供给量/千克	市场供给量/千克
2	4	1	5
3	5	3	8
4	6	5	11
5	7	7	14
6	8	9	17

由表 2-4 可以看出，同单个厂商的供给一样，市场供给也与价格呈同方向变动关系，价格高则供给量大，价格低则供给量小。由于市场供给是由单个厂商供给加总而来，所以影响单个厂商供给的因素就是影响市场供给的因素，此外，市场供给也受厂商数量的影响，与厂商数量正相关。由表 2-4 得出市场供给曲线，如图 2-6 所示。

由图 2-6 可知，将单个厂商的供给曲线水平相加，即可得出市场的供给曲线，它表示某种产品的市场供给量与价格之间的关系。由于市场供给量与价格正相关，所以市场供给曲线也是一条向右上方倾斜的线。

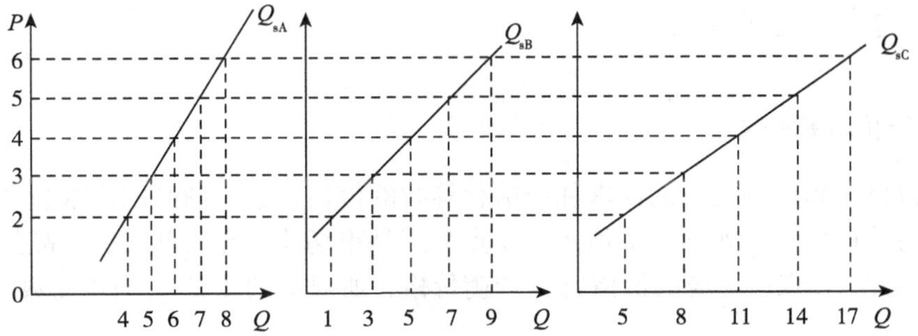

（a）A的供给曲线　（b）B的供给曲线　（c）市场供给曲线

图 2-6　单个厂商的供给曲线与市场供给曲线

第三节　产品市场的市场均衡与均衡价格

一、产品市场的市场均衡

在市场经济中，价格是由需求和供给这两种力量决定的。需求曲线说明了消费者在每一价格水平上的需求数量，供给曲线说明了厂商在每一价格水平上的供给数量。但在产品市场上，对于某种商品的任意给定价格，与其相应的供给量和需求量并不一定相等。当供给量大于需求量时，产品过剩，厂商为销售多余产品必然降低产品价格。这一方面可以刺激消费，增加对该产品的需求；另一方面又能够抑制生产，减少该产品的供给，从而最终使该产品供求相等。当供给小于需求时，产品供不应求，此时，消费者之间的竞争使产品价格上升，这既可以抑制消费、使需求减少，又可以刺激生产、使供给增加，并最终使产品的供求相等。供给和需求相等意味着产品市场达到了一种均衡状态，即产品市场实现了市场均衡。产品市场的均衡如图 2-7 所示。

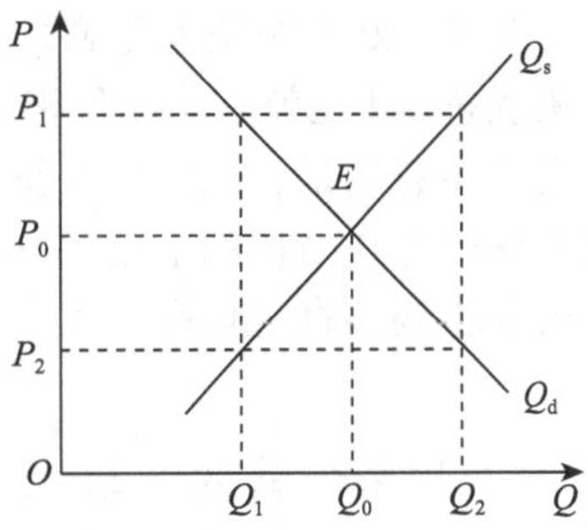

图 2-7　产品市场的均衡

在图 2-7 中，横轴表示需求量 Q，纵轴表示价格 P，Q_d 表示需求曲线，Q_s 表示供给曲线。E 点为需求曲线和供给曲线的交点，此时需求量和供给量相等，产品市场达到均衡状态，P_0 为均衡价格，Q_0 为均衡数量。

产品市场的市场均衡也可以用供求函数来表达，即

$$Q_s = f(P) = Q_d \tag{2-5}$$

二、均衡价格的决定

1. 均衡价格的含义

均衡价格是指一种商品的需求和供给相等时的价格，这时商品的需求量和供给量也相等，称为均衡数量。如图 2-7 所示，E 点为产品市场均衡点，此时，产品的供给和需求相等，因此，E 点所对应的价格 P_0 为均衡价格，所对应的数量 Q_0 为均衡数量。

2. 均衡价格的形成

如前所述，均衡价格是在市场上通过供求双方的竞争自发形成的，均衡价格的形成过程就是价格决定的过程。均衡价格的形成过程可用表 2-5 说明。

表 2-5 某商品的均衡价格和均衡数量

需求量/千克	价格/元	供给量/千克	供求之差	价格变动趋势
23	2	11	−12	上升
20	3	14	−6	上升
17	4	17	0	均衡价格
14	5	20	6	下降
11	6	23	12	下降

表 2-5 反映了某商品的市场供求状况。从表 2-5 中可以看出，当价格低于 4 元时，商品的供给小于需求，处于供不应求状态，此时价格上涨，供给相应增加，需求相应减少；当价格高于 4 元时，商品供给大于需求，处于供过于求状态，此时价格下降，供给相应减少，需求相应增加；只有当价格等于 4 元时，供给量和需求量相等，均为 17 千克，此时，市场上既无短缺也无剩余，价格既不上涨也不下降，处于买卖双方都满意的状态，即均衡状态，4 元就是均衡价格，17 千克就是均衡数量。

需要注意的是，在市场经济条件下，均衡状态是在市场机制作用下自发形成的，而不需要任何外在力量的干预。一旦市场价格背离了均衡价格，在供求关系的相互作用下，价格会逐步调整直至均衡。

三、均衡价格的变动

供给和需求是决定均衡价格和均衡数量的两种因素，因此，当供给和需求发生变化时，必然会引起均衡价格和均衡数量的变动。

1. 供给不变，需求变动对均衡价格的影响

由商品本身价格以外的其他因素所引起的需求变动会对均衡产生重要影响。一般而言，在供给不变的条件下，需求增加会导致均衡价格上升，需求减少会导致均衡价格下降。需求变动对均衡价格和均衡数量的影响如图 2-8 所示。

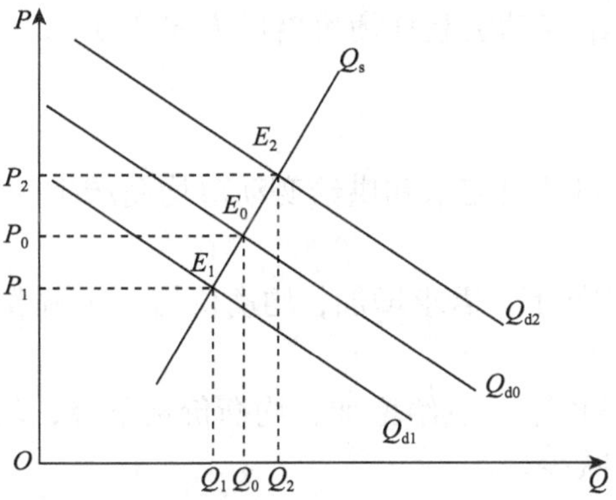

图 2-8　需求变动对均衡价格和均衡数量的影响

在图 2-8 中，Q_{d0} 为初始的需求曲线，与供给曲线 Q_s 相交于 E_0 点，决定了均衡价格为 P_0，均衡数量为 Q_0。如果由于某种原因，如消费者对未来预期不佳导致需求减少，需求曲线向左下方移动至 Q_{d1}，与供给曲线相交于 E_1 点，决定了新的均衡价格为 P_1，均衡数量为 Q_1，显然，$P_0>P_1$，$Q_0>Q_1$；相反，若由于某种原因，如收入增加导致需求增加，需求曲线向右上方移动至 Q_{d2}，与供给曲线相交于 E_2 点，决定了新的均衡价格为 P_2，均衡数量为 Q_2，显然，$P_0<P_2$，$Q_0<Q_2$。可见，在供给不变的条件下，均衡价格和均衡数量随需求的增加而增加，随需求的减少而减少，需求变动引起均衡价格和均衡数量同方向变动。

2. 需求不变，供给变动对均衡价格的影响

如需求一样，由商品本身价格以外的其他因素所引起的供给变动也会对均衡产生重要影响。一般而言，在需求不变的条件下，供给增加会导致均衡价格下降，供给减少会导致均衡价格上升。供给变动对均衡价格和均衡数量的影响如图 2-9 所示。

在图 2-9 中，Q_{s0} 为初始的供给曲线，与需求曲线 Q_d 相交于 E_0 点，决定了均衡价格为 P_0，均衡数量为 Q_0。如果由于某种原因，如原材料价格上涨导致供给减少，供给曲线向左上方移动至 Q_{s1}，与需求曲线相交于 E_1 点，决定了新的均衡价格为 P_1，均衡数量为 Q_1，显然，$P_0<P_1$，$Q_0>Q_1$；相反，若由于某种原因，如政府减税导致供给增加，供给曲线向右下方移动至 Q_{s2}，与需求曲线相交于 E_2 点，决定了新的均衡价格为 P_2，均衡数量为 Q_2，显然，$P_0>P_2$，$Q_0<Q_2$。可见，在需求不变的条件下，均衡价格随供给的增加而减少，随供给的减少而增加，均衡数量随供给的增加而增加，

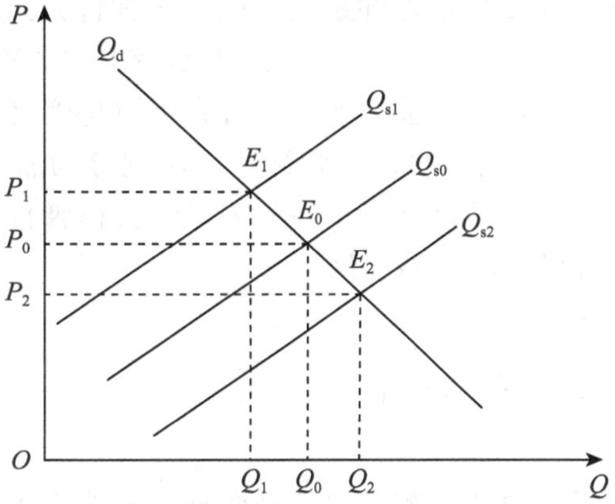

图 2-9　供给变动对均衡价格和均衡数量的影响

随供给的减少而减少。供给变动引起均衡价格反方向变动，引起均衡数量同方向变动。

3. 供求定理

根据上述分析，可以归纳出需求和供给变动对均衡产生的影响，这就是供求定理，具体有以下两点内容：

（1）在供给不变的条件下，需求增加，均衡价格、均衡数量增加；需求减少，均衡价格、均衡数量下降。

（2）在需求不变的条件下，供给增加，均衡价格下降，均衡数量增加；供给减少，均衡价格上升，均衡数量减少。

第四节 产品市场的弹性理论

弹性是西方经济学中一个十分重要的概念。当经济变量之间存在函数关系时，弹性可以帮助人们了解自变量对因变量的影响程度，或因变量对自变量变动的反应程度，使人们对相关变量之间的相关程度有更准确的认识。

一、弹性的基本概念

弹性是指经济变量之间存在函数关系时，因变量对自变量变动的反应程度，其大小通常用弹性系数来表示。根据定义，弹性系数的计算公式为

弹性系数=因变量变动的比率/自变量变动的比率

假设两个经济变量 X 和 Y 之间的函数关系为 $Y=f(X)$，ΔX、ΔY 分别表示 X、Y 的变动量。若 E 表示弹性系数，则上述弹性公式可表达为

$$E=(\Delta Y/Y)/(\Delta X/X)=\Delta Y/\Delta X\cdot X/Y \tag{2-6}$$

根据函数关系的不同，首先可以将弹性划分为需求弹性和供给弹性，依据具体的影响因素，又可以将需求弹性进一步划分为需求价格弹性、需求收入弹性和需求交叉弹性，供给弹性也可以进一步划分为供给价格弹性、供给交叉弹性等不同类型。本节主要介绍需求和供给的价格弹性。

二、需求弹性

需求弹性是衡量需求量变动对影响需求的诸因素变动的反应程度大小的指标。由于商品本身的价格、消费者收入水平及相关商品价格都是影响需求的因素，所以，需求弹性又可分为需求价格弹性、需求收入弹性及需求交叉弹性。

（一）需求价格弹性

1. 需求价格弹性的定义

需求价格弹性，简称需求弹性，是指商品的需求量对其价格变动的反应程度，其大小用需求的价格弹性系数表示。

若以 E_d 表示需求的价格弹性系数，Q 表示需求量，P 表示价格，则需求价格弹性的计算公式为

$$E_d = \frac{需求量变动的百分比}{价格变动百分比} = \frac{\Delta Q / Q}{\Delta P / P} = \frac{\Delta Q}{\Delta P} \cdot \frac{P}{Q} \quad (2\text{-}7)$$

例如，某商品价格上升 10%，需求量减少 20%，该商品的需求弹性系数为 2，即需求量变动是价格变动的 2 倍，这说明该商品的需求对价格变化很敏感，价格较小的变化会引起需求量较大的波动。

2. 需求价格弹性的公式

需求价格弹性可以分为弧弹性和点弹性。

第一，弧弹性。所谓弧弹性是表示需求曲线上两点之间的需求量变动对价格变动的反应程度的指标，简言之，它表示需求曲线上两点之间的弹性。弧弹性的计算公式为

$$E_d = (\Delta Q/Q) / (\Delta P/P) = \Delta Q/\Delta P \cdot P/Q \quad (2\text{-}8)$$

通常根据需求曲线上两点的价格和需求量就可以运用弧弹性公式计算其需求弹性。但弧弹性存在一个缺点，即两点之间的弹性值会随取值基点的不同而不同。例如，计算 A、B 两点之间的弹性。A 点对应的价格为 5 元，需求量为 60 千克，B 点对应的价格为 2 元，需求量为 70 千克。

若以 A 点为取值基点计算 AB 之间的弹性，则

$$E_d = (10 \div 3) \times (5 \div 60) = 0.278$$

若以 B 点为取值基点计算 AB 之间的弹性，则

$$E_d = (10 \div 3) \times (2 \div 70) = 0.095$$

同样的两点之间，由于所确定的起始点不同导致了差异悬殊的结果。为避免这一问题，在计算时通常取价格和需求量变动的平均值，相应的，弧弹性的计算公式可修正为

$$E_d = \frac{\Delta Q / \frac{Q_1 + Q_2}{2}}{\Delta P / \frac{P_1 + P_2}{2}} = \frac{\Delta Q}{\Delta P} \cdot \frac{P_1 + P_2}{Q_1 + Q_2} \quad (2\text{-}9)$$

这样，在计算 AB 两点之间的需求价格弹性时，无论是从 A 点到 B 点，还是从 B 点到 A 点，最终结果均无差别，该两点之间的需求价格弹性为

$$E_d = (10 \div 3) \times (1 \div 2) \times (5+2) \div [(1 \div 2) \times (60+70)] = 0.179$$

第二，点弹性。所谓点弹性是表示当需求曲线上两点之间的变动量趋于 0 时，需求量变动对价格变动反应程度的指标，简言之，它表示需求曲线上某一点的弹性。点弹性的计算公式为

$$E_d = \lim \frac{\Delta Q / Q}{\Delta P / P} = \frac{dQ}{dP} \cdot \frac{P}{Q} \tag{2-10}$$

点弹性的优点在于只要确定了需求函数的形式，就可以计算出相应各点的弹性系数。例如，已知某商品的需求函数为 Q=20−2P，则

$$E_d = dQ/dP \cdot P/Q = 2 \times [P/(20-2P)]$$

据此可以计算出任一价格水平上该商品的需求价格弹性系数。例如，当 P=2 时，E_d=0.25；当 P=6 时，E_d=1.5。

在理解需求价格弹性时，需要注意以下几点：

第一，弹性是相对量而非绝对量的比值。需求价格弹性系数是需求量变动的比率与价格变动的比率之比，而不是需求量变动的绝对量与价格变动的绝对量之比。这样可以剔除计量单位的影响，使不同变量具有可比性。

第二，需求价格弹性不同于需求曲线的斜率。需求曲线的斜率 k=dP/dQ，而需求价格弹性 E_d=dQ/dP · P/Q=1/k · P/Q。可见，需求曲线的斜率越大，其弹性越小；而斜率越小，弹性越大。

第三，需求曲线上不同点的弹性系数是不同的。若需求曲线是线性的，则 dQ/dP 为常数，但由于不同点的 P、Q 取值不同，所以 P/Q 的值不断变化，弹性系数也随之不断变化。若需求曲线是非线性的，则 dQ/dP 和 P/Q 均会变化。除非 dQ/dP 和 P/Q 以相同的速度反方向变动，否则，同一条需求曲线上，不同点的弹性系数都不相同。

第四，弹性系数的符号视相关变量的变动方向而定。若因变量与自变量变动方向相同，则弹性系数为正值，若二者反方向变动则弹性系数为负值。由于需求量变动与价格变动方向相反，所以需求价格弹性为负值。但为计算简便，通常取其绝对值。

3. 需求价格弹性的分类

根据弹性系数的大小，可以将需求价格弹性分为五种类型，见图 2-10。

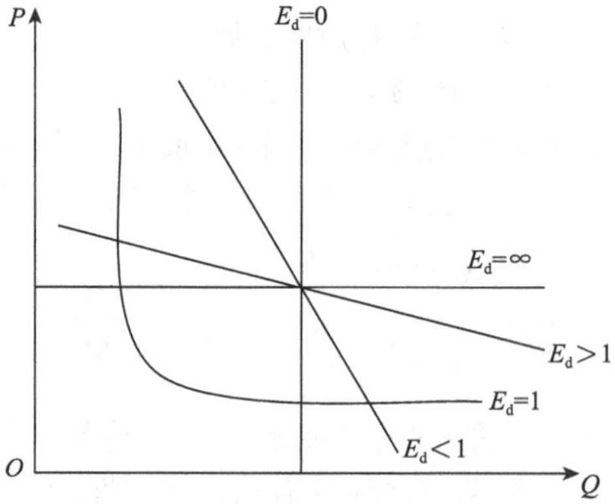

图 2-10 需求价格弹性的五种类型

（1）需求完全无弹性，即 E_d=0。在这种情况下，无论价格怎样变动，需求量始终不变。此时，需求曲线是一条垂直于横轴的直线。

（2）需求完全有弹性，即 E_d=∞。在这种情况下，价格极微小的变动也会引起需求

量极大的改变。此时，需求曲线是一条与横轴平行的直线，表示当价格既定时，需求量是无穷的。

（3）需求单位弹性，即 $E_d=1$。在这种情况下，需求量的变动比率与价格的变动比率相同，此时，需求曲线是一条正双曲线。

（4）需求富有弹性，即 $E_d>1$。在这种情况下，需求量的变动比率大于价格的变动比率，此时，需求曲线斜率较小。

（5）需求缺乏弹性，即 $E_d<1$。在这种情况下，需求量的变动比率小于价格的变动比率，此时，需求曲线斜率较大。

需要说明的是，前三种情况都是需求价格弹性的特例，在现实生活中并不常见，人们日常所接触的商品大都属于后两种情况。实际上，即便是同一商品，在不同的价格区间其弹性系数也不相同。一般而言，在价格处于高水平区间时，商品的需求价格弹性较大；价格位于低水平区间时，其需求价格弹性相对较小。

4. 影响需求价格弹性的因素

影响需求价格弹性的因素很多，概括起来主要有以下几点：

（1）商品的必需程度。一般来说，生活必需品的需求价格弹性较小，非生活必需品的需求价格弹性较大。例如，食盐、大米、植物油等生活必需品，其需求量受价格影响不大，需求价格弹性较小；电影、出租车等非生活必需品，其需求量受价格影响较大，需求价格弹性较大。

（2）商品的可替代性。通常，一种商品的替代品越多替代性越强，该商品的需求弹性就越大；反之，需求价格弹性较小。在存在较多替代品时，该商品价格的上涨会促使人们去购买其替代产品，使该产品需求量大幅度减少，需求价格弹性较大。

（3）商品的消费支出在总支出中的比重。一种商品的支出在消费者总支出中所占比重越高，消费者对其价格变化越敏感，商品的需求价格弹性越大；反之，需求价格弹性较小。

（4）商品类别的大小。需求价格弹性的大小，与商品类别大小密切相关。考察的商品类别越大，其替代品越少，需求价格弹性越小；考察的商品类别越小，则替代品越多，其需求价格弹性越大。

（5）商品用途的广泛性。一般而言，一种商品的用途越广泛，其需求价格弹性越大；用途越狭窄，其需求价格弹性越小。

（6）时间的长短。当价格水平变化时，消费者改变其消费习惯或寻找可替代的商品需要时间，因此，时间越长，消费者的需求调整越充分，需求价格弹性越大。

除上述因素外，商品的耐用程度、售后服务、消费者的消费习惯、地域差别等因素也会影响需求价格弹性，一种商品需求价格弹性的大小是上述多种因素综合作用的结果。

（二）需求收入弹性

消费者的收入水平是影响商品需求量的又一重要因素。需求收入弹性是反映收入水平对需求量的影响程度的指标。

1. 需求收入弹性的定义

需求收入弹性是指需求量对消费者收入变动的反应程度，是需求量变动的比率与收入变动的比率之比。其计算公式为

$$E_{\mathrm{y}}=\frac{\Delta Q/Q}{\Delta Y/Y}=\frac{\Delta Q}{\Delta Y}\cdot\frac{Y}{Q} \tag{2-11}$$

例如，某消费者的收入增加 10%，在其他条件不变的情况下，其对某商品的需求量增加了 15%，则该商品的需求收入弹性系数为 1.5。对于大多数商品而言，消费者的需求量与其收入正相关，因此，需求收入弹性系数通常为正值。

2. 需求收入弹性的分类

根据弹性系数的大小，可以将需求收入弹性分为以下三类：

（1）$E_{\mathrm{y}}>1$，即需求量变动的比率大于收入变动的比率，这类商品通常被定义为奢侈品，如名牌时装、名贵首饰、旅游等。

（2）$0<E_{\mathrm{y}}<1$，即需求量变动的比率小于收入变动的比率，这类商品通常被定义为必需品，如大米、植物油等。

（3）$E_{\mathrm{y}}<0$，即随着收入增加，其需求量不增反降的商品，这类商品通常被定义为劣质品，主要是指消费层次很低的商品，消费者对这类商品的需求量与其收入水平负相关。收入弹性的大小不取决于商品本身的属性，而取决于消费者购买时的收入水平。

（三）需求交叉弹性

需求价格弹性考察了商品自身价格变动对其需求量的影响，需求交叉弹性则是分析相关商品价格变动对某种商品需求量的影响。

需求交叉弹性是指一种商品的需求量对另一种商品的价格变化的反应程度，是一种商品需求量变动的比率与另一种商品价格变动的比率之比。若以 X、Y 分别代表两种相关商品，当 Y 商品价格变化时，X 商品的需求量会相应改变，此时，需求交叉弹性的公式可表示为

$$E_{\mathrm{XY}}=\frac{\text{X商品的需求量变动百分比}}{\text{Y商品的价格变动百分比}}=\frac{\Delta Q_{\mathrm{X}}/Q_{\mathrm{X}}}{\Delta P_{\mathrm{Y}}/P_{\mathrm{Y}}}=\frac{\Delta Q_{\mathrm{X}}}{\Delta P_{\mathrm{Y}}}\cdot\frac{P_{\mathrm{Y}}}{Q_{\mathrm{X}}} \tag{2-12}$$

由前述分析可知，X 商品、Y 商品若为替代品，则 X 商品的需求量与 Y 商品的价格同向变动，需求交叉弹性为正值；若这两种商品为互补品，则 X 商品的需求量与 Y 商品的价格反向变动，需求交叉弹性为负值；若这两种商品毫不相关，则 Y 商品价格变动对 X 商品需求量无影响，需求交叉弹性为零。

三、供给弹性

供给弹性是衡量供给量对影响供给量的诸因素变动的反应程度的指标。由于商品本

身的价格，以及相关商品价格都是影响供给的因素，所以供给弹性又可分为供给的价格弹性和供给的交叉弹性等类型。由于供给价格弹性是最基本和最主要的内容，所以本小节主要分析供给价格弹性。

1. 供给价格弹性的定义

供给价格弹性，又称供给弹性，是指供给量对价格变动的反应程度，即供给量变动的比率与价格变动的比率之比。弹性系数是衡量供给弹性大小的指标，其计算公式为

$$E_s=\frac{\text{供给量变动百分比}}{\text{价格变动百分比}}=\frac{\Delta Q/Q}{\Delta P/P}=\frac{\Delta Q}{\Delta P}\cdot\frac{P}{Q} \tag{2-13}$$

同需求价格弹性一样，供给价格弹性也分为弧弹性和点弹性，弧弹性的计算公式为

$$E_s=\frac{\Delta Q/\frac{Q_1+Q_2}{2}}{\Delta P/\frac{P_1+P_2}{2}}=\frac{\Delta Q}{\Delta P}\cdot\frac{P_1+P_2}{Q_1+Q_2} \tag{2-14}$$

点弹性的计算公式为

$$E_s=\lim\frac{\Delta Q/Q}{\Delta P/P}=\frac{\mathrm{d}Q}{\mathrm{d}P}\cdot\frac{P}{Q} \tag{2-15}$$

由供给定理可知，商品的供给量与价格同方向变动，因此，供给价格弹性系数通常为正值。

2. 供给价格弹性的类型

根据弹性系数的大小，供给价格弹性也分为五种类型，见图 2-11。

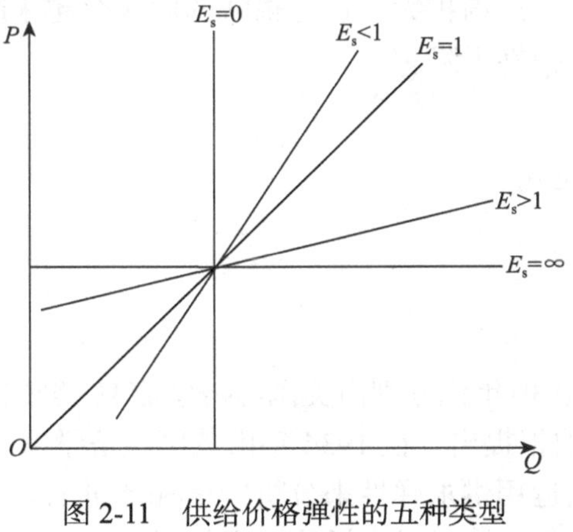

图 2-11　供给价格弹性的五种类型

（1）供给完全无弹性，即 $E_s=0$。在这种情况下，无论价格怎样变动，供给量始终不变。此时，供给曲线是一条垂直于横轴的直线。

（2）供给完全有弹性，即 $E_s=\infty$。在这种情况下，价格极微小的变动会引起供给量极大的改变。此时，供给曲线是一条与横轴平行的直线，表示当价格既定时，供给量是无穷的。

（3）供给单位弹性，即 $E_s=1$。在这种情况下，供给量的变动比率与价格的变动比率相同，此时，供给曲线是 45° 线。

（4）供给富有弹性，即 $E_s>1$。在这种情况下，供给量的变动比率大于价格的变动比率，此时，供给曲线斜率较小。

（5）供给缺乏弹性，即 $E_s<1$。在这种情况下，供给量的变动比率小于价格的变动比率，此时，供给曲线斜率较大。

同样，前三种情况都是供给弹性的特例，在现实生活中并不常见，人们日常所接触的商品大都属于后两种情况。

3. 影响供给价格弹性的因素

供给价格弹性的大小，主要取决于以下因素：

（1）进入和退出的难易程度。如果某一行业进入或退出的障碍很小，厂商能够自由地根据市场状况进行生产决策，则该商品的供给弹性较大；反之，供给弹性较小。

（2）供给者类别的大小。供给弹性的大小与所考察的供给者类别的大小正相关，供给者类别越大，供给弹性就越大。与整个行业相比，单个厂商调整产量的能力有限，供给弹性相对较小。

（3）生产的技术类型。厂商的生产通常可以分为劳动密集型、资本密集型和技术密集型，相较之下，劳动密集型的厂商，其产量最容易调整，供给弹性相应较大，而资本密集型和技术密集型因规模调整困难，供给弹性较小。

（4）时间的长短。厂商供给能力的调整受时间的制约，时间越短，厂商对产量的调整能力越有限，供给弹性越小。特别是在极短时间内，厂商仅能通过调节库存来调整供给量，供给弹性几乎为零。

（5）产量的大小。资源的稀缺性主要表现为可供厂商使用的生产要素是有限的。就某一行业而言，随着产量的逐渐扩大，资源稀缺的问题会越来越突出，厂商难以获得相关要素以扩大生产，供给弹性下降。

四、弹性理论的应用

（一）蛛网理论

蛛网理论是在20世纪30年代分别由美国经济学家H. 舒尔茨、意大利经济学家U. 里西和荷兰经济学家J. 丁伯根提出，在1934年由英国经济学家N.卡尔多定名的。该理论是一种动态均衡分析，它运用供求弹性来分析价格和产量的相互影响及其变动过程，从而揭示市场均衡的形成过程，同时对市场波动进行了解释。

蛛网理论主要用于分析农产品价格和产量的波动，其分析基于以下假定条件：

第一，该理论所分析的产品需要经一定周期才能生产出来，在此期间，生产规模无法改变，如农产品从种植到收获约半年，期间种植规模无法改变。

第二，该产品本期的产量决定本期的价格，即 $P_t=f(Q_t)$。

第三，该产品本期的价格决定下一期的产量，即 $Q_{t+1}=f(P_t)$。

在上述三点假定前提下，依据需求弹性和供给弹性的不同关系，可以形成三种不同形态的“蛛网”。

1. 收敛型蛛网

当供给曲线的价格弹性小于需求曲线的价格弹性，即供给曲线斜率的绝对值大于需求曲线斜率的绝对值时，价格和产量的波动幅度会越来越小，直至达到均衡。其过程如图 2-12 所示。

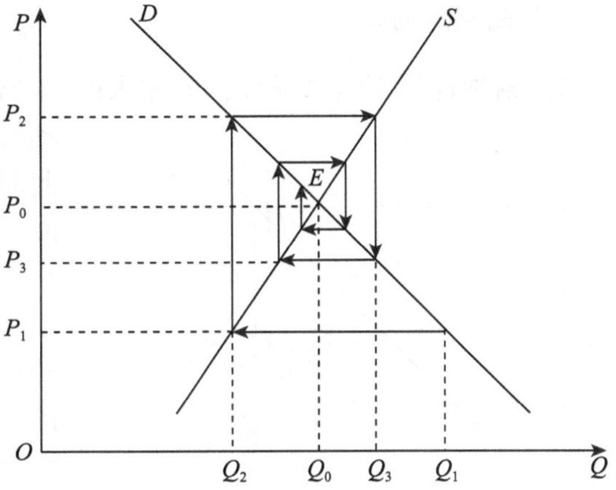

图 2-12 收敛型蛛网

假设第一年市场的实际供给量为 Q_1，由于本期产量决定本期价格，所以当供给量为 Q_1 时，可得第一年的市场销售价格为 P_1。又由于本期价格决定下一期产量，所以第一年的市场价格 P_1 决定第二年的供给量为 Q_2，而第二年的供给量 Q_2 决定第二年的价格为 P_2。接下来，第二年的价格 P_2 又决定了第三年的供给量为 Q_3，第三年的供给量 Q_3 决定第三年的价格为 P_3。这一过程循环下去，产量和价格的波动幅度越来越小，直到最后达到均衡状态，即图中的 E 点。此时，供给量和需求量相等，价格既不上升也不下降，供求量既不增加也不减少，市场处于稳定的均衡状态。这种蛛网称为“收敛型蛛网”，供给弹性小于需求弹性被称为蛛网稳定的条件。

2. 发散型蛛网

当供给弹性大于需求弹性，即供给曲线斜率的绝对值小于需求曲线斜率的绝对值时，价格和产量的波动幅度越来越大，形成一个向外发散型的蛛网，越来越背离均衡。其扩散过程如图 2-13 所示。

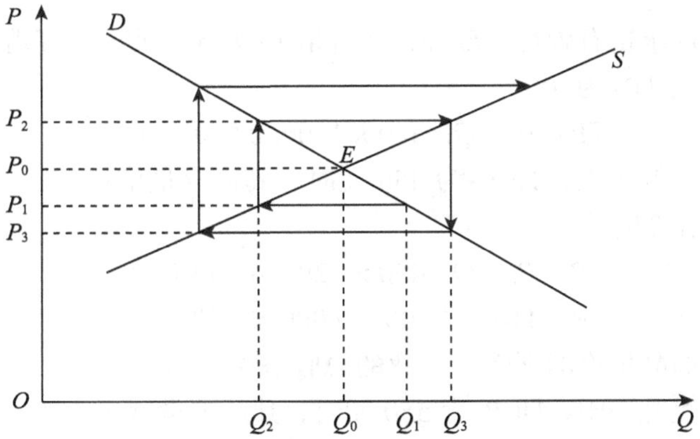

图 2-13 发散型蛛网

可见，当供给弹性大于需求弹性时，价格变动引起供给量的变动大于价格变动引起的需求量的变动。这样，一旦市场出现供求失衡状态，市场机制不仅不能使其恢复均衡，而且会使价格和产量的变动越来越偏离均衡，这种蛛网称为“发散型蛛网”，而供给弹性大于需求弹性则是蛛网不稳定的条件。

3. 封闭型蛛网

当供给弹性等于需求弹性，即需求曲线与供给曲线的斜率的绝对值相等时，价格变动对供给量的影响与其对需求量的影响相同，此时价格和产量以同一幅度围绕均衡点上下波动，其偏离均衡点的距离既不扩大也不缩小。其波动过程如图 2-14 所示。

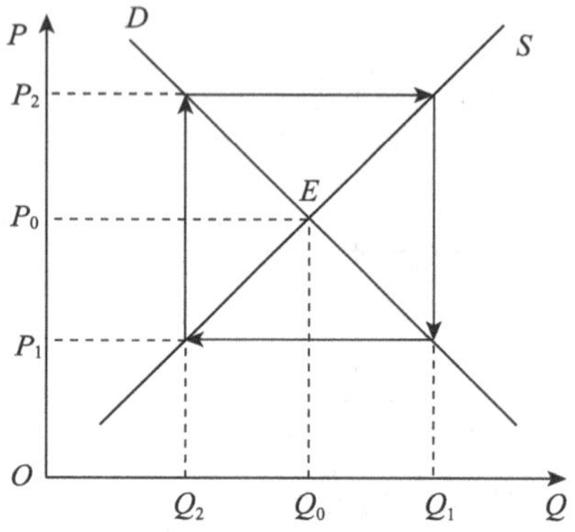

图 2-14 封闭型蛛网

可见，当供给弹性等于需求弹性时，价格和产量的波动沿着封闭的路径循环不已，因此，这种蛛网被称为“封闭型蛛网”，供给弹性等于需求弹性被称为蛛网成立的条件。

（二）弹性与总收益

弹性理论之所以重要，不仅是因为它反映了商品供求数量与其价格之间的变动规律，更为重要的是，供求弹性揭示了价格变动对消费者总支出和厂商总收益的影响，是政府制定销售政策，以及厂商进行销售决策的重要依据。

厂商销售某种商品所能获得的总收益与该商品的需求弹性密切相关。厂商获得的总收益是商品价格和销售量的乘积，对于不同商品来说，由于需求弹性不同，价格变动所引起的需求量的变动也各不相同，所以总收益的变动也不同。下面分别以需求富有弹性和需求缺乏弹性的商品为例来说明需求弹性对厂商总收益的影响。

1. 需求富有弹性的商品及其总收益

假设某商品的需求富有弹性，E_d=2，当价格 P_1 为 500 元时，其需求量 Q_1 为 100 台。此时，厂商的总收益 TR_1 为

$$TR_1=P_1 \cdot Q_1=500\times 100=50\ 000（元）$$

若该商品价格降低 10%，即 P_2 为 450 元时，其需求量增加 20%，即 Q_2 为 120 台。此时，厂商的总收益 TR_2 为

$$TR_2=P_2 \cdot Q_2=450\times 120=54\ 000（元）$$

$$TR_2-TR_1=54\ 000-50\ 000=4\ 000（元）$$

显然，随着该商品价格的下降，厂商的总收益相应增加。

若该商品价格上升 10%，即 P_3 为 550 元时，其需求量减少 20%，即 Q_3 为 80 台。此时，厂商的总收益 TR_3 为

$$TR_3=P_3 \cdot Q_3=550\times 80=44\ 000\text{（元）}$$

$$TR_3-TR_1=44\ 000-50\ 000=-6\ 000\text{（元）}$$

显然，随着该商品价格的上升，厂商的总收益相应减少。

由此可以得出结论：对于需求富有弹性的商品，其价格与总收益呈反方向变动。当价格下降时，需求量的增加幅度大于价格的下降幅度，总收益增加；当价格上升时，需求量的减少幅度大于价格的上升幅度，总收益减少。

2. 需求缺乏弹性的商品及其总收益

假设某商品的需求缺乏弹性，$E_d=0.5$，当价格 P_1 为 2 元时，其需求量 Q_1 为 100 千克。此时，厂商的总收益 TR_1 为

$$TR_1=P_1 \cdot Q_1=2\times 100=200\text{（元）}$$

若该商品价格降低 10%，即 P_2 为 1.8 元时，其需求量增加 5%，即 Q_2 为 105 千克。此时，厂商的总收益 TR_2 为

$$TR_2=P_2 \cdot Q_2=1.8\times 105=189\text{（元）}$$

$$TR_2-TR_1=189-200=-11\text{（元）}$$

显然，随着该商品价格的下降，厂商的总收益相应减少。

若该商品价格上升 10%，即 P_3 为 2.2 元时，其需求量减少 5%，即 Q_3 为 95 千克。此时，厂商的总收益 TR_3 为

$$TR_3=P_3 \cdot Q_3=2.2\times 95=209\text{（元）}$$

$$TR_3-TR_1=209-200=9\text{（元）}$$

显然，随着该商品价格的上升，厂商的总收益相应增加。

由此可以得出结论：对于需求缺乏弹性的商品，其价格与总收益同方向变动。当价格下降时，需求量的增加幅度小于价格的下降幅度，厂商的总收益减少；当价格上升时，需求量的减少幅度小于价格的上升幅度，厂商的总收益增加。

只有了解了需求弹性与总收益之间的互动关系，厂商才能根据商品的需求弹性采取适当的价格策略，以减少决策失误，提高收益水平。

●专栏 2-2　需求价格弹性的指示功能

1. 商品价格弹性缺乏的指示

商品价格弹性缺乏意味着价格弹性系数小，即 $E_p<1$。它反映了商品需求量受价格变动的影响较小，即不管价格上涨或下跌，商品需求量都基本稳定。在实际生活中，生活必需品往往被视为价格弹性缺乏的商品，其产业活动应把握好以下问题：

（1）提价——限制价格（ceiling price）问题。提高商品价格可以增加生产者和经营者的总收益（total income），但会损害消费者的利益。所以，对于有关国计民生的生活必需品，政府必须采取限制价格政策，以确保市场价格在一定范围内相对稳定；必要时，政府可以动用国库储备物资干预市场，以满足人民基本生活需要。

（2）降价——最低限价（floor price）问题。缺乏价格弹性的商品价格下跌，在较小程度上会使消

费者短时间受益，但它却意味着需求市场疲软，需求拉动不力，使生产失去动力；另外，生活必需品多是初级产品或具粗加工特性，附加值含量低，较小幅度的降价都会挫伤生产者的积极性。所以，从宏观经济角度出发，国家应给予支持价格（support price）保护，在市场价格低于最低限价时，通过国家收购的办法来缓冲市场的有效需求不足。

2. 商品富有价格弹性的指示

商品富有价格弹性意味着价格弹性系数较大，即 $E_p>1$。它反映了商品需求量受价格变动的影响大。这类商品的价格占消费者收入的比重高，消费者对价格的敏感性强。从营销角度看，商品价格与经营者总收益呈反方向变动的关系。所以，产业活动行为应把握好以下几个关键：

（1）降价促销。抓住契机、适时降价、“薄利多销”是经营者总收益最大化的最好途径。

（2）打击假冒伪劣的奸商活动。富有价格弹性的商品往往是高档品，它具有附加值高、销售易获取暴利等特点，这些特点为不正当的商业行为滋生、发展提供了生存空间和养料。为了保证经济健康发展，必须打击奸商活动。

3. 需求收入弹性的指示

需求收入弹性（系数）包括两个基本变动区间，即 $E_i<0$ 和 $E_i>0$。其中，$E_i>0$ 表示需求的收入弹性为正（或正变动区间），$E_i<0$ 表示需求的收入弹性为负（或负变动区间）。通过分析某种商品在一定地域、一定时段或一定消费人群中的需求收入弹性系数的区间属性，对产业活动有很强的指示性。

在购销活动中常见到一种“怪异”现象：某些商品以 “跳楼价” 出售却无人问津，而同质商品以相对高价挂牌销售则顾客盈门。前者称 “跳楼失效”，后者叫 “高价促销”。它意味着这类商品已经被需求收入弹性为负的人群包围，即消费人群因收入水平高而对低价位的同类商品不感兴趣，消费者的心理倾向是追求品牌效应，因而高价促销有效。

随着消费者收入增加，消费者对某种（或类）商品需求量减少是 $E_i<0$ 的前提。$E_i<0$ 意味着把更多的消费资金投向同种（或类）更高档商品的消费领域。一般来说，对需求的收入弹性为负的地区或人群而言，购物看货比看钱（即价格）更重要。所以，在高收入区（或发达地区），农副市场上较高价位的“鲜、精、洁”产品畅销，以大商场为依托的中、高档产品销售走势看好；重视整治内外环境（包括工作人员素质）、重信誉的商场生意兴隆。

需求的收入弹性为正，意味着随消费者收入增加，某种（或类）商品销售量也增加。无论是就地区而言，还是就人群而论，需求的收入弹性为正皆为主流。所以，它对产业活动的指示作用更富有社会价值。在 $E_i>0$ 的地区或人群集中的地域，正常品销售应考虑低、中、高档次齐全，品种丰富，并把服务于大众消费的生活必需品作为销售重点。把握销售的时空变动规律，早市和上市销售“鲜、精、洁”农副产品，劣等品入市宜晚，下班时间和节假日降价促销有效（城市）；在广大农村、城市的学校集中分布区、“打工仔” 集中居住区等地降价促销有效。

4. 需求交叉弹性的指示功能

需求交叉弹性是某种商品的需求量变动对相关商品价格变动反应的敏感程度。交叉弹性大于零表明某种商品价格提高会引起另一相关的替代商品（substitute goods）需求量的增加。因此，一方面厂商应注意替代品的价格干扰，形成替代品（如猪肉与牛肉互为替代品）紧缺的市场氛围是对经营者有利的局面；另一方面，政府要稳定市场物价，除了规定限制价格外，调入替代品分流市场需求压力，涨价商品的价格就会自然回落。交叉弹性小于零意味着一种商品价格提高会引起另一种相关的互补品（如汽车和汽油为互补品）需求减少。在产业活动领域，互补品应同时期、同地域进入市场；易耗品购销网点宜相对广泛布局；保证互补品价格稳定，是畅通销售渠道的关键。

资料来源：岳云华，杨兴礼，陈俊华. 需求弹性对产业活动的指示功能研究. 人文地理，2000，(15)：38

第五节　均衡价格理论的运用

在市场经济中，供给和需求两种力量共同决定市场价格，而价格反过来又调节厂商的供给和消费者的需求，并最终实现市场均衡，使资源得到最优配置。从经济效率的角度看，竞争性市场自发实现的结果无疑是最好的，但在现实中，这一结果却未必符合整个社会的价值观念和长远利益，因而会对经济和社会产生不利影响。为此，需要政府采取适当的价格政策进行调节，支持价格和限制价格就是政府运用的两种主要政策手段。本节主要运用均衡价格理论来分析这两种价格政策对经济的影响。

一、支持价格

支持价格，也称最低限价或价格地板，是政府为了扶持某一行业的发展而规定的该行业产品的最低价格，此价格高于该产品在市场上自发形成的均衡价格。如果政府认为某产品由市场供求力量自发形成的均衡价格太低，不利于该行业的发展，就可以对该产品实行支持价格。

支持价格的经济效应如图 2-15 所示。图 2-15 中，P_0 为市场自发形成的均衡价格，此时商品的供给量和需求量相等，均为 Q_0。P_1 为支持价格，$P_1>P_0$，此时，需求量为 Q_1，供给量为 Q_2。$Q_1<Q_2$，表明在支持价格下，厂商愿意提供的商品数量大于消费者愿意购买的数量，产品过剩。为了消化多余的产品，维持支持价格，政府必须收购多余的产品。

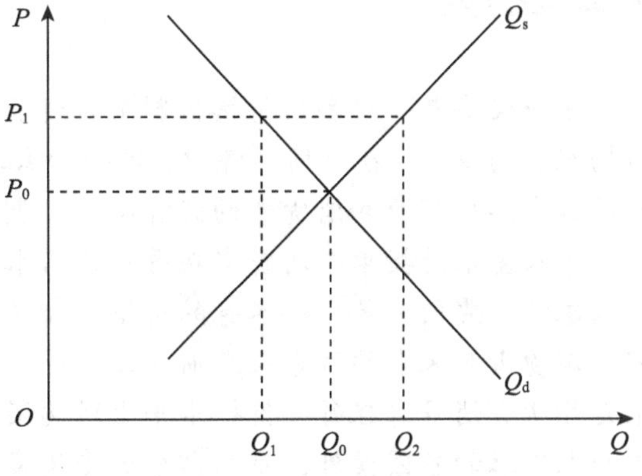

图 2-15　支持价格

支持价格一般应用于农产品的价格政策中。农产品由于生产周期长，且需求弹性较小，过低的价格会使农民的收入减少，挫伤农民生产的积极性，影响国家的粮食安全和经济发展，因此，许多国家都对农产品实行支持价格，以保护农民的利益，防止“谷贱伤农”。

二、限制价格

限制价格，也称最高限价，是政府为了防止物价上涨而规定的某种产品的最高价格，此价格低于该产品在市场上自发形成的均衡价格。政府往往试图运用限制价格政策来控制通货膨胀，此外，在发生战争或自然灾害的特殊条件下，政府也会使用限制价格政策。

支持价格的经济效应如图 2-16 所示。图 2-16 中，P_0为市场自发形成的均衡价格，此时商品的供给量和需求量相等，均为 Q_0。P_1为限制价格，$P_1<P_0$，此时，需求量为 Q_1，供给量为 Q_2。$Q_1>Q_2$，表明在限制价格下，厂商愿意提供的商品数量小于消费者愿意购买的数量，产品供不应求。

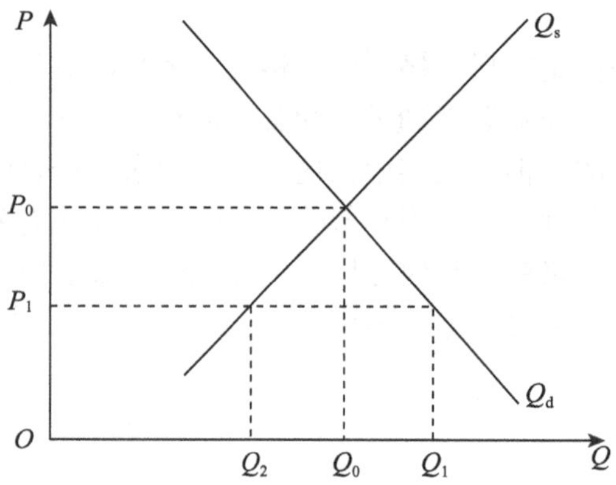

图 2-16　限制价格

限制价格虽然在一定时期能够控制物价的快速上涨，保障人们的基本生活需求，但这一政策也会导致一系列不良的后果。首先，限制价格会使市场长期处于短缺状态。限制价格既无法刺激供给也不能抑制需求，因此，供不应求的局面将长期存在。其次，限制价格会导致社会产品的计划分配。由于不能消除短缺，政府只能通过配给制对产品进行分配。此外，限制价格还会导致黑市交易、排队、走后门、贿赂及“搭配次品”等问题的出现。因此，除非面临特殊情况，否则政府不应对竞争性产品实行限制价格。

➢本章提要

市场经济是一种利用价格机制来实现资源有效配置的经济体制，因此，价格机制是市场经济的核心。在市场经济中，供给和需求是价格的决定因素，而价格作为市场信号，又反过来影响厂商和消费者的经济决策，调节市场供给和需求，最终实现市场均衡。

个人需求是指单个消费者在每一价格水平上愿意而且能够购买的商品数量，影响个人需求的主要因素是商品本身的价格、相关商品的价格、消费者的收入水平、消费者偏好、消费者对未来的预期及政府的政策等，相应地，引起需求和需求量的变动。市场需求是指所有消费者在每一价格水平上所购买的商品数量，它由个人需求加总而来，除影响个人需求的各因素外，市场需求还受消费者人数的影响。

供给也分为单个厂商的供给和市场供给。单个厂商的供给是指单个厂商在每一价格水平上愿意而且能够提供的商品数量，影响单个厂商供给的主要因素是商品本身的价格、相关商品的价格、生产要素的价格、厂商的生产技术和管理水平、厂商对未来的预期及政府的税收政策等，它们引起供给和供给量的变动。市场供给是指所有厂商在每一价格水平上所提供的商品数量，它由单个厂商的供给加总而来，除影响单个厂商供给的各因素外，市场供给还受厂商数量的影响。

需求曲线向右下方倾斜，反映了需求量与商品价格之间的反向变动关系：价格上升，需求量减少；价格下降，需求量增加。供给曲线向右上方倾斜，反映了供给量与商品价格之间的同向变动关系：价格上升，供给量增加；价格下降，供给量减少。

当市场需求曲线和市场供给曲线相交时，市场需求和市场供给相等，此时，市场达到均衡状态，其价格为均衡价格，数量为均衡数量。这种均衡是在市场中由价格机制和竞争机制自发作用形成的，不需要外在的力量进行干预。

为避免市场结果对经济和社会产生不利影响，政府会采取适当的价格政策对经济人的行为进行调节，支持价格和限制价格就是政府运用的两种主要政策手段。支持价格被广泛应用于农业，以保护农民利益，防止“谷贱伤农”的发生。在特定情况下，政府也会采取限制价格政策，但因其弊大于利而被广泛质疑。

当价格发生变化时，供给和需求会相应改变。对不同商品而言，价格对供给和需求的影响程度是不同的，需求弹性和供给弹性具体分析了价格对需求和供给的影响力。需求弹性的大小是政府制定价格政策及厂商制定销售策略的重要依据，同时，以供求弹性分析为基础的蛛网理论描述了均衡的形成过程，也揭示出市场波动的原因。

➢关键概念

供给（supply）
需求（demand）
供给定理（law of supply）
需求定理（law of demand）
互补品（complements）
替代品（substitutes）
市场均衡（market equilibrium）
均衡价格（equilibrium price）
供求定理（law of supply and demand）
弹性（elasticity）
需求价格弹性（price elasticity of demand）
需求收入弹性（income elasticity of demand）
需求交叉弹性（cross-price elasticity of demand）
供给弹性（price elasticity of supply）
最低限价（floor price）
限制价格（ceiling price）

➢复习思考题

1. 在经济学中，稀缺与我们平时所说的短缺有何区别？在一个不受管制的市场经济中，稀缺是否存在？短缺是否存在？

2. 需求曲线为什么向右下方倾斜？

3. 供给曲线为什么向右上方倾斜？

4. 试析需求与需求量、供给与供给量的区别和联系。

5. 什么是均衡价格？它是如何形成和变化的？

6. 试述市场经济中价格的作用。

7. 气候不好对农民不利，因为农业要歉收。但有人说，气候不好对农民有利，因为农业歉收后谷物要涨价，农民收入会增加，对此你有何评论。

8. 已知某一时期内某商品的需求函数为 $Q_d=50-5P$，供给函数为 $Q_s=-10+5P$。

（1）求均衡价格和均衡数量，并画出几何图形。

（2）假定供给函数不变，由于消费者收入增加，需求函数变为 $Q_d=60-5P$。求出相应的均衡价格和均衡数量，并画出几何图形。

（3）假定需求函数不变，由于生产技术水平提高，供给函数变为 $Q_s=-5+5P$。求出相应的均衡价格和均衡数量，并画出几何图形。

9. 为什么不用需求曲线的斜率或斜率的倒数来度量商品需求量对价格变化的反应程度？

10. 假定需求函数为 $Q_d=500-100P$，计算：

（1）价格在 2 元和 4 元之间的需求的价格弧弹性。

（2）价格在 2 元和 4 元之间的需求的价格点弹性。

11. 假设某农民的谷物短期供给弹性是 0.3，而长期供给弹性是 2。如果谷物价格下降 30%，在短期和长期中，供给量会分别发生什么变化？如果价格上升 15%，在短期和长期中，供给曲线分别会发生什么变化？在每种情况下，农民的收益会如何？

➢扩展性阅读资料

范里安 H R. 2006. 微观经济学：现代观点. 第六版. 费方域，等译. 上海：上海三联书店，上海人民出版社

曼斯菲尔德 E. 1999. 应用微观经济学. 王志伟，等译. 北京：经济科学出版社

平狄克 R S，鲁宾费尔德 D L. 2013. 微观经济学. 第八版. 李彬，高远，等译. 北京：中国人民大学出版社

萨缪尔森 P A，诺德豪斯 W D. 2005. 微观经济学. 萧琛译. 北京：人民邮电出版社

斯蒂格利茨 J E，沃尔什 C E. 2013. 经济学. 第四版. 黄险峰，张帆译. 北京：中国人民大学出版社

张元鹏. 2007. 微观经济学. 北京：北京大学出版社

第三章

市场理论：要素市场及其均衡

市场由产品市场和生产要素市场两部分组成，在第二章对产品市场均衡分析的基础上，本章将研究生产要素市场及其均衡决定，即研究生产要素价格和使用量的决定问题。同产品市场一样，生产要素的价格也是由供求双方决定的，所不同的是供求双方的身份与产品市场发生了互换，产品市场的供给者变成了要素市场的需求者，而产品市场的需求者则成了要素市场的供给者，但产品市场均衡的相关原则同样适用于生产要素市场。消费者作为生产要素的供给者，其收入水平取决于要素的价格和使用量，因此，实际上生产要素价格决定理论所讨论的是分配问题，而要素价格决定论也是分配理论的核心内容。

第一节　要素的需求分析

一、生产要素的需求是引致需求

厂商对生产要素的需求是引致需求（derived demand）或派生需求。由于一般产品具有效用，能够满足消费者的欲望，因此，人们愿意购买这些产品，从事产品生产的厂商才有利可图。厂商要生产具有某种效用的产品，必须投入相关的生产要素，可见，厂商购买生产要素并不是为了满足自己的消费，而是要利用这些要素生产出满足消费者需要的产品，因此，厂商对生产要素的需求是由消费者对产品的需求引致而来的，是引致需求或派生需求。

厂商对生产要素的需求还是一种联合需求，即各种生产要素之间存在着相互依存的关系。生产要素往往不能单独发挥作用，在生产过程中，不同生产要素的功能是相互补充的，仅有工人或仅有机器都无法生产出具有一定效用的产品，只有多种生产要素组合在一起共同发挥作用才能生产出满足消费者需求的产品。同时，在一定程度上，不同生产要素之间又具有替代性。

对生产要素需求的这种相互依存性决定了厂商对某种生产要素的需求不仅取决于该

要素自身的价格，而且也取决于其他生产要素的价格。

二、生产要素的边际生产力

由于对生产要素的需求是派生需求，厂商购买生产要素是因为生产要素具有生产力，因此，厂商对生产要素的需求取决于要素的边际生产力。

生产要素的边际生产力是指在其他生产要素数量不变的条件下，追加一个单位某种生产要素所带来的生产率。生产要素的边际生产力有两种表现形式：一种是实物形式，表现为每增加一单位要素投入所增加的产量，被称为边际物质产品（marginal physical product，MPP）；另一种是货币形式，表现为每增加一单位要素投入所增加的实物产量带来的收益，被称为边际收益产品（marginal revenue product，MRP）。根据定义，边际收益产品是边际物质产品与边际收益（MR）的乘积，即 MRP=MPP · MR。

与边际生产力相关的另一概念是边际产品价值（value of marginal product，VMP），它是边际物质产品与价格的乘积，即 VMP=MPP · P。当厂商面对的产品市场是完全竞争的市场结构时，边际收益与价格相等，此时 VMP=MRP；当产品市场是不完全竞争的市场结构时，P >MR，此时 VMP>MRP。

生产要素的边际生产力是递减的。在其他生产要素数量不变的条件下，如果连续地追加一种生产要素的量，经过一段时间后，每追加一单位的生产要素所增加的边际物质产品会呈递减状态，其边际收益产品、边际产品价值也是递减的，这就是边际生产力递减规律。

三、厂商的要素需求曲线

厂商购买生产要素进行生产是为了获取利润，而厂商的利润是总收益与总成本的差额，总收益是产品销售量与产品价格的乘积，总成本则是要素使用量与要素价格的乘积。这样，厂商要获取最大利润，除了要考虑产品市场上产品的数量和价格外，还必须考虑要素市场上要素的使用量及其价格。

厂商对于每一单位生产要素愿意支付的价格取决于该单位生产要素给其带来的收益。由前述分析可知，在其他要素数量不变的情况下，每追加一单位某种生产要素所带来的收益即为边际收益产品，因此，厂商对该单位生产要素所支付的价格与其边际收益产品相等。以劳动为例，劳动的价格即为工资，当工资高于劳动的边际收益产品时，意味着厂商雇用最后一单位劳动所得到的收益小于其所支付的工资，厂商得不偿失，因此，会减少劳动的雇用量直至二者相等；相反，若工资低于劳动的边际收益产品，则厂商雇用最后一单位劳动所得到的收益大于其所支付的工资，为获得更多利润，厂商会增加劳动的雇用量直至二者相等。由此可知，厂商对每一单位劳动愿意支付的工资等于该单位劳动的边际收益产品，厂商对劳动的需求线就是劳动的边际收益产品线。

综上所述，厂商对生产要素的需求曲线就是生产要素的边际收益产品线。由于生产要素的边际生产力递减，生产要素的边际收益产品线向右下方倾斜，因此，厂商对生产要素的需求曲线是一条向右下方倾斜的线。厂商的要素需求曲线如图 3-1 所示。

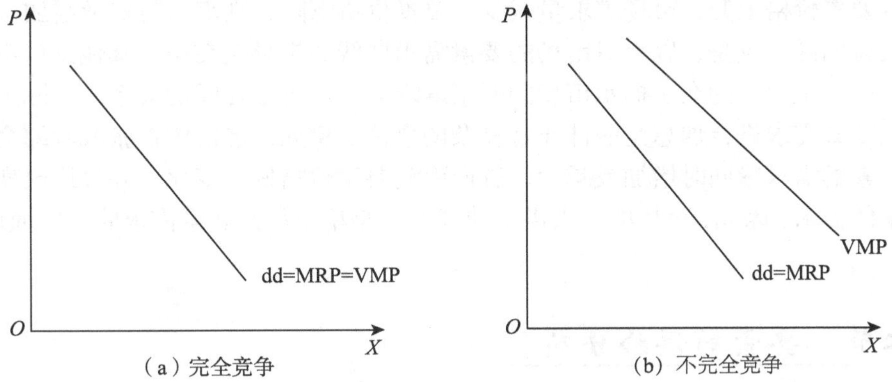

图 3-1　厂商的要素需求曲线

在图 3-1 中，横轴代表生产要素的数量，纵轴代表价格。图 3-1（a）表示产品市场完全竞争时厂商的要素需求曲线，图 3-1（b）表示产品市场不完全竞争时厂商的要素需求曲线。在完全竞争的市场条件下，VMP=MRP，因此，生产要素的需求曲线 dd、MRP 曲线及 VMP 曲线是同一条向右下方倾斜的曲线，表明随着生产要素数量的增加，要素的边际收益产品及边际产品价值递减，厂商对其愿意支付的价格也随之下降，要素投入量与其价格反方向变动。在不完全竞争的市场条件下，VMP>MRP，MRP 曲线即要素的需求曲线 dd，其位于 VMP 曲线的下方。

四、市场的要素需求曲线

市场的要素需求是所有厂商对某种生产要素需求的总和，将每一价格水平上厂商对生产要素的需求量加总，即可得到市场的要素需求。由厂商的要素需求曲线可以推导出市场的要素需求曲线，其推导过程如图 3-2 所示。

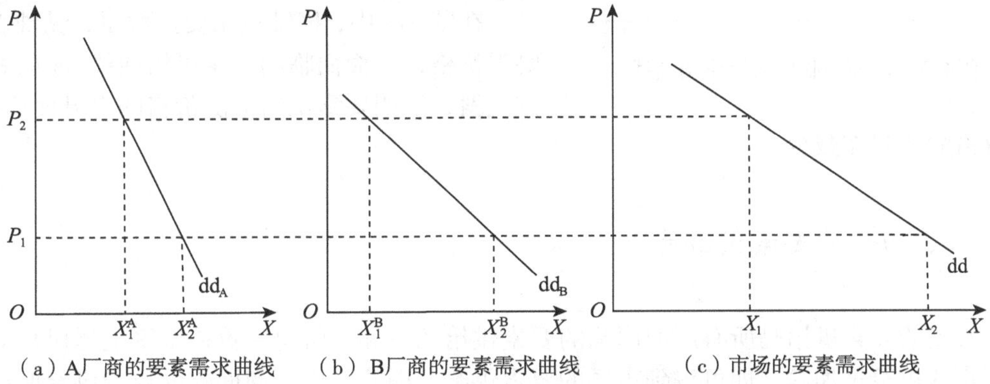

图 3-2　单个厂商的要素需求曲线与市场的要素需求曲线

由图 3-2 可知，将单个厂商的要素需求曲线水平相加即可得出市场的要素需求曲线，它表示某种要素的市场需求量与价格之间的关系。由于厂商对生产要素的需求与价格负相关，所以市场的要素需求曲线也是一条向右下方倾斜的线，它表示在其他条件不变的情况下，要素价格上升，市场需求量减少，要素价格下降，则市场需求量增加。

需要说明的一点是，以上对市场的要素需求曲线的推导是在假定其他条件不变的前提下进行的，主要目的在于揭示市场的要素需求与要素价格之间的关系。实际上，对单个厂商的要素需求进行加总是一件非常复杂的事情。例如，经济的扩张或收缩会使所有厂商对要素的需求量同时增加或减少，进而引起要素价格发生变化，并最终改变单个厂商对要素的需求，因此，市场的要素需求曲线并不是单个厂商要素需求曲线的简单加总。

第二节　要素的供给分析

对生产要素供给的分析要先将投入生产过程的中间要素和原始要素加以区分。中间要素通常被称为中间产品，其供给者是厂商，它是由厂商按照利润最大化原则生产出来的，中间要素的供给遵循一般商品的供给规律。原始要素是指最初的、未经过加工的生产要素，主要包括劳动、资本、土地及企业家才能，其供给者是居民户。本节主要对原始生产要素的供给进行分析。

一、厂商面临的要素供给曲线

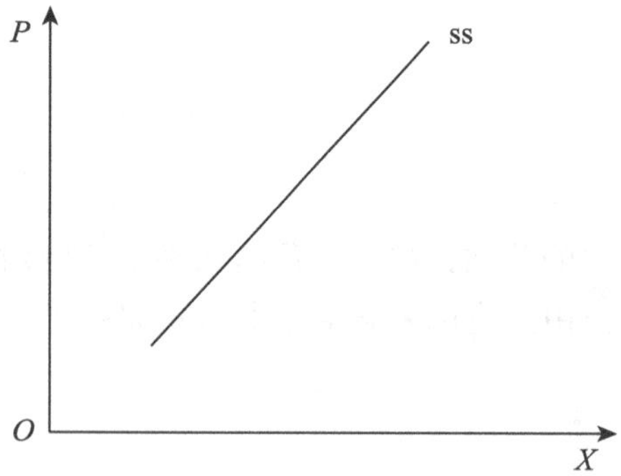

图 3-3　厂商面临的要素供给曲线

同厂商对产品的供给一样，居民户对生产要素的供给与要素的价格正相关，即生产要素的价格高，则供给量大，价格低，则供给量小。因此，厂商面临的要素供给曲线是一条向右上方倾斜的曲线，如图 3-3 所示。

在图 3-3 中，横轴表示要素数量，纵轴表示要素价格，厂商面临的要素供给曲线 ss 向右上方倾斜，说明要素供给量随价格的上升而增加，随价格的下降而减少。

二、市场的要素供给曲线

市场的要素供给是所有厂商面临的要素供给的总和，将每一价格水平上居民户对生产要素的供给量加总，即可得到市场的要素供给。因此，由厂商面临的要素供给曲线可以推导出市场的要素供给曲线。其推导过程如图 3-4 所示。

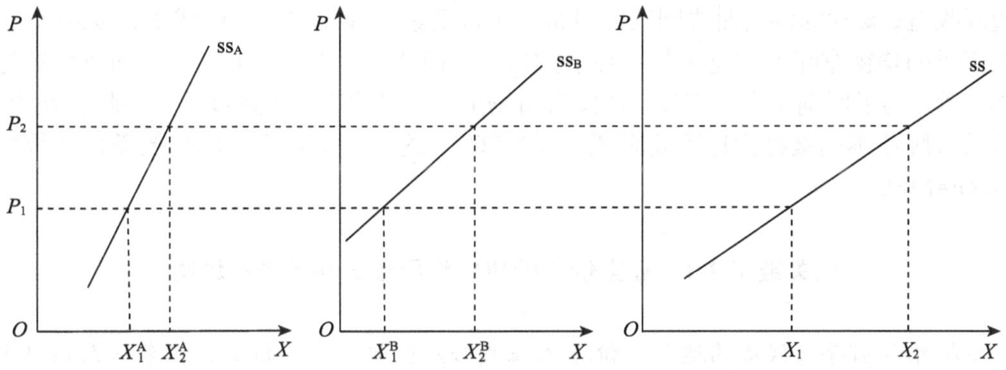

（a）A的要素供给曲线　（b）B的要素供给曲线　（c）市场的要素供给曲线

图 3-4　单个厂商的要素供给曲线与市场的要素供给曲线

由图 3-4 可知，将单个厂商面临的要素供给曲线水平相加即可得出市场的要素供给曲线，它表示某种要素的市场供给量与价格之间的关系。由于居民户对生产要素的供给与价格正相关，所以市场的要素供给曲线也是一条向右上方倾斜的线，它表示在其他条件不变的情况下，要素价格上升，市场供给量增加，要素价格下降，则市场供给量减少。

第三节　要素市场的均衡

一、要素市场的均衡

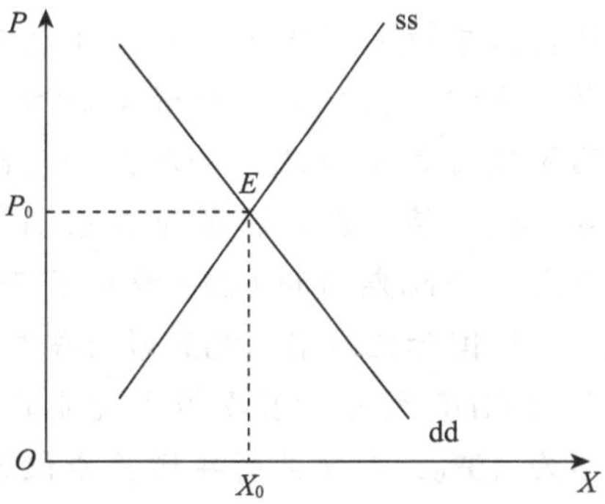

图 3-5　要素市场的均衡

同产品市场的均衡一样，要素市场的均衡也取决于要素的供给和需求。当生产要素的供给和需求相等时，生产要素市场达到均衡状态，此时的要素价格为均衡价格，要素使用量为均衡数量。要素市场的均衡如图 3-5 所示。

在图 3-5 中，横轴为要素数量，纵轴为要素价格，dd 为要素的需求曲线，ss 为要素的供给曲线，E 点为需求曲线和供给曲线的交点，此时，需求量和供给量相等，要素市场达到均衡状态，P_0 为均衡价格，X_0 为均衡数量。

需要注意的是，在市场经济条件下，要素市场的均衡也是在市场机制作用下自发形成的。当要素供给大于需求时，要素价格会下降，从而使要素供给减少，需求增加，直至二者相等；当要素供给小于需求时，要素价格上升，使要素供给增加，需求减少，直至二者相等。可见，正如价格机制在产品市场中的作用一样，要素价格会逐步调整要素的供求，使要素市场达到均衡状态。

对于厂商来说，要素的需求曲线实质上是其雇用每一单位要素所能够获得的收益，即边际收益；要素的供给曲线则表明对每一单位要素厂商需要支付的成本，即边际成本。要素市场的均衡意味着对应于某一要素数量，厂商所获得的边际收益与其所支付的边际成本相等。为了区别于产品市场，在要素市场上，要素的边际收益被称为边际收益产品，要素的边际成本则被称为边际要素成本（MFC），这样，要素市场的均衡条件就可以写为 MRP=MFC。

相关链接 3-1　要素价格的扭曲将导致宏观经济不均衡

价格信号引导着经济的运行。价格的扭曲必然引起经济的扭曲，招来一系列难于对付的失衡，再加上政策方面的违反常规，如果不能及时果断地纠正，最终难免造成大的震荡，甚至发生危机。反过来讲，只要纠正价格的扭曲，理顺经济关系，当前的大部分问题便迎刃而解。

当前宏观经济方面的问题主要是 GDP（国内生产总值）过分依靠投资增长，而消费却在下降；外贸的顺差造成外汇储备过高；就业压力巨大；贫富差距扩大。同时，物价上升，房地产价格猛涨，股市有明显的泡沫。这一系列问题都各自有其背景，但又都和一些基本价格信号的扭曲有关，和国家的政策规定有关。

我国的银行利息率属于全世界最低的。存款利息率低于通货膨胀率，储户得到的是负利率。贷款的真实利息率只有两三百分点。可是这样低的利息率并没有被广大的企业界享有，而是被效率很差的国家项目和大的垄断行业侵占。而且由于资金的成本低，投资者往往选择资金密集的项目。这些项目吸收的劳动很少，对就业的帮助不大。一个大型水电站投资几十亿元，就业只有千百人。一条地铁线，每千米投资上亿元，就业只不过一两百人。一架飞机价值上亿元，解决的就业也超不过一千人。这些项目每一个就业岗位需要的资金超过一百万元。其他诸如高速铁路、原子能电站、高速公路等项目都是如此。相反，一些配套资金很低，几千元就能创造一个岗位的服务业却得不到发展。我国服务业在 GDP 中的比例在 2000~2006 年的六年中只增长不到 0.5 百分点，而此期间的 GDP 增长了 78%。

从国际比较看，就业增长率应该与 GDP 的增长率相仿。例如，巴西 1992~2006 年的平均 GDP 的年增长率等于就业的增长率，都是 3%。而中国在同一时期内的 GDP 增长率为 10%，而就业的年增长率仅为 1%。就业在中国应该说是一个特别重要的目标，因为就业能够缓解贫富差距，能够减少社会矛盾，降低犯罪率。这些都是当前中国社会的大问题，然而我们浪费了巨大的资金，光追求项目，忽视了就业。当然，这一趋势不只是利息率低所致，还有官员追求政绩在起作用。大项目豪华壮丽，有目共睹，而增加就业受惠的是普通贫困家庭，有目也不能睹。

真实利息率的降低伤害了居民的财产性收益。在 20 世纪 90 年代居民的财产性收益为 GDP 的 6%以上，现在下降到不足 2%。结果是居民不再选择银行做储蓄，而是将钱投到股市和房市，其结果是银行存款大幅度减少。这种现象是 20 世纪 90 年代到 2005 年为止从未出现过的。在 90 年代银行存款的增加超过当年 GDP 的增加，有几年超过达一倍以上。现在不但不增加，反而在减少。这种情况非常值得注意，它可能蕴含着危险。

过低的利息率对宏观经济有着巨大的破坏力。

从GDP的需求方面看，用于居民消费的比例持续降低，现在已经降低到GDP的41%，在中、美、英、德、法、意、日、澳、印、加、韩11个国家中，中国是最低的（美国最高，为70%），而GDP中用于政府开支的比例却节节攀升，从1994年以来这个比例已经翻番，但百姓享受的公共服务似乎没有加倍，钱多半花在了政府自己的消费上。政府开支更多地侵占了居民的消费，而且税收增加的趋势并没有减缓的样子。政府税收无节制地增加逐渐侵蚀人民对政府的信任。近几年企业的盈利也猛然增加，这是由于垄断性的国企利润增加，同时亏损的国企绝大多数已经卖掉。国企利润的增加并不上缴给财政部，而是内部使用，这些企业根本不能算是全民所有，变成了国企自己所有。最近这些垄断性国企上市，以垄断性利润吸引股民，从股市筹钱，造成进一步的扭曲。股民赚取全国人民的垄断利润，是一种合理的财富分配吗？如果取消垄断，利润立刻下降，那时候如何向股民交代？税收增加和国企利润的滞留都是政府权力缺乏节制的表现，和大家所希望的政治改革背道而驰。

汇率也是一种价格。人民币的汇率定得过低，已经是自1997年以来的老问题。那时候，一年的外贸盈余已经跃升到400多亿美元。到2005年又跃升到1 000多亿美元，2006年进一步跃升到1 700亿美元。如果从1997年就开始慢慢地让人民币升值，根本不会出现今天这样的困境。勉强维持低值的人民币，不得不抛出大量人民币用于购买美元，埋下今天通货膨胀的隐患。汇率的扭曲还引起许多贸易争端，伤害了我们的贸易伙伴。我们认为，不存在可以损人利己的汇率（无论对中国或美国都一样），只存在利人利己的汇率和损人损己的汇率。没有果断地调整，而采取逐步调整的办法，虽然避免了经济的冲击（或者只不过推迟了冲击的来到），但是，却招引了更多的国际投机者把游资调进中国，使国内的流动性过剩问题雪上加霜。股市泡沫、房价攀升都与此有关。

2007年国务院决定要节能减排。可是又不愿意提高能源价格，也没有严格执行排污收费，更谈不上提高企业的排污收费标准。资源和环境的价格低是粗放型国民经济的特点。国务院不想改变价格，只是用行政力量来节能减排，造成行政力量和市场力量的对抗。基层政府在节能减排中走投无路，只好用造假来应付领导。政府和百姓都应该接受价格配置资源的道理。价格不动资源配置也不会动。价格不是越低越好，而是正确才好。正确的价格有利于创造更多的财富。故意压低价格反而对国家、对百姓都不利。

资料来源：茅于轼. 要素价格扭曲将导致宏观经济的不均衡. http://blog.tsts168.com/?24157/viewspace-2907.html，2008-11-18

相关链接3-2　中国的要素市场分割

由于传统计划经济和特殊的二元经济的影响，中国在三个最主要的要素市场（即劳动力市场、资本市场和土地市场）上同时存在分割，而其存在形式也具有特殊性。

在三个市场分割中，劳动力市场的分割是由户籍制度、社会保障制度和教育制度等一系列具有城乡差别的制度造成的。在计划经济体制下，为实现工业化，人为地把城市人口和农村人口割裂开来，二者之间的流动受到严格限制。随即，对城市人口实施一系列福利制度，城市人口相对优越于农村人口。

（1）户籍制度。这是最具中国特色的制度之一，1958 年 1 月 9 日全国人民代表大会常务委员会第九十一次会议通过《中华人民共和国户口登记条例》后，即日以中华人民共和国主席令公布，并于当日起施行，自此全国实施户籍管理制度。户籍制度客观上造成了农村和城市劳动力市场的分割，也提高了城市福利待遇。

（2）社会保障制度。迄今为止，中国的社会保障制度基本上只在城市居民中实行，而广大的农村和众多的进城农民工被隔离于该制度之外。农民一般从事不交社会保险的脏活儿、重活儿、累活儿及危险系数高的活儿。即便如此，许多城市仍对农民进城务工设置重重障碍，甚至有的城市在特定的时候将一些农民工驱逐出城市。

（3）教育制度。中国城市教育的相当部分由国家资助，而在收入水平低得多的农村，则基本由农民自己在交纳税后，另外出钱办教育。这导致农村的受教育水平远低于城市。受教育水平的差异导致农村和城市劳动力分居于劳动力市场上的不同层次，这造成了无形的劳动力市场分割。

城乡劳动力市场分割的后果是，数以亿计的农村剩余劳动力的存在，同时城市劳动力的收入水平远高于农村劳动力的收入水平，即便从事相同的工作。最简单的经济学原理告诉我们，如果任其自由竞争，失业人口的数量将大幅度下降，同工同酬将能大致得到实施。这样生产成本也将下降不少，工业竞争力也会得到加强。

相对于劳动力市场的分割而言，资本市场的分割并不是那么明显。但这种分割是确确实实存在的。在资本市场上，并不存在像劳动市场上的户籍制度那样的禁止劳动力迁移的制度，其作用的主要是投资回报率。由于历史原因、农业政策、户籍制度、地理位置等诸多原因，城市的投资回报率会高于农村的投资回报率。

（1）历史原因。投资是需要一定的产业、基础设施等各方面配套的。在计划经济时期，全国的基础建设投资绝大部分投向城市，投向工业，特别是重工业。如果我们认为在计划经济时期不存在资本市场，因而也就不存在分割的资本市场，那么计划经济时期的投资确实在城市建立了一个较为完整的工业体系和一些基础设施。这使在城市投资比在农村投资更有利。

（2）农业政策。自 1957 年完全建立起来的统购统销政策，虽然在 1985 年被废除了，但该政策形成剪刀差机制却一直保留下来。统购统销时，剪刀差的收入被国家占有，之后，则由涉农企业和国家等瓜分。最能说明问题的是，每次粮食等农产品的涨价必然伴随农业生产资料价格的成倍上涨。该制度导致农村，特别是作为粮食主产区的农村资本的日渐枯竭，无力进行新的投资，也无力引进投资。

（3）户籍制度。该制度同其他制度一起造成了城市居民的生活天然优于农民，并且农民改变自身居民身份的主要途径只有两条：一是富有的农民通过在城市购置房产和投资获得城市居民身份，二是农民子女通过中考和高考来获得城市居民身份。这意味着，在物质资本和人力资本上最具优势的农民被从农村中“抽”出来，进一步增加了城市在物质资本，特别是人力资本上的优势。物质资本和人力资本均被削弱后的农村，在吸引投资方面更加处于劣势。

（4）地理位置。农村居民的分布远比城市居民分散，城市的金融机构数量又远大于农村金融机构数量。农村居民和金融机构要从对方获取相关信息非常困难，而金融机构对地域范围非常广的客户进行管理的成本也很高。所以地理分布的劣势会使农村的投资回报率低于城市的投资回报率。

除了分割的劳动力市场和资本市场外，分割的土地市场也是我国二元经济的一个表现。我国土地制度与很多国家和地区不同，城市土地归国家所有，农村土地归集体所有，农村土地使用权的转让须先由国家征地，然后由国家向企业或个人出售。这就是说，城市土地使用权的拥有者可以占有土地价值的升值部分，但农村土地所有权的拥有者却不能占有土地价值的升值部分，而且没有转让的权利。

于是，农村土地的所有者对土地的升值潜力漠不关心，甚至会因为土地的升值而“因福得祸”，失去其赖以生存的土地。城市往往获得了国家对农村征地的绝大部分好处，在浙江等地有的年份的土地批租收入甚至超过了全省的财政收入。这导致了整个农村土地市场的窒息。

资料来源：钟辉，陈顺龙. 我国要素市场分割现状及对策. 开放潮，2006，(2)：46-48

二、工资、地租、利息和利润的决定

在西方经济学中，通常将生产要素划分为四种类型，分别是劳动、资本、土地及企业家才能。劳动是指工人的劳动能力，其价格为工资；资本主要指货币资本，其价格为利息；土地泛指包括土地在内的一切自然资源，其价格为地租；企业家才能是指企业家的经营管理能力和冒险、创新精神，其价格为利润。虽然生产要素的价格取决于其供给和需求，但由于不同生产要素具有各自不同的特性，所以不同要素的市场均衡也具有不同的特点。

（一）工资的决定

工资是劳动的价格，其形成了劳动力所有者的收入。在劳动市场上，工资是由劳动的供给和需求决定的。

1. 劳动市场的需求

厂商对劳动的需求取决于劳动的边际生产力，劳动的边际收益产品曲线就是厂商对劳动的需求曲线。由于劳动的边际生产力递减，所以劳动市场的需求曲线向右下方倾斜。将所有厂商的劳动需求曲线加总，就得到了市场的劳动需求曲线。劳动市场的需求曲线如图 3-6 所示。

2. 劳动的市场供给

劳动的供给取决于居民户对时间的分配。居民户拥有的全部时间通常可以分为两部分：一部分是工作时间，在这段时间里人们从事生产活动，并获取相应的报酬，即工资；另一部分是闲暇时间，一天中除工作之外的其他时间均可归为此类，主要用于睡眠、娱

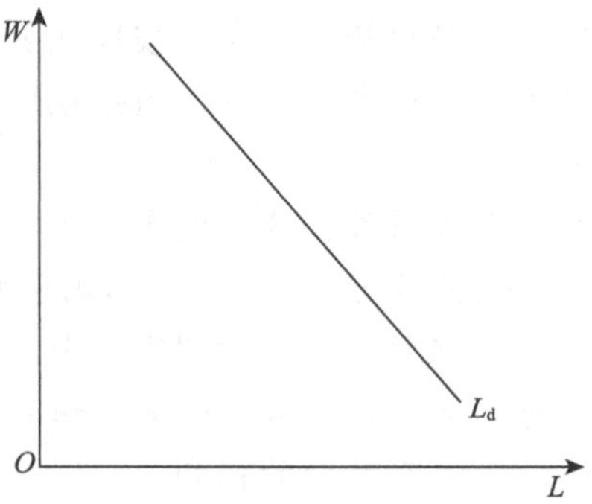

图 3-6　劳动市场的需求曲线

乐、旅游等非生产活动。闲暇时间虽然不能带来收入，但可以使人获得满足感，因而具有效用。

居民户将时间在工作和闲暇之间进行分配，同一时间，选择闲暇就必然放弃工作，同时也放弃了相应的工资收入，因此，工资率即为闲暇的机会成本，相当于闲暇的“价格”。这样居民户时间的分配主要取决于工资水平。

不同于其他要素的供给，居民户的劳动供给曲线是一条向后倒弯的曲线，如图 3-7 所示。

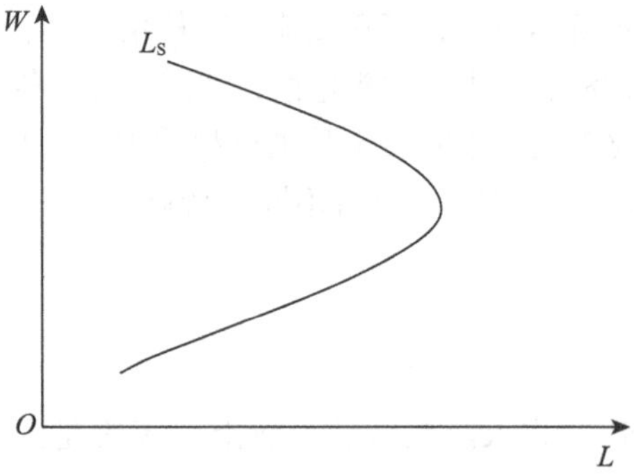

图 3-7　居民户的劳动供给曲线

在图 3-7 中，横轴表示劳动的数量，纵轴表示工资水平，向后倒弯的 L_s 曲线表示劳动的供给曲线。在低工资阶段，劳动的供给量与工资同方向变化；在中等工资阶段，劳动供给量不随工资的变动而变动；在高工资阶段，劳动供给量与工资反方向变动，即工资增加，劳动的供给量反而减少。

劳动供给量的这种变化是由工资变动所引起的替代效应和收入效应造成的。替代效应是指工资率上升后，闲暇的代价增加，劳动者会用劳动来替代相对昂贵的闲暇，导致闲暇减少，劳动供给增加。收入效应是指工资率上升后，劳动者由于收入增加而更加富裕，相应地增加了对闲暇的需求，导致劳动供给减少。一般来说，当工资率处于较低水平时，替代效应大于收入效应，因此，劳动供给量随工资率的上升而增加，二者正相关；当工资率处于中等水平时，替代效应与收入效应相等，这时，劳动供给量不随工资率的变化而变化；当工资率处于较高水平时，替代效应小于收入效应，劳动供给量随工资率的上升反而减少。在替代效应和收入效应的作用下，居民户的劳动供给曲线向后倒弯。

将所有个人的劳动供给曲线叠加起来，可得劳动的市场供给曲线。假定劳动市场只有两个供给者 A 和 B，其劳动供给曲线如图 3-8（a）和图 3-8（b）所示，则由 A、B 两人的劳动供给曲线可以推导出市场的供给曲线，如图 3-8（c）所示。劳动的市场供给曲线的推导过程如图 3-8 所示。

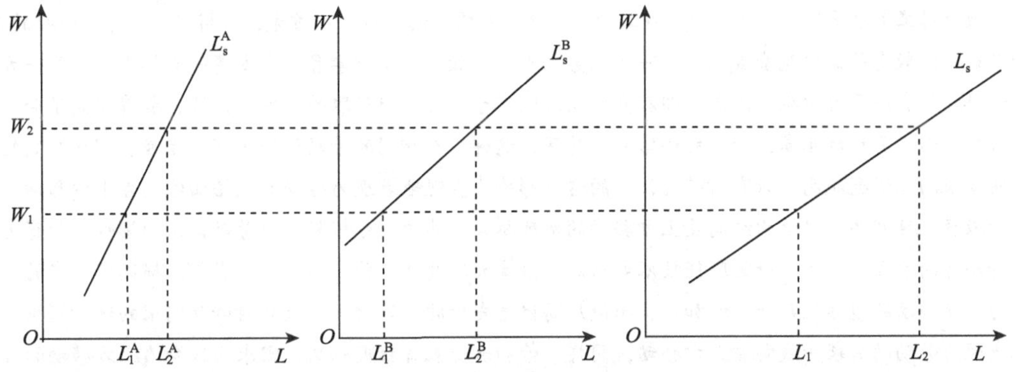

(a) A的劳动供给曲线 (b) B的劳动供给曲线 (c) 市场的劳动供给曲线

图 3-8 劳动的市场供给曲线的推导

由图 3-8 可知，由所有个人的劳动供给曲线水平相加可以得到市场的劳动供给曲线，由于所有个人的劳动供给曲线是向后倒弯的，所以市场的劳动供给曲线也是一条向后倒弯的曲线。不同之处在于，市场的劳动供给曲线具有更大的弹性。

3. *劳动市场均衡与工资的决定*

工资作为劳动要素的价格，是由劳动的供给和需求决定的。在完全竞争的劳动市场上，当劳动的供给和需求相等时，劳动市场就处于均衡状态，此时的工资即为均衡工资。劳动市场的均衡如图 3-9 所示。

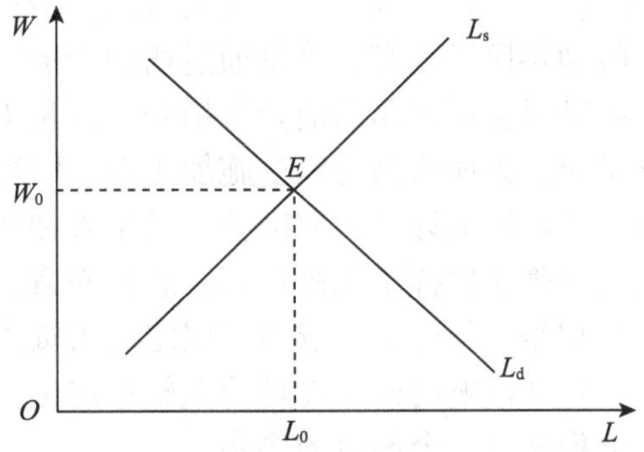

图 3-9 劳动市场的均衡

在图 3-9 中，横轴表示劳动的数量，纵轴表示工资，L_s 曲线表示市场的劳动供给曲线，L_d 曲线表示市场的劳动需求曲线。L_s 曲线与 L_d 曲线的交点 E 为劳动市场的均衡点，决定了劳动的均衡使用量为 L_0，均衡工资为 W_0。

需要注意的是，在完全竞争的市场条件下，劳动市场的均衡在价格机制的作用下可以自发实现，而不需要外在力量的干预。但这并不意味着该均衡是稳定不变的，实际上，随着时间的推移，劳动的供给曲线和需求曲线均会移动，相应的，劳动市场的均衡工资和均衡就业量都会发生变化。

●专栏 3-1 *教育与工资差别*

在劳动市场上，产生工资差别的重要根源之一是劳动者受教育程度的高低。有证据表明，劳动者工资水平的高低与其受教育程度正相关：受教育程度越高，劳动者的工资越高；受教育程度越低，劳

动者的工资越低。

教育对工资水平的影响主要体现在其对劳动供给和需求的影响上。首先，分析教育对劳动供给的影响。劳动者接受教育是需要花费成本的，一方面劳动者接受教育要支付学费、书本费等直接成本；另一方面劳动者接受教育还要付出机会成本，即放弃相同时间用于工作所能获取的报酬。因此，教育提高了劳动的供给成本，受教育程度越高，劳动的供给成本越高，这样，在相同的劳动供给量下，受教育程度越高的劳动者所要求的工资也越高。教育对劳动供给的这种影响，直观地表现为劳动的供给曲线向左上方移动，劳动者受教育程度越高，供给曲线向左上方移动的幅度越大。其次，分析教育对劳动需求的影响。教育可以提高劳动者的素质和技能，使其胜任技术要求高、难度大的复杂工作，因此，教育可以提高劳动者的边际生产力，使劳动的边际收益产品增加，从而使厂商愿意支付的工资增加。教育对劳动需求的这种影响，直观地表现为劳动的需求曲线向右上方移动，同样，劳动者受教育程度越高，需求曲线向右上方移动的幅度越大。最终的结果是，新的供求曲线决定了较以前更高的工资。

资料来源：黄亚钧，郁义鸿. 微观经济学. 北京：高等教育出版社，2000：183

4. 工会与工资的决定

在劳动市场上，工会是影响工资水平的重要力量。工会作为增强工人市场力量的工人组织，其主要作用在于改善工人的工作条件、提高工人的工资待遇。工会设法提高工人工资的办法主要有四种：一是通过减少劳动供给来提高工资，具体措施有限制非会员受雇、限制移民迁入等；二是通过增加劳动需求来提高工资，包括鼓励进口限制、扩大出口、鼓励对会员产品的消费等措施；三是支持最低工资法案，使工资维持在较高水平上；四是通过集体谈判向雇主施加压力，以提高工人的工资。

对工会作用的评价，要区分会员工人和非会员工人。对于会员工人来说，工会对于提高其工资确实发挥了积极作用，总体而言，会员工人的工资高于非会员工人，但其付出的代价却是一部分工会成员在议定的工资水平上失去了工作机会。对于非会员工人来说，工会对其影响的好坏在理论上较难定论，但从实践的结果来看，工会活动使非会员工人工资降低是一个不争的事实。

（二）利息的决定

利息是资本这种生产要素的价格，其形成了资本所有者的收入。与其他要素不同，资本的价格通常用利息率来表示，在市场上，利息率是由资本的需求与供给决定的。

1. 资本的需求

资本的需求主要是企业的投资需求，因此，通常用投资来代表资本的需求。任何社会的经济发展都与投资密切相关，投资意味着放弃部分当前产出的消费，以换取将来的产出。厂商的投资需求取决于预期投资收益率和投资成本的比较，只有当预期收益大于投资成本时，厂商进行投资才是值得的。预期投资收益率也称为资本的边际效率，即厂商每追加一单位资本预期可以获得的利润率，该利润率使厂商在某一时期恰好收回投资。

厂商的投资成本是利息率，它是厂商使用资本的代价，利息率的高低对厂商的投资决策具有决定性的作用。在资本边际效率不变的情况下，利息率越高，预期收益与投资成本的差越小，厂商的投资需求越少；相反，利息率越低，二者相差越大，厂商的投资需求越多。因此，厂商对资本的需求曲线是一条向右下方倾斜的曲线，表示厂商对资本的需求量与利息率反方向变动。厂商的资本需求曲线如图 3-10 所示。

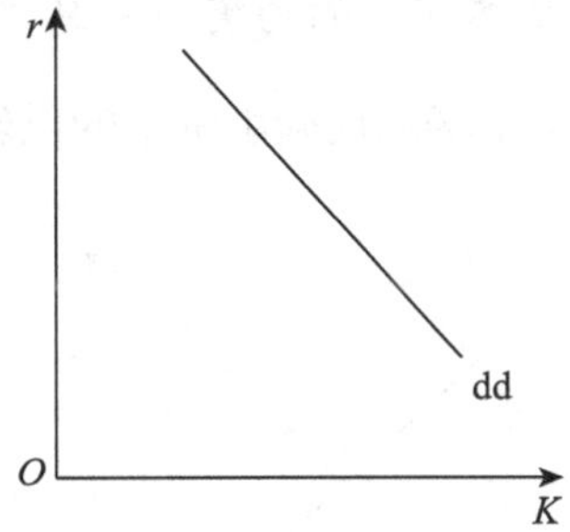

图 3-10　厂商的资本需求曲线

在图 3-10 中，横轴表示资本数量，纵轴表示利息率，dd 表示资本的需求曲线，它是一条向右下方倾斜的曲线，表示当利息率上升时，投资需求减少；当利息率下降时，投资需求增加，投资需求与利息率负相关。

同样，将所有厂商的资本需求曲线水平相加，就可以得到市场的资本需求曲线，与单个厂商的资本需求曲线相同，市场的资本需求曲线也是一条向右下方倾斜的曲线。

2. 资本的供给

资本的供给来自家庭的储蓄，储蓄意味着牺牲当期消费以用于未来消费，因此，家庭的储蓄决策实际上是家庭在当期消费与未来消费之间的跨期选择，影响这种选择的主要因素是利息率。

储蓄虽然以牺牲当期消费为代价，但可以获得利息收入，因此，可以将利息率看做当期消费的机会成本。在其他条件不变的情况下，利息率上升，当期消费的成本增加，人们会减少消费增加储蓄，使资本供给增加；利息率下降，当期消费的成本减少，人们会增加消费减少储蓄，使资本供给减少。因此，家庭的资本供给与利息率呈同向变动关系，家庭的资本供给曲线是一条向右上方倾斜的曲线。家庭的资本供给曲线如图 3-11 所示。

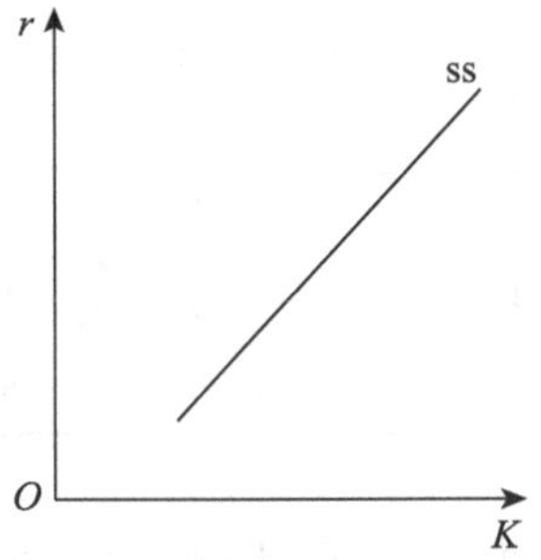

图 3-11　家庭的资本供给曲线

在图 3-11 中，横轴表示资本数量，纵轴表示利息率，ss 表示资本的供给曲线，它是一条向右上方倾斜的曲线，表示当利息率上升时，资本供给量增加；当利息率下降时，资本供给量减少，资本供给量与利息率正相关。

将所有家庭的资本供给曲线水平相加，就可以得到市场的资本供给曲线，与单个家庭的资本供给曲线相同，市场的资本供给曲线也是一条向右上方倾斜的曲线。

3. 资本市场的均衡与利息率的决定

资本市场的均衡由资本的供给和需求决定。当资本的供给和需求相等时，就实现了资本市场的均衡，由此决定了资本的均衡价格，即均衡利息率。资本市场的均衡如图 3-12 所示。

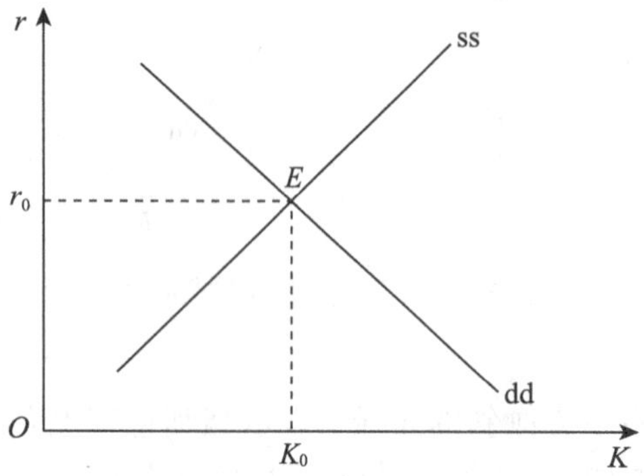

图 3-12 资本市场的均衡

在图 3-12 中，横轴表示资本的数量，纵轴表示资本的价格利息率，ss 曲线表示市场的资本供给曲线，dd 曲线表示市场的资本需求曲线。ss 曲线与 dd 曲线的交点 E 为资本市场的均衡点，决定了均衡的利息率为 r_0。

资本市场的均衡过程与其他市场的均衡决定一样，是在价格机制的作用下自发实现的，只要资本的供求不相等，利息率就会上升或者下降，进而调整资本的供给和需求，直至二者相等，资本市场实现均衡。

（三）地租的决定

地租是土地这种生产要素的价格，其形成了土地所有者的收入。同其他生产要素一样，地租是由土地的供给和需求决定的。

1. 土地的需求

厂商对土地的需求取决于土地的边际生产力。由于边际生产力递减规律，厂商对土地的需求曲线是一条向右下方倾斜的曲线。厂商对土地的需求曲线如图 3-13 所示。

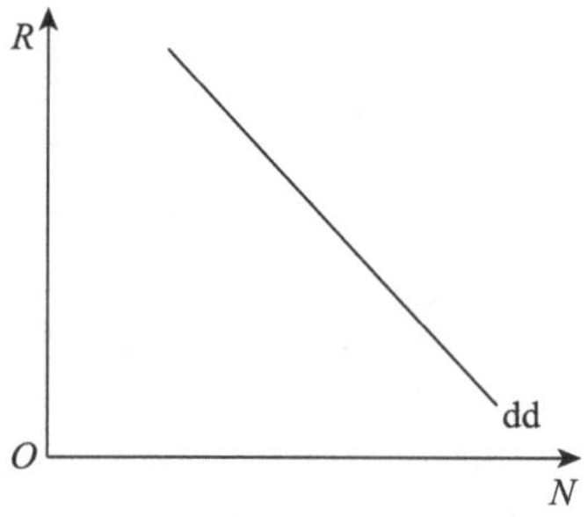

图 3-13 厂商对土地的需求曲线

在图 3-13 中，横轴表示土地的数量，纵轴表示土地的价格地租，dd 表示厂商对土地的需求曲线，它是一条向右下方倾斜的曲线，表示当地租上升时，对土地的需求减少；当地租下降时，对土地的需求增加，对土地的需求与地租负相关。

2. 土地的供给

由于土地是大自然赋予人类的，从整个社会的角度来看，土地的数量基本上是固定的，不会随土地价格的波动而增减。因此，土地的供给曲线是一条垂直于横轴的直线。土地的供给曲线如图 3-14 所示。

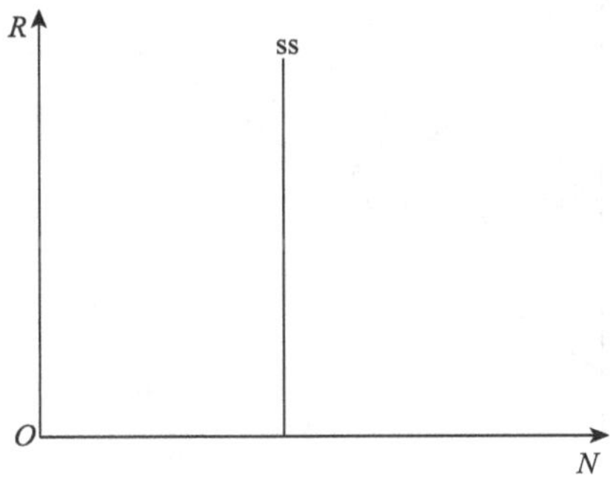

图 3-14　土地的供给曲线

在图 3-14 中，横轴表示土地的数量，纵轴表示土地的价格地租，ss 表示土地的供给线，它是一条垂直于横轴的直线，表示无论地租怎样变化，土地的供给量始终不变。

3. 土地市场的均衡与地租的决定

土地市场的均衡是由土地的供给和需求决定的。当土地的供给和需求相等时，就实现了土地市场的均衡，由此决定了土地的均衡价格，即均衡地租。土地市场的均衡如图 3-15 所示。

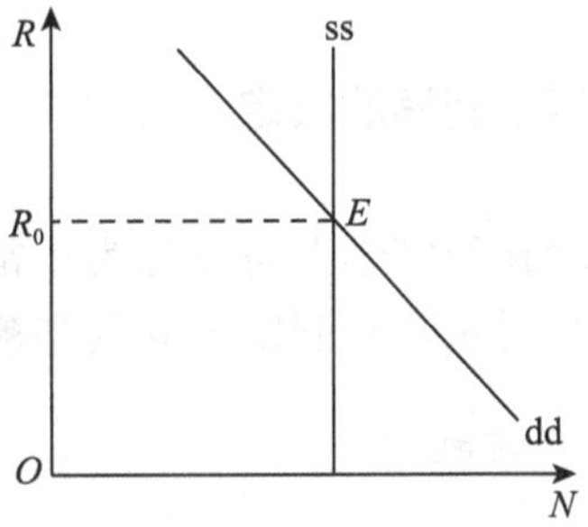

图 3-15　土地市场的均衡

在图 3-15 中，横轴表示土地的数量，纵轴表示土地的价格地租，ss 曲线表示土地的供给曲线，dd 曲线表示土地的需求曲线。ss 曲线与 dd 曲线的交点 E 为土地市场的均衡点，决定了均衡的地租为 R_0。

由于土地的供给量基本为一常数，因此，地租水平主要取决于土地的需求。随着经济的发展和人口的增加，人们对土地的需求不断增加，地租也在不断上升。

4. 经济租

经济租是指生产要素实际得到的报酬与使该要素被供给出来所必须支付的报酬之间的差额，即要素的实际收入超过其“机会成本”的余额。经济租的含义与生产者剩余类似，所不同的是生产者剩余是就产品价格而言的，而经济租涉及的是要素价格。可用图 3-16 来说明经济租。

在图 3-16 中，横轴表示要素数量，纵轴表示要素价格，ss 表示要素的供给曲线，dd 表示要素的需求曲线，供给曲线 ss 和需求曲线 dd 的交点为 E 点，决定了均衡的要素价格为 P_0，均衡的要素数量为 X_0。在均衡的条件下，要素的全部收入为要素均衡数量与均衡价格的乘积，即图中矩形 OP_0EX_0 的面积。根据定义，要素的供给曲线表示对于每一单位生产要素居民户愿意接受的最低价格，据此可知，对于提供 OX_0 数量的要素，供给

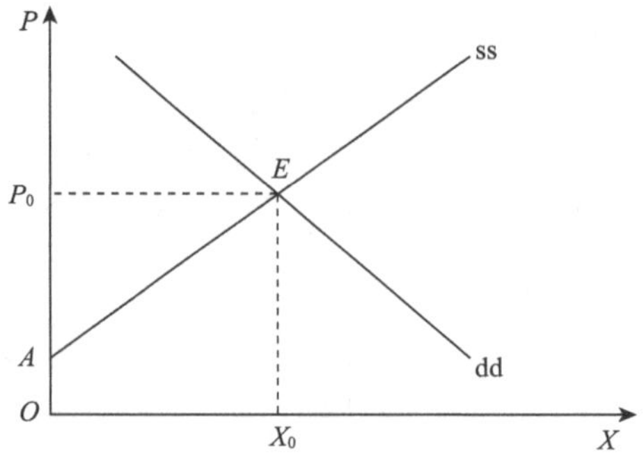

图 3-16 经济租

者预期的全部收入为四边形 $OAEX_0$ 的面积。这样，厂商实际支付的要素报酬大于要素所有者愿意接受的报酬，其差额即为经济租。

显然，经济租的大小取决于要素供给曲线的形状。供给曲线的弹性越小，经济租就越大，当供给曲线完全无弹性时，要素的全部收入均为经济租，此时的经济租也称为纯经济租，显然，地租就是纯经济租。而当供给曲线完全有弹性时，要素的经济租为零。可见，经济租与供给曲线的弹性负相关。

（四）利润的决定

利润在经济学上可以分为正常利润和经济利润，正常利润通常被视为企业家才能的报酬，超过正常利润以上的利润被称为经济利润，即超额利润。

1. 正常利润

正常利润也称为管理报酬，是企业家经营管理企业、组织监督生产等活动的报酬。西方经济学家认为，企业家才能也是一种生产要素，正常利润是其价格，因此，正常利润是成本的一部分。企业家才能作为生产要素之一，其价格应与其他要素一样，由供求关系来决定。一方面由于企业家才能是决定企业成败的关键要素，因此，市场对其需求是极大的；另一方面由于企业家不仅需要天赋，而且需要经过特殊训练培养，因此，企业家才能的供给又是很小的。企业家才能的供求特点，决定了其价格远远高于一般劳动所获得的工资，正常利润作为企业家才能的价格是一种特殊的工资。

2. 超额利润

超额利润是指利润中超过正常利润以上的部分，它不包含在成本之中。在静态社会及完全竞争的市场条件下，厂商只能得到正常利润，只有在动态社会及不完全竞争的市场条件下，超额利润才能产生。具体而言，超额利润主要有以下来源：

（1）企业家的创新。创新概念首先由熊彼特在 1912 年出版的《经济发展理论》一书中提出，主要是指“企业家实行对生产要素新的结合”，具体包括五种情况：一是开发新产品；二是采用新的生产方法；三是开辟新市场；四是获得原料的新来源；五是实行新的企业组织形式。熊彼特认为企业家是创新的倡导者和实践者，在动态的社会中，企业家的创新活动能够提高企业的生产效率，降低生产成本，这样，即便产品按市场价格出售，也可以获得超额利润，因此，超额利润是企业家创新活动的报酬。西方经济学家认为，由创新而获得的超额利润是合理的，因为创新推动了社会的进步。

（2）企业家承担风险。由于未来的不确定性，企业家在从事某种生产经营活动时必然有一定的风险，如果经营活动失败，企业家将不得不承担亏损，如果经营活动成功，企业家将获得超额利润。由于企业的经营风险只能由企业家来承担，因此，可以将超额利润看做对企业家承担风险的报酬，超额利润的存在可以鼓励企业家承担风险，刺激投资，从而推动社会经济发展，因此，企业家由于承担风险而得到超额利润也是合理的。

（3）厂商在产品市场或要素市场的垄断权力。垄断也可以为厂商带来超额利润，由垄断而产生的超额利润又称为垄断利润，包括卖方垄断和买方垄断。卖方垄断也称专卖，是指厂商对某种产品出售权的垄断。由于厂商在产品市场上具有市场力量，可以使其产品价格高于生产成本，从而获得一定的垄断利润。买方垄断也称专买，是指厂商在生产要素市场具有垄断地位，能够压低生产要素价格购买生产要素，从而获得垄断利润。无论是卖方垄断还是买方垄断，厂商垄断利润的获得是以损害消费者利益为前提的，是一种无效率的资源配置方式，西方经济学家对垄断利润普遍持否定态度。

●专栏 3-2　欧拉定理

如果市场是完全竞争的，生产函数是一次齐次函数，即生产的规模报酬不变，且所有的生产要素都是按照其边际生产力取得收入，则在长期均衡的条件下，社会总产品正好等于每种要素各自所得的实际报酬。这一定理被称为欧拉定理，也称为产量分配净尽定理。

假定在生产过程中只投入劳动和资本两种生产要素，生产函数为

$$Q=f(L, K)$$

其中，Q 为产量；L 为劳动的数量；K 为资本的数量。

由于该生产函数是一次齐次函数，因此，如下等式成立。

$$Q = L\cdot\frac{\partial Q}{\partial L} + K\cdot\frac{\partial Q}{\partial K}$$

其中，$\frac{\partial Q}{\partial L}$ 表示劳动的边际物质产品，即 MPP_L；$\frac{\partial Q}{\partial K}$ 表示资本的边际物质产品，即 MPP_K。此式即为欧拉定理。

欧拉定理表明，在满足给定假设前提下，按要素的边际生产力进行分配，恰好能分配完社会总产品，既不多，也不少。需要注意的是，欧拉定理成立的前提是规模报酬不变，在规模报酬递增的情况下，社会产品将不足以分配给各个生产要素之用，即

$$Q < L\cdot\frac{\partial Q}{\partial L} + K\cdot\frac{\partial Q}{\partial K}$$

而在规模报酬递减的情况下，社会产品在分配给各个生产要素之后仍有剩余，即

$$Q > L\cdot\frac{\partial Q}{\partial L} + K\cdot\frac{\partial Q}{\partial K}$$

若出现社会产品分配不足或过剩的情况，为使生产要素所有者获得与其要素边际生产力相等的报酬，需要某种机构来补足缺口或取走剩余。

➢本章提要

对生产要素的需求是引致需求或派生需求，因此，厂商对生产要素的需求同样遵循其利润最大化的原则。与产品市场不同，在生产要素市场上，厂商的均衡原则表现为边际收益产品等于边际要素成本，即厂商最后一单位要素投入所带来的收益增量与其成本增量相等。

边际生产力决定厂商对生产要素的需求，边际生产力的实物形式为边际物质产品，货币形式为边际收益产品。在其他条件不变的情况下，要素的边际生产力是递减的，因此，其边际物质产品曲线和边际收益产品曲线均为向右下方倾斜的曲线。厂商对生产要素的需求曲线就是要素的边际收益产品曲线。

在要素市场上，生产要素的供给者是居民户。居民户提供生产要素是为了获取收入，因此，要素供给与要素价格正相关，要素供给曲线是一条向右上方倾斜的曲线。

同产品市场一样，要素市场的均衡及价格是由要素的供给和需求决定的，当要素的供给和需求相等时，要素市场达到均衡状态，所对应的价格即为均衡价格，要素使用量为均衡数量。由于产品市场和要素市场的特性不同，在不同的市场结构下，要素的均衡呈现出不同的特点。

在西方经济学中，通常将生产要素划分为劳动、资本、土地及企业家才能四种类型，其价格分别是工资、利息、地租和利润。虽然生产要素的价格取决于要素的供给和需求，但由于各自不同的特性，工资、利息、地租和利润的均衡决定其各具特点。

➢关键概念

生产要素（factors of production）
引致需求（derived demand）
边际物质产品（marginal physical product）
边际收益产品（marginal revenue product）
边际产品价值（value of marginal product）
劳动的边际产量（marginal product of labor）
边际要素成本（marginal cost of labor）
经济利润（economic profit）
收入效应（income effect）
替代效应（substitution effect）

机会成本（opportunity cost）
生产者剩余（producer surplus）

➤复习思考题

1. 厂商对生产要素的需求与消费者对产品的需求有何不同？

2. 以三个厂商为例来说明要素市场需求曲线的形成过程。

3. 假设在劳动市场上只有三个劳动者，画图说明劳动市场供给曲线的形成。

4. 试述厂商的要素使用原则及其意义。

5. 劳动的供给曲线为什么向后倒弯？

6. 生产要素市场的均衡是如何决定的？

7. 一个企业需要投入劳动来生产产品 Y，在劳动市场上处于买方垄断地位，其产品在完全竞争的市场上出售。若其产品单价为 1 元，则生产函数为

$$Q_Y=30L+90L^2-L^3$$

劳动的供给函数为

$$W=30+15L$$

求厂商均衡时的用工人数和工资。

8. 假设某特定劳动市场的供求函数分别为：$D_L=6\,000-100W$，$S_L=100W$，计算：

（1）均衡工资是多少？

（2）假如政府对工人提供的每单位劳动课以 10 元的税，新的均衡工资是多少？

（3）政府征收到的总税收额是多少？

9. 一厂商生产某产品，其单价为 10 元，月产量为 100 单位，每单位产品的平均可变成本为 5 元，平均不变成本为 4 元。计算该厂商的准租金和经济利润。

10. 为什么说要素价格理论就是分配理论？

➤扩展性阅读资料

范里安 H R. 2006. 微观经济学：现代观点. 第六版. 费方域，等译. 上海：上海三联书店，上海人民出版社
曼斯菲尔德 E. 1999. 应用微观经济学. 王志伟，等译. 北京：经济科学出版社
平狄克 R S，鲁宾费尔德 D L. 2013. 微观经济学. 第八版. 李彬，高远，等译. 北京：中国人民大学出版社
萨缪尔森 P A，诺德豪斯 W D. 2005. 微观经济学. 萧琛译. 北京：人民邮电出版社
斯蒂格利茨 J E，沃尔什 C E. 2013. 经济学. 第四版. 黄险峰，张帆译. 北京：中国人民大学出版社
张元鹏. 2007. 微观经济学. 北京：北京大学出版社

第四章

消费偏好与消费者均衡

本章是市场需求分析的继续，通过对消费者行为的分析，研究在消费偏好及预算约束等限制下，消费者实现其效用最大化，即达到均衡状态的条件，以揭示需求曲线背后的规律。本章第一节分析消费者偏好，即消费者选择的主观愿望；第二节引入消费者的预算约束；第三节将消费者偏好与预算约束结合起来分析消费者均衡的决定及其变动。

第一节　消费者偏好

一、效用理论

（一）效用的概念

人们之所以消费商品和劳务，是因为人们从消费中能够获得满足和快乐：食物可以充饥，艺术可以使人获得美和享乐。经济学上一般将物品和劳务能够满足人欲望或需要的能力，或者是人们从消费物品和劳务中得到的满足称为效用。一种物品给人们带来的满足程度，即效用的大小往往是主观的，因人、因时而异。例如，在沙漠中跋涉和身处山泉中的人对水的效用评价大相径庭。

在效用大小度量上，有两种不同的理论：基数效用论和序数效用论。基数效用论一般认为效用是可以用具体数值计量和加总的，其大小可以用 1，2，…衡量，也就是说，一个苹果和一个香蕉之间的效用可以直接加总。但许多经济学家认为，效用纯粹是主观的心理感受，随意性较大，很难将其量化。为此经济学家提出了序数效用论的概念，认为效用不可度量，也不能进行加总，只能根据偏好的程度进行排序，排列出第一、第二……

●专栏 4-1　效用理论及其发展

1. 效用理论从质的分析向量的分析转移

经济理论要成为科学，必须首先形成对该领域基本范畴的合理抽象。从 17 世纪开始，英国、法国、意大利、德国的经济学家就开始不断地探索效用的质的规定性。人的需要和欲望历来是许多经济学家思想的发端。英国功利主义哲学家边沁认为，追求幸福是人的天性，每个有理性的人都为自身谋求最大幸福，是人性的某种规定性。边沁的这一功利原理和自利原理为西方效用理论奠定了哲学基础。其后，经济学家从不同的角度定义效用：加里安尼在《商业与管理》中，从物品的稀缺性论述效用，他认为效用随物品的稀缺性而变化，稀缺的物品往往具有最大的效用；萨伊从人的需求来分析效用，指出物品满足人们需要的内在力量叫效用，人力创造的不是物质而是效用；西尼尔则从供求关系的角度来考察效用，把效用归结为人的主观感受，效用的大小取决于商品供求关系，效用随供给的增加而减少；还有经济学家从时间的角度，从生理规律的角度阐述效用。这一时期是资本主义生产方式的形成发展阶段。经济学家从发展资本主义经济出发，强调资本积累，主张节制消费。同时，由于人的主观感受的差异性和复杂性，所以从人和物的关系来界定效用的质是自然而然的事。至于对效用的量的分析，尽管许多经济学家曾涉及，并得出了“欲望递减”等有价值的原则，但也是支离破碎、含混不清的，没有形成理论体系。因此，效用理论仅仅在概念上徘徊。

但是，从质的分析向量的分析转移是认识发展的必然，数学和心理学的发展在这里起催化剂的作用。牛顿和莱布尼兹创立的微积分学直接媒介了边际革命的兴起，数学方法作为崭新的方法论进入了经济学领域。杰文斯把经济学看成“痛苦和快乐的微积分学”，边际分析成了经济分析的利器。同时，心理学领域也获得很大发展，并且直接为经济学所借鉴。“维伯–菲希奈法则”为效用递减规律奠定了心理学基础。约·穆勒把欲望、动机等心理因素引入经济学，在经济思想史上首次提出了“经济人”的假设，标志着对人性的认识达到了新的深度。19 世纪 70 年代，自由竞争的资本主义逐渐向垄断的资本主义过渡。以李嘉图为代表的古典经济学由于未能合理地解决利润与价值规律的关系和平均利润与价值规律的关系两大难题，已远远落后于政治、经济发展的现实，并且最终全面崩溃，经济学内部发生了深刻的危机。在这种背景下，效用理论得以迅速发展，其重心向量的分析转移。

2. 从基数效用论向序数效用论的转移

数学方法作为科学思维的工具，用来研究经济规律，本身是无可厚非的，但作为边际效用基础的基数效用论，是以效用的可测量和可比较为前提的。因此，边际效用理论碰到的第一难题就是作为主观范畴的效用是不可能精确计量的。杰文斯自己也承认“边际分析中无限分割的前提对消费者而言是毫无意义的”。边际效用论的主观内容和为这种内容提供客观形式的数学方法之间存在根本性冲突。这种“内容和形式的矛盾”给边际效用理论以最强大的压力，限制了大规模应用数学方法的可能性，也成了效用理论发展的桎梏。理论本身的危机迫使其重心发生转移。

为了避开这个矛盾，帕累托没有直接考察效用，而是从消费者偏好某一种商品的直接经验事实出发，分析消费者对不同商品的态度，提出消费偏好的概念。回避效用在量上的差异：不必精确测度，却反映了效用的连续性。这样，以消费者行为代替消费者感觉，帕累托为效用理论建立了新的理论依据——序数效用论。帕累托把埃奇沃思提出的契约曲线加以改造，得到一个新的分析工具，即无差异曲线。他认为，通过收集偏好随物价变动而变动的资料，可以分析和研究消费者行为，当获得足够的数据时，就可以画出无差异曲线。他对效用最大化实现条件的数学分析和瓦尔拉的结果相比，虽然形式相似，但内容和基本思想都已改变。

在无差异曲线的基础上，希克斯向前迈进了一大步，提出了偏好尺度的概念。实质上不计算效用数值，根据偏好次序比较效用的大小，从而以“边际替代率”代替“边际效用”、以“边际替代率递减规律”替代“边际效用递减规律”，把无差异曲线和预算限制线相结合。希克斯不仅分析了消费者均衡，还详细地讨论了需求、收入、价格之间的关系：通过对“收入–消费曲线”和“价格–消费曲线”的研究，得出了价格变动对需求的影响，即收入效应和替代效应。这一结论，对马歇尔的需求规律进行了补充和发展。

无差异曲线仍然招致了许多批评，许多反对者认为它还是以效用满足的数量关系为前提的。对于这些反对意见，萨缪尔森做了无懈可击的回答，他提出了新的消费者行为假定，形成了显示偏好理论。于是，“根据显示偏好的概念和对偏好的几个假定，能够相当确切地找到无差异曲线”。因此，从基数效用论到序数效用论有着深刻的革新意义。从新福利经济学对旧福利经济学的批判中，可以清楚地看到它的影响。

3. 从个量分析向总量分析的转移

效用理论以人的理性为前提，研究在一定约束条件下“经济人”的最优选择。几乎所有的消费者行为模型个量分析的最终结果都可归结为消费者均衡。在传统的经济自由主义信条下，这种追求最大利润或效用的个人分散活动，由于市场机制的作用，被认为会自动趋于和谐、有序、均衡，最终达到全社会的最大效率。但 19 世纪末 20 世纪初，资本主义由自由竞争发展到垄断时期，社会发展的现实昭示了这种理论的危机。英国经济学家汉内指出：“英国的社会问题——庞大的财富和大众贫困的对比，非常严重，并且由于世界大战而尖锐起来。”社会经济、政治的危机迫切需要经济学为选择政策方案提供指导，于是，研究大多数人的幸福成了一种研究倾向。福利经济学家以改良主义者的身份出现，考察社会经济福利最大化的实现条件——效用理论的重心向总量分析转移。

庇古首先以全社会的经济福利为考察对象，建立了完整的福利经济学理论体系。他在边际效用论的基础上提出了福利的概念：福利是一个人所能获得的所有满足，经济福利是其中可以用货币计量的部分。同时，他把福利和国民收入联系起来，提出了达到社会效用最大化的政策主张：①优化社会资源配置，增加国民收入总量以增加福利；②改善国民收入分配状况，实行适度的收入均等化。

旧福利经济学是建立在基数效用论和马歇尔局部均衡论的基础上的，新福利经济学对其进行了批判的继承。新福利经济学以序数效用论和一般均衡分析为理论依据，以无差异曲线为工具，从生产和交换两个方面探讨社会福利最大化问题。帕累托在静态分析的基础上考察集体效用，提出了实现社会福利最大化的最优条件。但围绕福利标准问题，出现了不同的见解：卡尔多和希克斯提出“补偿原则”论，实质上是坚持效率原则，认为只有国民收入较快增长，个人福利才会普遍提高；伯格森和萨缪尔森提出了“社会福利函数”论，认为不能取消对福利状况的价值判断，其思想本质是坚持公平和效率的统一。福利经济学的概念和命题尚在扩展之中，一些新的观点，如相对福利论、福利国家论等，对新福利经济学从各个侧面进行了批判和补充。

资料来源：刘清华. 西方效用理论发展史上的三次重心转移. 经济评论，2000，（1）：9-15

（二）总效用和边际效用

总效用（total utility，TU）指的是消费者从消费物品和劳务中所获得的总的满足程度。总效用依赖于一定时期内所消费产品的数量。一般来说，消费的物品越多，其总效用越大。边际效用（marginal utility，MU）指的是消费者从每增加一单位商品的消费中所获得的满足程度。

在对商品的消费中，我们都有这样的经验，随着该种商品消费量的增加，起初人们对该种商品的满足程度不断增加，但达到一定点后，满足程度将出现下降。总效用和边际效用的大小是和物品的消费量联系在一起的。表 4-1 以食品为例，给出了与一定消费量相对应的总效用和边际效用。

表 4-1 总效用与边际效用

食品	总效用	边际效用
0	0	
1	25	25
2	45	20
3	60	15
4	70	10
5	75	5
6	75	0

由表 4-1 可以看出，该消费者在消费第一个单位时，所获得的总效用为 25；在消费第二个单位时为，总效用为 45；当消费到第 6 个单位时总效用最大，为 75。

此外，我们还观察到，尽管该消费者消费的总效用在增加，但随着该消费者消费数量的增加，边际效用却在减少。该消费者在消费第一个单位时，所获得的边际效用为 25；在消费第二个单位时为 20，当消费到第 6 个单位时边际效用为 0。

二、边际效用递减规律

由表 4-1 所描述的总效用、边际效用及二者之间的关系，可得如图 4-1 所示的效用曲线。

在图 4-1 中，TU 曲线和 MU 曲线分别为总效用曲线和边际效用曲线。随着食品消费量的增加，总效用先增加，达到最大值后开始减少。而边际效用随着消费量的增加持续下降，这被称为边际效用递减规律。边际效用递减规律指的是在消费者对其他商品消费量不变的条件下，消费者从连续消费某一商品中所获得的满足程度随着该商品消费量的增加而递减。

读者可能会认为，我们得出的边际效用递减规律是从假定的消费效用表和图形中得出的，是很主观的。实际上，边际效用递减规律是从经验观察中归纳得来的，已被视为经济学上的公理，作为经济分析的假设前提。

我们下面用简单的高等数学知识来描述边际效用递减规律，假设商品 X 的总效用函数为

$$\mathrm{TU}=U(X) \tag{4-1}$$

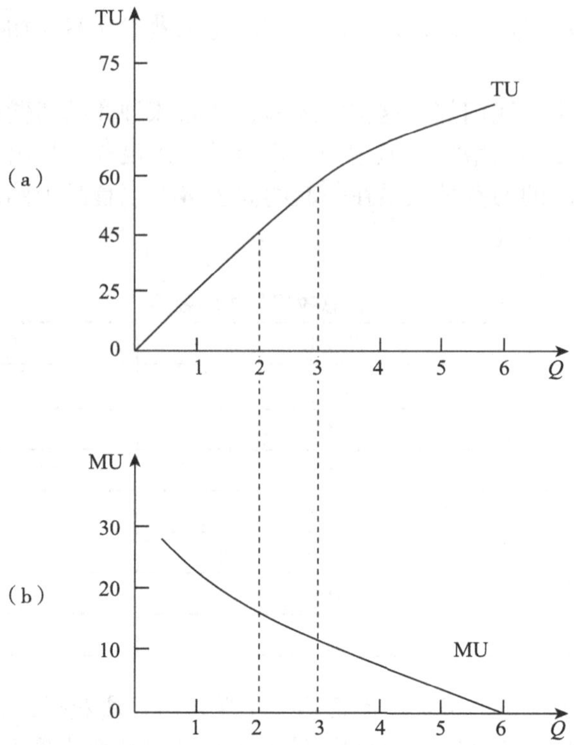

图 4-1 总效用和边际效用

则边际效用函数为

$$MU = \partial U(X)/\partial X \tag{4-2}$$

边际效用递减规律可表示为

$$MU = \frac{\partial U(X)}{\partial X} > 0 \tag{4-3}$$

$$MU = \frac{\partial^2 U(X)}{\partial^2 X} < 0 \tag{4-4}$$

效用函数的一阶导数是大于零的，表示总效用随消费量增加而变大；而效用函数的二阶导数小于零，就说明了边际效用递减规律的含义。

相关链接 4-1 经济学中水和钻石的价格之谜

在经济学中，有一个著名的水和钻石的价格难题，那就是：水应当比钻石更值钱吗？著名的古典经济学家亚当·斯密在研究不同物品的相对价格如何决定的问题时，就提出过这个问题：根据常识，一个物品的价格决定于它给消费者的效用。但是，水为消费者所必需，水的有无，生死攸关，效用极大，但水的价格很低。而钻石是非必需品，效用有限，价格却非常高。这是为什么？

虽然在200多年前，这个难题困扰着亚当·斯密，但现代经济学家已经解释了这个难题，提出了几个答案。

最简单的答案就是：供给与需求决定价格。水的供给曲线和需求曲线相交于很低的价格水平，而钻石的供给曲线与需求曲线相交于很高的价格水平，如图 4-2 所示。

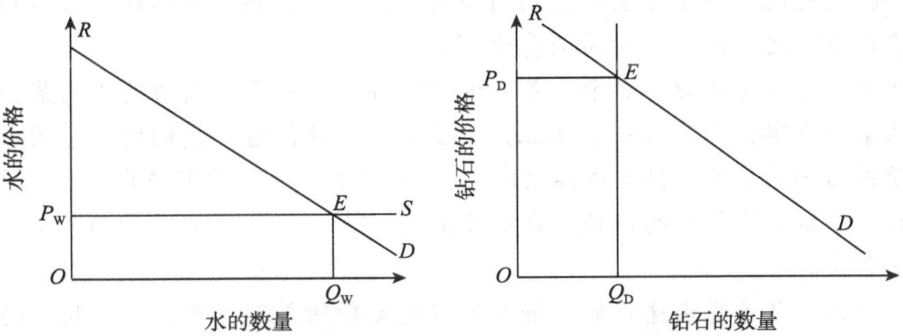

（a）水的供给曲线和需求曲线　　（b）钻石的供给曲线和需求曲线

图 4-2　水和钻石的价格之谜

在图 4-2 中，水的需求曲线和钻石的需求曲线形状基本相同，随着价格下降，需求量增加。至于供给曲线：由于水的成本很低，而且供给非常丰裕，供给者愿意按 OP_W 价格供给任何数量，所以水的供给曲线是一条水平线。钻石的产量有限，不管价格如何，供给量总是固定的，所以供给曲线是一条垂直线。水的供求决定的价格是 OP_W，而钻石的供求决定的价格是 OP_D。前者价格低，后者价格高。

除了供求决定价格这个答案之外，我们还可以运用边际效用分析来解答这个难题。为此，先要区分总效用与边际效用。

总效用指从物品的消费中得到的全部满足或效用。边际效用指多消费一单位物品而得到的新增加的效用。消费一定数量的物品的总效用等于各单位的边际效用的总和。一个世纪以前，经济学家在分析效用时，提出了边际效用递减规律。这个规律指出，随着个人消费某种物品越来越多，其从中得到的新增加的边际效用量越来越少。

水是我们生活所必需的。我们从消费水中得到的总效用是巨大的。但是，我们消费如此大量的水，以至于它的边际效用递减到极小。至于钻石，相对于水来说，总效用很小，但由于我们购买和使用的钻石数量非常少，钻石的边际效用很高。

价格与总效用无关，但与边际效用有关。在消费者的收入固定和面临的各种商品的市场价格既定的条件下，为了实现效用最大化的目标，消费者的支出在各种商品之间的分配，必须使每一种商品的边际效用与其价格之比都相等。

$$\mathrm{MU}_1/P_1=\mathrm{MU}_2/P_2=\mathrm{MU}_3/P_3=\cdots=\text{每 1 元支出的 MU}$$

如果花费在任何一种商品上的每 1 元能够提供更多的边际效用，消费者就会多购这种商品，少购其他商品，直到边际效用递减规律使花费在该商品的每 1 元的边际效用下降到与其他商品相等为止，但这样就会增加消费者的总效用。如果花费在某种商品上的每 1 元所带来的边际效用低于其他商品一般的边际效用水平，消费者就可以少购这种商品，多购其他商品，直到花费在该商品上的每 1 元所提供的边际效用上升到一般的边际效用水平为止。

上述这种对各种商品的每 1 元支出的边际效用的相等性，对于水和钻石也是正确的。水有低价格和低边际效用；钻石有高价格和高边际效用。水的低边际效用除以其低价格等于钻石的高边际效用除以其高价格。总之，水和钻石的价格都决定于它的边际效用而不决定于它的总效用。

解释价格之谜的另一个方法是运用消费者剩余。一种物品的总效用与其总市场价值（用价格乘数量）之间的差额称为消费者剩余。

我们之所以能享受消费者剩余，基本的原因在于：对于我们所购买的某一物品的每一单位，从第一个单位到最后一个单位，都支付相同的价格。我们所支付的每一单位的价格都等于最后一单位的价值（边际效用）。但是，根据边际效用递减规律，前面各单位都要比最后一单位具有较高的价值（边际效用）。这样，我们就从前面的各个单位享受了消费者效用剩余。

消费者剩余，是消费者愿付的金额与实付的金额的差额，是消费者获得的净收益，是经济福利的一种好的衡量标准。

资料来源：汪祥春. 经济学中水和钻石的价格之谜. 价格理论与实践，2005，（9）：51

三、消费者偏好与无差异曲线

1．消费者偏好

在前文的分析中，我们实际上假定效用的大小是可以度量的，这一点因其主观性，受到许多经济学家的批评，于是经济学家试图找到无须衡量效用的大小，也可以比较消费者的偏好的方法。下面我们首先引入消费者偏好的假设。

第一，消费者在面对两个不同的消费束时，消费者能够确定其喜欢哪一个消费束，或者二者无差异。例如，消费束 A 包括一块巧克力与两杯牛奶，另一个消费束 B 包含一张电影票与两瓶啤酒，消费者可以很清楚地表达出其对 A 消费束的偏好大于 B 消费束，或者对 B 消费束的偏好大于 A 消费束，或者 A 消费束与 B 消费束之间无差异。上述比较也称为消费偏好的完备性。

第二，消费偏好具有传递性。假设在上述 A 和 B 消费束之外还存在一个消费束 C（包含一个汉堡与两杯可乐）。如果消费者对 A 消费束的偏好大于 B 消费束，而且对 B 消费束的偏好大于 C 消费束，则该消费者对 A 消费束的偏好大于 C 消费束。消费者偏好传递性的假设，保证了消费者的理性行为，是经济分析的一个重要基础。

第三，消费者总是喜欢较多的商品而非较少的商品，即“多多益善”。也就是说消费者在面对较多商品时，并未失去什么，状况至少与原有状况一样好。当然我们这里的分析主要指的是能够带来正效用的商品，上述假设有时被称为消费偏好的非饱和性。

2. 无差异曲线

在上述三个假设条件下，我们可以用一系列无差异曲线描述消费者的偏好。无差异曲线指的是能够给消费者带来相同效用水平消费束的点的轨迹。可以用表 4-2 的例子说明无差异曲线。在表 4-2 中消费者面对两种商品（巧克力和牛奶）不同数量的消费束。在表 4-2 中有两种商品不同数量的消费束，第一个消费束有 1 块巧克力和 13 杯牛奶，第二个消费束有 2 块巧克力和 9 杯牛奶，第三个消费束有 3 块巧克力和 6 杯牛奶，等等。假设消费者对表 4-2 不同消费束的商品进行选择，不同消费束之间偏好程度是无差别的，即不同消费束具有相同效用水平。由此可得到无差异曲线，如图 4-3 所示。

表 4-2　可供选择的不同消费束

消费束	巧克力/块	牛奶/杯
1	1	13
2	2	9
3	3	6
4	4	4
5	5	3

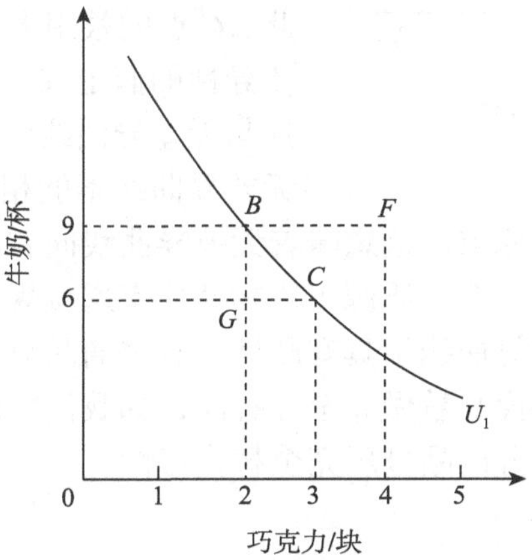

图 4-3　无差异曲线

图 4-3 显示了不同消费束的点连在一起所形成的无差异曲线。无差异曲线是指能给消费者带来同等满足程度的两种商品不同数量组合的消费束的点的变化轨迹。在该无差异曲线上，任一消费束的效用都是相同的，也就是消费者从该曲线上任一消费束得到的满足程度是相等的。但在该无差异曲线 U_1 右面的点，如 F 代表 4 块巧克力与 9 杯牛奶，与 B 点的消费束代表的 2 块巧克力 9 杯牛奶相比，巧克力增加 2 块，牛奶没有变化，根据消费者偏好的假定，F 点的消费束的效用大于 B 点消费束；同样，在 U_1 的左下方的点，如 G 点代表 2 块巧克力与 6 杯牛奶，与 B 点相比巧克力数量相同，但牛奶减少 3 杯，说明在无差异曲线左下方点的效用低于无差异曲线上的点。而 U_1 的点代表的效用是相同的。

3. *无差异曲线的性质*

第一，无差异曲线向右下方倾斜，斜率为负。这实际上是由消费者偏好更多商品假定推出的。如果消费者从图 4-3 的消费束 B 点开始，增加巧克力的消费，为保证总效用不变，必须减少牛奶的消费，如到达 C 点，这样无差异曲线斜率为负。事实上，如果无差异曲线斜率正，那么无差异曲线上总有一个消费束两种商品的数量多于另一个消费束，但根据“多多益善”的假定，在同一条无差异曲线上其中一个消费束的效用大于另一消费束，这显然于无差异曲线的含义矛盾。

第二，较高的无差异曲线代表的消费者有较高的满足程度，而且任意两条无差异曲线不能相交。在图 4-3 上，无差异曲线右上方的点 F 显然是优于无差异曲线 U_1 的，因为消费者在该点可以获得较多的商品，意味着有更大的效用。为证明任意两条无差异曲线不相交，我们用反证法。假设两条无差异曲线相交于 A 点，根据无差异曲线的含义，在图 4-4 中，无差异曲线 U_1 上 A 点的效用应与 B 点相同，在无差异曲线 U_2 上 A 点的效用与 C 点相同，则 B 点的效用与 C 点相同，但这是不可能的。因为 C 点在无差异曲线的 U_1 的右上方，该消费束中两种商品的数量都多于 B 点，因此，C 点的效用大于 B 点的效用。据消费偏好传导性的假定，C 点的效用也大于 A 点的效用，这与无差异曲线的定义矛盾。因此，任意两条无差异曲线不能相交。

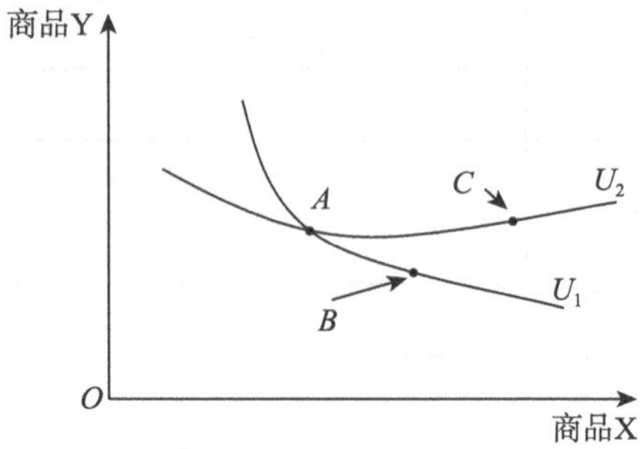

图 4-4 相交的无差异曲线

第三，无差异曲线凸向原点。这意味着无差异曲线向右下方倾斜时，其斜率的绝对值越来越小。无差异曲线的这个性质源于边际替代率递减规律。一般的无差异曲线是符合上述特征的，但有些无差异曲线不具有凸性。有些商品只有采用固定比例的组合才能产生效用，我们一般将这种商品看做完全互补品，如我们穿的鞋，只有成双成对使用才能产生效用。此外，还有部分商品呈现完全替代特性。

四、边际替代率

我们在前面对无差异曲线的分析表明，在总效用不变的条件下，增加一种商品的消费量，必须减少另一种商品的消费量。边际替代率（marginal rate of substitution，MRS）表示的就是消费者用一种商品去代替另一种商品的意愿程度。数学表达式如下：

$$\mathrm{MRS_{XY}}=-\frac{\Delta Y}{\Delta X} \tag{4-5}$$

式（4-5）中，边际替代率是指在保持总效用不变的前提下，增加一单位商品 X 而必须放弃的商品 Y 的数量。为保证边际替代率为正，我们在公式前增加了负号。如果我们让 ΔX 无穷小，边际替代率衡量的就是无差异曲线的斜率（图 4-5）。

在图 4-5 中，我们在沿着无差异曲线移动，即该消费者等量地增加商品 X 的消费，$\Delta X_1=\Delta X_2=\Delta X_3$ 消费者为得到商品 X 愿意放弃的商品 Y 越来越少，从而 $\Delta Y_1>\Delta Y_2>\Delta Y_3$。这一规律被经济学家总结为边际替代率递减规律。边际替代率递减源于我们前面分析的边际效用递减规律，二者之间是一致的。当商品 X 的消费量不断增加时，增加的商品 X

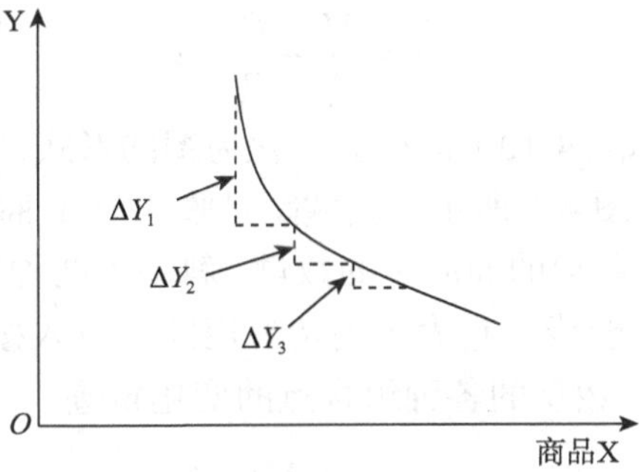

图 4-5　边际替代率递减规律

的边际效用不断降低，因此，商品 X 对商品 Y 的替代能力将下降。下面我们用数学表达式来分析边际替代率与边际效用之间的关系。

在同一条无差异曲线上，增加商品 X 的消费量所带来的效用提高与减少商品 Y 的消费量所产生的效用降低之和为零，则总效用不变。数学表达式为

$$\Delta X \cdot \mathrm{MU_X} + \Delta Y \cdot \mathrm{MU_Y} = 0 \tag{4-6}$$

或

$$-\frac{\Delta Y}{\Delta X} = \frac{MU_X}{MU_Y} \tag{4-7}$$

由边际替代率的定义可知，式（4-7）的左边等于 $\mathrm{MRS_{XY}}$，因此，边际替代率就等于两种商品的边际效用之比 M，即

$$\mathrm{MRS_{XY}} = \frac{\mathrm{MU_X}}{\mathrm{MU_Y}} \tag{4-8}$$

因为随着 X 商品的消费量增加，$\mathrm{MU_X}$ 是递减的，而随着 Y 商品消费量的减少，$\mathrm{MU_Y}$ 是增加的，因此 $\mathrm{MU_X} / \mathrm{MU_Y}$ 递减，也就是边际替代率递减。可见，由边际效用递减规律可推导出边际替代率递减规律。这也就解释了边际效用递减规律与边际替代率递减规律之间的一致性。

第二节　预算约束

1. 预算线与预算集

作为理性的消费者，都希望能够达到最高的无差异曲线，换句话说，消费者都希望实现效用最大化。但是，消费者必须考虑自身的收入与价格约束，因为这些因素限制了消费者购买的商品规模。设消费者收入为 M、两种商品的数量 X 与 Y、商品价格 P_X 、P_Y 。则约束函数表示为

$$M = X \cdot P_X + Y \cdot P_Y \tag{4-9}$$

即

$$Y = \frac{M}{P_Y} - \frac{P_X}{P_Y} \cdot X \tag{4-10}$$

我们将式（4-9）和式（4-10）的函数转化为图的形式，可得到一条负斜率的直线，这就是消费者预算线，如图 4-6 所示。其截距是收入与 Y 商品价格之比，表示消费者将全部收入用于购买 Y 时所获得的商品 Y 的数量。斜率是两种商品的价格之比 $-P_X/P_Y$。预算线也叫收入线或消费可能线，它表示消费者用同一收入按既定价格 P_X，P_Y 所能购买的商品 X 和商品 Y 的不同数量的各种组合点的变化轨迹。

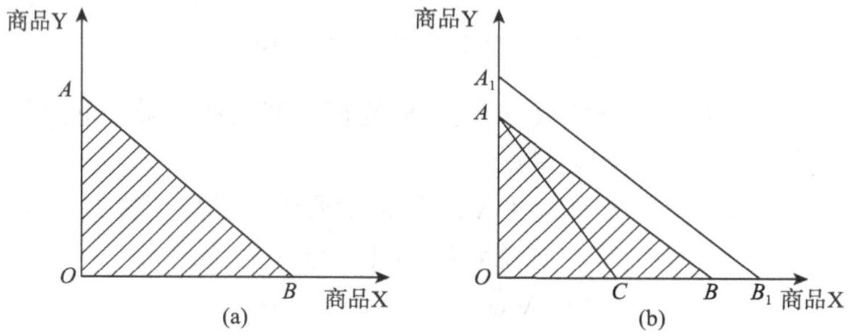

图 4-6　预算线与预算集

在图 4-6 中，ABB_1A_1 是消费者负担得起的消费束，超过预算线的范围，消费者无法承担，就只能“望洋兴叹”。图 4-6 中预算线 AB 及 AB 线内的阴影部分构成了消费者预算范围，即预算集。

2. 预算线的移动

由收入和价格决定的预算线随着收入和价格的变动而相应变动。

（1）价格不变，收入变动。预算方程表明，价格不变时，消费者收入的变动将改变预算线的截距，而其斜率不变。如图 4-6 所示。当消费者收入增加时，预算线由 AB 向右上方平行移动至 A_1B_1，而当收入减少时，则由 A_1B_1 向左下方平行移动至 AB。

（2）收入不变，价格变动。同样，由预算方程可知，当收入不变，商品价格的不同变化，将改变预算线的斜率。以 X 商品价格变化为例。如图 4-6 所示，当 X 商品价格上升时，预算线以 A 点为轴心，由 AB 向左移动至 AC，说明在收入不变的情况下，X 商品的价格上升，使消费者能够购买的 X 商品的量下降了。

第三节　消费者均衡

一、消费者均衡的形成

消费者只能购买预算线及预算线内的点，那么他会选择哪一个商品束呢，理性的消费者会选择使其效用最大化的商品束。在消费者收入决定的预算线内选择消费者均衡的点（图 4-7）。

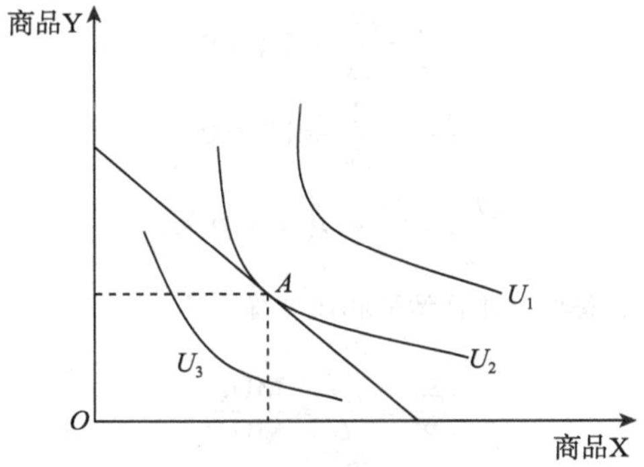

图 4-7　消费者的均衡

图 4-7 将无差异曲线与预算线放在同一个图中，根据分析，无差异曲线表示商品的偏好，消费者对无差异曲线的偏好$U_1 > U_2 > U_3$，消费者试图最大化其效用。但并非所有消费束是可获得的，预算线表示消费者有能力购买的消费束。由图 4-7 可知，A 点是消费者能够获得的预算线与该消费者所面对的最高无差异曲线的交点，该点就是消费者的均衡点。我们发现 A 点所在预算线的斜率就是两种商品的价格之比 P_X / P_Y，而U_2作为无差异曲线，在A点切线的斜率为MRS_{XY}，再由本章第一节所得到的$\mathrm{MRS}_{XY} = \mathrm{MU}_X / \mathrm{MU}_Y$，我们可以得

$$\frac{P_X}{P_Y} = \mathrm{MRS}_{XY} = \frac{\mathrm{MU}_X}{\mathrm{MU}_Y} \tag{4-11}$$

从而在消费均衡点上，两种商品的价格之比就等于两种商品的边际替代率，也等于两种商品的效用之比。

有时也将式（4-11）表示为

$$\frac{\mathrm{MU}_X}{P_X} = \frac{\mathrm{MU}_Y}{P_Y} = \lambda \tag{4-12}$$

其中，λ 表示货币的边际效用。式（4-12）意味着当每一种商品价格的边际效用与价格之比相等时，消费者达到均衡。在该均衡点上，消费者花在每一种商品上所获得的货币边际效用相等。

●专栏 4-2　消费者均衡条件的数学证明

假设消费者的效用函数为

$$U = U(x, y) \tag{4-13}$$

预算约束条件为

$$M = x \cdot P_X + y \cdot P_Y \tag{4-14}$$

求上述目标函数在约束条件下的最大值，我们用拉格朗日函数法求解，构造拉格朗日函数为

$$L(x,y,\lambda)=U(x,y)+\lambda(M-x\cdot P_{\mathrm{X}}-y\cdot P_{\mathrm{Y}}) \tag{4-15}$$

对式（4-15）三个变量分别求偏导，并令偏导数值为零，得

$$\frac{\partial L}{\partial x}=\frac{\partial U}{\partial x}-\lambda P_{\mathrm{X}}=0 \tag{4-16}$$

$$\frac{\partial L}{\partial y}=\frac{\partial U}{\partial y}-\lambda P_{\mathrm{Y}}=0 \tag{4-17}$$

$$\frac{\partial L}{\partial \lambda}=M-x\cdot P_{\mathrm{X}}-y\cdot P_{\mathrm{Y}}=0 \tag{4-18}$$

将式（4-16）、式（4-17）整理，并将结果相比可得

$$\frac{P_{\mathrm{X}}}{P_{\mathrm{Y}}}=\frac{\dfrac{\partial U}{\partial x}}{\dfrac{\partial U}{\partial y}}=\frac{\mathrm{MU_X}}{\mathrm{MU_Y}} \tag{4-19}$$

二、消费者剩余

消费者在购买商品时，出于什么原因我们可能无从知晓，但既然消费者购买该商品，说明消费者在购买时，状况肯定是改善的，否则是不会发生购买行为的。我们一般将消费者从购买商品中获得的净收益称为消费者剩余。

假设消费者想要购买巧克力，消费者愿意为第一个单位巧克力支付 6 元的价格（意味着消费者从第一个单位获得的边际效用为 6），对于第二个单位巧克力消费者愿意支付 5.5 元的价格……直到第 5 个单位，消费者愿意支付的价格与实际价格相等为 4 元。

我们将消费者愿意支付的最大金额相加，可以得到消费者愿意为 5 个单位巧克力支付的总金额为 6+5.5+5+4.5+4=25（元）。我们发现，这一总金额就等于图 4-8 中从 0 至 5 个单位的阴影部分面积之和，也等于五个长方形面积之和，即 6×1+5.5×（2−1）+5×（3−2）+4.5×（4−3）+4×（5−4）=25（元）。

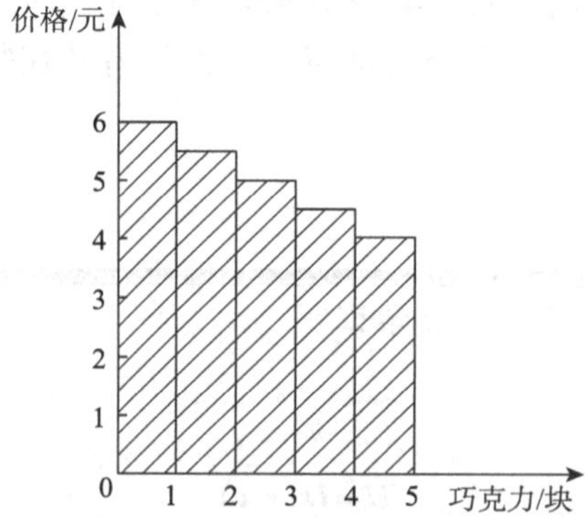

图 4-8 消费者剩余（一）

我们知道巧克力的实际价格为 4 元，也就是说，消费者为 5 个单位巧克力实际需支

付 20 元，而消费者愿意支付的总金额为 25 元，这一消费者愿意支付的金额与实际支付的金额之间的差额（5 元）称为消费者剩余。

我们将离散情形分析延伸到连续情形，考虑一条平滑的需求曲线 $f(q)$，当市场价格为 $p=p_0$ 时，图 4-9 中阴影部分面积 $R(q_0)$ 就是消费者剩余，即 $R(q_0)=\int_0^{q_0} f(q)\mathrm{d}q - p_0q_0$。消费者购买一定数量的商品得到的总效用与为此支付货币的总数是两个量，二者之差为消费者剩余，即消费者在购买某商品时愿意支付的最高货币额与其实际支付的货币额之间的差额，表现为需求曲线与市场价格之间的阴影部分。消费者剩余是一种心理现象，但消费者在消费过程中能够感觉到它的存在，所以消费者剩余常用来评价公共政策对消费者福利状况的影响。

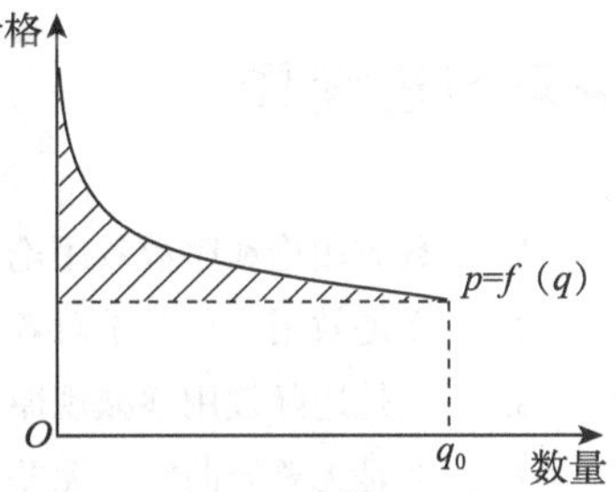

图 4-9　消费者剩余（二）

➢本章提要

经济学上一般将物品和劳务能够满足人欲望或需要的能力，或者是人们从消费物品和劳务中得到的满足称为效用。总效用指的是消费者从消费物品和劳务中获得的总的满足程度。边际效用指的是消费者从每增加一单位商品的消费中所获得的满足程度。假定消费者对其他商品消费量不变的条件下，消费者从连续消费某一商品中所获得的满足程度随着这种商品消费量的增加而递减，这就是边际效用递减规律。

无差异曲线指的是能够给消费者带来相同效用水平消费束的点的轨迹，它一般凸向原点，斜率为负，并且互相不相交。无差异曲线表明，在总效用不变的条件下，增加一种商品的消费量，必须减少另一种商品的消费量。边际替代率表示的是消费者用一种商品去代替另一种商品的意愿程度。

预算线反映的是在既定收入和价格下，消费者的购买约束。无差异曲线与预算线的切点就是消费者均衡点，其反映了两种商品的边际替代率等于价格之比。

➢关键概念

效用（utility）
边际效用（marginal utility）
边际效用递减规律（law of diminishing marginal utility）
预算线（budget line）
无差异曲线（indifferent curve）
边际替代率（marginal rate of substitution）

边际替代率递减规律（diminishing marginal rate of substitution）
消费者均衡（equilibrium of consumer）

➢复习思考题

1. 基数效用论和序数效用论各自是怎样解释消费者均衡的？二者有何异同？

2. 什么是效用？什么是总效用？什么是边际效用？边际效用与总效用之间的关系是什么？

3. 什么是边际效用递减规律？边际效用递减规律与边际替代率递减规律之间的关系是什么？

4. 什么是无差异曲线？无差异曲线的性质是什么？

5. 消费者均衡实现的条件是什么？

6. 假设一个消费者每月 300 元用于购买两类食品：肉类制品 X 每千克 20 元；蔬菜制品 Y，每千克 4 元。

（1）画出该消费者的预算线。

（2）如果该消费者的效用函数为$U(X,Y)=XY$，为使效用最大化，X与Y各为多少？

（3）如果该消费者随着收入增加，用于购买两类食品的每月预算为 400 元，试画出新的预算线。

（4）如果肉类商品的价格上升为每千克 30 元，蔬菜价格不变，试画出新的预算线，并求出新的消费者均衡时的X与Y。

7. 某人的偏好可用$U(X_1, X_2)=\min\{X_1+2X_2, 2X_1+X_2\}$来描述，画出他的无差异曲线。

8. 设某人收入为M=100（美元），每周用于消费产品 X（如看电影）和 Y（如上餐厅吃饭）的时间最多为T=24（小时）。$P_X=P_Y=10$（美元），消费 X 和 Y 所需时间分别为$T_X=2$小时，$T_Y=3$小时。

（1）做出此人的货币和时间的预算约束线。

（2）作图分别画出无差异曲线I，并给出货币和时间两个约束条件的等式均成立时的均衡点，无差异曲线I_1，并给出仅当T约束的等式成立时的均衡点，无差异曲线I_2，并给出仅当M约束的等式成立时的均衡点。

（3）当只有M或T约束的等式成立时，此人如何改善其均衡位置？

➢扩展性阅读资料

范里安 H R. 2006. 微观经济学：现代观点. 第六版. 费方域，等译. 上海：上海三联书店，上海人民出版社
黄亚钧. 2005. 微观经济学. 第二版. 北京：高等教育出版社
厉以宁. 2000. 西方经济学. 北京：高等教育出版社
曼斯菲尔德 E. 1999. 应用微观经济学. 王志伟，等译. 北京：经济科学出版社
萨缪尔森 P A，诺德豪斯 W D. 2005. 微观经济学. 萧琛译. 北京：人民邮电出版社
斯蒂格利茨 J E，沃尔什 C E. 2013. 经济学. 第四版. 黄险峰，张帆译. 北京：中国人民大学出版社

第五章

价格效应与消费者选择

第四章中所讨论的均衡是在收入与商品的价格水平不发生变化时的均衡，在本章中，我们要考察收入变化和价格变化对消费者均衡的影响。

第一节　收入变化对消费者均衡的影响

1. 收入–消费曲线

在商品的价格不发生变化的条件下，收入的增减并不影响预算约束线的斜率，只是使预算约束线的截距增大或减少。收入–消费曲线研究的就是商品价格不变，收入变化时消费者均衡变化的轨迹。

如图 5-1 所示，在商品价格不变时，无差异曲线是既定的，收入的变动表现为预算约束线的变动。在收入水平为 I_1 时，相应的预算约束线为 A，均衡水平由无差异曲线和预算约束线相切的点 U 决定。同样的道理，收入水平为 I_2 时，相应的预算约束线为 B，均衡水平由无差异曲线和预算约束线相切的点 V 决定，收入水平为 I_3 时，相应的预算约束线为 C，均衡水平由无差异曲线和预算约束线相切的点 W 决定。

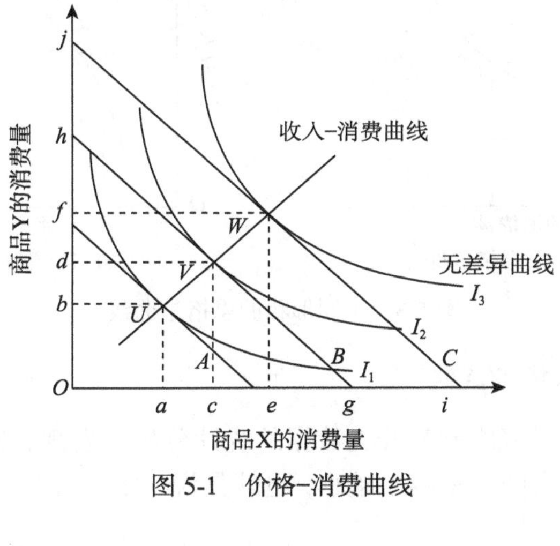

图 5-1　价格–消费曲线

在商品价格保持不变的情况下，对于消费者来说，每一收入水平都产生一种均衡的商品组合，如图 5-1 所示。如果我们把表示与所有可能的收入水平相适应的均衡商品组合的点连接起来，所得到的曲线便是所谓的收入–消费曲线，表示在消费者偏好的商品价格不变的情况下，各种不同水平的收入所能买到的两种商品的各种均衡组合，表明了消费者收入变化时的商品消费量和满足水平的变动。

2. 恩格尔曲线

收入–消费曲线可以用来推导恩格尔曲线，恩格尔曲线表示的是某种商品的均衡购买量与收入水平的关系。

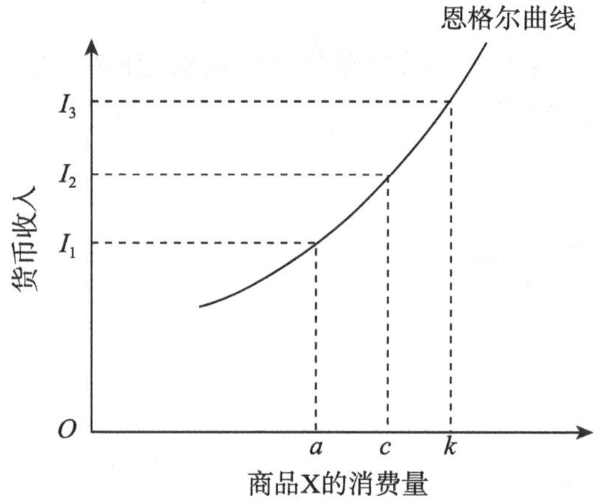

图 5-2　恩格尔曲线

以图 5-2 为例，当收入为 I_1 时，收入–消费曲线表明消费者购买 Oa 单位商品 X。用同样的方法可以说明，当收入为 I_2 时，消费者将购买 Oc 单位的商品 X。当收入为 I_3 时，消费者将购买 Ok 单位的商品 X。我们把这样的点都包括进来，并在纵轴上表示收入，横轴上表示商品 X 的消费量，便得到相应的恩格尔曲线。

恩格尔曲线的形状取决于特定商品的性质、消费者的偏好及保持不变的价格水平。例如，图 5-3（a）中的恩格尔曲线表示，商品 X 的消费量随收入的增加而增加，但其增长率是递减的。一般来说，生活必需品的需求量与收入之间的关系就是如此。而图 5-3（b）中的恩格尔曲线则表明，商品 Y 的消费量也是随收入增加而递增的，但其增长速度也是递增的，说明这种商品是高档品。

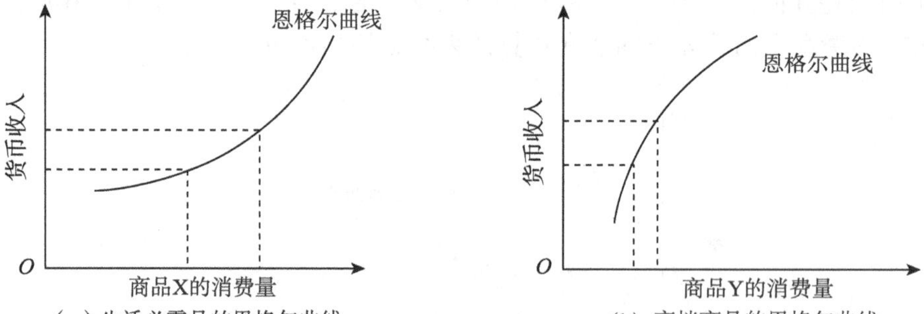

（a）生活必需品的恩格尔曲线　　（b）高档商品的恩格尔曲线

图 5-3　不同形状的恩格尔曲线

3. 恩格尔定律和恩格尔系数

统计学家恩格尔在对家庭预算开支数据的统计分析中发现，随着收入的增长，用于食品的支出在收入中所占的比重越来越小，也就是说，食品的需求收入弹性是非常低的。

因此，一个家庭、地区或国家的富裕程度可以用食品支出所占其收入比重的大小来衡量，较富裕的家庭、地区或国家的食品支出占总支出的比重要低于贫困的家庭、地区或国家，这就是“恩格尔定律”，反映这一定律的系数被称为“恩格尔系数”，其公式表示为

$$\text{恩格尔系数}=\frac{\text{食品支出总额}}{\text{家庭或个人消费支出总额}}\times 100\%$$

国际上常常用恩格尔系数来衡量一个国家或地区人民生活水平的状况。根据联合国粮食及农业组织提出的标准，恩格尔系数在59%以上为贫困，50%~59%为温饱，40%~50%为小康，30%~40%为富裕，低于30%为最富裕。

相关链接 5-1 恩格尔系数在我国的适用性

20 世纪 70 年代中期，恩格尔系数成为联合国粮食及农业组织评价某个国家或地区贫富程度的一个重要指标，该组织规定：恩格尔系数在 60%以上的为绝对贫困，介于50%~59%的为勉强度日，介于 40%~49%的为小康水平，介于 30%~39%的为富裕，30%的以下为最富裕。我国在全面小康社会建设的进程中也将恩格尔系数作为衡量居民生活水平的重要指标。2006 年 12 月，国家统计局国际统计信息中心的一份研究报告称，2005 年我国城镇居民家庭恩格尔系数为 36.7%，农村居民家庭恩格尔系数为 45.5%，按照联合国粮食及农业组织划定的标准，我国城镇居民生活已经达到富裕程度，农村居民生活也已达到小康水平。

但也有很多学者对恩格尔系数所表达的意义提出了质疑，他们认为一个承担着教育和医疗重担的家庭，节省吃的开销根本不能算做富裕。国家统计局的研究也显示，我国居民医疗保健消费支出比重偏高，2005 年为 7% 左右，相比日本的 3.97%、韩国的 4.73%而言，基本比发达国家高出 1 倍。因而，许多学者认为，吃的比重已经难以体现中国人民是否富裕的真实状态，仅用恩格尔系数下结论是管中窥豹，还需要具体研究中国人的消费结构。

另据网易财经 2013 年 3 月 13 日讯，《经济学人》公布了一份全球 22 国的恩格尔系数（图 5-4），其中美国恩格尔系数最低，人均每周食品饮料消费 43 美元，占收入的 7%；英国人均每周食品饮料消费与美国相同，占收入的 9%。中国人均每周食品饮料消费 9 美元，占人均收入的 21%。虽然恩格尔系数理论并不绝对严谨，但也可以从一个侧面衡量一个家庭或一个国家的富裕程度。韩国在 1975 年恩格尔系数约为 30%，经过 30 多年的经济发展，其恩格尔系数仅为 12%，也就意味着韩国人 88%的收入都用于吃喝以外的非刚性消费。而匈牙利人则将其收入的 10%贡献给了烟酒。

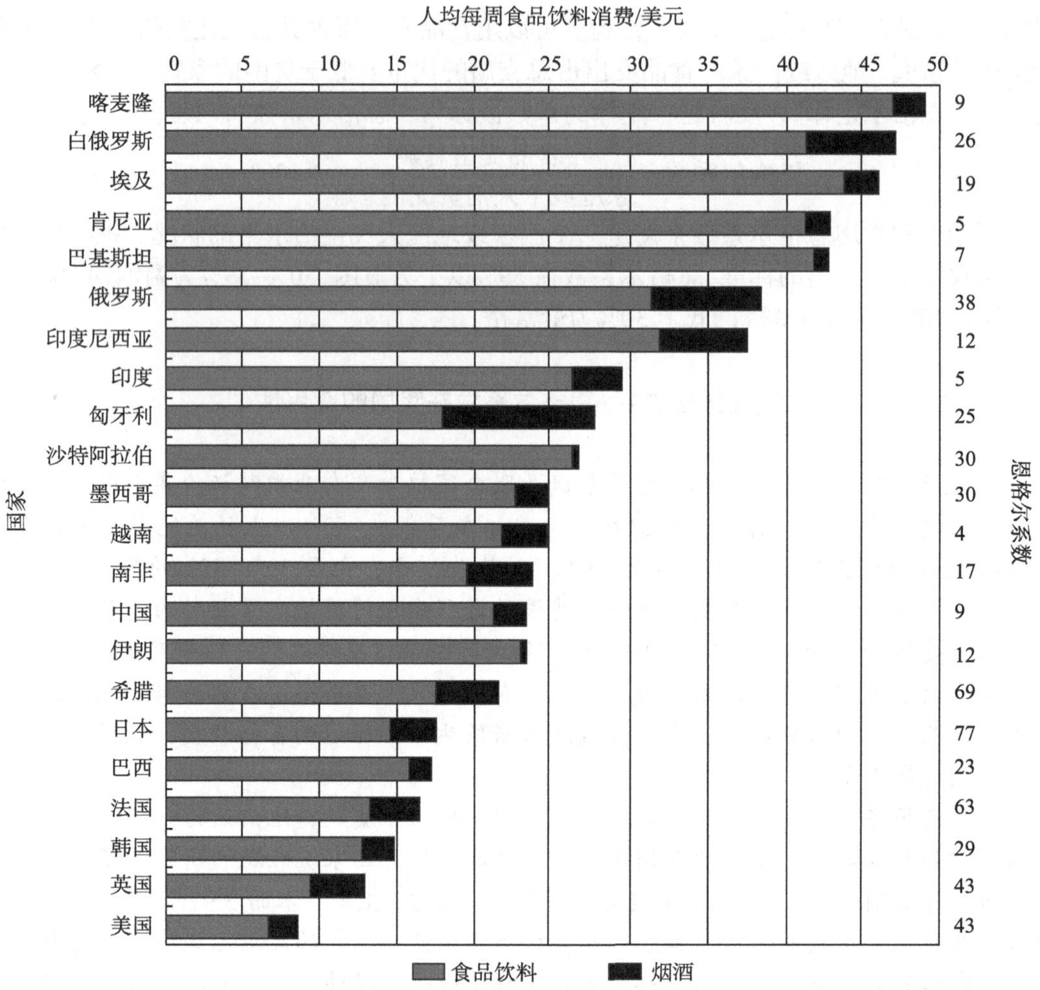

图 5-4 全球 22 国的恩格尔系数

资料来源：美国农业部

资料来源：刘旭. 恩格尔系数在中国“失灵”了吗？统计与决策，2006，(16)：35-39

第二节 价格变化对消费者选择的影响

1. 价格-消费曲线与个人需求曲线

现在我们转向问题的另一个方面，即假定在消费者的收入不发生变化的条件下，考察商品价格的变化对消费者的影响。

为使问题简化，我们仍然假定只存在两种商品——商品 X 和商品 Y，并假定商品 Y 的价格不变，从而分析商品 X 价格变化对消费者所购买的商品组合会产生的影响。

如图 5-5 所示，假设收入水平为 m，假定与商品 X 原来的价格相对应的预算约束线

是 B，其最优消费组合为 $S(r, s)$。如果商品 X 的价格上升，新的预算约束线为 A，那么对消费者来说，新的均衡点则是 $T(u, v)$。如果 X 的价格下降，则新的预算为 C，此时该消费者的最优消费组合是 $R(w, z)$。利用这一方法，可以确定与商品 X 的各种价格水平相对应的均衡商品组合，由这些均衡点连接而成的曲线，就是价格–消费曲线。它表示在消费者偏好和收入保持不变的情况下，由于商品 X 的价格变化所引起的均衡商品组合的变化。

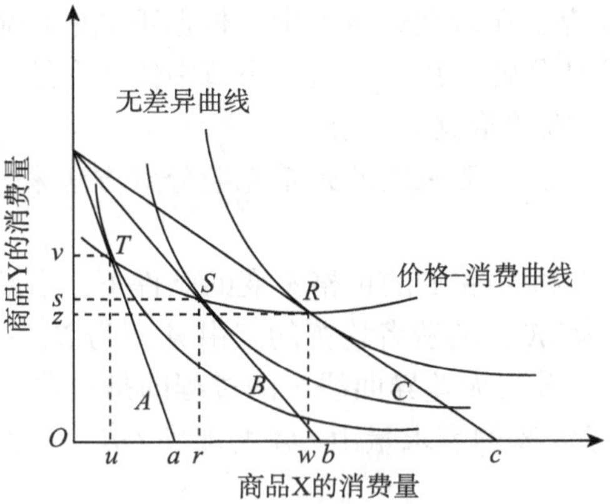

图 5-5 价格–消费曲线

经济学中对价格–消费曲线感兴趣的主要原因是它能够用来推导出所论及的商品的个人需求曲线。个人需求曲线表示在消费者偏好、收入及其他商品价格不变的情况下，消费者在某种商品的不同价格水平下将购买的该商品的数量。下面分析如何由价格–消费曲线推导出个人需求曲线。

由图 5-5 中的价格–消费曲线可知，当商品 X 的价格为 I/Oa（I 表示消费者的收入）时，消费者购买 Ou 单位商品 X；当商品 X 的价格为 I/Ob 时，消费者购买 Or 单位商品 X；当商品 X 的价格为 I/Oc 时，消费者购买 Ow 单位商品 X。利用这种方法，可以得到与商品 X 各种价格水平相对应的商品 X 的消费量，如图 5-6 所示，代表这些不同的价格与购买量的点的轨迹，就是商品 X 的完整的个人需求曲线 DD'。

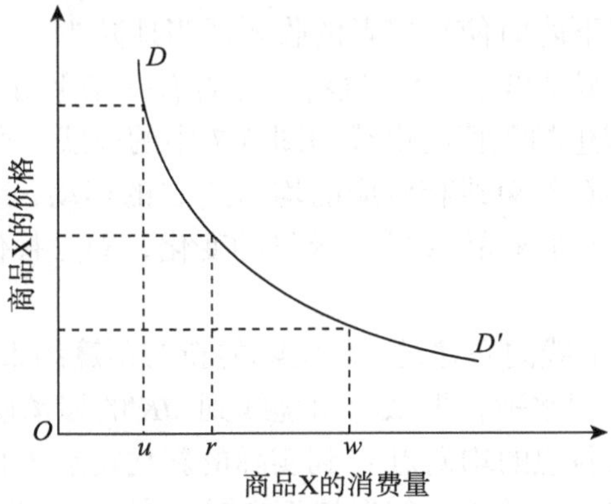

图 5-6 对商品 X 的个人需求曲线

价格–消费曲线与个人需求曲线的区别在于，前者表示在商品 X 的不同价格水平下消费者所购买的商品 X 与商品 Y 的不同组合，其坐标图的横轴和纵轴分别表示的是商品 X 和商品 Y 的消费量；而后者表示在商品 X 的不同价格水平下，消费者将购买的商品 X 的数量，其坐标图的横轴表示商品 X 的需求量，纵轴表示商品 X 的价格。

2. 替代效应和收入效应

前文中分析的价格变动对消费者均衡的影响是价格变动的总效应，可以进一步将其分解为替代效应和收入效应。在微观经济学中，根据不同的理解，有两种分解方法，分别为希克斯分解和斯勒茨基分解，我们在这一小节中依次介绍。

1）替代效应与收入效应的希克斯分解

在一般的初级教科书中，一般采用的是希克斯分解方法来分解价格变化时的替代效应与收入效应。

如图 5-7 所示，在收入和商品 Y 的价格不变的条件下，当商品 X 的价格下降时，预算约束线由原来的 *JK* 变为 *JK'*，消费者均衡的点由 *A* 变为 *B*，这意味着消费者的效用水平提高了（无差异曲线 1 上升为无差异曲线 2 的过程即是消费者效用提高的过程）。由于商品 X 的价格下降，对商品 X 的需求量由 *OA'* 增加到 *OB'*，*OB'*−*OA'*=*A'B'* 即为价格变动的总效应。

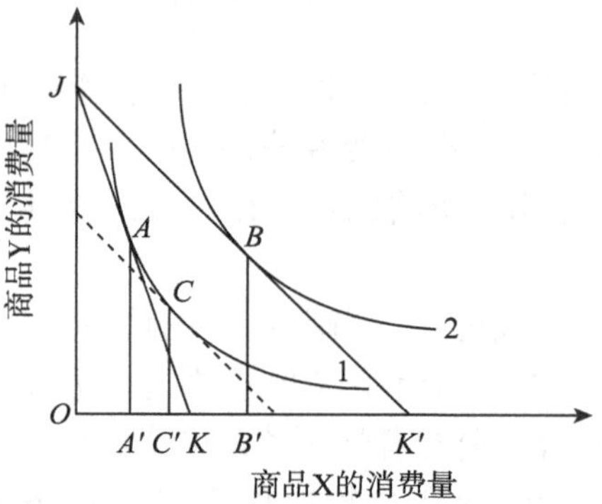

图 5-7 替代效应与收入效应的希克斯分解

假定我们能够在价格下降时使消费者的收入适当地减少，从而使其保持原有的水平不变，即继续停留在无差异曲线 1 上，这将意味着有一条平行于 *JK'* 的预算约束线与无差异曲线 1 相切，这一假想的预算约束线即图 5-7 中的虚线。所谓替代效应是指从原来的均衡点 *A* 到与假想的预算约束线相对应的均衡点 *C* 的移动，或者说，当效用水平保持不变时，由价格变化所引起的商品 X 的需求量的变化，即为替代效应。在图 5-7 中，替代效应为 *OC'*−*OA'*=*A'C'*。

现在设想图 5-7 中的虚线向右移动，与实际的新的预算约束线 *JK'* 重合。如果把消费者的实际收入限定为其效用水平，那么，由虚线到 *JK'* 的移动就标志着消费者实际收入的增加，由此而引起的从假想的均衡点 *C* 到实际的新均衡点 *B* 的移动，就是收入效应，或者说，收入效应是指在所有的价格都保持不变时，完全由实际收入的变动所引起的商品 X 的需求量的变动。在图 5-7 中，商品 X 价格下降所引起的收入效应就是 *OB'*−*OC'*=*C'B'*。由商品 X 价格下降所产生的总效应等于替代效应与收入效应之和，即

$A'C'+C'B'=A'B'$。

2）替代效应与收入效应的斯勒茨基分解

斯勒茨基分解与希克斯分解对两种效应的定义是相同的。两种商品之间交换比率的变化所引起的需求变化是替代效应，由商品价格变化而引起购买力变化的需求变化称为收入效应。斯勒茨基分解法分解替代效应与收入效应的时候与希克斯分解法不同的地方在于：在分解的过程中不再使用效用不变的方法确定两种效应，而是使用购买力不变的方法确定两种效应。

在商品 X 价格下降的时候（图 5-8），意味着预算约束线绕纵轴截距 m/p_Y 旋转并变得更加平坦。我们可以把预算约束线的这种转动分成两步，这是与希克斯分解方法最大的不同。第一步是预算约束线绕着原需求束，即坐标（X_1，Y_1）转动，此时表明购买力不变，原有的商品还是可以支付的；第二步是转动后的预算约束线向外移动到新的价格下的位置。

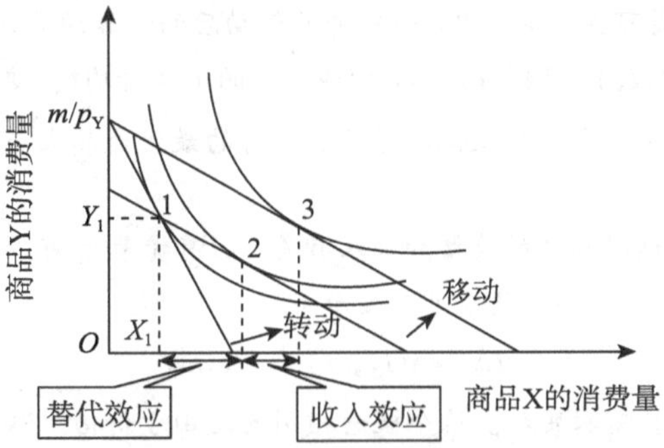

图 5-8　替代效应和收入效应的斯勒茨基分解

转动后的预算约束线与最终预算约束线具有相同的斜率，这意味着具有相同的价格。可是，由于纵轴截距不同，所以同这条预算约束线相应的收入也不同。在既然原来的消费束（X_1，Y_1）仍处在转动后的预算约束线上，所以这个消费束恰好是可支付的。从这个意义上讲，消费者的购买力保持不变，因为原来的商品束在转动后的新的预算约束线上是正好支付得起的。

预算约束线平行移动的经济意义也是明确的，这意味着预算改变（也就是收入变化），而价格保持不变时消费者均衡的变化。因此，在第二个阶段中价格调整的效应称为收入效应。

●专栏 5-1　替代效应与收入效应的数学表述

假定原来的消费束为（x，y），价格为（P_X，P_Y），收入为 m。商品 X 的价格改变为 P'_X 时，设 m' 为恰好能使原消费束支付得起的那个收入量，有以下关系成立：

$$m' = P'_X x + P_Y y$$

$$m = P_X x + P_Y y$$

用第一个方程减第二个方程，得

$$m' - m = x(P'_X - P_X)$$

这个方程表明，为了使原来的消费束在新的价格水平上仍能支付得起，收入必须做出的变动恰好是商品X的原消费量与价格变动量的乘积。

令 $\Delta P_X = P'_X - P_X$ 表示商品X的价格变动，$\Delta m = m' - m$ 表示使原消费束恰好能支付得起所必须的收入变动，则有

$$\Delta m = x\Delta P_X$$

注意，收入和价格总是在按相同的方向变动：如果价格上升，则必须提高收入才能支付得起相同的消费束。

现在我们有了一条转动后的预算约束线公式，它就是那条按照新的价格，收入为 m' 的预算约束线。注意，如果商品X的价格是下降的话，m' 要小于 m。当商品价格下降时，消费者的购买力就会提高，因此，要保持购买力不变就必须减少消费者的收入。同样，当商品价格上升时，购买力就会下降，要保持购买力不变，m' 要大于 m。

尽管商品组合 (x, y) 仍是可支付的，但它一般并非转动后的预算约束线上的最佳消费束，最优商品束是在改变后的价格组合 (P'_X, P_Y) 和预算约束 m' 的条件下的消费者均衡。这个商品束是改变价格后调整收入以使原有消费恰好可以支付得起的最优消费束。这时的最优商品束与原有最优商品束之间的变动就称为替代效应。

设对商品 x_i 的消费量与这种商品的价格和收入有关，则消费量 x_i 可以写成这种商品的价格 P_i 和收入 m 的函数，即 $x_i = x_i(P_i, m)$。而替代效应可以表示为

$$\Delta x^s = x(P'_X, m') - x(P_X, m)$$

替代效应又称为有补偿的需求变动。这个概念指明的是由于价格上涨，消费者被给予足够的收入作为补偿以购买他原有的消费束。当然，如果价格下降，则是取走一些货币，从而正好可以购买得起原有的商品组合。

在价格调整的第二个阶段，在图4-6中表现为预算约束线的平行移动，这表现为收入的变动和价格不变，因此，将这个阶段的变动称为收入效应。在这个阶段的变动表现为数学形式就是收入从 m' 变动到 m，而价格保持在 (P'_X, P_Y) 时商品X消费量的变化。

与描述替代效应相似，收入效应用符号 Δx^n 表示，是在使商品X的价格保持在 P' 上不变，同时使收入从 m' 变到 m 时，对商品X的需求变动，即

$$\Delta x^n = x(P'_X, m) - x(P'_X, m')$$

●专栏 5-2　斯勒茨基替代效应与收入效应的计算

假设消费者对牛奶的需求函数为

$$x = 10 + \frac{m}{10P_X}$$

起初，消费者的收入为每周 120 元，牛奶的价格为每夸脱[①]3 元。所以其对牛奶的需求是 10+

① 1夸脱=1.136 5升。

$\frac{120}{(10\times3)}$=14（夸脱/周）。

现在假设每夸脱牛奶的价格下降到 2 元。则按照新的价格消费者的需求将是$10+\frac{120}{(10\times2)}=16$（夸脱/周）。

由于价格下降所引起的总价格效应为 16–14=2（夸脱/周）。那么其中替代效应与收入效应各是多少呢?

为了计算替代效应，我们就必须计算出，当牛奶价格为每夸脱 2 元时，为使原先所消费的牛奶量刚好能支付得起，而需要变动的收入量为

$$\Delta m = x\cdot\Delta P_X = 14\times(2-3) = -14 \text{（元）}$$

因此，如要保持购买力不变，所必需的收入水平应是 $m' = m+\Delta m = 120-14 = 106$。按照每夸脱 2 元的新价格和这个收入水平，消费者需求的牛奶应是多少呢？只要把这些数字填入需求函数。就可以求得

$$x = x(P_X', m') = x(2\ 106) = 10+\frac{106}{10\times 2} = 15.3$$

因此，替代效应为

$$\Delta x^s = x(2\ 106) - x(3\ 120) = 15.3-14 = 1.3$$

收入效应为

$$\Delta x^n = x(2\ 120) - x(2\ 106) = 16-15.3 = 0.7$$

3. 需求总变动与斯勒茨基恒等式

需求的总变动 Δx_1 指的是在收入保持不变的情况下由价格变动所引起的需求变动，即

$$\Delta x = x(P_X', m) - x(P_X, m)$$

这个变动可以分解为替代效应与收入效应。用上面的符号可以表示为

$$\Delta x = \Delta x^s + \Delta x^n$$

已经定义：

$$\Delta x^s = x(P_X', m') - x(P_X, m)$$
$$\Delta x^n = x(P_X', m) - x(P_X', m')$$

代入后有

$$x(P_X', m) - x(P_X, m) = [x(P_X', m') - x(P_X, m)] + [x(P_X', m) - x(P_X', m')]$$

这个方程被叫做斯勒茨基恒等式。它是一个恒等式，对于 P_X、P_X'、m 和 m' 都是成立的，消去右式的第一项和第四项，左式便等于右式。

斯勒茨基恒等式的目的不是说明代数恒等式，而是在于解释右边的两项——替代效应与收入效应，尤其是用收入效应与替代效应的符号来决定总效应的符号。

4. 正常商品、低档商品、吉芬商品

一般而言，替代效应总是负的，就是说，在实际收入保持不变的情况下，商品 X 的价格与商品 X 的消费量（或需求量）呈反方向变动。而收入效应在大多数情况下是正的，也就是说，实际收入的变动与商品消费量的变动方向相同。但在有些情况下，收入效应

为零或为负，就是说，实际收入的变动对商品消费量没有影响或与商品消费量的变动方向相反。收入效应大于或等于零的商品，通常被称为正常商品，收入效应为负的商品则被称为低档商品。价格效应是替代效应和收入效应的总和，当价格变动的总效应为正时，这种商品就是所谓的吉芬商品。吉芬商品一定是一种低档商品，而低档商品并非一定是吉芬商品。只有价格变动的总效应为正时才可以称为吉芬商品。

5. 需求法则和市场需求曲线的推导

微观经济学中研究替代效应与收入效应的一个重要目的就是要使用这两种效应来说明需求法则并推导需求曲线。

简单地说，需求法则是指如果一种商品的需求随着收入的增加而增加，那么这种商品的需求一定随着价格的上升而下降。换言之，如果这种商品不是吉芬商品，那么这种商品的需求量随价格的上升而下降。这与平时的观察也是一致的，当一种商品的价格上升时，我们减少它的消费量，反之则增加它的消费。

为什么需求量与其价格之间存在着这种关系，可以用替代效应和收入效应来解释，即商品价格下降会引起需求量的增加，是替代效应与收入效应共同发生作用的结果。

假设商品 X 的价格下降，商品 Y 的价格没有变化，那么，人们在一定限度内会少买商品 Y，把原来购买商品 Y 的钱转用于购买商品 X。就是说，商品 X 价格下降会促使人们用商品 X 代替商品 Y，因此引起对商品 X 需求量的增加。同样，假如商品 Y 的价格不变，商品 X 价格提高，人们会用商品 Y 代替商品 X，从而引起对商品 X 需求量的减少。商品 Y 价格给定不变，商品 X 价格下降（或上升），那么消费者会用商品 X 代替商品 Y（或用商品 Y 代替商品 X），从而引起商品 X 需求量的增加（或减少），称为替代效应。商品 X 与商品 Y 称为替代商品。

现在解释所谓“收入效应”。假设商品 X 价格下降，其他商品的价格没有发生变化，这意味着同量的收入在不减少其他商品消费量情况下，可以买进更多的商品 X，也就是商品 X 价格下降引起了消费者实际收入的提高。这种由价格下降带来的实际收入的提高导致需求量的增加，称为对商品需求的收入效应。同理，商品 X 价格提高在收入不变情况实际收入仍旧下降，将导致对商品 X 需求量的减少。

由上文可知，个人需求曲线的形状应该是一条向下倾斜的曲线，这和前面依据价格–消费曲线推导出的结论是一致的，如图 5-9 中的 *A*、*B*、*C* 这三条曲线。而市场需求曲线是由个人需求曲线加总而来的，即在同样的价格水平上，对所有的消费量进行加总，因此，市场需求曲线也是一条向下倾斜的曲线。与个人需求曲线不同的是，市场需求曲线更为平坦，离价格轴也更远，因为同样的价格下所对应的消费量是所有消费者的消费量。

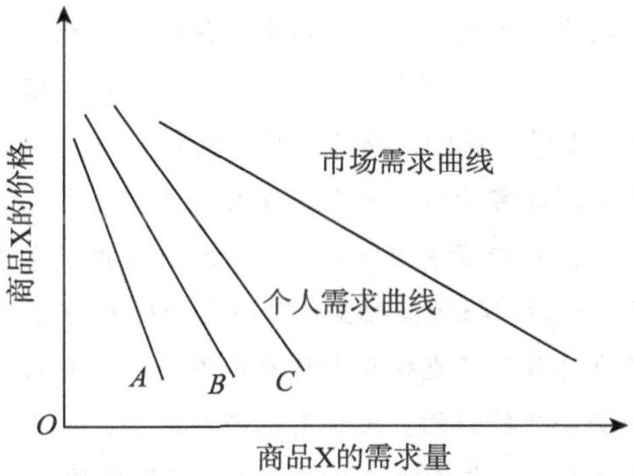

图 5-9 市场需求曲线的推导

●专栏 5-3 理解为什么价格在经济运行中起着核心作用

遍及全国的用电高峰期已经到来。各地电力部门推出各种调配方案，鼓励用户“削峰填谷”，以舒缓电力供应的压力。我不懂发电，也不懂送电，更没有深入分析那些电力调配方案。但我知道，供电部门推出的方案越多、细节越复杂，就意味着问题越严重，而其解决问题的路子也越走越歪。

没错，我是说，一方面，我们无须去了解发电的原理，无须去了解电力供应为什么会紧张；另一方面，我们也无须去了解到底什么人在用电，他们的轻重缓急又如何。我们既不用具体了解“供应”，也不用具体了解“需求”。只要看到“短缺”，我们就能断定“短缺”是“价格”太低造成的。解决的办法只有一个，就是让电价上涨。

人们通常的思路是：为什么电力供应减少了？为什么电力需求增加了？可是，朝这个思路走下去，仔细追查，你可以罗列几百条理由。那又怎样？真正的原因可能是几千条、几万条。谁也不可能逐一“身临其境”，更不可能亲力亲为地解决问题。能“牵一发而动全身”的，只有价格。

有建设性的答案是：电力从来都是紧张的！以前大家之所以感觉不到紧张，只是因为价格够高——高得足以让人们寻找替代的方法，减少用电量。可现在情况变了，电的价格相对而言变得不够高了，电力于是就变得紧张了。同理，只要价格提上去，就能马上促使每个人、每家工厂精确地计算他们合适的用电量，并积极寻找替代的方式。

让我说说美国的经验教训。美国 20 世纪 70 年代经历过长时间的能源危机，油品和电力极其紧缺。当时尼克松总统的对策的第一步，也是最错的一步——禁止油品价格上涨，取而代之的是层出不穷的行政管制。现在回想起来，可笑也可悲。

尼克松颁发“价格管制令”后，油品和电力的“标价”的确控制住了。没人敢违法。但这并没有解决问题，而只是把问题推向别的方面。开始是油站门前排起了长长的队伍，这个景象维持了整整十年，直到里根上任后解除价格管制才告结束。

接着，人们开始私下蓄油。开大车去加油，回来用管子给其他小车喂油。偷油的事也接连发生，于是人们给油箱上锁，晚上还提防小偷。不怕偷车，就怕偷油。为了对付私下蓄油，政府再推出新对策，规定每次加油的分量。

这能缓解紧缺吗？当然不能，队伍反而更长了。为了缩减队伍的长度，政府提出“单双”号制度。单号车牌单日排队，双号车牌双日排队。可是，队伍的长度并没有减半，为什么？因为邻居和朋友之间开始盛行交换车牌来加油。

由于这一措施没有效果，政府规定礼拜天不准用车。但很多人礼拜天要上教堂，这个规定违反宪法，很快便被取消了。政府又规定，一个家庭只能用一辆车。于是，家庭主妇就成了专职司机，从早到晚接送丈夫上班、下班和孩子上学、放学，而汽油并不能省下来。

与此同时，电力的供应也变得非常紧张。水龙头没有热水，大雪天没有暖气。为了节电，政府花钱购买电视台的黄金时段做广告，宣传节省用电的美德。政府还把中学生组成纠察队，让他们拿着温度计到商场、餐厅和戏院检查，及时举报那些把室内外温差调得太高的用户。

什么办法都试过了，都没有奏效！尼克松和卡特就是不明白电力的“全部价格”是由电力的供求决定的，是不以总统的意志和法令为转移的。总统有权颁布法令，把电力的“货币价格”压下来，但电力的“非货币价格”就必定上去了。电力的“全部价格”是不变的。

政府既不能跑到某个商人面前，让他不要投资别的项目了，马上建个发电厂；也不能跑到每个人的家里，告诉他们每个礼拜出门多少趟，洗热水澡多少分钟；当然也不知道那些商业用电者，到底谁的业务更重要。

也就是说，电力一旦出现短缺，就不应该走行政调控的路子，而是应该依靠市场价格，也只有依靠市场价格，才能切实地激励每个用户精确计算是不是值得再多用 1 千瓦时电；也只有依靠市场价格，才能切实地激励每个投资者精确计算是不是应该转为投资发电业。无论从短期还是长期来看，只有电力价格自由浮动，才是开源节流的关键。

资料来源：薛兆丰制度主义时代. http//www.stevenxue.com/，2009-09-05

6. 消费者在收入与闲暇之间的选择

我们将工资率设定为常数来讨论消费者对收入与闲暇的选择。消费者行为的目标是通过收入与闲暇的选择来获得效用的最大化。

为了探讨消费者效用最大化的均衡，分别构造收入与闲暇选择情况下的消费者无差异曲线与预算约束线，见图 5-10。

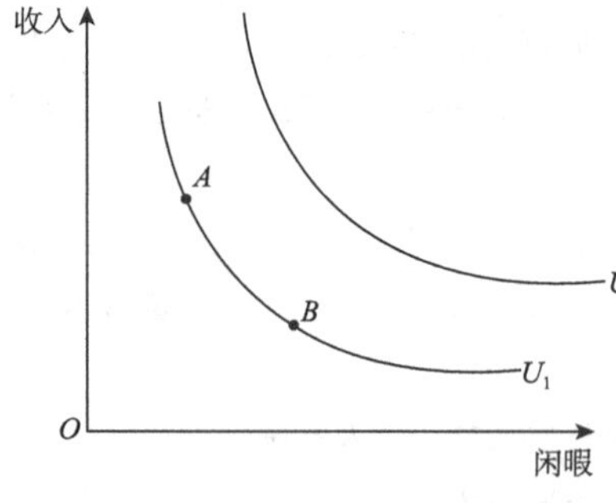

图 5-10 收入与闲暇的无差异曲线

图 5-10 是消费者关于收入与闲暇选择的无差异曲线。它与消费者对于商品选择的无差异曲线图在形状上也是无差别的，具有负的斜率，而且是呈凹形的，图形的特征表明对于消费者而言，收入与闲暇是可以替代的。二者之间之所以存在替代关系，是因为收入的高低取决于工作时间的多少，而工作时间与闲暇是相对立的。工作的时间越长，取得的收入越高，获得的闲暇就越少。图 5-10 中，无差异曲线 U_1 上的 *A* 点所表示的收入比 *B* 点要高些，但闲暇比 *B* 点要少一些。因此，放弃一些收入、多获得一些闲暇（从 *A* 点到 *B* 点），对于消费者而言维持了同样的效用水平。因此，可以说收入与闲暇对于消费者而言都是有效用的正常商品。

图 5-11 表示的是消费者的预算约束。横坐标所表示的时间单位并不重要，可以是小时，也可以是天、周、月、年等。在这里，横坐标的一个极其重要特征在于它所表示的时间单位是固定的。例如，一天只有 24 个小时，一周只有 7 天，一年只有 365 天，等等，

代表了消费者可以利用的时间总量。沿横坐标从 O 到 Z 表示闲暇时间的增多，工作时间的减少；从 Z 到 O 表示工作时间增加，闲暇时间减少，如图 5-11 中的箭头所示。如果消费者把全部时间用于工作，其将得到 OA 的收入，闲暇为零；若其一点也不工作，其得到的收入为零，闲暇为 OZ。在货币工资率为常数的情况下，工资率等于预算约束线 AZ 的斜率。

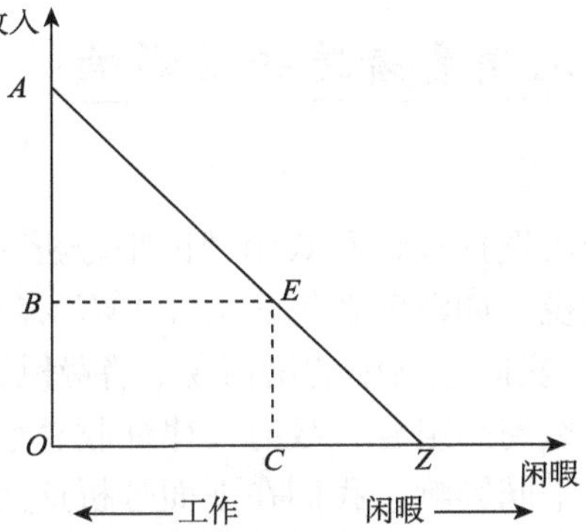

图 5-11　收入与闲暇的预算约束线

把图 5-10 的无差异曲线与图 5-11 的预算约束线结合到一起，我们可得到消费者效用最大化的均衡点。在图 5-12 中，预算约束线 AZ 与无差异曲线 U_2 相切的切点是消费者效用最大化的均衡点。在这一点，消费者把 OC 的时间用于工作，获得 CE（等于 OB）的工资，剩下 ZC 的时间为消费者的闲暇时间。

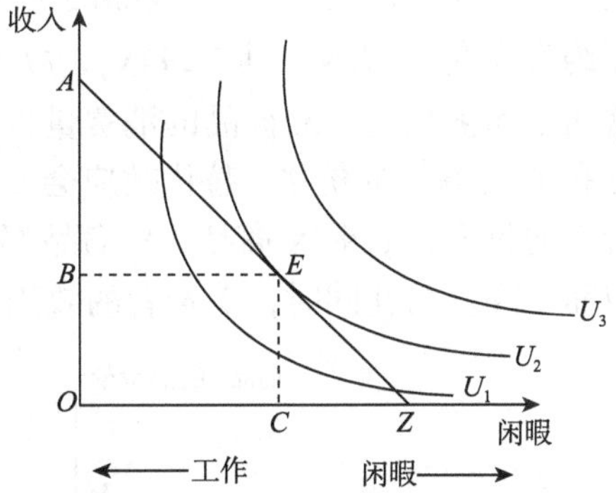

图 5-12　消费者对收入与闲暇的选择

我们可以通过构造消费者的效用函数，以及消费者预算方程的方式最终求出图 5-12 上的均衡点 E。设消费者工作所取得的收入为 Y，工资率为常数 w，工作时间这一变量为 L，则 $Y=wL$；所能够利用的时间总量是 $\overline{L}$，R 代表闲暇时间，闲暇也是有机会成本的。闲暇的机会成本是工资率 w，因此，w 可以看做闲暇这种商品的价格。给出这些假设以后，我们可以得到效用函数，即

$$U = U(Y, R)$$

预算约束方程为

$$wL + wR = w\overline{L}$$

或

$$Y + wR = w\overline{L}$$

在上式的约束条件下，目标函数，也就是效用函数的最大化。构造拉格朗日函数，并就该函数对变量 Y、R、w 求一阶偏导，在这些一阶偏导的基础上可以得出效用最大化的必要条件，即

$$MU_R/MU_Y = w$$

其中，MU_R 为闲暇的边际效用（$MU_R = \partial U/\partial R$）；$MU_Y$ 为收入的边际效用（$MU_Y = \partial U/\partial Y$）。该式表明闲暇的边际效用与收入的边际效用之比等于工资率。图 5-12 中的 E 点满足这一条件。

第三节 税收变化对消费者选择的影响

我们可以用本章的消费者选择理论和效用理论来分析税收对消费者选择的影响。我们将税收分为两种：①消费税，如消费者每购买 1 单位 X 商品，除了支付价格 P_X 外，还需支付一定比例的税收 T，实际生活中的增值税、消费税、营业税都属于消费税；②所得税，即无论消费者选择什么商品组合，政府一律征收总额为 T 的税收。这两种税收会给消费者的选择和效用带来不同影响。我们在下面分析这两种税收的效应。

在图 5-13 中，M_1N_1 是没有税收情况下的预算约束线。如果除 X 以外其他商品统称为 Y，消费者收入为 I，那么图中 $OM_1 = I/P_{Y1}$，$ON_1 = I/P_X$，消费者均衡为 E_1 点，消费组合为 (X_1, Y_1)。如果政府对每一单位 X 商品征收比例税 T，那么相当于 X 商品的价格变成了 $P_X + T$，相当于 X 商品的价格上升，预算约束线沿着 M_1 点向内旋转，于是，预算约束线变为 M_1N_2。其中，$ON_2 = M/(P_X + T)$，消费者均衡为 E_2 点，商品组合为 (X_2, Y_2)。这两个均衡相比，X 商品的消费量肯定下降了。这是两方面原因造成的：第一，比例税提高了 X 商品的价格，替代效应会使消费者可消费的 X 商品减少；第二，征税降低了消费者的收入，如果 X 商品、Y 商品都是正常商品，那么两种商品的消费量都会因收入效应而下降。与此同时，消费者的效用水平也从 U_1 下降到 U_2。

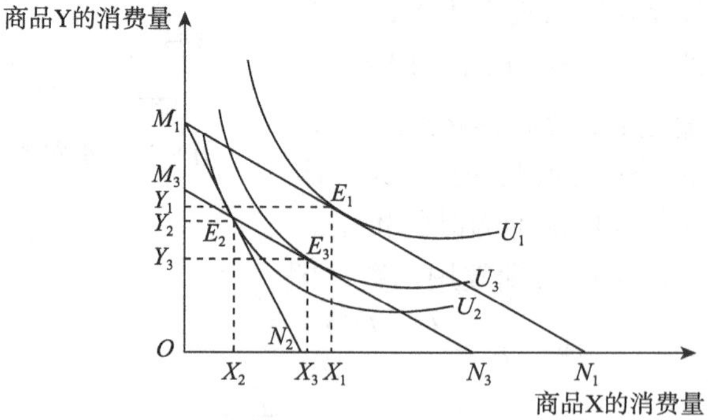

图 5-13 所得税、消费税和消费者选择

要得证征收所得税与消费税总额相等。如果政府征收所得税 T，即两种税收给政府带来相同的收入，那么，图 5-13 中表现为预算约束线绕 E_2 点旋转至与 M_1N_1 平行，表明消费者减少了等量的收入。于是，预算约束线变成了 M_3N_3，$OM_3 = (I-T)/P_Y$，$ON_3 = (I-T)/P_X$。M_3N_3 平行于 M_1N_1（价格未变）且经过消费税下的均衡点 E_2。此时，

消费者均衡点为 E_3，商品组合为 (X_3,Y_3)。值得注意的是，与 E_2 相比，E_3 所对应的 X 商品的消费量上升了。

所以关于税收与消费者选择和效用的关系有如下结论：①无论哪种税收形式，都会使有关商品的消费量下降，而与所得税相比，消费税造成的商品消费量下降更多；②无论哪种税收形式都使消费者的实际收入下降，从而降低了消费者能够达到的最高消费水平，但在获取同等税收收入的情况下，消费税给消费者带来的损失更大。由此可见，从经济学角度说，采取所得税要优于消费税，因此，大多数经济学家倾向于所得税等直接税（因为它与消费者的选择无关），而不欢迎生产税或消费税（因为它干扰了消费者的选择）。归根到底，商品税造成了价格的扭曲，使生产者或消费者接收错误的价格引导，因而带来了低效率。

➢本章提要

本章首先讨论了收入变化时消费者均衡的变化，收入–消费曲线、恩格尔曲线和恩格尔定律。价格变化时有两种效应，即收入效应与替代效应。这两种效应的分解有希克斯分解和斯勒茨基分解两种方法。基于收入效应与替代效应的变动方向可以区分正常商品、低档商品和吉芬商品。

基于收入效应和替代效应可以推导出价格上升（下降）时需求量下降（上升）的需求法则和向下倾斜的个人需求曲线。基于个人需求曲线的加总，又可以推导出市场需求曲线。本章讨论的消费者对收入和闲暇的选择为劳动供给理论提供微观行为基础，而不同税制下的消费者行为选择也是研究福利损失的一个基础。

➢关键概念

收入–消费曲线（income-consume curve）
恩格尔曲线（Engle curve）
恩格尔定律（law of Engle）
价格–消费曲线（price-consume curve）
个人需求曲线（individual demand curve）
替代效应（substitution effect）
收入效应（income effect）
希克斯分解（Hicks decomposition）
斯勒茨基分解（Slutsky decomposition）
斯勒茨基恒等式（Slutsky equation）
正常商品（goods）

低档商品（inferior goods）
吉芬商品（Giffen goods）
需求法则（demand law）
市场需求曲线（market demand curve）

➢复习思考题

1. 设效用函数为科布–道格拉斯型，即$U = AX^{\alpha}Y^{1-\alpha}$，价格集为$(P_X, P_Y)$，收入为$I$，利用拉格朗日法推导效用最大化的条件。

2. 根据题1效用最大化条件推导恩格尔曲线的函数［即写出$X = f(I)$和$Y = f(I)$的形式］，这个函数是递增函数还是递减函数？与教材的论述是不是一致？

3. 根据题1效用最大化条件推导个人需求曲线的函数［即写出$X = f(P_X, I)$和$Y = f(P_Y, I)$的形式］，这个函数是递增函数还是递减函数？与需求法则是否一致？

4. 讨论：在股票市场和房地产市场中往往存在这样的现象，即当价格上涨时购买量很大，而在价格下跌时购买量很小，以至于在高价时需求量大，低价时需求量小，这些商品是不是吉芬商品？为什么？

5. 吉芬商品的恩格尔曲线是何形状？其需求曲线是何形状？试用收入效应和替代效应加以说明。

6. 某消费者原来每月煤气开支为10元，煤气的某些用途，如取暖等，可用电来替代。现在煤气价格上涨了100%，其他商品价格不变。政府给予该消费者10元作为价格补贴。请问该消费者的处境是改善了还是恶化了？

7. 如果你的一个朋友准备结婚，你可以送他一件礼物，也可以送他相当于这件礼物市场价格的现金。哪种方法能给你的朋友带来更高效用？为什么？试用无差异曲线图来说明。

➢扩展性阅读资料

范里安. H R. 2006. 微观经济学：现代观点. 第六版. 费方域，等译. 上海：上海三联书店，上海人民出版社

平狄克 R S，鲁宾费尔德 D L. 2013. 微观经济学. 第八版. 李彬，高远，等译. 北京：中国人民大学出版社

萨缪尔森 P A，诺德豪斯 W D. 2005. 微观经济学. 萧琛译. 北京：人民邮电出版社

斯蒂格利茨 J E，沃尔什 C E. 2013. 经济学. 第四版. 黄险峰，张帆译. 北京：中国人民大学出版社

朱善利. 2001. 微观经济学. 北京：北京大学出版社

第六章

显示偏好与跨期消费

以偏好为基础的分析方法中，理性的假定本身就隐含着消费者的需求行为与效用或偏好最大化的一致性。这种理论模式被称为需求或消费者行为的边际效用分析法和无差异曲线（偏好）分析法，它是微观经济学中通常介绍的较流行的分析方法。而这种方法只有在已知消费者的效用函数或偏好序列，且具有若干良好性质时，上述分析才是有意义的。但在实际生活中，效用或偏好是不能直接被观察到的，能够直接观察的只是消费者的选择行为。如果能够找到消费者的选择行为与偏好之间的某种关系，那么，需求理论和偏好理论就可以建立在可观察的消费者行为的基础上，这就为检验消费者行为与最大化公理的一致性提供了可能，这就是“显示偏好理论”（revealed preference theory）的基本思想。

第一节　显示偏好

1. 显示偏好的概念

1）显示偏好理论的产生与发展

因为大多数经济理论最终都是以一个使其偏好的效用最大化的消费者作为基础的，所以，如何说明观察到的消费者需求行为就是由于偏好关系或效用极大化产生的，这就成为经济学家所面临且必须解决的重大问题。

保罗·A. 萨缪尔森率先提出了“显示偏好理论”，在一系列文章和论著中对显示偏好的基本思想、大多数术语及若干公理进行了系统阐述，其基本精神是：消费者在一定价格条件下的购买行为暴露或显示了其内在的偏好倾向。萨缪尔森提出了“显示偏好弱公理”（weak axiom of revealed preference，WARP）。在此基础上，霍撒克提出了“显示偏好强公理”（strong axiom of revealed preference，SARP），而里克特则进一步提出了比显示偏好强公理更强的“显示偏好的合同公理”（contract axiom of revealed preference）。在这些公理体系的基础上，经济学家以显示偏好弱公理为基础，重新证明了需求定律；以显示偏好强公理为基础，重新推导出了无差异曲线。由此证明了显示偏好公理与各类理性概念的一致性，从而在理性概念与可观测的消费者行为之间建立了联系。

2）显示偏好的定义

为了使论述简单化，可作如下假设：消费者的基本偏好是严格凸的。也就是说对于每个预算，有且仅有一个需求束。

图 6-1 中描绘了两个需求束，分别是预算约束线上的 $A(x_1,x_2)$，预算约束线内的 $B(y_1,y_2)$。消费者是一个追求效用最大化的典型代表，因此，在既定的预算约束下，$B(y_1,y_2)$必然也是一种可以实现的消费组合，并且如果消费者选择了这种组合，在购买后还会有多余的货币。而 $A(x_1,x_2)$是该消费者在预算线上的最优消费组合，它比消费者在预算线上能购买的其他任何消费组合都好，当然，它也一定优于消费组合 B。

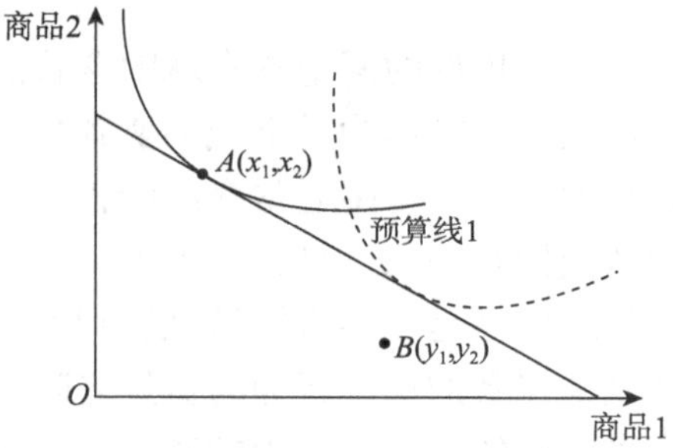

图 6-1　显示偏好

这个结论对于位于预算线和预算线以下的，不同于需求束的任一消费组合都成立。由于这些消费组合在既定的预算约束下本来是可以被购买的，但它们却没有被购买，所以被购买的消费束一定要更好一些。正是在这里，我们使用了“对于每个预算，有且只有一个需求束”的假设。如果偏好不是严格凸的，从而无差异曲线上有一段平坦的部分，则预算线上的某些消费组合就有可能同需求束一样好（虚线平坦部分）。处理这种复杂的情况并不十分困难，但通过假设把它排除则更为容易。

在图 6-1 中，预算线以下的全部消费组合都要次于消费组合 A，这是因为它们本来是可以被选择的，但为了选择 A，只好放弃它们。对于显示偏好的分析用代数方式推导如下：

设 A 是消费者在收入为 m 时按价格(p_1,p_2)购买的消费组合。在当前的价格和收入水平下，B 也是有能力购买的一种消费组合，并且对它进行购买之后还有部分货币剩余，即

$$p_1y_1+p_2y_2\leqslant m$$

因为 A 是按既定预算实际购买的消费组合，所以，它一定满足等式形式的预算约束，即

$$p_1x_1+p_2x_2=m$$

联立这两个方程，B 在预算约束(p_1,p_2,m)下是有能力购买就意味着：

$$p_1x_1+p_2x_2\geqslant p_1y_1+p_2y_2$$

在这种情况下，若消费者总是在能够购买的商品束中选择其最偏好的商品束，则一定有$(x_1,x_2)>(y_1,y_2)$，即(x_1,x_2)是(y_1,y_2)的直接显示偏好。

注意，这个不等式的左边是消费者按价格(p_1,p_2)在实际选择的消费束上的支出。因此，显示偏好是按某种预算实际需求的消费组合，和按这种预算能力可以购买但并未购买的消费组合之间的一种关系。

“显示偏好”这个概念其实有点误导，它同偏好并没有什么内在的联系，尽管在上面看到，消费者在进行最优选择时，这两个概念是密切联系的。与其说“*A* 被显示偏好于 *B*”，不如说“*A* 比 *B* 先被选择”更好一些。当我们称 *A* 被显示偏好于 *B* 时，意思是 *A* 是在我们本来可以选择 *B* 的时候被选择的，即 $p_1x_1+p_2x_2 \geqslant p_1y_1+p_2y_2$。

2. 显示偏好的原理及两个公理

1）显示偏好原理

从消费者行为模型——人们总是选择他们能够购买的最好的东西——可以得到这样的一个结论：人们做出的选择一定比他们能做的选择更受偏好。如果$A(x_1,x_2)$被直接显示偏好于$B(y_1,y_2)$，那么，事实上(x_1,x_2)受到的偏好就一定超过(y_1,y_2)受到的偏好。显示偏好原理的内容可以作如下描述：设(x_1,x_2)是按价格(p_1,p_2)选择的消费组合，(y_1,y_2)是使 $p_1x_1+p_2x_2 \geqslant p_1y_1+p_2y_2$ 的另一个消费组合。在这种情况下，假若消费者总是在其能够购买的消费组合中选择最偏好的消费组合，那么，就一定有$(x_1,x_2)>(y_1,y_2)$。

显示偏好原理还可以被表述为：如果消费组合 *A* 先于 *B* 被选择，那么对 *A* 的偏好就一定超过对 *B* 的偏好。在这个陈述中，行为模型如何使我们能利用观察到的选择来推断某些偏好的信息，是十分清晰的。

假设(y_1,y_2)是在价格(p_1,p_2)上的需求束，而且，$C(z_1,z_2)$本身又显示偏好于另一个消费束(z_1,z_2)，即有

$$p_1y_1+p_2y_2 \geqslant p_1z_1+p_2z_2$$

由此可知，$(x_1,x_2)>(y_1,y_2)$和$(y_1,y_2)>(z_1,z_2)$。根据传递性假设，可以得出结论：$(x_1,x_2)>(z_1,z_2)$，即商品束(x_1,x_2)是(z_1,z_2)的间接显示偏好。

图 6-2 说明了这个论点。显示偏好和传递性告诉我们：对于做了如图 6-2 所示的选择的消费者来说，消费组合 *A* 一定比 *C* 更好。

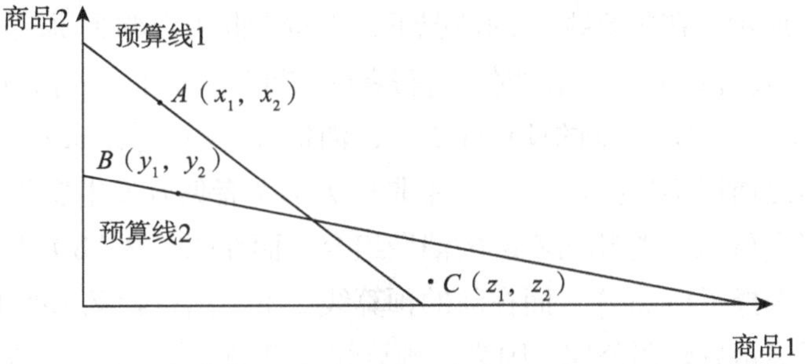

图 6-2 间接显示偏好

当然，现实中观察到的选择“链”可能比 3 个消费组合更多。如果消费组合 A 被直接显示偏好于 B，B 又被直接显示偏好于 C，C 又被直接显示偏好于 D，以此类推，一直到 M，那么就有消费组合 A 被间接显示偏好于消费组合 M。这种直接比较链可以扩展到任意的长度。

如果一个消费组合被直接显示偏好于另一个消费组合，又被间接偏好于它，那么，我们就称第一个消费组合被显示偏好于第二个消费组合。显示偏好的理论十分简单，它使我们在对消费者的行为进行观察之后，就可以得到消费者的基本偏好信息。

2）显示偏好弱公理

显示偏好弱公理的定义为：设(x_1,x_2)是按价格(p_1,p_2)选择的消费组合，(y_1,y_2)是价格为(p_1,p_2)时可选择但实际上并未被选择的另一消费组合，则(x_1,x_2)就被直接显示偏好于(y_1,y_2)，并且如果(x_1,x_2)已被显示偏好于(y_1,y_2)，则(y_1,y_2)就不可能被直接显示偏好于(x_1,x_2)。

换言之，如果(y_1,y_2)是消费者在既定预算约束下可以购买但实际上拒绝了的消费组合，这就显示了消费者认为(x_1,x_2)比(y_1,y_2)要好。而(x_1,x_2)偏好于(y_1,y_2)这种偏好关系是不会随时期不同而改变的。所以，当消费者在新的预算约束下选择了(y_1,y_2)而没有选择(x_1,x_2)，那不是由于消费者的偏好变了，而一定是(x_1,x_2)在新的预算约束下是买不起的消费组合。

需要强调的是，显示偏好弱公理的实质是，两个不同时期的消费组合(x_1,x_2)与(y_1,y_2)，不可能同时包容在两个不同时期的预算约束内。这一点可由图 6-3 说明。

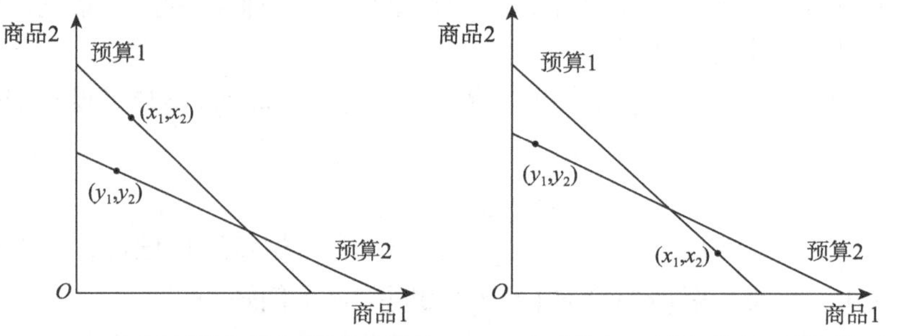

(a) 符合显示偏好弱公理的消费行为　(b) 不符合显示偏好弱公理的消费行为

图 6-3　显示偏好弱公理

如图 6-3（a）所示，在预算线 1 的情况下，消费者既可以购买得起消费组合(x_1,x_2)，也可以买得起消费组合(y_1,y_2)，而此时，消费者的实际选择是(x_1,x_2)，这说明(x_1,x_2)被直接显示偏好于(y_1,y_2)。如果在新的预算线 2 下，消费者选择了(y_1,y_2)，则这种行为符合显示偏好弱公理。他之所以不选择(x_1,x_2)，不是因为消费者偏好发生变化，而是因为在新的预算集下，消费组合(x_1,x_2)是购买不起的消费组合。而在图 6-3（b）中则不同，如果在预算线 1 时，消费者选择了(x_1,x_2)，而在新的预算线 2 下，消费者又选择了(y_1,y_2)，则消费者的形为就违反了显示偏好弱公理。因为在预算线 2 下面，(x_1,x_2)仍然是可以买得起的消费组合。这说明消费者的行为是内在不一致的。从而违反了显示偏好弱公理。

简言之，判断一个人的消费行为是否符合理性，一个必要条件是其购买行为是否符合显示偏好弱公理。这只需要做三件事：第一，画出其在两个不同时期的预算线。第二，在不同的预算线下标出其购买的消费品数量组合。第三，判断。若两个消费计划点都落在两条预算线的范围内，则就违反了显示偏好弱公理；若至少有一个消费组合点落在其中一条预算线之外，则满足显示偏好弱公理。

3）显示偏好强公理

上面所描述的显示偏好弱公理，提供了所有追求效用最大化的消费者都必须满足的一个可观察的条件。但还存在一个更强的条件，有时它也是有用的。

我们已经注意到，如果消费组合 A 被显示偏好于消费组合 B，消费组合 B 又被显示偏好于消费组合 C，那么，消费组合 A 就一定比 C 更受偏好。如果消费者的偏好是一致的，我们肯定不会发现有 C 偏好于 A 的选择序列。

显示偏好弱公理要求，如果 A 被直接显示偏好于 B，那么 B 绝对不会反过来直接显示偏好于 A。但这个定义中，并没有回答另一种情况，即间接显示偏好时的情况，显示偏好强公理，就是对该问题做的补充说明。

显示偏好强公理的定义为：如果有两个不同的消费组合 (x_1,x_2) 和 (y_1,y_2)，(x_1,x_2) 被直接或间接显示偏好于 (y_1,y_2)，则 (y_1,y_2) 就不可能直接或间接显示偏好于 (x_1,x_2)。

由于消费者的基本偏好一定是传递的，所以消费者的显示偏好也一定是传递的。因此，显示偏好强公理是最优化行为的一个必要内涵：如果消费者总是选择他能够负担得起的最好的消费组合，那么，观察到的行为就一定满足显示偏好强公理。并且任何满足强公理的行为都可视作由下述意义上的最优化行为产生：如果观察到的选择满足显示偏好强公理，我们就总能找到对应于实际选择作为的性状良好的偏好。在这个意义上说，显示偏好强公理是最优化行为的充分条件：如果观察到的选择满足显示偏好强公理，那么我们就总有可能找到使观察到的行为是最优化行为的偏好。因此，显示偏好强公理是使观察到的选择与消费者选择的经济模型相一致的充分必要条件。

3. 显示偏好理论的应用

显示偏好理论最突出的作用是取代“偏好理论”作为“消费者理论”的基础，这也是萨缪尔森提出这一理论的初衷。研究发现，在一定条件下（如连续性条件），显示偏好理论与偏好理论是等价的。因此，显示偏好理论得到了广泛应用，如证明竞争性均衡的存在性和稳定性，证明希克斯复合商品定理，分析和刻画总和过度需求函数，证明关于社会选择函数的定理，等等。此外，显示偏好理论还被用于考察经济政策或价格变化对消费者福利的影响。这些应用使显示偏好理论具有了重大的理论和现实意义。

●专栏 6-1　显示偏好理论、价格指数与消费者境况

假设在时间 t 的价格为 (P_x^t,P_y^t)，消费者的选择是 (x^t,y^t)，在基期 b 的价格是 (P_x^b,P_y^b)，消费者的选择是 (x^b,y^b)。要考察消费者的“平均”消费由基期 b 到报告期 t 发生了何种变化，我们用 ω_1 和 ω_2 为权

数来计算数量指数I_η，即有

$$I_\eta = \frac{\omega_1 x^t + \omega_2 y^t}{\omega_1 x^b + \omega_2 y^b}$$

如果$I_\eta > 1$，我们就可以说从基期b到报告期t“平均”消费是上升的；相反，如果$I_\eta < 1$，则“平均”消费是下降的。

这里，我们有两组价格（基期的和报告期的），应当使用哪一组价格为权数呢？如果用基期b的价格为权数，我们得到的数量指数为拉氏指数（Laspeyres index），即$L_\eta = \frac{P_x^b x^t + P_y^b y^t}{P_x^b x^b + P_y^b y^b}$；如果以报告期$t$的价格为权数，我们得到的数量指数称为帕氏指数（Paasche index），即$P_\eta = \frac{P_x^t x^t + P_y^t y^t}{P_x^t x^b + P_y^t y^b}$。

如果$P_\eta > 1$，可得

$$P_x^t x^t + P_y^t y^t > P_x^t x^b + P_y^t y^b$$

这个不等式表明，商品组合$\left(x^t, y^t\right)$优于商品组合$\left(x^b, y^b\right)$，从而消费者在时期t的境况比时期b的境况要好一些。如果$P_\eta < 1$，可得

$$P_x^t x^t + P_y^t y^t < P_x^t x^b + P_y^t y^b$$

这个不等式表明，消费者在t期无力购买b期的商品组合。

同样，对于拉氏指数，如果$L_\eta < 1$，可得

$$P_x^b x^b + P_y^b y^b > P_x^b x^t + P_y^b y^t$$

这个不等式表明，消费组合$\left(x^b, y^b\right)$被直接显示偏好于$\left(x^t, y^t\right)$，表明消费者的境况在b期比t期更好一些。

价格指数是以数量为权数计算的价格加权平均数，即有

$$P_p = \frac{P_x^t x^t + P_y^t y^t}{P_x^b x^t + P_y^b y^t}$$

依据不同时期的数量为权数，我们同样可以得到两种价格指数——拉氏价格指数（以基期b的数量为权数），即

$$L_p = \frac{P_x^t x^b + P_y^t y^b}{P_x^b x^b + P_y^b y^b}$$

帕氏价格指数（以报告期t的数量为权数），即

$$P_p = \frac{P_x^t x^t + P_y^t y^t}{P_x^b x^t + P_y^b y^t}$$

在价格指数的情况下，由于分子分母中应用的是两组不同的价格，因而不便于应用显示偏的地方好原理，有必要定义一个“总支出变动指数”M，即

$$M = \frac{P_x^t x^t + P_y^t y^t}{P_x^b x^b + P_y^b y^b}$$

并把它与价格指数关联起来，这样就可以分析价格指数与总支出指数之间关系的意义了。例如，对“帕氏价格指数”，如果已知$P_p > M$，则可得到

$$P_x^b x^b + P_y^b y^b > P_x^b x^t + P_y^b y^t$$

即当“帕氏价格指数”大于“总支出变动指数”时，消费者的境况变坏（因价格上升快于收入上

升）；相反，如果 $P_p < M$，即当“帕氏价格指数”小于“总支出变动指数”时，则可得

$$P_x^b x^b + P_y^b y^b < P_x^b x^t + P_y^b y^t$$

即 t 期所购买的商品组合是 b 期所无力购买的，这表明消费者境况变好。

同样，对于“拉氏指数”，如果 $L_p < M$，即当拉氏价格指数小于总支出指数时，则可得

$$P_x^t x^b + P_y^t y^b < P_x^t x^t + P_y^t y^t$$

该式表明消费者境况变好（因为价格上升比收入上升得慢）。反之，如果 $L_p > M$，即当拉氏价格指数大于总支出指数时，则所得结果表明消费者境况变坏。在运用价格指数时，重要的不是指数大于1还是小于1，而是指数大于还是小于支出指数。

资料来源：范里安 HR. 微观经济学：现代观点. 费方域，等译. 上海：上海三联书店，上海人民出版社，1994：98-99

第二节 消费者的跨时期选择

实际上，一个理性消费者在进行消费决策时，所考虑的不仅仅是某一特定时期的效用最大化问题，而是要考虑不同时期的消费行为，以实现一生的效用最大化的问题，即是一个跨时期的最优选择问题。经济学里关于跨期的决策模型通常是两期，即 t 模型和 t+1 模型。这里介绍的只是两期模型的基本结构。

1. 跨期的预算约束

假设在两个时期 $t=1$（现在）和 $t=2$（未来）中，消费者在两期中的财产分别为 (m_1, m_2)，消费者在两个时期的消费量为 (c_1, c_2)，且假设第一期的价格水平为 1，利率水平为 r。并且消费者的财产只有两个用途，要么消费，要么储蓄。假定该消费者在第一期的消费支出为 $c_1 < m_1$，则其储蓄额为 $(m_1 - c_1)$；反之，如果消费者在第一期的消费支出为 $c_1 > m_1$，则其借贷金额为 $(c_1 - m_1)$。

这样，消费者的跨期预算约束就有两种情况：

其一是 $c_1 < m_1$。此时，消费者第一期并未花完所有的钱，而是有一部分储蓄，储蓄额为 $(m_1 - c_1)$。如果第二期的价格水平仍为 1，那么，消费者在第二期的消费量为

$$c_2 = m_2 + (1+r)(m_1 - c_1) \tag{6-1}$$

其二是 $c_1 > m_1$。则该消费者在第一期成为一个借贷者，借贷金额为 $(c_1 - m_1)$；在第二期，其需要支付的利息为 $r(c_1 - m_1)$，加上本金，其需要支付的金额为 $(1+r)(c_1 - m_1)$（仍假定第二期价格水平不变为 1），最终其在第二期能消费的总量为

$$c_2 = m_2 - (1+r)(c_1 - m_1) = m_2 + (1+r)(m_1 - c_1) \tag{6-2}$$

需要注意的是，虽然式（6-1）与式（6-2）具有相同的形式，但实际内容却有很大区别，$(m_1 - c_1)$ 的符号不相同，一正一负。

如果该消费者在每一期都收支相抵，$m_1 = c_1, m_2 = c_2$，则在预算线上就会有相应的一

点，在该点上，(c_1,c_2)与(m_1,m_2)重合。

2. 跨期预算线方程的推导

对式（6-2）或式（6-1）进行变形，得

$$(1+r)c_1+c_2=(1+r)m_1+m_2 \tag{6-3}$$

$$c_1+\frac{1}{1+r}c_2=m_1+\frac{m_2}{1+r} \tag{6-4}$$

即有

$$p_1c_1+p_2c_2=p_1m_1+p_2m_2 \tag{6-5}$$

在式（6-3）中，$p_1=1+r,p_2=1$；在式（6-4）中$p_1=1,p_2=\dfrac{1}{1+r}$。因为式（6-3）中$p_2=1$，所以它是以期值表示的跨期预算线。而在式（6-4）中，$p_1=1$，所以它是以现值表示的跨期预算线。跨期预算线如图 6-4 所示。

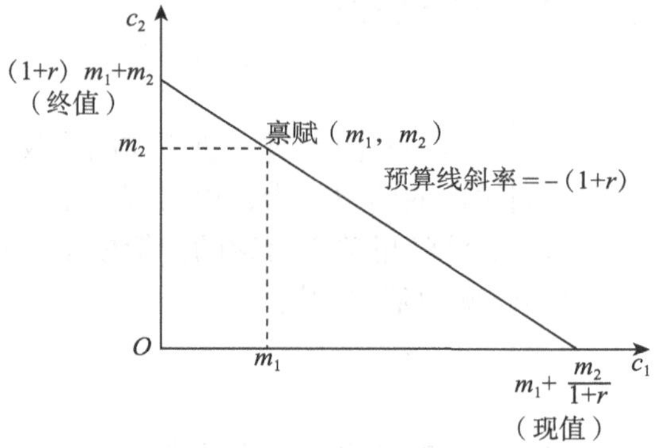

图 6-4 跨期预算线

若预算线的横截距度量的是禀赋的现值，纵截距度量的是禀赋的终值，则图 6-4 给出了终值与现值的几何解释。预算线的横截距给出了 t=1 时的最大可能消费量。考察预算约束，数量为$c_1=m_1+\dfrac{m_2}{1+r}$，这也是财富禀赋的现值。预算线的纵截距表示的是 t=2 时，消费者可能的最大消费量。再次依据预算约束，得到其最大消费量$c_2=(1+r)m_1+m_2$。

现值表示法的关键在于将未来的收入m_2贴现为现在的价值，其中$\dfrac{1}{1+r}$称为贴现因子。

3. 跨期的消费偏好

假定消费者对在 t=1 与 t=2 消费之间存在一组无差异曲线，这组无差异曲线反映的是消费者到跨时期消费组合的偏好，即当期消费与下期消费之间的偏好关系。根据这种偏好关系的不同，我们又可以分三种情况来考察：

（1）假设在两期的消费之间，存在一组斜率为–1 的表示完全替代的无差异曲线时，它表示该消费者对于在明天消费和在今天消费毫不在乎，不存在更偏好谁的情况。

（2）假设在两期的消费之间，存在一组表示完全互补的无差异曲线。那么消费者就

会让今天（当期）的消费量与明天（下一期）的消费量相等。不愿意用一个时期的消费换取另一个时期的消费。

（3）假设在两期消费之间存在不完全的替代关系，替代率的高低由消费者独有的偏好模式决定。此时，消费者偏好是呈凸性的，存在中间状态的良好性状的无差异曲线。

相关链接 6-1 利率政策对我国居民跨期消费选择的效应

1996～1999 年，我国连续 7 次下调利率，并于 1999 年 11 月开始征收利息税，试图刺激居民增加当期消费，从而拉动有效需求，使我国摆脱通货紧缩的经济态势。但依靠单纯的利率下调政策，其效应并不明显，未能达到预期的效果。

考察 1996～1999 年我国最终消费及居民消费占最终消费的比重数据，可以发现均呈逐年下降趋势，这与名义利率水平逐步下降形成鲜明对比。与之相对应的是政府消费，1996～1999 年无论是占最终消费的比例还是占国内支出总值的比例，政府消费均略有提高。这一方面是政府为扩大内需增加支出的缘故，另一方面利率下调使发债成本下降，有利于政府扩大举债规模。居民消费的减少还体现在全国物价水平的下降上，1996～1999 年的连续降息，反而使居民的储蓄意愿上升了，存款余额稳步增加。另据汪小亚、卜永祥等对 7 次降息对储蓄影响的实证分析，在 1996～1999 年的 7 次降息过程中，我国居民储蓄存款不仅对名义利率无弹性，对实际利率也无弹性。汪小亚等用名义利率减去 1 年以后的零售物价指数作为实际利率，计算得出这一阶段中储蓄存款增加额与实际利率的相关系数为–0.12，这一结果与理论上储蓄存款与实际利率变动之间为正相关关系的论点相悖。对此问题的观点主要有：①认为我国 2001~2002 年客观存在“流动性陷阱”，致使利率杠杆失效；②在收入差异、信贷体制、文化观念等的约束下，居民无从增加当期消费，储蓄与利率变动的相关性较低；③流动性因素和不确定因素成为决定我国居民当期消费变化的重要原因，而非利率；等等。

2002 年 2 月 21 日，中国人民银行宣布从即日起降低金融机构人民币存、贷款利率（存款利率平均降低 0.125 百分点，贷款利率平均降低 0.15 百分点），这是 1996 年以来我国的第 8 次降息。而事实上，利率下调政策对于居民的当期消费和预期消费产生替代效应和收入效应，由此利率政策的有效性将取决于这两种效应的表现程度强弱，倘若利率下降的收入效应抵消了（甚至是强于）其所带来的替代效应，那么利率政策对于当期消费（总需求）的拉动作用将受到较大的限制，必须辅之以相应的配套政策才能使降息的政策效应得到显现。认识到这一点无疑对于正确认识我国实施的第 8 次降息政策带来的效应具有相当大的现实意义。

总之，在我国居民跨期消费选择行为中，由于利率下调而带来的收入效应在很大程度上抵消了其所带来的替代效应，因而单一利率政策对居民当期消费的拉动作用将受到较大的限制，必须辅之以相应的配套政策才能使利率政策效应得到凸显。参照居民跨期消费选择模型，结合我国第 8 次降息政策，要实现其拉动当期消费的政策效应，同样需要有步骤、有层次地实施相应的配套政策：①加快完善我国社会保障体系建设，消除居民不确定风险，使我国居民的 M_1、M_2 群体的当期消费尽可能地向当期收入靠近，同时使M_3、M_4群体敢于实行中长期的大额信贷消费；②合理改革我国的信贷消费体制，刺激M_3、M_4群体实施信贷消费，使其当期消费摆脱禀赋点约束，从而大于当期收入；③切实提高、中、低收入群体M_1、M_2的当期收入，使其禀赋点向右移动，从而增加其当期消费。

资料来源：蔡宁. 利率政策对我国居民跨期消费选择的效应研究. 经济科学，2002，(4)：78-83

第三节 跨时期均衡的比较静态分析

给定消费者的跨期预算约束和他对两个时期消费偏好的无差异曲线，就能找到该消费者在两期之间的最优消费组合。并且根据这个最优的行为模式，可推断出他将是借款者还是贷款者。其具体过程如图 6-5 所示。

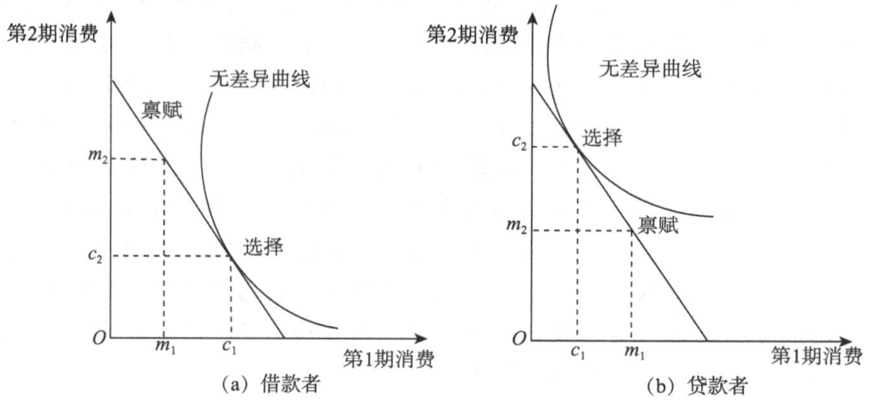

图 6-5 借款者与贷款者

图 6-5（a）表示的是借款者的情况（钱不够花），因为 $c_1 > m_1$；图 6-5（b）表示的是贷款者的情况（钱有剩余，存入银行，成为贷款者），因为 $c_1 < m_1$

对借款者与贷款者的研究是在两个消费者之间的比较，下面我们来研究同一个消费者，在面对利率变动时，在偏好稳定的情况下，利率变动对其跨期消费行为的影响。而对于利率变动时，跨期消费的行为究竟会发生什么变化，还取决于这个消费者最初是一个借款者还是一个贷款者。

利率变动会引起预算线的移动，但考虑到禀赋总是可以支付得起的，所以预算线的这种移动，实质上是围线禀赋点的转动。

考虑利率上升的情况。在利率上升时，如果一个消费者最初是一个贷款者，其预算线及消费行为将发生如图 6-6 所示的情况。

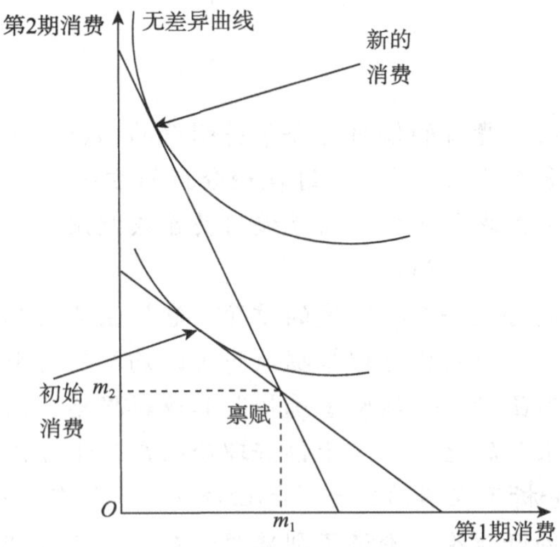

图 6-6　利率上升后贷款者的消费选择

如果消费者最初是贷款者，从显示偏好原理可知，当利率上升时，新的消费组合不可能移至禀赋点的右边。因为在初始的预算线下，消费者可以选择禀赋点右边的消费组合，但他实际上没有选择，这说明，初始消费点显示偏好于禀赋点右边的点。而在新的预算线下，消费者选择新的消费点，初始的最优消费组合还是可以获得的，所以新的最优消费组合一定位于初始预算集的外面，这也就意味着其一定位于禀赋点的左边。所以，当利率上升时，消费者一定还是贷款者。

类似的分析也可以用于借款者，如果消费者一开始是借款者，那么利率下降时，他一定还是一个借款者。

由此我们可以得出结论：如果某人是一个贷款者，那么利率上升后他仍然是一个贷款者；如果某人是一个借款者，那么利率下降时他仍然是一个借款者。另外，如果某人是一个贷款者，当利率下降时，他有可能转变成一个借款者；同理，一个借款者，当利率上升时，他也有可能转变成一个贷款者。但后两种情况都只是一种可能性，是否能够转化，取决于消费者的偏好、利率变动的幅度等。

在以上的讨论中，隐含了一个重要的假设：t=1 和 t=2 时期价格水平保持不变且等于1。为此，现假定 $\frac{p_2}{p_1}=1+\pi$，如 $\pi>0$，便为通货膨胀率；如果 $\pi<0$，则为通货紧缩率。这样上式便变为

$$c_2=m_2+\frac{1+r}{1+\pi}\left(m_1-c_1\right)$$

在有通货膨胀（即 $\pi>0$）的情况下，预算线的斜率为 $-\left(\frac{1+r}{1+\pi}\right)$，如果 π 增大，预算线的斜率变得更为平坦，如果该消费者在 t=1 期为贷款者，通货膨胀将会使他变得更糟；如果他在 t=1 期时为借款者，通货膨胀将会使他变得相对更好一些。

➢本章提要

经典的偏好理论假设消费者的偏好符合某种明确的函数形式。这种假定缺乏现实意义，因为消费者的偏好千差万别，很难通过理论分析的方式来规定其偏好的状况，所以，如何说明观察到的消费者需求行为就是由于偏好关系或效用极大化产生的，这就成为经济学家所面临且必须解决的重大问题。

显示偏好理论解决偏好无法直接测度的难题。它的主要思想是通过可观察到的消费行为推测出消费者的偏好，使我们可以根据消费者的购买行为来推测消费者的偏好。它不同于“偏好关系（效用函数）—消费者选择”的逻辑思路，而是一个相反的过程，即“消费者选择—偏好关系”的思路。显示偏好理论的应用十分广泛，本章给出了一个简单的两时期消费模型，分析了在不同的无差异曲线下，消费者跨期消费行为的不同表现。在此基础上，运用显示偏好理论，论证了利率变动对消费者跨期消费行为的影响。

➢关键概念

显示偏好（revealed preference）
显示偏好弱公理（weak axiom of revealed preference）
显示偏好强公理（strong axiom of revealed preference）
均衡分析方法（equilibrium analysis）
静态分析方法（static analysis）
比较静态分析方法（comparative static analysis）
动态分析方法（dynamic analysis）

➢复习思考题

1. 请给出一个违反显示偏好弱公理的例子（绘图说明）。

2. 请说明显示偏好弱公理在分析跨期消费行为时是如何应用的。

3. 当价格为$(p_1,p_2)=(1,2)$时，消费者选择的消费组合为$(y_1,y_2)=(2,1)$；当价格为$(p_1,p_2)=(2,1)$时，消费者实际选择的消费组合是$(y_1,y_2)=(2,1)$，请问这种行为是否与最大化行为模型相一致？

4. 若某消费者对A组与B组物品的偏好相同，而已知A组合含5个x及16个y，B组合含8个x及10个y，若p_x=5，p_y=8，则该消费者会购买哪一组？

5. 假定只有三种商品x、y、z，考虑下列三种组合：

A：x=3，y=4，z=4
B：x=2，y=1，z=4
C：x=5，y=2，z=2

假定当价格 p_x=2，p_y=2，p_z=2 时消费者选择 A 组合；当价格 p_x=1，p_y=3，p_z=3 时，消费者选择 C 组合。问：按显示性偏好公理，如何排列这三种组合？这种排列是否遵从传递性？

6. 消费者的效用函数为 $u = c_1^{0.4}c_2^{0.6}$，在第一期和第二期的收入分别为 100 元和 180 元，利率为 r。

（1）第一期和第二期的消费分别是多少？

（2）r 取什么值时，该消费者在第一期将储蓄、货款或不借贷？

（3）利率变化对 c_1, c_2 的影响是什么？

➢扩展性阅读资料

范里安 H R. 2006. 微观经济学：现代观点. 第六版. 费方域，等译. 上海：上海三联出版社，上海人民出版社

曼斯菲尔德 E. 1999. 应用微观经济学. 王志伟，等译. 北京：经济科学出版社

平狄克 R S，鲁宾费尔德 D L. 2013. 微观经济学. 第八版. 李彬，高远，等译. 北京：中国人民大学出版社

平新乔. 2001. 微观经济学十八讲. 北京：北京大学出版社

王则柯. 2005. 图解微观经济学. 北京：北京大学出版社

张培刚. 1997. 微观经济学的产生与发展. 长沙：湖南人民出版社

朱善利. 2001. 微观经济学. 北京：北京大学出版社

第七章

技术、要素投入与生产者行为

企业是提供产品和服务的基本单元，或者说，企业是把投入转化为产品以供销售的基本组织。本章将介绍微观经济学对生产技术的描绘，并考察生产过程的一些重要特征。这些生产技术特征构成了企业决策和市场结构的基础。

第一节　生产技术

1. 技术与技术约束

微观经济学主要研究资源配置及人们在经济活动中的相互关系，因而必然关注生产过程的投入和产出。在生产过程中，厂商是提供产品和劳务以获取最大利润的单位。科斯（Ronald Harry Coase）以前的经济学家把生产过程看做一个“黑箱”（black box），只关心投入与产出，对其间的技术过程并不感兴趣。生产的投入叫做生产要素。生产要素一般分为土地、劳动、资本、原材料、管理者等。一般所说的生产技术是怎样用给定的投入要素最有效率地生产某种产品，但生产技术问题不是经济学的问题。

生产技术是生产者在进行生产活动时所具备的物质技术条件，这些物质条件或者自然条件对生产的限制称为技术约束。只有某些投入组合才能生产出既定的产量。厂商的生产计划必然受到技术可行性的限制。

描述生产技术状况最简单的方法就是把技术上所有可行的投入和产出的组合列举出来。构成技术上所有可行的生产方法的投入和产出的集合叫做生产集合①。生产可能性集是所有技术上可行的生产计划的集合。例如，用集合 R_n 中的一个向量 $\boldsymbol{Y}$ 来表示一个生产计划，如果第 j 项物品作为净投入，那么 $\boldsymbol{Y}_j$ 就是负的；如果第 j 项物品作为净产出，那么 $\boldsymbol{Y}_j$ 就是正的。又如，一家正在生产一种产出的厂商，生产可能性可以写为（$\boldsymbol{Y}$，$-\boldsymbol{X}$），其中 $\boldsymbol{X}$ 是可以生产 $\boldsymbol{Y}$ 单位产出的一个投入向量。

由于投入要素的稀缺性，我们特别关注的是在一定的投入下的最大可能的产出，也

① 也可以使用投入要素集描述技术状况，投入要素集以正数度量投入度量，而不是像生产可能性集合那样使用负数。

就是生产可能性集合的边界，一般被称为生产函数。生产函数表示在特定的技术条件下，一定量的投入所能够生产的最大量产出。假设存在几种投入，生产要素在进行生产时，可能会也可能不会相互替代。一般认为，生产要素可以在一定范围内相互替代。

除了生产函数外，还有描述生产者技术的更加直接的方法，如简单列出可行的生产计划。如果不需要考虑投入和产出的类型，只考虑数量，将投入和产出按照流量来度量（如每周一定量的劳动和一定量的机器工作时间），在一定时间内，一定的投入可以生产出一定产品，甚至可以根据投入和产出的日期、地点，甚至环境来区分。例如，假设可以用要素投入 1 和要素投入 2 来生产一种产品，我们可以使用两种不同的技术。

技术 A：1 单位要素 1 和 2 单位要素 2，生产 1 单位产出。

技术 B：2 单位要素 1 和 1 单位要素 2，生产 1 单位产出。

如果记产出为物品 1，要素是物品 2 和物品 3。用生产可能性集表示为

$$Y=\{(1,-1,-2),(1,-2,-1)\}$$

用投入要素集表示为

$$V(1)=\{(1,2),(2,1)\}$$

2. 技术的特征

一般而言，技术具有以下特征：

（1）单调性。如果 $\boldsymbol{X}$ 是生产 Y 单位产出的可行方法，并且 $\boldsymbol{X}'$ 是与 $\boldsymbol{X}$ 中的每种投入至少一样多的投入向量。那么 $\boldsymbol{X}'$ 也是生产 Y 单位产出的一种可行方法，这被称为单调性。因为如果厂商能够不费成本地处置任何投入，那么多余的投入就不会产生任何损失，所以有时又把这种单调性称作自由处置的特征。

（2）凸性①。如果 $\boldsymbol{X}$ 与 $\boldsymbol{X}'$ 都在 $V(Y)$ 中，那么，对于所有 $0<t<1$，$t\boldsymbol{X}+(1-t)\boldsymbol{X}'$ 在 $V(Y)$ 中，则 $V(Y)$ 是一个凸集。具体地说，在两种投入组合条件下，如果（X_1，X_2）和（Z_1，Z_2）都能够生产出 Y 单位的产出，那么其加权平均值能够生产出至少一样的产出。在凸性技术条件下，可以很容易地按比例扩大或者缩小生产规模，并且各个分离的生产过程是互不干扰的。

（3）正则技术。正则技术是指对所有 $Y>0$，$V(Y)$ 是一个非空的闭集，这意味着总是存在某种生产方法来生产出任意给定的产量。这主要是分析技术上的原因所做的假定。

3. 技术替代率

在投入是二维的情况下，假定厂商用劳动和资本来生产某种产出，这些可以得到等产量线。等产量线是所有刚好能够生产 Y 单位产品的要素投入束。假设可以用劳动 L 和资本 K 来生产一种产出品，两种要素都是可变的，并且能够相互替代，那么等产量线就是生产一定产量的所有资本和劳动技术上有效的可能组合点。如图 7-1 所示，横轴表示劳动 L，纵轴表示资本 K，这两种投入可以进行多种组合。现在假定生产者可以在一定

---

① 可以证明，凸生产集等价于凸投入要素集，而凸投入要素集等价于拟凹生产函数。

技术水平下生产产量Ⅰ，这个生产者可以选择 *A*、*B*、*C*、*D*、*E*、*F*、*G*、*H* 等各种投入组合或要素组合，将这些点连接成一条曲线可以得到曲线Ⅰ，其中各点所表示的劳动 *L* 和资本 *K* 的组合都带来同样的产量，所以叫做等产量。对应于一个生产水平，可以画一条等产量线，不同的等产量线代表的产量是不同的（曲线Ⅱ、曲线Ⅲ代表不同的数值）。在同一坐标平面上，可以有无数条等产量线，构成等产量线簇，它完整地描绘了一定的生产技术。等产量线位置越高，代表的产量越大。在图 7-1 中，曲线Ⅰ的产量比曲线Ⅱ低，曲线Ⅱ的产量比曲线Ⅲ低。

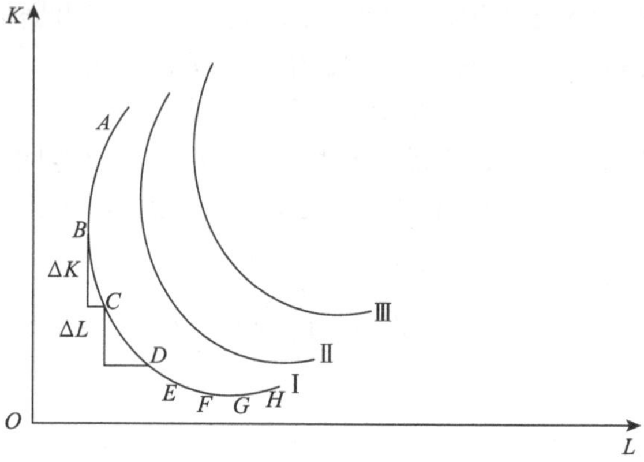

图 7-1　等产量线

在二维情形下，等产量线的斜率是边际技术替代率（the marginal rate of technical substitution，MTRS），它表示在一定技术条件下，为保持产量不变，增加一单位某种生产要素的投入量可以减少的另一种生产要素的数量，如劳动和资本在一定程度上是可以相互替代的，如果用 ΔL 表示劳动投入增加量，ΔK 表示资本投入减少量，用 MRTS_{LK} 表示以 *L* 代替 *K* 的边际技术替代率，那么：$\mathrm{MRTS}_{LK}=-\dfrac{\Delta K}{\Delta L}$

等产量线具有以下几个性质：

（1）在有效区域内，等产量线的斜率为负。因为等产量线上的每一个点都代表生产一定产量的各种要素的有效组合，也就是说，要增加一种要素的投入量并保持产量不变，就必须相应减少另一种要素的投入量。

（2）等产量线在图中位置越高，它所代表的产量也越高。图 7-1 中，产量Ⅰ<Ⅱ<Ⅲ。

（3）等产量线凸向原点，这表明其斜率的绝对值沿着横轴方向递减，这是由技术替代率递减规律决定的。考虑要素 1 和要素 2，边际技术替代率用公式可以表示为

$$\mathrm{MTRS}(x_1, x_2)=-\Delta x_2/\Delta x_1$$

或者

$$\mathrm{MTRS}(x_1, x_2)=-\mathrm{d}x_2/\mathrm{d}x_1$$

其经济含义为：为保持总产量不变，增加一单位要素 1 可以相应减少的另一单位要素的数量。

（4）任意两条等产量线不能相交。因为两条等产量线的交点代表两种投入要素的同一种组合，而同一种组合的投入要素不可能生产出两个不同的产量。

现在来分析技术替代率与边际产量之间的关系。根据边际技术替代率的定义，考虑改变要素 1 和要素 2 的使用量并使产量水平保持不变，那么 $\Delta Y=MP_1(x_1, x_2)\Delta x_1+MP_2(x_1, x_2)\Delta x_2=0$，求解可以得到

$$MTRS(x_1, x_2)=\Delta x_2/\Delta x_1=-MP_1(x_1, x_2)/MP_2(x_1, x_2)$$

例如，柯布–道格拉斯（Cobb-Douglas）技术的（MTRS）在给定 $f(x_1, x_2)=x_1^{\alpha}x_2^{1-\alpha}$ 的条件下，求偏导得

$$\frac{\partial f(x)}{\partial x_1}=\alpha x_1^{\alpha-1}x_2^{1-\alpha}=\alpha(x_2/x_1)^{1-\alpha}$$

$$\frac{\partial f(x)}{\partial x_2}=(1-\alpha)\ x_1^{\alpha}x_2^{-\alpha}=(1-\alpha)\ (x_2/x_1)^{\alpha}$$

可以得到

$$MTRS=-\frac{\partial f(x)}{\partial x_1}\bigg/\frac{\partial f(x)}{\partial x_2}=-\frac{\alpha}{1-\alpha}\ (x_2/x_1)$$

第二节　生产函数

1. 生产函数及其假定

生产过程中生产要素的投入量和产品的产出量之间的关系，可以用生产函数来表示。生产函数（production function）表示在一定时期内，在技术水平不变的条件下，生产中所使用的各种生产要素的数量与所能生产的最大产量之间的关系。任何生产函数都是以一定时期内的生产技术水平为前提，一旦生产技术水平发生变化，原有的生产函数就会发生变化，形成新的生产函数。新的生产函数可以是以相同的生产要素投入量生产出更多或更少的产量，也可以是以变化了的生产要素的投入量进行生产。如果各种生产要素的配合比例不变叫固定配合比例生产函数；如果各种生产要素的配合比例可变叫可变配合比例生产函数。

假定投入的生产要素有劳动（L）、资本（K）、土地（N）等，则

$$Q=f(L, K, N, \cdots)$$

该生产函数表示在既定的生产技术水平下生产要素组合（L, K, N, …）在每一时期所能生产的最大化产量为 Q。在经济学的分析中，为了简化分析，考虑只有两种投入要素，即劳动和资本，因此，生产函数可以写为

$$Q=f(L, K)$$

第一，如果生产要素的投入数量不同，则产出量也不同。更多的投入总是会得到更多的产出。

第二，厂商采用的技术决定生产函数的具体形式，或者说技术与生产函数之间存在对应关系。

需要说明的是，第一，在使用生产函数来分析厂商的生产时，仅仅涉及投入和产出

之间的关系，几乎完全不涉及厂商作为一种生产性组织的内部结构，组织的具体运作及生产的具体工艺过程。或者说，我们实际上把厂商视为一个“黑箱”。第二，在生产函数中，Q 产量是一定投入要素的组合所能生产出来的最大产量，或者说，投入要素的使用是有效率的。例如，当一种投入要素的组合带来了生产函数所要求的产量时，这样的生产就是具有技术效率的。实际上，我们进一步假定所有厂商知道一种产品的生产函数，而且能够达到技术上有效率的产量。

●专栏 7-1　生产函数的各种形式

1）里昂惕夫生产函数

里昂惕夫生产函数又称固定投入比例生产函数，是指在每一个产量水平上任何一对要素投入量之间的比例都是固定的生产函数。假定生产过程中只使用劳动和资本两种要素，则固定投入比例生产函数的通常形式为

$$Q=\min(L/U,\ K/V)$$

其中，Q 表示一种产品的产量；L 和 K 分别表示劳动和资本的投入量；U 和 V 分别表示固定的劳动和资本的生产技术系数，它们分别表示生产一单位产品所需要的固定的劳动投入量和资本投入量。该生产函数表示产量 Q 取决于两个比值 L/U 和 K/V 中较小的那一个，即使其中的一个比例数值较大，也不会提高产量。在这里，Q 的生产被假定为必须按照 L 和 K 之间的固定比例，当一种生产要素的数量不能变动时，另一种生产要素的数量再多，也不能增加产量。需要指出的是，在该生产函数中，通常假定生产要素投入量 L、K 都满足最优的要素投入组合的要求，所以有

$$Q=L/U=K/V$$

即

$$K/L=V/U$$

上式清楚地体现了该生产函数的固定投入比例的性质，在这里，它等于两种要素的固定的生产技术系数之比。对于一个固定投入比例生产函数来说，当产量发生变化时，各要素的投入量以相同的比例发生变化，所以，各要素的投入量之间的比例维持不变，如图 7-2 所示。

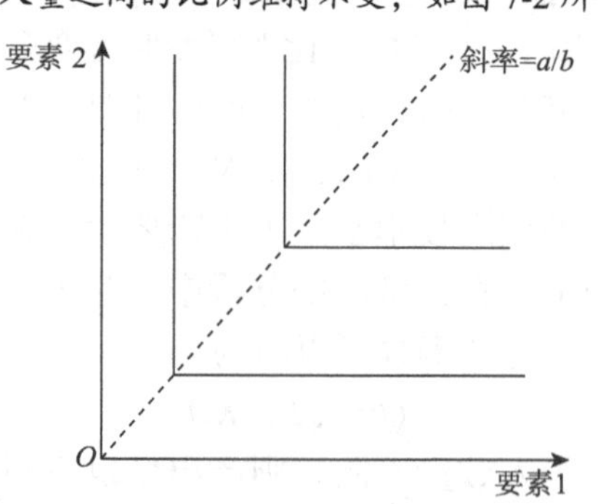

图 7-2　里昂惕夫生产函数

令 $a>0$，$b>0$，那么，$f(x_1,\ x_2)=\min(ax_1,\ bx_2)$ 为里昂惕夫技术，如图 7-3 所示。

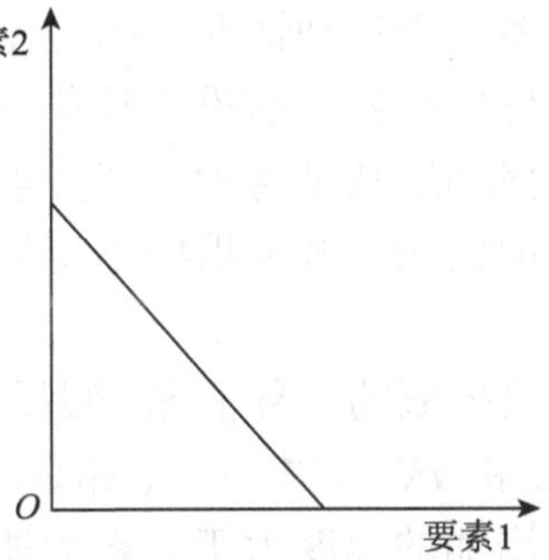

图 7-3　线性生产函数

2）柯布–道格拉斯生产函数

$f(x_1, x_2) = Ax_1^a x_2^b$，被称为柯布–道格拉斯生产函数。其中参数 A 代表生产规模，表示每种投入都使用一单位时产量将是多少，参数 a 和 b 衡量的是产量如何随着投入品的变动而变动，它是性状良好的等产量线的最简单例子（图 7-4）。

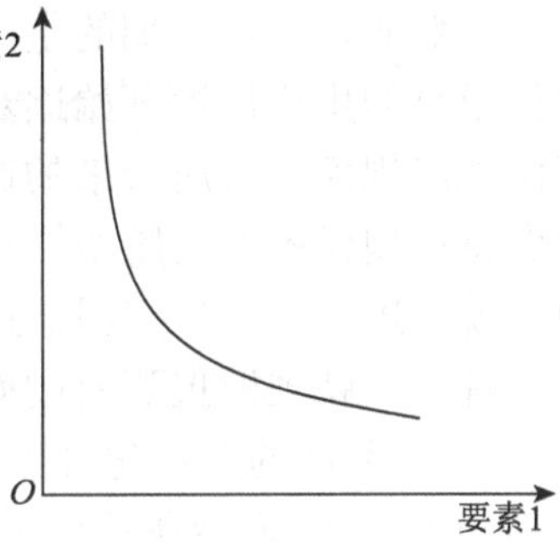

图 7-4　C-D 生产函数

不变替代弹性或固定替代弹性生产函数（constant elasticity of substitution production function，简称 CES 生产函数）为

$$y=[a_1x_1^p+a_2x_2^p]^{1/p}$$

对于 CES 生产函数，假定 $a_1=a_2=1$，当 $p=1$ 时，可以得到线性生产函数，$y=x_1+x_2$（图 7-3）。

当 $p=0$，可以证明 CES 生产函数非常接近柯布-道格拉斯生产函数（图 7-4）。

当 $p=-\infty$，可以证明，CES 生产函数与里昂惕夫生产函数非常接近（图 7-5）。

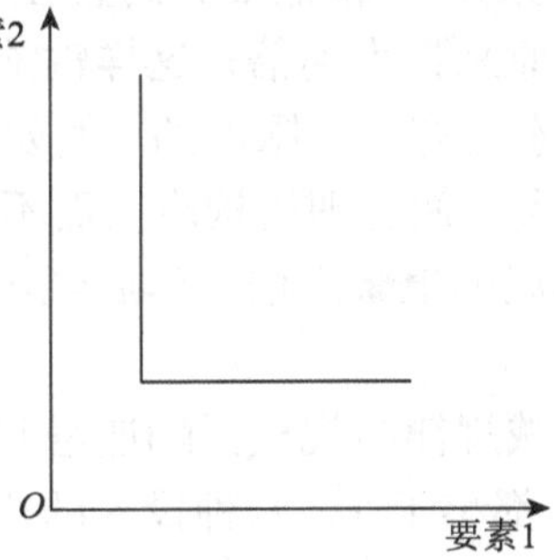

图 7-5　里昂惕夫生产函数

资料来源：范里安 H R. 微观经济学：现代观点. 第六版. 费方域，等译. 上海：上海三联书店，上海人民出版社，2006：112

2. 生产函数与规模报酬

当增加生产函数中所有投入的数量时，生产规模发生变化；生产规模的变化必然引起产量的变化，这就是规模报酬的问题。规模报酬是指企业生产规模的变化对收益的影响。

产量与生产规模之间的关系分为三种情况，即规模报酬递增、规模报酬递减、规模报酬不变。规模报酬递增是各种生产要素的投入数量按照固定比例增加，而产量增加的比例超过投入增加比例。规模报酬递减是各种生产要素的投入数量按照固定比例增加，而产量增加的比例低于投入增加比例。规模报酬不变是各种生产要素投入的增加比例等于产量增加的比例。

可以用数学公式来定义规模报酬的三种情况：假设生产函数为 $Q=f(L, K)$。一般地，如果资本和劳动分别增加到 aL 和 aK，其中 $a>1$，那么产出将为 $Q=f(aL, aK)$。若 $f(aL, aK)>af(L, K)$，则表明产量增加的速度大于要素增加的速度，生产函数为规模报酬递增；若 $f(aL, aK)=af(L, K)$，则表明产量增加的速度等于要素增加的速度，生产函数为规模报酬不变；若 $f(aL, aK)<af(L, K)$，则表明产量增加的速度小于要素增加的速度，生产函数为规模报酬递减。

一般而言，在长期的生产过程中，企业的规模报酬的变化呈现如下规律：当企业从最初很小的生产规模开始逐步扩大时，企业面临的是规模报酬递增的阶段。在企业得到了由生产规模扩大所带来的产量递增的全部好处以后，一般会继续扩大生产规模，将生产保持在规模不变的阶段。这个阶段有可能比较长。在这以后，企业若继续扩大生产规模，就会进入一个规模报酬递减阶段。

首先，就规模报酬递增而言，主要有以下几方面的原因：

（1）劳动的专业化分工。在大规模生产中，专业可以分得更细，人们可以进行更有效的分工，一个人专业从事一项工作的效率要大大高于自始至终完成每一道工序的效率。

（2）生产要素的不可分割性。有些先进的工艺和技术，只有在产量达到一定水平时才能采用，或者说这些大批量的工艺和技术通常是不可分割的。当生产规模太小时，无法购买先进的大型设备，或者即使购买了也无法发挥作用。

（3）几何尺度的影响。例如，一根输油管的直径增加 1 倍，所需的材料也增加 1 倍，但输油管的截面面积却比原来扩大 4 倍，这样输油量的增加就会扩大超过 1 倍。

但是，规模经济的影响因素是有一定限度的。例如，要素的专业化分工、几何因素、管理上的低效率（生产规模过大会使管理机构庞大而不灵活，出现各种管理低效率），所以企业规模的扩张开始阶段是规模报酬递增，然后经历规模报酬不变，最后达到规模报酬递减阶段。

需要注意的是边际报酬递减规律与规模报酬递增并不矛盾。例如，对于柯布-道格拉斯生产函数，如果参数 a 和 b 都小于 1，两种投入的边际报酬都是递减的；但是，只要 $a+b>1$，便为规模报酬递增。

根据以上分析，从规模报酬看，一个厂商的规模不能过大也不能过小，即要实现适度规模。但是，对一个厂商产量与收益发生影响的不仅有它自身的规模，还有一个行业的生产规模。所谓适度规模就是两种生产要素数量的增加，正好使收益递增达到最大。一个行业是由生产同种产品的厂商组成的，它的大小影响着其中每一个厂商的产量和收益。如果整个行业的生产规模扩大，导致个别厂商与收益扩大，则称为外在经济。例如，个别厂商从整个行业规模的扩大中得到更加方便的交通基础设施、更多的信息与更好的人才，从而使产量与收益增加。但是，一个行业生产规模的扩大，也可能导致个别厂商的产量与收益减少，称为外在不经济。又如，一个行业过大导致厂商之间竞争激烈，为了争夺生产要素和原材料市场，厂商必然付出更高的代价[①]。再如，行业过大会使环境污染和交通拥挤问题更加突出。

对不同行业来说，适度规模是不同的，并没有统一的标准。在确定适度规模时应该考虑到的因素主要有以下两点：

第一，本行业的技术特点。一般来说，需要的投资量越大、所用的设备越复杂的行业，适度规模也就越大。例如，冶金、机械、汽车制造、造船、化工等重工业厂商，生产规模越大经济效益越高。相反，需要投资少、所用的设备比较简单的行业，适度规模也小。例如，服装、服务这类行业，生产规模小，能更灵活地适应市场需求的变动，对生产更有利，所以适度规模也越小。有些行业，如农业，规模经济效果更不明显。

第二，市场条件。一般来说，生产规模需求量大，而且标准化程度高的产品适度规模应该大；相反，生产市场需求小，而且标准化程度低的产品的厂商，适度规模也应该小。所以，服装行业厂商的适度规模就要小一些。

此外，各国各地区的经济发展水平、资源、市场等条件的差异，导致即使同一行业的规模经济的大小也不完全相同。例如，在确定一个采矿企业的规模时，要考虑矿藏量的大小、交通条件、能源原料开采技术水平、政府政策等。总之，由于不同行业存在不同的技术和自然条件，规模经济有所不同。

相关链接 7-1 我国建筑业三层次规模报酬分析

1．建筑业的工厂层次规模报酬

经济学意义上的工厂是指主要承担一定生产功能的，由若干生产装置系统和工人所组成的独立生产单位。工厂规模报酬形成的具体原因是由于大批量生产体制的建立及其发展而导致的长期平均生产费用的不断下降。首先，大规模生产体制的建立和发展，使大量先进、高效的工艺、技术和大型生产设备得到日益广泛的应用。其次，大规模生产方式的建立和发展，推动了生产的标准化、专业化和简单化，不仅直接有利于节约劳动、降低成本及提高产品质量和产量，而且也为开发和使用高效、专用机械设备创造了基本条件。大规模生产方式的建立和发展，还直接有利于原材料的充分利用和节约，降低了可变成本。

对应于制造业的工厂概念，建筑业的工厂层次应该是工程项目。项目是建筑业进行生产的第一线，主要体现的是建筑业生产技术水平。从生产方式来看，我国建筑业目前还远未形成产业化的生产模式，生产方式落后，主要以手工现场湿作业为主；从生产手段来看，中小型建设项目受经济实力的限制，对先进、高效的施工工艺技术和大型施工设备的应用不多；从生产的自动化程度来看，由于受建筑产品单件性的限制，建筑业现场生产方式很难实现标准化、专业化和简单化。因此，建筑业的项目层次规模报酬水平很低，更多体现在那些机械设备和新技术应用较多的大体量复杂工程中。

---

① 当一个行业所有企业都同时增加或扩大产量时，其总体影响能够改变投入物的价格，参见斯蒂格勒《价格理论》。

2. 建筑业企业层次规模报酬

经济学意义上的企业与工厂的区别，在于企业除了生产功能外，还具有经营功能，并且在法律上具有独立的经营实体地位。所谓企业的规模经济主要是指由企业经营规模扩大而给企业带来的经济上的有利性。对于企业层次的规模经济来说，具有明显的联合生产经营效应，形成的主要原因是生产流通环节效率的提高、管理费用和市场交易费用的节约。企业规模经济效益是建立在工厂规模经济基础之上的，但是与工厂规模经济相比，企业规模经济显然更多地由组织创新促成，也更多地体现于组织效率和经营效率等非生产技术领域。

企业层次规模经济针对建筑企业来说，企业具有以相对较低的价格大批量采购原材料的能力，业务量的增大使企业增加抵抗不利的工程承包的风险，企业有机会获得高素质的管理和技术人才，有条件以更多的资金用于技术进步，有能力应用大型机械设备，等等。但我国绝大多数建筑企业的管理模式为垂直管理模式，管理链条过长，意见与信息的沟通困难。我国绝大多数大型建筑企业集团都为松散型管理结构，大的建筑集团公司内业务分布同质，公司总部的经营组织协调能力差。因此，由一体化经营带来的成本减少，对绝大多数的建筑企业效益增加并不明显，造成建筑企业大而不强，效益水平并不比小企业高多少。另外，有些建筑业企业单纯追求企业规模，没有形成实质上的整体，超过了经济学上的最小最优经济规模，导致管理成本过高，出现企业的规模不经济现象。

3. 建筑产业层次规模报酬分析

产业规模经济主要是指由于产业规模扩大，导致产业内分工深化，从而形成经济上的有利点。产业的规模经济通常是与产业内专业化水平和分工状况相联系的。产业规模经济的形成原因是产业内分工和专业化生产的发展，由此而提高全行业的效益。工厂规模经济和企业规模经济是产业规模经济充分发展的基础，而产业规模经济又是企业规模经济和生产规模经济充分发展的重要保障。

我国建筑业产业内分工协作的产业组织结构框架还没有形成，具体表现为大而全、中而全、小而全，专业化公司少并且专业化水平不高，造成综合性承包企业、专业化公司及劳务队伍的比例构成不合理，产业组织架构层次界限不明显。产业内分工和专业化发展不足，限制了建筑业规模经济的发挥，也就是说，建筑产业层次规模报酬水平也是很低的。

资料来源：黄耕，李小冬，汪滔. 我国建筑业三层次规模报酬分析. 建筑管理现代化，2001，（2）：41-46

3. 线性生产函数的特征

线性生产函数有两种情形。第一种是生产函数为 $Y=X_1+X_2$。线性生产函数表示完全替代的技术，其图形与消费者理论中完全替代的无差异曲线一样。

第二种是所谓一阶齐次生产函数，表示规模报酬不变的情况。用公式表示为 $f(TX)=Tf(X)$。当且仅当它的生产函数是一阶齐次的，生产技术才是规模报酬不变的。对于一阶齐次生产函数：第一，如果 X 和 X' 可以生产 Y 单位的产出，可以得出 TX 和 TX' 能够生产出 TY 单位的产出；第二，一阶齐次生产函数的技术替代率独立于生产规模。

例如，对于不变替代弹性或 CES 生产函数，$y=[a_1x_1{}^{\rho}+a_2x_2{}^{\rho}]^{1/\rho}$，假定 $a_1=a_2$，且 $\rho=0$，则可以得到所谓线性生产函数。

第三节　要素投入与生产者选择

1. 短期分析

在经济学中，需要对立即可行的生产计划和以后可行的生产计划进行区分。例如，一个生产服装的厂商的订单突然增加，要求马上将产量翻番，这时，厂商只能采取增雇工人、加班加点的方法（立即可行的生产计划），因为短时间内增建一座厂房并添置机器是不现实的（以后可行的生产计划），这就导致区分厂商的短期和长期决策。所谓短期是指至少无法改变某些要素投入的那段时期，这里把无法改变的那些要素投入叫做固定投入，如厂房和设备一般是固定投入，不会轻易改变。这样，在短期中，可以根据要素的可变性，把所有投入要素区分为两大类固定投入和变动投入①。固定投入是指在一定时期内，其数量不随产量的变化而变化的要素；变动投入是指在一定时期内，其数量随着产量的变化而变化的要素。厂房和设备等是固定投入，劳动、原材料等是变动投入。

首先考虑短期生产函数，假设劳动 L 为变动投入、资本 K 为固定投入，其即定数量为 K_0，这时短期生产函数为

$$Q=f(L,\ K_0)$$

或者

$$Q=f(L)$$

平均产量（average product，AP）是单位劳动的平均产出，等于总产量（TP）除以劳动量，即 $\mathrm{AP}=Q/L$。

边际产量（marginal product，MP）是在其他投入不变的条件下，增加一单位投入所能够增加的产量。或者说每增加一个单位劳动带来的产量的增量，即 $\mathrm{MP}=\Delta Q/\Delta L$，或者 $\mathrm{MP}=\mathrm{d}Q/\mathrm{d}L$。

例如，考虑一个小麦的短期生产函数。土地、劳动是要素投入且土地的投入数量固定，劳动是可变要素，小麦是产出，假设要素投入和产出都是同质的。如表 7-1 所示，前 2 列分别是土地、劳动，第 3 列是生产小麦的总产量（TP）；第 4 列是生产小麦的平均产量（AP），由第 3 列除以第 2 列得到；第 5 列是边际产量（MP），是第 3 列中相邻产量的差额。

---

① 关于固定投入与变动投入的关系，斯蒂格勒提出一个适应性问题。为使生产达到技术状况所允许的最大产出量而不断改变可变生产要素数量时，如果固定的生产要素的形式不必变化时，这种固定的生产要素就是适应性的。这可以概括现实中的一些情况，具体参阅斯蒂格勒《价格理论》。

表 7-1 生产小麦的总产量、平均产量和边际产量

土地	劳动	TP	AP	MP
1	0	0	0	
1	1	3	3	3
1	2	8	4	5
1	3	12	4	4
1	4	15	3（3/4）	3
1	5	17	3（2/5）	2
1	6	17	2（5/6）	0
1	7	16	2（2/7）	–1
1	8	13	1（5/8）	–3

表 7-1 列出的 TP、AP 和 MP 可以在图 7-6 中绘出。由于 MP 定义为所使用劳动的每一单位数量的变化所引起的 TP 的变化量，所以每个 MP 都取劳动数量的中值。AP 和 MP 曲线的形状由对应的 TP 曲线的性状决定，TP 曲线任一点的 AP 由原点至该点连线的斜率给出，AP 曲线先上升达到最大值然后下降，但只要 TP 是正值，AP 也就是正的。TP 曲线两点间的 MP 等于 TP 曲线上两点连线的斜率。MP 曲线也是先上升达到最大值然后下降，当 MP 为 0 时，TP 达到最大值，而当 TP 开始减小时，MP 为负。MP 曲线下降的部分被称为边际收益递减规律。

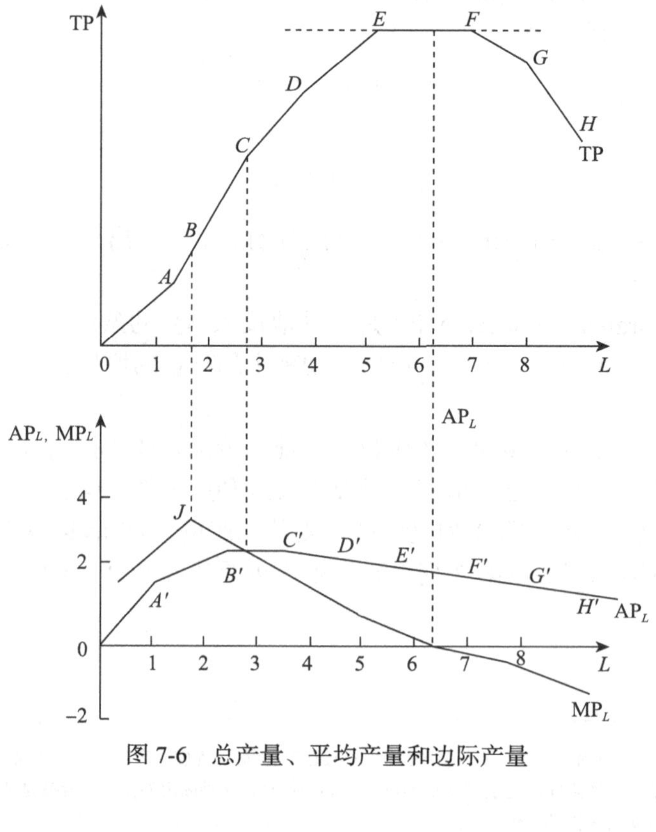

图 7-6 总产量、平均产量和边际产量

MP 与 AP 之间具有重要联系。当 MP 大于 AP 时，AP 就上升；当 MP 小于 AP 时，AP 就下降。

如果生产函数是可导的，那么 MP 是生产函数关于该投入的微分。如果其他投入要素不变，而一个投入要素不断增加，那么其 MP 最终会越来越小，被称为边际报酬递减规律。理解这一规律需要注意三点：一是这一规律发生作用的前提是技术水平不变；二是生产中使用的生产要素分为可变与不变两类，但技术系数是可变的，劳动、资本是不变的；三是在其他生产要素不变时，一种生产要素增加所引起的产量或收益的变动分为三个阶段。MP 并非自始至终都是递减的，它可能在一定范围内表现出增加趋势，但最终会递减。例如，“干中学”可能导致 MP 递增，或者是因为可以采用较大规模的、更有效的生产技术或组织形式而递增。但是，如果其他投入的数量不变，而一个投入的数量不断增加，其 MP 最后一定会越来越小。

根据 AP 和 MP 的关系，可以对一种生产要素的合理投入区间加以说明，如图 7-7 所示。例如，从劳动要素方面定义生产的三个阶段。第 I 阶段是从原点到 AP 最大的点，第 Ⅱ 阶段是从 AP 最大的点到 MP 为零的点，第 Ⅲ 阶段是 MP 为负的区域。首先，生产者不会在第一阶段经营，因为增加劳动投入会增加平均产量。其次，即使劳动力是免费的，生产者也不会在第III阶段经营，因为生产者在单位土地上用较少的人力可以增加总的产出。所以，理性的生产者唯一选择的是第 Ⅱ 阶段。

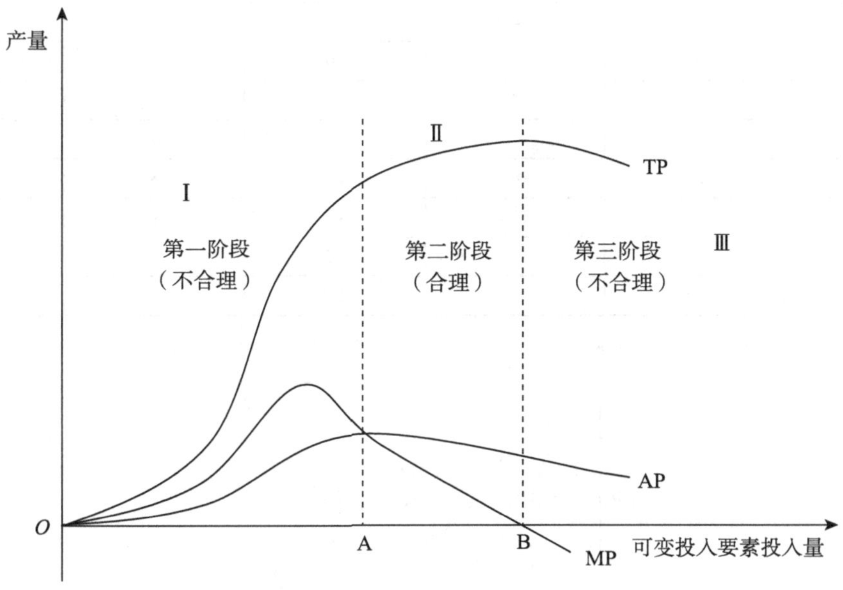

图 7-7　生产的三个阶段

2. 长期分析

长期分析是指厂商可以改变所有的投入，如按照需求状况和技术状况增添新的机器设备和厂房。因此，在长期中，不存在固定投入，一切投入要素都可以改变，无法区分可变投入和不变投入①。

当然，短期和长期并没有一个时间上的具体规定，不同行业中，“短期”的时间所指实际上有很大差别。所有的投入扩大或缩小就是规模报酬问题。这时存在长期生产函数与短期生产函数的区分，一般而言，厂商生产技术的改变主要与长期决策相联系，长期厂商才有选择不同生产函数的可能性。

3. 投入要素的最佳组合

在长期中，各种生产要素都是可变的，在假设生产要素可以相互替代的情况下，同一数量的产出可以由各种要素的不同组合来得到。为了简化分析，假设只有两种生产要素，并且两者之间可以相互替代，那么同一生产函数就可以用等产量线来描述。

等产量线表示一个企业能够生产一定产量所需的劳动和资本的各种不同组合。较高的等产量线表示较大的产出量，较低的等产量线表示较小的产出量。

如表 7-2 所示，我们给出三条不同等产量线上的点，在坐标图 7-8 上描出这些点并用光滑曲线连接起来，可以得到三条等产量线，它给出了产出的基本度量。

表 7-2 不同等产量线上的点

等产量线 1		等产量线 2		等产量线 3	
L	K	L	K	L	K
2	11	4	13	6	15
1	8	3	10	5	12
2	5	4	7	6	9
3	3	5	5	7	7
4	2.3	6	4.2	8	6.2
5	1.8	7	3.5	9	5.5
6	1.6	8	3.2	10	5.3
7	1.8	9	3.5	11	5.5

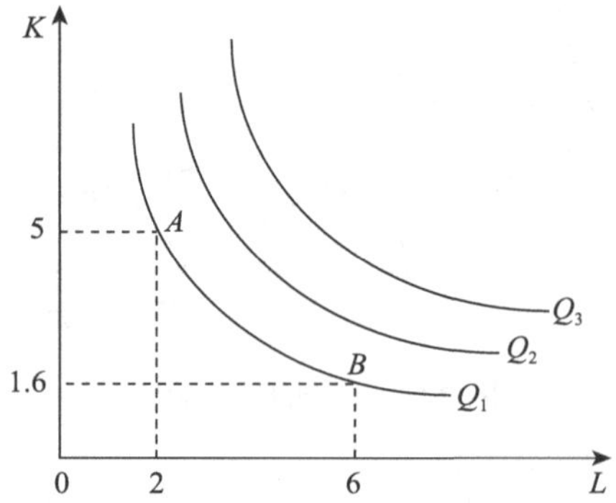

图 7-8 等产量线

当生产过程使用中资本和劳动两种投入，其价格分别为 P_K 和 P_L，给定预算 C，企

① 但是，长期中仍然存在准不变投入，这对于解释长期成本曲线是必要的。

业可以购买的投入的组合可以表示为

$$P_K \cdot K + P_L \cdot K = C$$

这被称为等成本线。等成本线的斜率为负，向右下方倾斜。它表明为了保持总成本不变，增加一种要素的投入量，就必须相应减少另一种要素的投入量。在要素价格给定下，等成本线的斜率为一个常数，是两种投入要素价格之比。

需要说明的是，企业的成本与企业的各项货币支出并非完全相同。经济学中的成本不仅包括显性成本，还包括隐性成本，也就是说，得到投入所需要支出的货币，以及厂商自己拥有的一些要素的投入，都需要付出隐性成本。许多小企业，隐性成本所占的比重很高，包括厂商自己投入劳动应得的报酬、厂商自己投入资金应得到的利息、厂商自己投入房地产应得到的租金等。即使对于现代大型企业也需要付出隐性成本，投入资金应该得到的利息，如股东的投资回报率等。生产成本不仅是货币支出，而且是做出一种选择而牺牲的其他选择。每一种单项资源都有机会成本，厂商决策需要使用多项资源，厂商的总成本应该是实际使用的资源的机会成本的总和，这被称为生产成本或经济成本。厂商的显性成本与隐性成本之和等于投入要素的机会成本之和。

生产者均衡是生产者在一定的成本预算下，产出量达到最大，或者说在一定的等成本线下，达到最高的等产量线时的状况。

如图 7-9 所示，生产者均衡位于等产量线与等成本线相切的地方。条件为边际技术替代率（MTRS）等于两种要素的边际产量之比，用公式表示为

$$\text{MTRS}(x_1, x_2) = \text{MP}_1(x_1, x_2)/\text{MP}_2(x_1, x_2) = P_L/P_K$$

或者

$$\text{MP}_1(x_1, x_2)/P_L = \text{MP}_2(x_1, x_2) = P_K$$

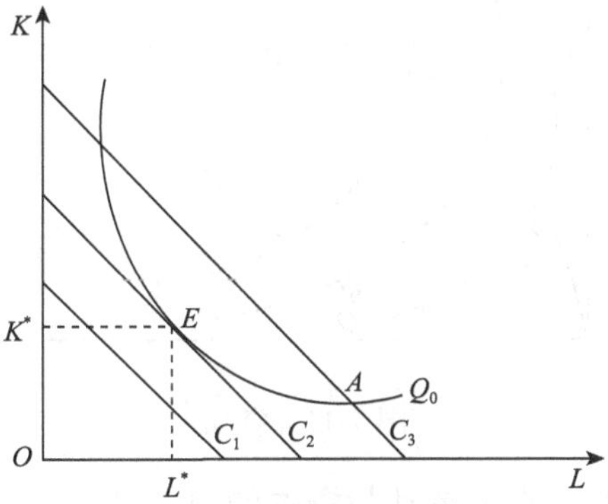

图 7-9　生产者均衡

当两种要素的边际产量之比等于两种要素的价格之比时，达到生产者均衡。或者说厂商要实现最优组合，必须使投在劳动 1 元的边际产量正好等于投在资本 1 元的边际产量。这可以推广到有 N 种要素的情形。

4. 扩展线

当生产者的预算增加，而生产要素的价格保持不变时，等成本线向右上方平行移动，

不同的等成本线与不同的等产量线相切，由此形成生产要素的最优组合点，实现生产规模沿着最有利方向扩大。如图 7-10 所示，等成本线向右上方平行移动，不同的等成本线与不同的等产量线相切，形成不同的生产要素最适组合点，将这些点连接在一起，就得出扩张线。生产扩张线表示当生产要素的价格不变时，对应于每个可能的产出量的要素最优成本组合的轨迹。

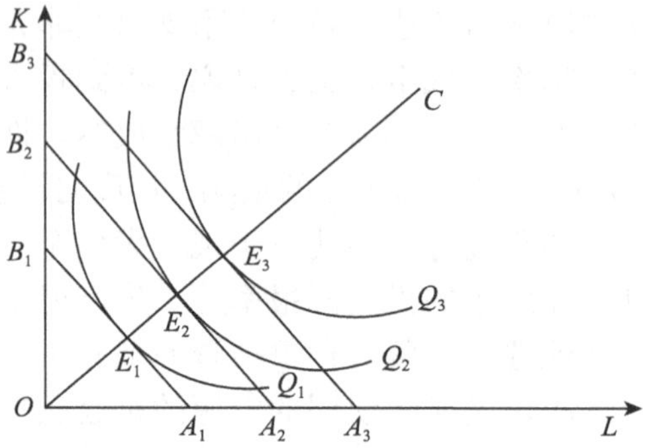

图 7-10　扩展线

需要说明的是，虽然等产量线上所有各点劳动和资本的组合都可以生产出相同的产量，但生产者不会选择等产量线上的任何一点组合来进行生产。因为在有些点上劳动与资本的组合所表示的生产是不经济的。我们用图 7-11 来说明这一点。

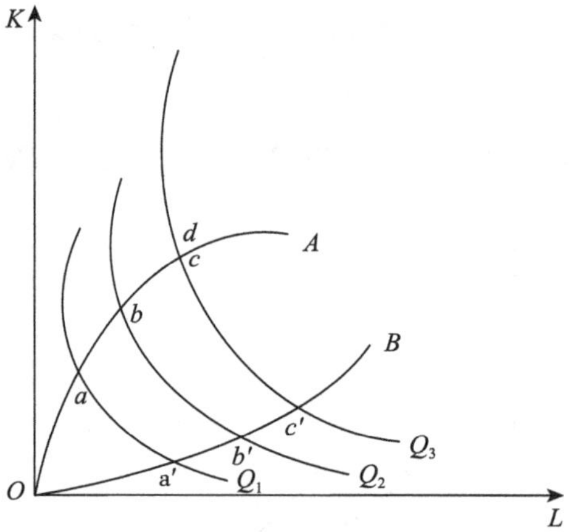

图 7-11　脊线

图 7-11 中 Q_3 上的 *c* 点 *d* 点上劳动与资本的组合都可以生产相同的产量，但显而易见，*d* 点上所有的劳动与资本量都多于 *c* 点。这样，选择 *d* 点上的组合就是不经济的。这样劳动与资本的组合就有一个范围，这个范围就用脊线来表示。

在三条等产量线 Q_1、Q_2、Q_3 上，在 aa'、bb'、cc'点之内，等产量线的斜率是负值，从而增加一种生产要素可以减少另一种生产要素，替代是有效的。在 aa'、bb'、cc'点之外，等产量线的斜率为正，即为了维持相同的产量要同时增加两种生产要素。把 *a*、*b*、*c*，a'、b'、c'、与原点连接起来的两条线就是脊线。脊线说明了两种生产要素的有效替代范围，即在脊线之内，两种生产要素的替代是有效的，在脊线之外，替代是不可能的。

当然，这里只是说明理性的生产者会在有效区域内进行选择，但并未说明究竟选择那一点。这个问题不仅取决于生产函数，而且还取决于成本方程。

5. 生产弹性

技术替代率度量等产量线的斜率，而生产弹性包括替代弹性、规模弹性产出弹性等。

可以用替代弹性度量等产量线的曲率，表示当产出保持不变时，要素比率的百分比变动除以技术替代率的百分比变动，它表示随着等产量线斜率的变动，要素投入比率是如何变化的。其数学表达式为

$$\sigma = \frac{\Delta(x_2/x_1)}{x_2/x_1} \Big/ \frac{\Delta \text{MTRS}}{\text{MTRS}}$$

例如，柯布–道格拉斯生产函数的替代弹性如下：

柯布–道格拉斯生产函数的技术替代率 C-D 的替代弹性为

$$\text{MTRS} = -\frac{\alpha}{1-\alpha} \cdot \frac{x_2}{x_1}$$

所以

$$\frac{x_2}{x_1} = -\frac{\alpha}{1-\alpha} \cdot \text{MTRS}$$

可以得到

$$\ln\frac{x_2}{x_1} = \ln\frac{1-\alpha}{\alpha} + \ln|\text{MTRS}|$$

所以

$$\sigma = \text{d}\ln\frac{x_2}{x_1} \Big/ \text{d}\ln|\text{MTRS}| = 1$$

规模弹性度量投入增加一个百分比，产出的百分比增加。它是对规模报酬的局部度量。令 $y=f(x)$ 表示生产函数，令 $t>0$，当 $t>1$ 时，向上调整所有的投入；$t<1$ 时，向下调整所有的投入。其数学表达式为

$$e(x) = \frac{\text{d}y(t)}{y(t)} \Big/ \frac{\text{d}t}{t}$$

例如，柯布–道格拉斯生产函数的规模弹性如下：

令 $y = x_1^a x_2^b$，那么 $f(tx_1, tx_2)$ =那么 $f(tx_1, tx_2) = (tx_1)^a (tx_2)^b = t^{a+b} x_1{}^a x_2{}^b = t^{a+b} f(x_1, x_2)$，因此，当且仅当 $a+b=1$ 时，$f(tx_1, tx_2) = tf(x_1, x_2)$，类似的，$a+b>1$，规模报酬递增；$a+b<1$，规模报酬递减。

由于

$$\frac{\text{d}(tx_1)^a (tx_2)^b}{\text{d}t} = \frac{\text{d}t^{a+b} x_1^a x_2^b}{\text{d}t} = (a+b)\ t^{a+b-1} x_1^a x_2^b$$

当 $t=1$，计算其值并除以 $f(x_1, x_2) = x_1{}^a x_2{}^b$ 得到规模弹性为 $a+b$。

产出弹性的定义为：要素 i 的产出弹性为

$$\varepsilon_i(x)=\frac{\partial f(x)}{\partial x_i}\times\frac{x_i}{f(x)}$$

例如，柯布–道格拉斯生产函数的产出弹性如下：

对于生产函数

$$f(x)=x_1^a x_2^b，f_1(x)=ax_1^{a-1}x_2^b，f_2(x)=bx_1^a x_2^{b-1}$$

所以

$$\xi_i(x)=f_1(x)\cdot\frac{x_i}{f(x)}=ax_1^{a-1}x_2^b\cdot\frac{x_i}{x_1^a x_2^b}=a$$

同理

$$\xi_2(x)=b$$

➢本章提要

生产者的选择取决于生产技术状况，生产技术是生产者在进行生产活动时所具备的物质技术条件。生产者的技术约束可以通过生产集来描述，生产集表示所有技术上可行的投入和产出的组合，也可以通过生产函数来描述，它表示和既定投入量相对应的最大产出量，还可以通过等产量线描述，它表示所有能够生产出既定产量水平的投入的组合。在生产者的选择中，边际生产力递减规律具有重要作用，它是分析厂商生产函数的基础。

➢关键概念

生产函数（production function）
边际生产力递减规律（law of diminishing marginal productivity）
等产量线（isoquant curve）
等成本线（isocost line）
边际技术替代率（marginal rate of technical substitution）
生产扩张线（expansion path）
规模报酬（returns to scale）
生产弹性（elasticity of production）

➢复习思考题

1. 规模报酬递增的厂商是否可能面临边际报酬递减现象？

2. 解释为什么在图 7-7 中脊线 *OB* 的右边，我们得到劳力Ⅲ阶段；为什么在图中脊线 *OA* 的上方，我们得到资本Ⅲ阶段。

3. 假定图 7-7 中表示规模报酬不变，定义劳力和资本的生产的Ⅰ、Ⅱ和Ⅲ阶段。解释为什么一条等产量线（脊线内）向下移动表示了 MPL 是递减的。

4. 如果边际报酬递减规律在第一个工人被雇佣后就开始，在这种情况下，总产量曲线、平均产量曲线和边际产量曲线的形状怎样？

5. 假定 A、B 两国各有 1 个钢铁厂，A 国钢铁厂生产 1 吨钢铁需要 10 人，而 B 国只需要 1 人，能否认为 B 国钢铁厂的效率比 A 国高？为什么？

6. 下列函数是不是一阶齐次函数？规模报酬怎样？

$f(x, y) = (xy)^{1/2}$　$f(x, y) = (x^2 - y^2)^{1/2}$

$f(x, y) = (x^3 - xy + y^3)$

7. 一个企业主在考虑再雇佣一名工人时，在劳动的平均产量与边际产量中他更关心哪一个？为什么？

8. 判断正误。

（1）在长期中，厂商的平均成本、可变成本、机会成本、隐性成本都是存在的。

（2）经济问题强调在竞争性目的之间进行选择，这意味着必须牺牲某些选择，一些决策的机会成本是所放弃的各种选择的价值总和。

9. 假定在一定的技术条件下，有 4 种方法能生产出 100 单位的产品，见下表。

方法	资本	劳动
A	6	200
B	10	250
C	10	150
D	40	50

试问：

（1）哪种生产方法在技术上是无效率的？

（2）方法 D 在技术上最有效率，因为它总共只耗费了 90 单位的资源，这种说法对吗？为什么？

（3）如何判断这 4 种方法在经济上是否有效？

10. 试比较消费者行为理论与生产者行为理论，说明它们在分析方法上的相同或相似之处。

➢扩展性阅读资料

黄亚钧. 2005. 微观经济学. 第二版. 北京：高等教育出版社

范里安 H R. 2006. 微观经济学：现代观点. 第六版. 费方域，等译. 上海：上海三联书店，上海人民出版社

梁小民. 1998. 西方经济学教程. 北京：中国统计出版社

斯蒂格勒 G J. 1992. 价格理论. 李青原，等译. 北京：商务印书馆

张元鹏，2007. 微观经济学. 北京：北京大学出版社

第八章

生产成本与生产者行为

假定企业的目标是追求利润最大化，那么在制定生产决策时，不仅要考虑生产要素投入与产出之间的物质关系（即生产函数），还要考虑生产耗费与产出效益之间的经济关系（即成本函数），也就是说，要把生产的实物形态与价值形态结合起来，研究成本随着产量变化而变化的规律，这就是成本理论，而厂商按照成本最小化决定产品的供给，各个厂商的供给总和构成行业供给。

第一节　生产成本与要素价格

（一）成本性质

成本（cost）是企业在生产经营过程中所支付的各种费用（expense），或生产要素所有者必须得到的报酬，其取决于生产要素的价格。但要注意的是，经济分析中的成本是应有成本，财务分析中的成本是实有成本，使用别人要素的机会成本等于向所有者交纳的成本。对于企业自身拥有的要素来说，机会成本等于所有者在市场上出租或销售这些要素所能获得的最大收益。由于经济成本的概念在决策中十分关键，且容易被误解，我们将详尽阐述。

1. 会计成本与机会成本

会计成本（accounting costs），是企业在生产过程中按市场价格直接支付的费用，是业已发生的成本，这些成本一般均可通过会计账目反映出来。

机会成本（opportunity costs），又称选择成本（alternative costs），是企业将一定资源做某种用途时所放弃的其他各种用途中的最大收入，因而是将一定资源保持在这种用途上必须支付的成本。由于经济分析的目的在于考察资源的最优配置，而采用机会成本能够促使各种要素用于最优的途径，故经济分析首先分别研究所有投入的机会成本，然后根据各种投入的机会成本计算产品的经济成本。

设 C 为经济成本，x_i 为各种投入的数量，x_{ij} 为第 i 种投入要素的 j 种市场价格，则

$$c=\sum_{i=1}^{n}\max\left(x_{ij}\right)x_{i}$$

例如，某厂使用国内生产的原料，按市场计算是每吨400元，但如果将它用于出口，便相当于每吨600元。假如每吨600元是原油在一切可能用途中的最高价格，则400元是会计成本，600元是机会成本。

2. 显性成本与隐性成本

显性成本（explicit costs）是企业为使用他人拥有或控制的要素而做的货币支付，即财务上的会计成本，如工资、租金、利息等。显性成本还包括购买原材料、广告和租用土地的成本。

隐性成本（implicit costs）主要指应当支付成但没有支付的企业自有要素的成本。其主要有两种典型的形式：①使用自有土地资本的机会成本；②所有者在经营企业或为企业服务中的机会成本，即经营者个人所投入的劳动力、私有土地及资金等自己所拥有的资源。显性成本也称为支出成本，而隐性成本则称为非支出成本，二者共同构成企业的经济成本。经济成本=机会成本=显性成本+隐性成本。各种成本之间的关系见图8-1。

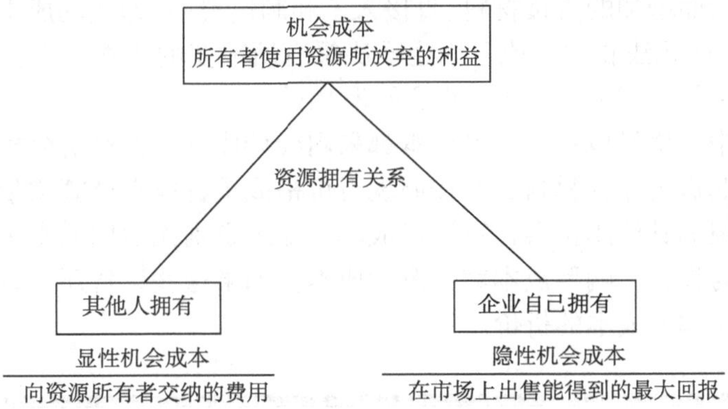

图8-1 各种成本之间的关系

3. 私人成本与社会成本

一个厂商投入生产的一切资源，包括自有的和购买、租赁的两部分，其价值就是该厂商的生产费用或经济成本，这是厂商的私人成本。私人成本是会计成本和隐性成本之和。社会成本是整个社会为这项生产活动需要支付的一切成本。例如，一个化工厂将生产过程中产生的废物倒入厂边的小河，对该厂来说，处理废物的私人成本只是将废物投入河中的费用，但污染需要清洁治理，从而构成社会成本。社会成本是私人成本和外在成本之和。

●专栏8-1 社会成本

社会成本的一种解释是指按全社会各个生产部门汇总起来的总成本，也可以指某一种产品的社会平均成本。但在西方经济学中，社会成本一词是著名经济学家庇古在分析外部性侵害时首先提出来的。

社会成本是产品生产的私人成本和生产的外部性给社会带来的额外成本之和。社会成本的分担与补偿的目的是促进社会公平。

社会成本是政治经济学中的一个理论概念，是不易计算的。在现代西方社会，社会成本还有一种解释，是指整个社会中由于各种企业对社会带来的各种各样的污染和公害等带来的损失。既认为是一定时期由于企业生产出的各种产品或劳务，而又认为是对整个社会所付出的代价。

例如，教育投资不仅关系受教育者个人的未来发展，更关系一个国家国民整体素质的提高。低收入居民一旦放弃接受教育，就会大大降低一国人力资本的储备水平，从而使其在国际竞争中付出更大的代价。

环境资源是一种特殊的生产要素，是“在一定时间和技术条件下，能够产生经济价值、提高人类当前和未来福利的自然环境因素的总称”。环境作为一种公共资源，长期以来未能引起经济学界足够的重视。环境问题的实质是私人品的生产对公共资源的无偿掠夺和肆意破坏。为了追求高的利润水平，厂商不加净化处理就地排污，对环境造成严重的破坏，对人民的生命健康造成了严重威胁。厂商的环境成本无条件地转嫁到了所有的社会成员身上，显然这是一种不合理的社会成本分担。

4. 增量成本与沉没成本

增量成本（incremental cost）是指一项经营管理决策所引起的总成本的增加量。它主要是因新增产量而增加的直接材料、直接人工和制造费用，即变动成本。沉没成本（sunk cost）是业已发生而无法收回，或不因生产决策有所改变的成本，它主要是与产量决策无关的厂房、设备等不相关的成本，即无法利用的固定成本。

在财务分析中，增量成本与沉没成本都采用会计成本，在经济分析中则使用机会成本。例如，过去购进的库存材料，要按照现行价格或重置成本计算增量成本。过去购进的闲置设备，要根据其使用机会计算沉没成本。如果是别无他用的专用设备，或者是经济寿命终结的过时设备，购置成本就是沉没成本。如果这些设备还能以某一价格转让出去，沉没成本仅是购置成本的折价。

●专栏 8-2 沉没成本

沉没成本是指由于过去的决策已经发生了的，而不能由现在或将来的任何决策改变的成本。人们在决定是否去做一件事情的时候，不仅是看这件事对自己有没有好处，而且也看过去是不是已经在这件事情上有过投入。我们把这些已经发生不可收回的支出，如时间、金钱、精力等称为沉没成本（sunk cost）。在经济学和商业决策制定过程中会用到沉没成本的概念，代指已经付出且不可收回的成本。沉没成本常用来和可变成本作比较，可变成本可以被改变，而沉没成本则不能被改变。

在微观经济学理论中，做决策时仅需要考虑可变成本。如果同时考虑沉没成本（这被微观经济学理论认为是错误的），那结论就不是纯粹基于事物的价值做出的。大多数经济学家认为，如果人是理性的，那就不该在做决策时考虑沉没成本。2001 年诺贝尔经济学奖得主斯蒂格利茨教授说，普通人（非经济学家）常常不计算机会成本，而经济学家则往往忽略沉没成本。他在《经济学》一书中说：“如果一项开支已经付出并且不管做出何种选择都不能收回，一个理性的人就会忽略它，这类支出称为沉没成本。”接着，他举了个例子：“假设现在你已经花 7 美元买了电影票，你对这场电影是否值 7 美元表示怀疑。看了半小时后，你的最坏的怀疑应验了，这电影简直是场灾难。你应该离开电影院吗？在做这一决策时，你应该忽视这7美元。这7美元是沉没成本，不管是去是留，这钱你都已经花了。”

5. 会计利润与经济利润

总收益与会计成本（即外显成本、私人成本）的差额，称为会计利润。总收益与经济成本（即机会成本、社会成本，也包括隐性成本）的差额，称为经济利润。需要指出的是，作为生产要素之一的企业家才能，也是有机会成本的。要使企业家在这个企业继续经营下去，必须使他至少获得平均利润，称为正常利润（normal profits）。因此，在经济分析中，正常利润列入经济成本，不算经济利润。由于经济利润是超过正常利润的利润，所以又称超额利润（excess profits）。

总体来说，会计成本是实际支出成本，经济成本是应有支出成本；会计成本是企业发生的成本，经济成本是社会发生的成本；会计成本主要用于考核企业经营业绩，经济成本主要用于企业经营决策。会计分析与经济分析的关系见表8-1。

表8-1　会计分析与经济分析

项目	会计分析	经济分析
成本	会计成本	机会成本
	私人成本	社会成本
	显性成本	显性成本+隐性成本
	增量成本	增量成本+沉没成本
	生产成本	生产成本+交易成本
利润	总收益–会计成本	总收益–经济成本

（二）要素价格与成本函数

成本函数（cost function）是在既定技术水平和要素价格不变的条件下，成本与产出之间的相互关系，由企业的生产函数和要素价格所决定。

设总成本（total cost）为TC，产量$Q=f(L, K)$，则

$$\mathrm{TC}=\Phi(Q)=\Phi[f(L,\ K)]$$

由于成本函数是生产函数的函数，故与生产的短期、长期分析相对应，成本函数也分为短期成本函数和长期成本函数。

在短期内，假如厂商技术水平、要素价格不变，L为变动投入，K为固定投入，q为产量，W为劳动的价格（工资），r为资本的价格（利润），则短期内生产函数和成本函数分别为

$$Q = f(L, \bar{K})$$

$$\mathrm{TC} = wL + r\bar{K}$$

上式表明，总成本TC可分为两部分：wL为变动成本（variable cost），即随产量变动而变动的成本；$r\bar{K}$为固定成本（fixed cost），即在一定范围内不随产量变动而变动的成本。由于可变投入L的变动将引起产量Q变动，同时，劳动L的变动引起总变动成本

的变动，总可变成本又引起总成本 TC 的变动，因此，总成本 TC 与产量 Q 间也表现为函数关系。

在长期中，企业的技术水平和所有投入都是可变的，因此，长期生产函数为

$$Q=f(L, K)$$

如果技术水平和要素价格不变，总成本 $TC = \bar{w}L + \bar{r}\bar{K}$ 。这表明，在长期中，由于不存在固定投入，也就没有固定成本，都是变动成本。

第二节 短期成本函数

（一）短期成本及其曲线

短期成本是指短期内厂商内某些投入要素不随产量变化（如厂房、机器、设备等）和其他一些要素随产量增减而变化所导致的成本。在短期中，存在着固定生产要素与可变生产要素之分。与此相适应，在短期中存在固定成本与可变成本，以及平均固定成本和平均可变成本之分。固定成本与可变成本之和构成总成本；由总成本可引出平均成本和边际成本。因此，在短期考察成本时可以使用总成本、平均成本、边际成本、总固定成本、总可变成本、平均固定成本和平均可变成本七个成本函数，如表 8-2 所示。

表 8-2 某企业的短期成本表

产量 Q	总固定成本 TFC	总可变成本 TVC	总成本 TC	平均固定成本 AFC	平均可变成本 AVC	平均成本 AC	边际成本 MC
0	20	0	20				
1	20	30	50	20	30	50	>30
2	20	56	76	10	28	38	>26
3	20	75	95	6.67	25	31.67	>19
4	20	80	100	5	20	25	>5
5	20	105	125	4	21	25	>25
6	20	132	152	3.33	22	25.33	>27
7	20	182	202	2.80	26	28.86	>50
8	20	280	300	2.50	35	37.50	>98

1. 短期总成本函数

短期总成本（short-run total cost，STC）是企业生产一定产量时的各项成本之和。短期总成本 STC 由总固定成本 TFC 和总可变成本 TVC 两个部分构成，即 STC=TFC+TVC。

这三种成本函数之间的关系可用图 8-2 来表示。总固定成本为一条水平线，总可变成本是随产量增加而上升的一条曲线。由于成本与产量的变动规律具有反向关系，总可变成本曲线与总产量曲线相反，先以递减速度增加，后以递增速度增加。总固定成本与总可变成本的垂直加总为短期总成本，故短期总成本曲线也随产量增加上升。

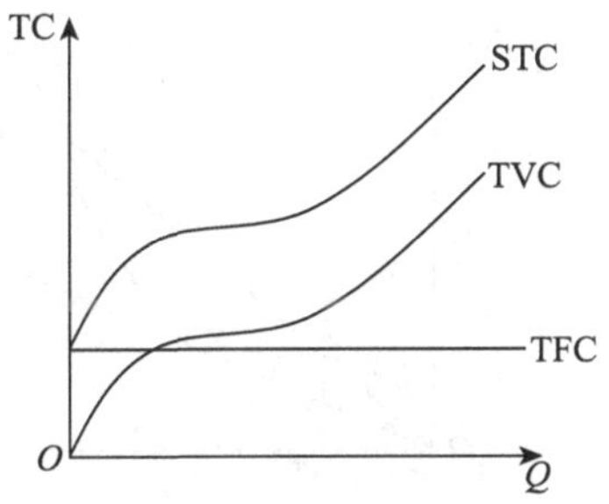

图 8-2　短期总成本、总固定成本和总可变成本曲线

2. 短期平均成本函数

短期平均成本（short-run average cost，SAC）是生产每单位产品所支付的成本之和，包括平均固定成本和平均可变成本。短期平均成本 SAC 是企业的短期总成本除以产量 Q，即

$$\text{SAC}=\frac{\text{STC}}{Q}$$

平均固定成本（average fixed cost，AFC）是单位产品的固定成本。平均固定成本 AFC 等于总固定成本 TFC 除以产量 Q，即

$$\text{AFC}=\frac{\text{TFC}}{Q}$$

在图 8-3 中，TFC 曲线是一条水平线，当企业的产量 Q 不断增加时，单位产品所分摊的 TFC 越来越少，由原点引向 TFC 曲线某点（如 OX、OY、OZ）的斜率不断变小。根据定义，AFC 即为原点到 TFC 射线的斜率。

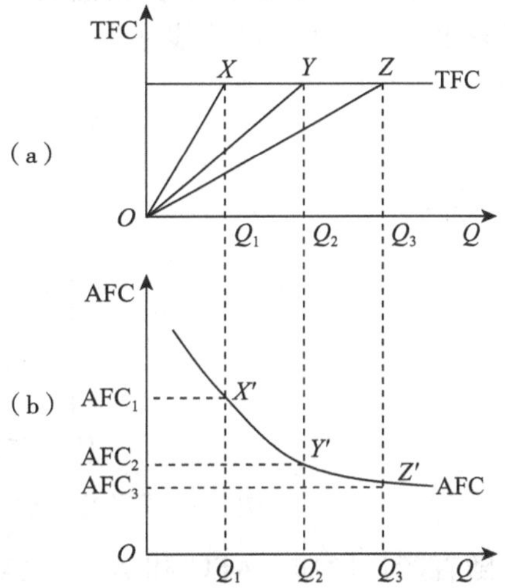

图 8-3　总固定成本与平均固定成本曲线

平均可变成本（average variable cost，AVC）是单位产品的可变成本。平均可变成本 AVC 可表示为

$$\text{AVC}=\frac{\text{TVC}}{Q}=\frac{f(Q)}{Q}$$

图 8-4 的上半部为 TVC 曲线，由于 $\text{AVC}=\frac{\text{TVC}}{Q}$，故 AVC是原点到 TVC 曲线上某点射线的斜率。

既然平均固定成本 AFC 与平均可变成本 AVC 之和构成平均成本 AC，在短期内，企业的平均成本可以表示为

$$\text{AC}=\frac{\text{TC}}{Q}=\text{AVC}+\text{AFC}=\frac{C}{Q}+\frac{f(Q)}{Q}=\frac{C+f(Q)}{Q}$$

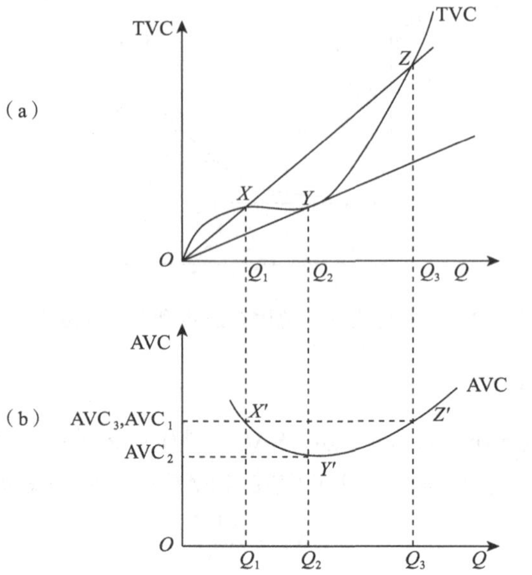

图 8-4 总可变成本与平均可变成本曲线

如图 8-5 所示，平均固定成本 AFC 曲线向右下方倾斜，平均可变成本 AVC 曲线呈 U 形。由于 AC=AFC+AVC，根据 AFC 曲线和 AVC 曲线在相应产量上的垂直距离之和，即可导出平均成本 AC 曲线来。

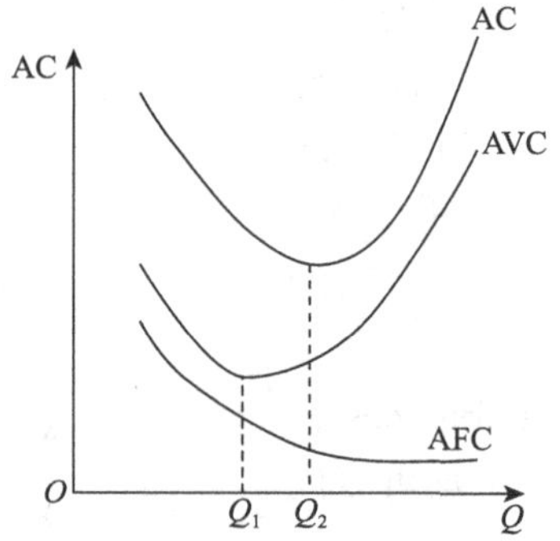

图 8-5 平均变动成本、平均固定成本与平均成本曲线

随着产量增加，AFC 和 AVC 最初均呈下降趋势，导致 AC 下降。到产量 Q_1 时，AVC 达到最低点，然后转为上升，但由于 AFC 仍在下降，而且下降的速度快于 AVC 上升的速度，致使 AC 继续下降。到产量 Q_2 时，AVC 曲线上升的速度恰好等于 AFC 下降的速度，AC 曲线达到它的最低点。产量超过 Q_2 后，由于 AVC 的增长速度超过 AFC 的下降速度，导致 AC 曲线上升。因此，AC 曲线也呈 U 形，并且始终位于 AVC 曲线上方，与 AVC 曲线的垂直距离等于 AFC。随着产量增加，AVC 率先达到最小值，尔后 AC 才达到最小值，也就是说，AC 曲线达到最小值的产量水平（Q_2）高于 AVC 曲线达到最小值的产量水平（Q_1）。

3. 短期边际成本函数

短期边际成本（short-run marginal cost，SMC）指每增加一单位产量所增加的总成本，等于短期总成本增量。短期边际成本 SMC 可表示为

$$SMC = \frac{\Delta TC}{\Delta Q} \Rightarrow \frac{dTC}{dQ}$$

$$SMC = \frac{d}{dQ}[C + f(Q)] = \frac{df(Q)}{dQ}$$

由于总固定成本 TFC 不变，故短期边际成本 SMC 也可定义为每增加一单位产量所增加的总可变成本 TVC，即

$$SMC = \frac{dTVC}{dQ}$$

根据短期边际成本 SMC 的定义，SMC 曲线等于总成本 TC 或总可变成本 TVC 曲线的斜率。通过 TC 或 TVC 曲线上不同点的切线，并计算其斜率，即可推导出 SMC 曲线。

在图 8-6 中的 TVC 曲线上有 A、B、C、D、E 五个点，由于点 A 切线的斜率大于点 B 的斜率，以点 A', B' 表示的 SMC 数值下降，直到 TVC 曲线的拐点 C。TVC 曲线在拐点以后改变方向，其斜率开始上升。点 D 的斜率大于点 C，点 E 的斜率大于点 D。因此，SMC 曲线是一条 U 形曲线，在与 TVC 曲线拐点 C 相对应的 C' 点达到最小值。由于 TC 曲线与 TVC 曲线的斜率相同，也可利用 TC 曲线推导同一条 SMC 曲线。

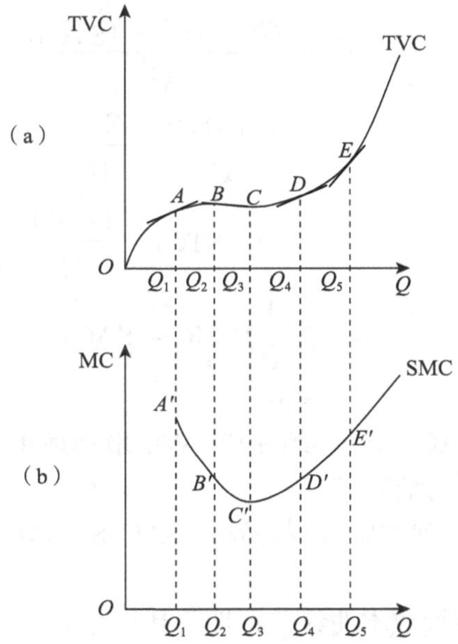

图 8-6　总可变成本与短期边际成本曲线

根据以上分析，结合图 8-7 可以进一步说明 SMC 曲线与 AVC 曲线的关系。

在产量 Q_2 之前，SMC<AVC，AVC 处于下降阶段；在产量 Q_2 以后，SMC>AVC。AVC 处于上升阶段，产量为 Q_2 时，SMC=AVC，SMC 曲线与 AVC 曲线在 AVC 曲

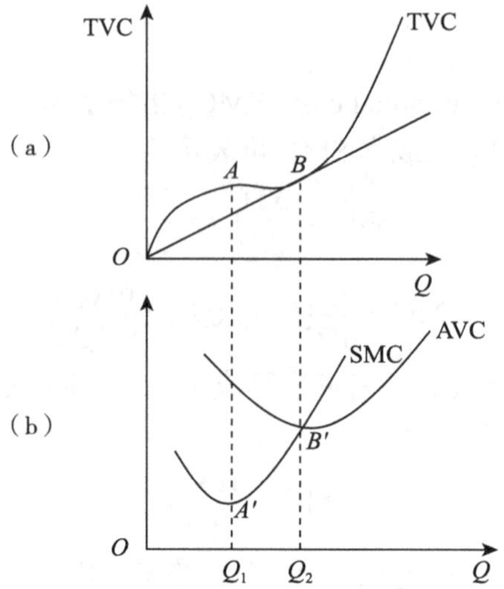

图 8-7　平均可变成本与短期边际成本曲线

线的最低点相交时，即 SMC=AVC。数学证明如下：SAC 最低点必须满足 $\frac{\mathrm{dSAC}}{\mathrm{d}Q}$，因此，求导有

$$
\begin{aligned}
\frac{\mathrm{dSAC}}{\mathrm{d}Q} &= f'\left(\frac{\mathrm{STC}}{Q}\right) \\
&= \frac{Qf\,(\mathrm{STC}) - (\mathrm{STC})'}{Q^2} \\
&= \frac{f'\,(\mathrm{STC})}{Q} - \frac{\mathrm{STC}}{Q^2} \\
&= \left[f'\,(\mathrm{STC}) - \frac{(\mathrm{STC})}{Q}\right]\frac{1}{Q} \\
&= \frac{1}{Q}(\mathrm{SMC} - \mathrm{SAC}) \\
&= 0
\end{aligned}
$$

当 $Q>0$，必有 SMC=SAC。同理可证：当 AVC 取得最小值时，也有 SMC=AVC，即 SMC 曲线也经过 AVC 曲线的最低点。

若 SMC>SAC，SAC 处于递增阶段；若 SMC<SAC，SAC 处于递减阶段；若 SMC=SAC，SAC 处于最低点。

以上分别讨论了各种短期成本曲线的特性及其相互关系，它们有以下特点：

（1）短期边际成本曲线、短期平均成本曲线和短期平均可变成本曲线都受边际产量递增阶段的影响先下降，然后再上升，都是 U 形曲线。

（2）短期边际成本曲线在上升阶段的斜率比 SAC 和 AVC 更为陡峭，并经过 SAC 和 AVC 的最低点。

（3）AFC 始终为一条递减的曲线。

（4）由于 STC>SVC，SAC 处于 AVC 之上，且 AVC 比 SAC 要先到达最低点。

各种短期成本曲线之间的关系见图 8-8。

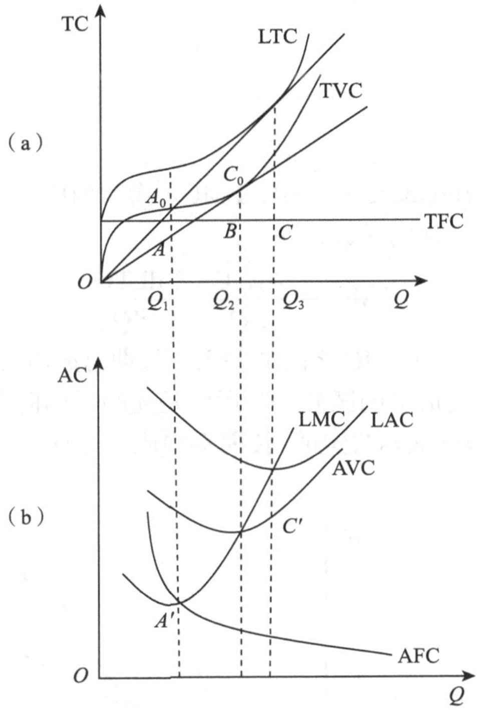

图 8-8　各种长期成本曲线之间的关系

第三节　长期成本函数

在长期中，由于企业的所有投入要素都是可以变动的，因而不存在总固定成本和平均固定成本。这时，总变动成本等于总成本，平均变动成本等于平均成本。因此，在企业的长期成本函数中，就只有总成本、平均成本和边际成本三种成本函数。

（一）长期总成本、平均成本、边际成本

1. 长期总成本

长期中，厂商的所有要素投入都是可以调整的，长期生产函数是生产各种产量的最优投入数量组合的轨迹，而长期总成本（long-run total cost，LTC）是指厂商在长期中在每一产量水平上通过改变生产规模所能达到的最低总成本，即 LTC=$wL+rK$。

2. 长期平均成本

长期平均成本（long-run average cost，LAC）是单位产品的成本，等于长期总成本除以产量，即 $\text{LAC}=\dfrac{\text{LTC}}{Q}$。

3. 长期边际成本

长期边际成本（long-run marginal cost，LMC）指增加单位产品导致的长期总成本的增量，等于长期总成本对产量的导数，即

$$\text{LMC}=\frac{\Delta \text{LTC}}{\Delta Q}=\frac{\text{dLTC}}{\text{d}Q}$$

图 8-9 表示 LTC、LAC 和 LMC 之间的关系。长期总成本 LTC 从原点开始，表示长期中不存在固定成本与可变成本的区分，其形状是先凸后凹向右上方倾斜的曲线，长期总成本 LTC 的形状是由短期成本决定的。长期平均成本 LAC 与长期边际成本 LMC 的形状是由规模报酬决定的。

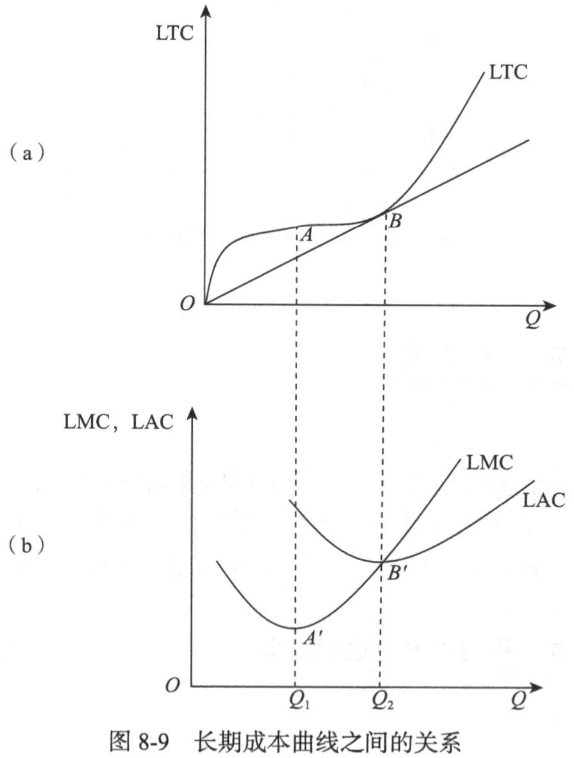

图 8-9 长期成本曲线之间的关系

（二）长期成本曲线与短期成本曲线

1. 长期总成本曲线与短期总成本曲线

长期总成本曲线是企业在各种产量下最低总成本的轨迹。图 8-10 假定生产某种产品

的企业可以选择多个规模，STC_1、STC_2、STC_3、STC_4 等分别代表某种生产规模的短期总成本曲线。如果企业根据市场需求预测决定生产 Q_1'，虽然各种生产规模都可以提供这个产量，但对于追求利润最大的企业而言，必定选择总成本最低的 STC_1 进行生产。同理，如果决定生产 Q_2'，企业必定选择总成本最低的 STC_2 进行生产，那么，企业究竟选择哪一个生产规模进行生产呢？这就需要从整个市场需求来分析。如果预期未来市场需求量将增加，通常会选择 STC_2，如果 Q_1 只是离散性的或暂时性的需求量，未来会下降，企业通常会选择 STC_1，这样可以减少筹资、规模改变的困难。以此类推，我们可以得到结论，当产量在 Q_1 以下，应当以 STC_1 的 *OR* 段进行生产，当产量在 Q_1Q_2 之间，应当以 STC_2 的 *RS* 段进行生产，当产量为 Q_2Q_3 之间，应当以 STC_3 的 *ST* 段进行生产……将这些短期最低总成本线段连接起来，便形成一条不规则的长期总成本曲线。

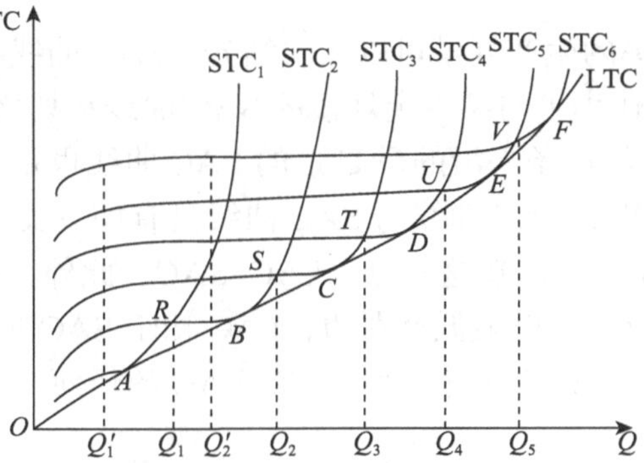

图 8-10　长期总成本曲线与短期总成本曲线

在实际的生产经营中，企业生产规模远不止这几种，至少在理论上可以无限细分。于是，这些最低短期总成本的线段将会越来越短，最终变成一个点。由这些点形成的一条连续的平滑曲线 *ABCDEF* 便是长期总成本曲线，它是所有短期总成本曲线的包络线（envelope curve）。由于企业根据长期总成本曲线选择生产规模，制订生产计划，长期总成本曲线又称计划曲线（planning curve）。长期总成本曲线与短期总成本曲线一样，也是先递减增加、后递增增加。但是，由于没有总固定成本，长期总成本曲线并不像短期那样与纵轴相交，而是从原点出发。

2. 长期平均成本曲线与短期平均成本曲线

LAC 曲线也是企业在各种产量下最低平均成本的轨迹。它虽然与 SAC 曲线一样呈 U 形，但 LAC 曲线较为平滑，原因在于 SAC 只受边际报酬的制约，而 LAC 则受到规模报酬的影响。

图 8-11 与图 8-10 一样，假设企业生产某种产品可以选择多个生产规模，SAC_1、SAC_2、SAC_3、SAC_4 等分别代表各个生产规模的短期平均成本曲线。如果企业打算生产 Q_1，其将选择 SAC_1 所代表的生产规模；如果分别决定生产 Q_3 和 Q_5 的产量，则必将分别选择 SAC_2 和 SAC_3 所代表的生产规模。因为企业总是选择能以最低单位成本生产预期产量的那个生产规模，LAC 曲线将是各个既定规模的 SAC 曲线相交之点下面的线连接而成的

一条不规则的曲线，即图 8-11 中的 *ABCDE* 曲线。

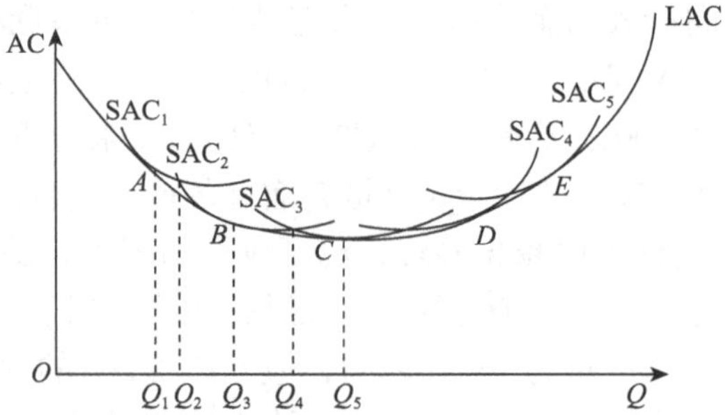

图 8-11　长期平均成本曲线与短期平均成本曲线

同样，如果企业选择的生产规模可以无限细分，SAC 曲线将高度密集在坐标图中，LAC 曲线上的每一点都代表了与某一定规模的 SAC 曲线相切之点，这时企业的 LAC 曲线将成为一条平滑的曲线。这条平滑的呈 U 形的 LAC 曲线也是各 SAC 曲线的包络曲线。

从图 8-11 中可以看出，LAC 曲线与 SAC 曲线具有如下关系：

LAC 仅与 SAC 切于一点。在这一点，LAC=SAC，此外，LAC<SAC，LAC 的最低点与 SAC 的最低相切。在 LAC 最低点左边，LAC 切于 SAC 最低点左边，在 LAC 最低点右边，LAC 切于 SAC 最低点右边。因此，在 LAC 的任何一点，都可以建立一个最优生产规模 SAC。

3. 长期边际成本曲线与短期边际成本曲线

在图 8-12 中，SMC_1、SMC_2、SMC_3 分别代表企业短期平均成本为 SAC_1、SAC_2、SAC_3 的短期边际成本曲线，点 *A*、*B*、*C* 分别为 LAC 与 SAC 曲线切点所对应的产量 Q_1、Q_2、Q_3 的短期边际成本。*A*、*B*、*C* 各点的连线即为 LMC 曲线。

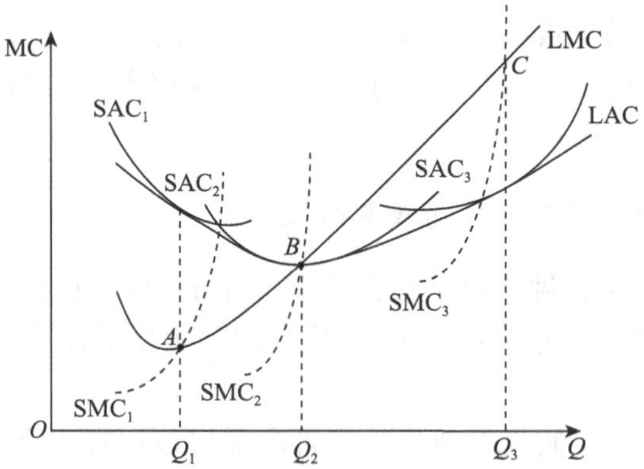

图 8-12　长期边际成本曲线与短期边际成本曲线

LMC 曲线与 LAC 曲线的关系同 SMC 曲线与 SAC 曲线的关系一样，即当 LMC<LAC 时，LAC 曲线呈下降趋势；当 LMC>LAC 时，LAC 曲线呈上升趋势；当 LMC=LAC 时，LMC 曲线在 LAC 曲线的最低点 *B* 与 LAC 相交，在且仅在交点处，LMC=LAC=SMC。

如图 8-10 和图 8-12 所示，LMC 和 SMC 在 LAC 曲线与各 SAC 曲线切点所对应的产量上恰好相等，以 Q_1 为例，当 LAC 与 SAC_1 曲线在产量 Q_1 相切时，$LAC=SAC_1$。当企业产量尚未达到 Q_1 时，STC_1 以递减速度增加，其斜率小于 LTC，这时 $SMC_1<LMC$。当企业产量超过 Q_1 时，STC_1 以递增速度增加，其斜率大于 LTC，$SMC_1>LMC$。只有当 $LAC=SAC_1$，LTC 与 STC_1 斜率相等时，LMC 才等于 SMC_1。

第四节　生产者成本最小化

企业的生产目的就是在一定的约束条件下，生产某一给定的产量，如何实现成本的极小化。假定厂商只有两种投入要素 L 和 K，生产函数为（L，K），两种生产要素的价格分别为 w 和 r，则在既定产出下求最小成本是要解决下面这个条件极值问题：

$$\begin{cases}\min C = w \cdot L + r \cdot K \\ \text{s.t. } Q = f(L,K)\end{cases}$$

首先建立拉格朗日函数：

$$L=w\cdot L+r\cdot K=\lambda\,[\,Q-f\,(L,\ k)\,]$$

分别对 L、K 和 λ 求导，得到一阶条件

$$\mathrm{d}L/\mathrm{d}L=w-\lambda\mathrm{d}f/\mathrm{d}L=0$$

$$\mathrm{d}L/\mathrm{d}K=r-\lambda\mathrm{d}f/\mathrm{d}K=0$$

$$\mathrm{d}L/\mathrm{d}\lambda=Q-f\,(K,\ L)=0$$

可得

$$r/w=(\mathrm{d}f/\mathrm{d}K)/(\mathrm{d}f/\mathrm{d}L)=\mathrm{MP}_K/\mathrm{MP}_L$$

即两种要素的边际产量之比，等于两种要素的价格之比。上式便是成本极小化的一阶条件，它还可写成

$$\frac{\mathrm{MP}_L}{w}=\frac{\mathrm{MP}_K}{r}=\frac{1}{\lambda}$$

相关链接 8-1　成本、收益与利润分析在企业决策中的应用

研究成本、收益与利润之间的关系的一个重要方法是损益平衡分析，也叫做收支平衡分析、盈亏平衡分析和保本分析。用这个方法能够探讨企业的保本产量、盈利区间和利润最大时的产量。

损益平衡分析的核心是寻找一个企业既无亏损又无盈利时的平衡点。其最重要的是绘制损益平衡图，即借助于企业的总成本曲线和总收益曲线组成的损益平衡图来测定企业在每个产销水平上的成本、收益与利润（或亏损）。其方法是：按总成本和总收益在实际中的变动情况分别在图上绘出总成本曲线和总收益曲线，再把两条曲线的变动关系进行比较分析，从而得出企业在不同产量水平上的盈亏及盈亏平衡情况。

损益平衡图可以分为线性损益平衡图和非线性损益平衡图。非线性损益平衡图表示成本和收益之间的关系都是非线性变化的。把非线性的总成本曲线和总收益曲线加绘在一起可得图 8-13。

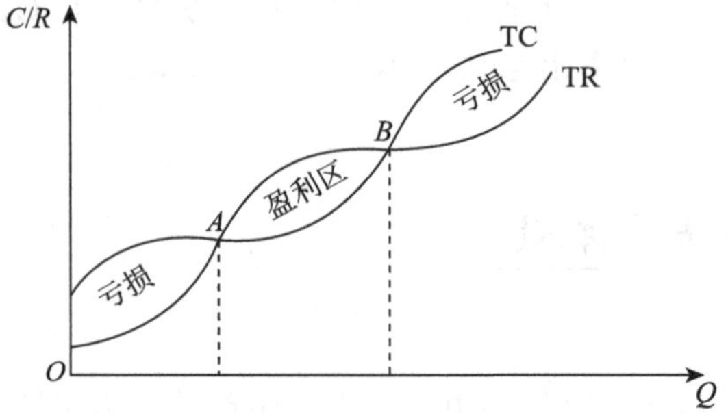

图 8-13 损益平衡图

图 8-13 中，*A*、*B* 为损益均衡点，如果总成本大于总收益为亏损区，如果总收益大于总成本为盈利区，利润决策即在该区选择。

为了便于直观分析，人们在实际应用损益平衡法时一般都假设成本与收益的关系是一种线性关系，即随着产量的增加，总成本与总收益是线性增加的，从而绘出线性损益平衡图，如图 8-14 所示。

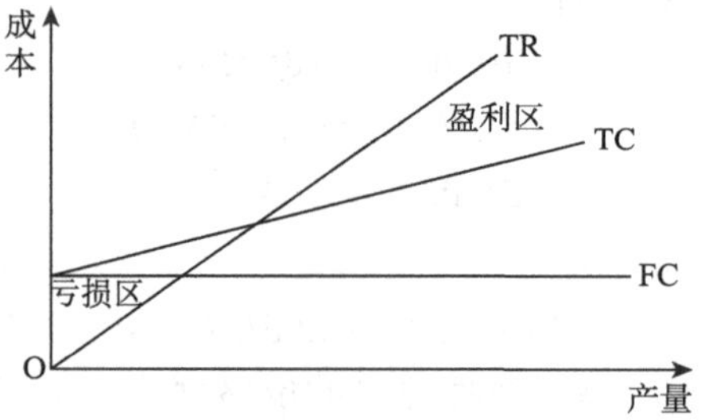

图 8-14 线性损益平衡图

用损益平衡图来寻找损益平衡点的好处是：它能够一目了然地、形象地看到产量、收益、成本和利润之间的关系。但在分析问题时，用代数分析法来确定损益平衡点更为方便，也更便于计算。下面我们来说明怎样把代数分析法应用于解决损益平衡的问题上。

首先，假定用 P 表示单位产品价格，用 Q 表示产量，用 F 表示全部固定成本，用 V 表示单位产品变动成本，即

$$P \cdot Q = F + V \cdot Q$$

解此方程，能求出企业在损益平衡时的产量，即

$$Q = \frac{F}{P - V}$$

现在通过一个出版业的例子来说明损益平衡时的产量。假设有一个出版社要出版一本书，其成本如下。

固定成本如下：

稿费、编辑费为 1 500 元；制图费为 1 000 元；排版、装订费为 5 000 元；全部固定

成本为 7 500 元。

每册变动成本如下：

纸张印装费为 0.90 元；书店经销折扣为 0.90 元；交纳出版税 0.20 元；每册变动成本价为 2.00 元；每册定价为 3.25 元。

这里，固定成本能够很准确地被估算出来，变动成本呈线性变化。书价虽可变动，但由于出版业的竞争和需求量的约束使其变动幅度很小，只有一条合理的线性总收益曲线，应用公式

$$Q = \frac{F}{P - V}$$

可以算出这本书损益平衡点的销售册数为

$$Q = \frac{F}{P - V} = \frac{7\,500}{3.25 - 2.00} = 6\,000$$

这表明，该书必须发行 6 000 册才能保本。出版社可根据这本书的销路进行预测，估计该书有无可能达到损益平衡点或超过损益平衡点。如果不能，那就需考虑或者尽量减少插图、削减稿费和编辑费、使用劣等纸张等办法来降低成本。

资料来源：冯涛. 微观经济学. 西安：陕西人民出版社，2001：114-119

➢本章提要

厂商按照成本最小化决定产品的供给。短期成本由固定成本与可变成本组成；短期平均成本由平均可变成本加平均固定成本组成；平均固定成本总是随产量增加而下降，而平均可变成本却趋于上升，呈 U 形，结果是 U 形的平均成本曲线。当平均成本下降时，边际成本曲线位于平均成本曲线下方；当平均成本上升时，边际成本曲线位于平均成本曲线上方。在最小平均成本点上，边际成本一定等于平均成本。长期平均成本曲线是短期平均成本曲线的下包络线。企业长期成本极小化的均衡条件为生产要素的价格比率等于相应的边际产量之比。

➢关键概念

私人成本（private costs）
社会成本（social cost）
沉没成本（sunk cost）
平均成本（average cost）
固定成本（fixed cost）
可变成本（variable cost）
边际成本（marginal cost）

平均固定成本（average fixed cost）
长期平均成本（long-run average cost）
短期平均成本（short-run average cost）
平均可变成本（average variable cost）
反供给函数（inverse supply function）

➢复习思考题

1. 如何理解会计利润和经济利润的联系与区别？
2. 为什么沉没成本的大小与现行决策无关？
3. 试用图说明短期成本曲线相互之间的关系。
4. 试用图从短期总成本曲线推导长期总成本曲线，并说明长期总成本曲线的经济含义。
5. 试用图从短期平均成本曲线推导长期平均成本曲线，并说明长期平均成本曲线的经济含义。
6. 试用图从短期边际成本曲线推导长期边际成本曲线，并说明长期边际成本曲线的经济含义。
7. 试用图说明短期成本曲线和长期成本曲线之间的总关系。
8. 假设某企业产品生产的边际成本函数是 $MC=3Q^2-40Q+180$，如果生产 5 单位产品时总成本是 625 元。求该企业的总成本函数、平均总成本函数和平均可变成本函数表达式，以及该企业停止营业点价格下的产量。
9. 假设某产品生产的边际成本函数是 $C'=100+0.02Q$，求产量从 1 000 个到 2 000 个时成本的变化量。
10. 假设某产品的边际成本函数是 $MC=3Q^2-8Q+100$，若生产 5 单位产品时的总成本是 595 元。求总成本函数、平均成本函数、可变成本函数及平均可变成本函数。
11. 假设生产函数为 $Q=LK$，劳动和资本的价格分别为 P_L 和 P_K，试求相应的成本函数。
12. 已知某厂商的长期生产函数为 $Q=aA^{0.5}B^{0.5}C^{0.5}$，Q 为每月产量，A、B、C 为投入的三种生产要素，它们的价格分别为：$P_A=1$，$P_B=9$，$P_C=8$。

（1）推导厂商的长期总成本函数、长期平均成本函数和长期边际成本函数。

（2）在短期内，如果 C 为固定生产要素，A 与 B 是可变生产要素，推导出厂商的短期总成本函数、短期平均成本函数、短期平均可变成本函数和短期边际成本函数。

13. 说明成本函数是怎样从生产函数求得的。
14. 为什么短期平均成本曲线和长期平均成本曲线都是 U 形曲线？为什么由无数短期平均成本曲线推导出的长期平均成本曲线必有一点也只有一点和短期平均成本相等？
15. 成本极小化的均衡条件是什么？是如何推导出来的？

➢扩展性阅读资料

范里安 H R. 2006. 微观经济学：现代观点. 第六版. 费方域，等译. 上海：上海三联书店，上海人民出版社
高鸿业. 2000. 西方经济学. 第二版. 北京：中国人民大学出版社

黄亚钧，郁义鸿. 2000. 微观经济学. 北京：高等教育出版社
黎诣远. 2005. 西方经济学. 第二版. 北京：高等教育出版社
曼斯菲尔德 E. 1999. 应用微观经济学. 王志伟，等译. 北京：经济科学出版社
平狄克 R S，鲁宾费尔德 D L. 2013. 微观经济学. 第八版. 李彬，高远，等译. 北京：中国人民大学出版社
萨缪尔森 P A，诺德豪斯 W D. 2005. 微观经济学. 萧琛译. 北京：人民邮电出版社
斯蒂格利茨 J E，沃尔什 C E. 2013. 经济学. 第四版. 黄险峰，张帆译. 北京：中国人民大学出版社

第九章

企业与市场

企业是市场经济中最基本的经济主体。在这一章中，我们将从一些基本概念入手，探讨诸如企业与市场有什么不同，企业存在的理由是什么，企业的本质是什么，企业存在的边界及最优规模等基础性却很重要的问题。本章首先讨论企业的目标，分析以利润最大化为目标的企业的供求行为；其次，运用近年来新制度经济学所发展的交易费用理论来解释企业存在的理由，以及其相对于市场的优越性与缺陷；最后，分析企业存在的边界及其最优规模的选择。

第一节　企业的目标

一、厂商与企业

在前面的分析中，我们主要采用了“厂商”（firm）这个概念。在经济学分析中，生产者也称厂商或企业，厂商和企业（enterprise）是可以互用的概念，是指以利润最大化为目标，为市场提供商品和服务的独立经营单位。

在市场经济条件下，企业的独立性表现在两个方面：一是企业作为一个整体，以独立的生产者和其他企业发生关系，而这种联系的基础就是市场；二是企业内部的各个组成部分是非独立的，联系各个组成部分的是企业决策者的计划。各组成部分和外界的关系，同样受企业决策者的计划支配。企业的这种独立性来自产权的界定，围绕着产权交换，企业周围就形成了拥有各种利益关系的经济主体。这些主体主要包括三种类型，即雇员、管理者和所有者。雇员是为企业工作的人员，通过工作劳动获取报酬；管理者有可能是企业的所有者，但大多数情况下管理者是企业所有者雇佣的具有管理和经营企业技能的高级雇员，他们也按劳取酬；企业的所有者是企业行为的最终责任者，当然也是企业行为收益的获得者和有关代价的付出者。

作为生产单位，企业的功能就是将各种生产投入（如土地、劳动、资本等）通过整合、配置转化为一定产出，并据此获取利润。

二、企业的目标

1. 企业的利润最大化目标

企业追求利润最大化为目标，一直是经典微观经济学的基本假定，但是，最近二三十年来许多经济学家对此假定提出异议。因为在现实经济中，许多企业追求的目标并非单一的利润最大化。

企业的行为目标是追求利润最大化。利润等于总收益减总成本，即

$$\pi = TR - TC$$

对上式两边求导数，并令其等于零，可得

$$\frac{d\pi}{dQ} = \frac{dR}{dQ} - \frac{dC}{dQ} = 0, \frac{dR}{dQ} = \frac{dC}{dQ}$$

由于

$$\frac{dR}{dQ} = MR, \frac{dC}{dQ} = MC$$

所以企业利润最大化的条件为

$$MR = MC$$

企业需要根据这一原则来确定自己的产量，以获取最大利润。厂商为使利润最大，必须把产量定在 MC＝MR 的基础上，MR＝MC 称为厂商最大利润原则。如果 MR＞MC，这就意味着厂商每多生产一单位的产量用于销售，所增加的收益大于因多生产这一单位产品所增加的成本。此时，潜在利润没有完全得到实现，增加产量可以增加利润，厂商必然增加生产，直到成本与边际收益相等为止。如果厂商 MR＜MC，表明厂商增加产量只会使利润减少，此时，厂商会减少生产，直到边际收益等于边际成本为止；当 MR＝MC 时，说明厂商该得到的利润已经全部得到，厂商既不会减少生产，也不会增加生产。

2. 确定企业利润最大化目标的原因

尽管对企业以利润最大化为目标的假设颇有争议，我们仍然将利润最大化作为厂商行为的一个基本假设，因为这一假设与别的假设相比，具有更多的合理性和解释性。

第一，企业所有者仍是企业利润的最后归属者。在现代企业中，企业所有者仍拥有最大的发言权，而企业的利润最后总是归属于企业的所有者。事实上，不论任何形式的股份制企业，也不论企业规模大小，企业所有者尽管可能对企业的经营者不加干涉，也可以容忍利润的暂时低迷，但绝不会任用一个对企业利润不太重视的经理来管理企业。而且，利润下降意味着股票红利的下降，在股权高度分散的情况下，企业所有者往往会选择 “用脚投票”（抛售股票）的办法来表达自己的意愿。

第二，利润是企业生存的决定性因素。企业的利润是企业生存发展的基础，也是企业实现其他一系列目标的根本保证。如果某个厂商出于某种原因忽略了利润，进货成本比别人高，或是生产方式落后、不重视技术创新等，那么，该厂商的成本就会大大高于社会平均成本，企业就会发生亏损，将面临被市场淘汰的危险。所以，出于企业生存发

展的考虑，企业以利润最大化为目标是一个现实而合理的假设。

第三，经理的行为受劳动力市场的制约。无论是投资者对经理的监督制度，还是激励机制，都不是完美的，无法完全约束和激励经理的行为，达到与利润最大化目标相一致的效果。但是，由于受劳动力市场的制约，不管经理人员存在何种动机，其行为不大可能偏离企业利润最大化目标太远。因为如果一个企业的经营效益太差，该企业很容易被人收购，或者董事会不满足于目前的经营状况而改组经理班子。如果经理有多次出现因经营不善而被企业解雇的状况，其很难再在劳动力市场上找到工作。

3. 企业的非利润最大化目标

根据对现实中厂商目标的进一步研究，经济学中产生了其他几种厂商目标假设的观点。主要有鲍莫尔的“销售收入最大化”假设、威廉姆森的“经理人员效用最大化”假设和西蒙的“满意利润”（satisfying profit）假设。

第一，销售收入最大化。鲍莫尔认为，在现代公司制的企业组织中，企业的所有者往往并不是企业直接的经营者，企业的日常决策是由企业的所有者（委托人）委托经理（代理人）做出的。企业所有者和企业经理之间是委托人与代理人之间的契约关系，在所有权与经营权分离的情况下，销售收入对经理人员的地位、声望和收入的影响大于利润。因此，经理会在一定程度上偏离企业利润最大化的目标，转而追求其他一些有利于自身利益的目标。

第二，经理人员效用最大化。威廉姆森认为由于信息的不对称，委托人并不能完全监督和控制公司经理的行为，经理人员除追求正常的个人收入和公司利润之外，可能还追求诸如职工规模、个人名声等其他效用目标。例如，追求明亮宽敞的办公室、豪华的家具、高级轿车等。另外，企业的规模越大，经理在其地位、权势、可支配资源等方面的获益就越大，这些因素可以成为一种激励因素，促使经理主要着眼于效用最大化。

第三，满意利润。西蒙认为利润最大化假设是不现实的，现实中确定产品的需求函数非常困难。要求利润最大化会遇到三个障碍：一是由于信息汇集能力的局限性，要制订出完全可能的方案几乎不可能；二是由于人类计算能力的有限性，对各个方案的可能结果进行精确计算也是不可能的；三是经理不一定具有固定不变的偏好函数。因此，西蒙认为企业目标的假设应该是获得满意利润。

此外，还有马里斯（Marris）的 “企业成长率最大化” 假设、职工人均收入最大化假设等。但根据这些假设建立的企业行为模型，只是对利润最大化假设下企业行为模型进行补充，而不是替代。

总之，即使厂商的经营有多种目标，利润极大化目标假设无论从哪个方面说都是一个良好的近似。这不仅因为在利润最大化假设之下，经济学家可以建立较为完美的理论模型来研究微观经济的各种问题，而且，一种理论是否有效关键在于它的解释性和预测性，利润最大化假设是符合这些要求的。因此，在以后的厂商行为分析中，我们依然将利润最大化作为厂商行为的一个基本假设。

●专栏 9-1　非私有制企业的目标

经济学研究偏重于私有企业的行为，通常假定这些企业的目标是利润最大化。但现实中，即使是欧美等私有制发达的国家，也存在一些公有制形式的企业，如合作（cooperative）企业、员工管理（labor-managed）或员工参与（labor-participated）的企业，也有部分国有企业（state-owned enterprises，SOE）或公共企业（public enterprises）①，在一些社会主义国家，更是存在大量的公有制企业。这些企业的目标、行为和绩效与私有企业不完全相同，也需要在理论上加以研究。

西欧国家存在很多的生产者合作社，在这些合作社中，实行 “一人一票” 的民主制度，工人雇佣资本并控制着企业。员工参与制企业是员工部分所有或控制的企业②，具体可分为员工管理的企业和参与制的企业，区别主要在于员工对企业的所有权或控制权方面的差异。这类企业的数量多增长又很快。例如，1976 年至 20 世纪 90 年代中期，美国有涉及 700 万名员工的 5 000 多家企业，通过员工持股计划，开始变成由员工部分所有的企业。英国也通过实施员工持股计划，形成相当数量的员工参与制企业。其他，如法国、德国、以色列等国家，均不断形成这类员工参与制企业。解体之前的南斯拉夫实行的工人自治体制，实际上也是采用的员工参与制企业的形式。

1958 年，沃德（B. Ward）在他的创新性论文中指出，员工管理企业的目标是追求人均收入最大化。可以假定员工管理企业面对的是竞争性产品市场和竞争性要素市场，利润等于销售收入减去资本租金和固定工资，即

$$\pi = pX - rK - wL \tag{9-1}$$

其中，π 表示利润；X 表示产量；p 表示售价；K 表示资本雇佣量；r 表示租金率；L 表示劳动雇佣量；w 表示工资率。

如果剩余平均分配，人均利润为

$$\pi / L = (pX - rK) / L - w \tag{9-2}$$

于是我们可以定义，员工管理企业中的平均收入 y 等于名义工资与人均利润之和，即

$$y = w + \pi / L = (pX - rK) / L \tag{9-3}$$

式（9-3）就是员工管理企业的目标函数。进一步的分析表明，员工管理企业在技术约束下追求人均收入最大化的行为，会导致一些不同于私有企业的结果。参与制企业的目标函数将体现资本所有者和员工双方的要求，可以想象，既不同于资本雇佣劳动的完全私有制企业，也不同于完全的员工管理企业，而是某种形式的折中，具体的偏向程度取决于参与双方讨价还价的能力，双方根据这种讨价还价的能力分享企业的特定租金。这类企业在一定约束下追求目标的行为也会导致出现独特的结果。

资料来源：陈宪，韩太祥. 经济学原理. 上海：立信会计出版社，2004：211-212

三、利润最大化与规模经济

企业作为一种市场活动主体，其行为目标是利润最大化，这与消费者追求效用最大

① 在英国，把股票上市的私人企业称为公共企业或公众企业，不能把它们与国有企业或政府企业相混淆。

② 中国的集体所有制企业在一定程度上接近于这类企业。

化目标正好具有对称性。企业与消费者作为市场的供求双方，各自追求自身目标的行为，决定了市场的均衡价格和均衡数量。如果厂商是利润最大化者，他们将以边际的方式做出决策，在技术、市场和经济条件约束下做出使利润最大化或成本最小化的生产计划，确定最佳的投入和产出水平。对于价格接受者来说，均衡条件就是熟知的价格与边际成本相等。

此外，由于生产中有一些固定成本独立于产出水平，随着企业产量的增加、规模的扩大，企业能够通过实行劳动的专业化分工、采用大型的机器设备、推行先进的管理技术和生产工艺等方法来降低单位投入的平均成本，从而达到规模经济。

规模经济的存在，使较大生产者的平均成本低于较小的厂商。因此，在规模经济的条件下，凡是不能把生产规模扩大到足够高度的企业，生产成本难免较高，从而在竞争中处于不利地位。反过来说，只有把企业规模提高到一定水平的企业，才能获得生存与发展。企业的规模唯一取决于生产的技术水平，企业的最优规模将由长期平均成本曲线的最低点决定。

第二节　交易费用与企业的本质

长期以来，经济学始终把企业看成是一个黑匣子，把企业简化为追求利润最大化的活动主体、一个生产函数或者简单的投入——产出转换器。为什么会存在企业？企业的边界由什么决定？企业的内部组织结构如何？企业内部不同成员之间的关系怎样？企业内部的协调机制是什么？等等，所有这些问题均被省略。

在科斯之前，经济学家基本上是从规模经济的角度分析企业存在的必然性。用规模经济解释企业的存在比较适应大企业横向经营的情况。但是，当单一产品的产量不够大，或者企业的发展是以纵向经营或多样化经营为特征时，规模经济的解释就显得不足了。例如，开始时两家企业——汽车厂和发动机厂，分别属于不同的所有者，归不同的管理者经营。汽车厂若要买发动机厂的发动机，可以签订合同，按价付款，按合同得到供货。汽车厂买到发动机后生产出汽车，得到自己的收入；发动机厂卖出发动机后也获得自己的销售收入和利润。双方的关系是一种典型的市场交易关系。但现在企业决定改变这种交易关系，于是，两家合并成一个企业，情况就发生了变化。汽车厂和发动机成了同一企业的两个不同部门，都处在同一个公司的最高领导层的领导之下。企业高层领导会用“看得见的手”取代价格机制，对包括价格形成的方法、供货承诺、绩效评估、合同履行的办法等做出规定。这样，原先的市场买卖关系被企业内部的计划关系所取代，也就是说，市场被企业所取代。

那么，为什么会发生这种情况？显然不是规模经济的原因，因为这是一种企业的纵向联合。经济学家认为，发生这种情况是因为用市场这种形式组织生产是需要成本的，这个成本就是交易费用（transactions cost）。

一、交易费用

经典的微观经济学理论有一个隐含的基本假定，市场交易是没有成本的，也就是说，交易费用为零。但在现实中，交易费用显然是不为零的，为此，我们首先需要说明什么是交易费用。

1. 什么是交易费用

交易费用就是为了完成交易而发生的费用。在任何一个经济社会中，只要进行市场交易活动，就一定会有交易发生，而任何一笔交易得以进行和完成，就必须付出相应的费用。现实中交易费用主要包括寻找和发现恰当的交易伙伴的成本、了解交易价格的成本、讨价还价的成本、订立交易合约的成本、履行合约的成本、监督合约的履行和制裁违约行为的成本等。

2. 交易费用产生的原因

交易费用能否避免可以从产生交易费用的基本因素作进一步的分析。产生交易费用的主要原因是交易双方的信息不完全、交易者的有限理性与机会主义的存在。

在信息不完全的情况下，合约的签订与执行将变得异常复杂。因为交易双方都想从对方那里诱导出有关的信息、想监督对方的行为、想约束和惩罚对方违背合约的行为等。所有这些努力都会耗费有限的资源，都会产生交易成本。那么，能否在一开始就签署一个无所不包的契约呢？答案也是否定的。这主要与人的有限理性和机会主义倾向有关。

第一，人的有限理性。人的有限理性是指人们在任何情况下都不可能准确地预测未来。这是因为，一方面影响未来的因素是多方面的，而人们能够把握的因素是有限的；另一方面即使人们能够穷尽所有影响因素，但也根本不可能对所有因素做出正确的预测。一个合约最大的困难在于双方都要准确地预测签约之后的合约有效期中可能发生的种种变化，并规定对这些变化采取的反应办法。这些实际上都是无法实现的。即使存在这样一个无所不包的完全合约，其谈判、履行的费用也高得惊人，使交易无法继续下去。许多交易正是因为市场交易费用太高而采用企业内部交易的方式。

第二，机会主义。机会主义是指人在追求个人利益的同时，有可能利用一切可能的机会来达到自己的目的，包括提供不确切信息、利用别人的不利地位施加压力等。如果没有机会主义倾向，在不少场合，由于上述不完全理性所引发的困难，仍然可以得到合理的解决。交易双方只要等到当某种不测发生时，寻求对双方都有利的解决方法就可以了。如果双方有机会主义的谋利倾向，当一方处于不利地位时，就会增加交易的复杂性。

3. 交易费用的度量

威廉姆森以交易作为基本分析单位，提出了资产专用性、不确定性和交易频率三个刻画交易的维度。

第一，资产专用性。所谓资产专用性，是指资源在用于特定用途以后，难以转作他用的性质，这种性质在不同资源和同一资源不同的用途之间具有不同程度的体现。有些资源（如生产各种零部件的通用设备、掌握通用技术的工人）的资产专用性较弱，有些（如生产某一特定零件的专用设备、掌握特定技术的工人）则较强。随着资产专用性的增强，缔约后违约的风险就越大。因为专用性较强的资产难以转作他用，其所有者就有可能受到交易对方的敲诈，被要求以较低价格继续提供服务，面对被要挟和被套牢的风险，企业增加了交易的难度。这就是输油管通常为油田和炼油厂共同拥有；电梯和办公大楼玻璃窗为大楼所有者所有；绝大多数冷藏箱车不是由铁路部门所有，而是由使用运输工具的公司（如食品公司）所有的原因。

●专栏 9-2 对输油管通常为油田和炼油厂共同拥有的具体解释

假如几口油井分布于单独拥有的输油管道沿线，输油管通向一群独立归属的炼油厂。一旦所有资产就位（油井钻好、输油管和炼油厂建成），油田和炼油厂对输油管来说，是专用的。由于输油管具有自然垄断的性质，输油管所有者对市场有很强的控制力，它能向油井所有者和炼油厂索取一个极高的垄断输油费，否则将拒绝提供输油服务。而油井所有者和炼油厂会事先预期到它们在与输油管所有者进行市场交易时所处的不利地位，从而愿意共同拥有输油管，以规避输油管所有者的机会主义行为。

资料来源：李仁君. 微观经济学. 北京：清华大学出版社，2007：148

第二，不确定性。不确定性很高时，交易双方对未来都没有把握，因此，也就很难达成交易合约。一般来讲，不确定性与合约的时间长短有关。交易所涉及的时间越长，相关的很多因素就越难以确定，合约就越难以达成。不确定性与人的有限理性有关，当事人的有限理性导致人们无法对未来或然事件做出完全的预期，与此同时，虽然合约中通过增加相应的条款可以对可能出现的情况做出估计，在一定程度上能解决某些问题。在未来不确定的情况下，虽然合约中通过增加相应的条款对可能出现的情况做出固定，在一定程度能解决某些问题，但是，由于人具有机会主义倾向，在未来发生的情况可能有些多种结果，要对这些结果能提供解决办法势必大大增加交易成本。

第三，交易频率。当交易次数减少时，交易双方的相互依赖性就会增加，交易也就难以进行。一般来讲，即使交易总费用不变，交易次数减少使平均分摊到每次交易的成本上升，从而提高单位交易成本。而且，交易次数减少会带来交易对手的减少，某一方采取机会主义行为的可能性就会增加。当交易对手非常少，某一方又采取机会主义行为时，另一方很难有其他的选择。此时，“机会主义者”就会垄断交易，使交易另一方付出更大的代价。

二、企业的本质

信息的不完全性，以及交易者的有限理性与机会主义倾向，导致合约的不完全性，从而影响市场交易的效率，增加了市场交易的费用。如果是在企业内部，上下级的科层关系代替了市场交易的平等关系，当合同出现漏洞或合同没有规定的事件发生时，拥有权威的一方有权对合约做出合理的解释并采取适当的行为，从而降低交易费用。企业是一种市场替代性组织。企业与市场的不同之处在于，企业依靠非价格机制实现资源在组织的有效配置。因此，从本质上讲，企业是用一种契约形式取代市场契约形式，所以，企业是一个契约结（contract nexus），是作为不同要素所有者，或更广泛意义上的企业利益相关者之间契约关系的连接点。该契约结连接的主要是利益相关者，包括劳动所有者、资本所有者、经理和管理者、供应商、银行、消费者、其他公众和政府等。

●专栏 9-3 通用汽车公司购买费雪车体公司

美国通用汽车公司在 20 世纪 20 年代与费雪车体厂签订了长期合同，由费雪车体厂向通用汽车公司供应车体。后来，新的汽车公司大量涌现，费雪车体厂为了拉拢新客户，对其他汽车公司提供高质量的产品和服务，而把通用汽车公司撇在一旁。通用汽车公司不得不经常与费雪为质量、及时送货等问题谈判。最后，通用汽车公司干脆把费雪车体厂买了下来，使之成为通用汽车公司的一个从属部门，变市场交易为企业交易。

交易费用对企业来说是一种外部成本，企业实际上起到了一个将外部成本内部化的作用。通用汽车公司将费雪车体厂纳入企业组织的内部，使所有的交易都内部化为企业的内部交易，从而节省了交易费用。

资料来源：周惠中. 微观经济学. 上海：上海人民出版社，2003：149

企业能在一定程度上取代市场，是因为企业相对于市场具有成本优势。优势主要表现在：一是企业的存在减少了签约的数量。因为企业存在时，某一生产要素（或它的所有者）可以充当中心签约人，由这个中心签约人来与其他要素签订一系列契约，从而将要素所有者之间的多边契约关系转变为要素所有者与中心契约人之间的双边契约关系，减少契约数量。另外，通过用一个长期契约代替若干个短期契约，可以部分节省签订每一个契约的费用。二是企业可以以低于它所替代的市场交易的价格得到生产要素（否则要素交易将重新回到公开市场）。三是企业契约关系的特性在于，生产要素所有者通过签约获得一定的报酬（固定或浮动的），并同意在一定限度内服从企业家的指挥。企业家在限定的范围内，利用其权力在不确定的环境中将生产要素配置到“最优”的用途上。由此可见，企业的存在是为了减少交易费用，是在利用价格机制配置资源存在较高交易费用时对价格机制的替代。

把企业理解为一种契约关系是十分深刻的。把企业作为生产函数时，我们只能看到一种投入–产出的技术关系；而把企业作为一个“契约结”，我们能够从企业利益相关者的角度，把握企业的制度结构，并且为我们利用信息经济学、博弈论、委托–代理理论、机制设计理论等方面的工具，深入分析这种制度结构提供了条件。

相关链接 9-1 企业的团队生产理论

作为对科斯（1937 年）的回应，阿尔钦和德姆塞茨（1972 年）提出了企业的团队生产理论（team production）。他们虽然仍坚持主流的契约论方法，但是，已经开始意识到企业的生产性，并将研究重点从企业与市场的关系分析转向企业内部激励与监督问题的分析。由于主要研究企业的内部组织问题，团队生产理论几乎没有涉及对企业边界的探讨，而只是回答了企业本质的问题。

阿尔钦和德姆塞茨首先否定了企业契约和市场契约之间存在的权威性差别。他们认为，将企业的特征定义为通过命令、权威或约束行动来解决问题是一种错觉。企业并不拥有其所有的投入品，它没有发号施令的权力，没有权威，没有约束行动，这和任何两个人之间的一般市场契约完全一样。阿尔钦和德姆塞茨认为，一个杂货店老板与其雇员间的关系和他与客户间关系的唯一区别在于，前者是投入品的团队使用和某一方在所有其他投入品的安排中处于中心地位。因此，企业无非是一种特殊的契约安排，其本质是生产的团队性质。

团队生产是指具有以下特征的生产过程：第一，企业使用不同类型的生产要素；第二，生产使用的要素属于不同的所有者；第三，总产出并不是单个要素产出的简单加总，因为每种要素都会影响其他要素的边际生产力（边际产量）。团队生产中要素的相互依赖性，导致具体测度每种要素对产出的贡献变得困难，并进而导致根据要素边际产出进行的报酬支付变得困难。在此情况下，自利的团队成员便有了偷懒的动机。如果企业不能对这种偷懒行为进行有效的监督，就必然导致团队的生产效率下降。由于团队成员之间的相互监督非常困难，所以应该设立专门的监督人。监督人通过观察和指导投入品的活动或用途，减少偷懒活动，使团队获得剩余收入。在这个意义上，企业被赋予能有效解决团队生产中偷懒问题的 “监督机制”（policing device）的含义。

资料来源：卢现祥. 新制度经济学. 北京：北京大学出版社，2007：269

第三节 企业的规模

企业可以替代市场，企业内部生产可以替代市场交易，那么为什么历史演进的结果是企业与市场并存，而不是企业完全替代市场，并且企业也存在着自己的边界和规模限制呢？这是因为企业代替市场组织生产并不是没有代价的，企业的内部交易消除或减少了市场交易所特有的交易成本，但同时不可避免地带来了企业内部的组织协调费用，这种组织协调费用就是企业的组织成本（organization cost）。

一、企业的组织成本

企业组织成本存在的原因是不完全信息和经济个体的机会主义倾向。

1. 不完全信息

不完全信息主要包括企业内部信息的质量问题和信息传递问题两个方面。

第一，企业内部信息的质量问题。在企业管理组织中，自下而上的信息传递使上级管理层了解企业的生产经营状况，自上而下的信息传递使企业决策得以实现。信息的质量指的是这两种信息的完整性，这种完整性不可避免地随着各级管理幅度和层次的增加而受损。决策者不一定掌握必要的信息，而掌握信息的人不一定有决策权。因此，上级决策者必须要从下级那里得到他所没有的信息。如果上级的决策信息依赖下属的汇报，那么这些决策很难不受到下级汇报的影响。而如果下级和上级管理阶层的目标不一致的话，下级有可能向上级传递有利于自己的虚假信息，如隐瞒实际生产能力，从而导致上级决策失误，最终导致生产能力得不到充分利用；或者对上级的决策阳奉阴违来增加自身的利益。

第二，企业的信息传递问题。企业的信息传递是单向传递的，这种传递方式有两大缺陷：其一，信息传递的速度比较慢，无论是自上而下的信息传递还是自下而上的信息传递，信息只能顺沿着科层组织一级一级往下或者往上传递；其二，信息容易遭到扭曲，信息传递只要在某一层次遭到扭曲，将导致这一层次后传递的信息的全部失真。企业规模越大，科层组织层次越多，信息传递的速度就越慢，信息和决策遭到扭曲的可能性就越大。

2. 机会主义

企业的组织成本同样来自企业内经济个体的机会主义倾向。企业规模越大，组织协调生产的过程越复杂，对企业经理与员工的监督和激励的成本就越高。对于普通员工来说，都在不同程度上存在着偷懒的动机。随着企业规模的扩大，对员工的监督和激励成本就越高。对于总经理来说，缺乏客观的而明确的指标来衡量其努力程度和能力高低。利润一般来衡量企业的绩效。但若仅用利润作为考核经理的指标，就不太妥当，因为影响利润的因素太多，经理可以找到多种借口。对于企业的从属部门来说，其总是具有扩张预算的倾向。因为只有这样，下级才能从上级那边得到较为宽松的拨款。这时候，个体的机会主义不仅会因扭曲的信息传递导致错误的决策，而且会造成效率的损失。

二、企业的边界及最优规模的选择

企业与市场是两种可以相互替代的机制。企业可以替代市场，或者说企业存在的前提就是企业的组织成本低于市场交易费用。企业的规模不能无限制地扩大，而是存在最佳规模的选择。

市场交易费用和企业组织成本都是厂商一级的特殊成本。如果一个厂商只有一家工厂，工厂一级发生的交易、组织成本就是厂商的成本；如果是多工厂厂商，工厂一级并无交易成本，组织成本虽然存在，但与厂商一级的组织成本相比可以忽略不计，因为工厂的管理层能直接了解本厂情况并进行监督。组织成本与企业规模起点密切相关。当企业的规模起点较低时，扩大企业规模所遇到的组织成本方面的阻力较小，因而随着企业规模的扩大，组织成本反而以递减的速度增加；在企业规模起点较高时，组织成本则以递增的速度增加。但在信息失控和扭曲方面所能起的作用依然是十分有限的。因为传递什么样的信息，形成决策和贯彻决策前的信息综合，都是由人来选择和决定的。

组织成本是企业规模扩大的主要限制因素，当企业规模扩张导致在企业内部组织一笔额外交易额成本（边际组织成本）等于在市场上完成这笔交易的交易费用（边际市场交易费用）时，企业便会停止扩张，因为此时若企业继续扩张，将得（企业内部新增交易节省的市场交易费用）不偿失（企业内部新增交易引起的组织成本的增加）。在现实中，大企业在交易费用上具有优势，小企业在组织成本上具有优势。随着企业规模的扩大，企业内部再进行一次交易所花费的费用等同于这笔交易在市场上交易所花费的费用，企业就不能再扩张，这时企业就达到了它所能达到的最优边界。因此，交易费用的企业边界理论观点同马歇尔的厂商生产规模由边际收入与边际成本相等的原则所决定的观点具有一致性。企业与市场的边界处于边际交易费用等于边际组织成本的点上。在现实世界中，边界点是企业家不断进行尝试的结果。

相关链接 9-2　产权经济学对企业理论的贡献

产权经济学对企业理论的贡献集中体现在格罗斯曼和哈特（Grossman and Hart，1986）、哈特（1995）、哈特和莫尔（Hart and Moore，1990）等的著作中。他们通过建立形式化（formal）的数学模型（GHM 模型），具体分析了一体化的收益和成本，界定了企业的本质和边界。产权经济学对企业的分析是建立在“不完全契约”的基础上的，哈特认为，企业产生在人们不能拟定完全契约，从而使权力和控制变得极为重要的地方。其基本的逻辑思路为：契约的不完全性导致交易各方缺乏进行事前关系专用性投资（relation investment）的激励，因此，应该通过最优的产权安排获得最大化的联合产出。生产应该由两个独立的企业分别进行还是由一个企业进行，取决于企业之间资产的互补性程度。

产权经济学认为，企业边界取决于纵向一体化收益和成本的权衡（trade-off）。假设存在甲、乙两家独立的企业，各自拥有对企业物质资产的所有权。若两家企业实行一体化，伴随着企业规模的扩大，企业边界无疑也扩展了。因而，企业边界与一体化问题息息相关。在 GHM 模型中，产权经济学得出的基本结论是，虽然任何一种纵向一体化模式在事后总是有效率的，但无一例外都会对事前的投资产生不同程度的扭曲。这种扭曲表现为谁在纵向一体化后的企业中拥有控制权，谁就会出现投资过剩（over investment），而处于被控制的一方则会投资不足（under investment）。因而，纵向一体化的必要性取决于所有权的配置能否最大限度地减少投资扭曲（distortion），只有当拥有控制权的一方提高的生产率超过被控制方损失的生产率，从而使总剩余增加时，纵向一体化才有意义。

资料来源：卢现祥. 新制度经济学. 北京：北京大学出版社，2007：267-269

➢本章提要

企业存在着多种目标，但利润最大化无疑是最为重要和最为根本的目标，它是企业生存发展的基础，也是其他众多目标赖以实现的保证。

市场和企业都是组织生产的一种形式，不同的是，市场是通过平等的交易关系来组织生产，而企业则是通过内部上下级权威关系来组织生产。市场交易会引发交易费用，现实中交易费用主要包括寻找和发现恰当的交易伙伴的成本、了解交易价格的成本、讨价还价的成本、订立交易合约的成本、履行合约的成本、监督合约的履行和制裁违约行为的成本等。交易费用产生的基本因素可以归结为信息不完全、个体的有限理性和机会主义倾向。通过企业内部来组织生产，则会产生组织成本。组织成本是指企业作为市场的替代而产生的组织内部交易的成本，其并不包括原有的生产成本。组织成本也是由不完全信息和个体的机会主义倾向引发的。组织成本是企业规模扩大的主要限制因素。

当企业规模进一步扩大使交易成本的下降和组织成本的上升相等时，企业就会停止扩张，企业的规模达到一个均衡点，这时企业规模也就是企业的最优规模。企业与市场的边界处于边际交易成本等于边际组织成本的点上。

➢关键概念

市场（market）
企业（enterprise）
利润最大化原则（principle of profit maximization）
交易费用（transaction costs）
不完全信息（incomplete information）
有限理性（limited rationality）
机会主义（opportunism）
组织成本（organization's cost）

➢复习思考题

1. 企业与市场的关系如何？或者说，企业是对市场的替代吗？企业与市场机制有何不同之处？

2. 试论述企业的目标。请谈谈企业除利润外的其他目标，这些目标与企业利润最大化目标的关系如何。

3. 运用交易费用理论阐述企业存在的理由。

4. 试论述产生市场交易费用的基本因素。

5. 试论述市场交易费用的度量及其影响。

6. 试论述企业规模与组织成本的关系。
7. 试论述信息技术对企业组织成本的影响。

➤扩展性阅读资料

陈宪，韩太祥. 2004. 经济学原理. 上海：立信会计出版社
黄亚钧，郁义鸿. 2000. 微观经济学. 北京：高等教育出版社
李健，唐五湘. 2003. 微观经济学. 北京：机械工业出版社
李仁君. 2007. 微观经济学. 北京：清华大学出版社
卢现祥. 2007. 新制度经济学. 北京：北京大学出版社
帕金 M. 2003. 微观经济学. 梁小民译. 北京：人民邮电出版社
普特曼 L，克鲁茨纳 L. 2014. 企业的经济性质. 第三版. 孙经纬译. 上海：上海格致出版社
萨缪尔森 P A，诺德豪斯 W D. 2005. 微观经济学. 萧琛译. 北京：人民邮电出版社
斯蒂格利茨 J E，沃尔什 C E. 2013. 经济学. 第四版. 黄险峰，张帆译. 北京：中国人民大学出版社
威廉姆森 O E，温特 S G. 2009. 企业的性质：起源、演变和发展. 姚海鑫，邢源源译. 北京：商务印书馆
杨其静. 2005. 企业家的企业理论. 北京：中国人民大学出版社
张维迎. 2003. 企业的企业家—契约理论. 上海：上海三联书店，上海人民出版社
赵英军. 2004. 西方经济学. 北京：清华大学出版社
周惠中. 2003. 微观经济学. 上海：上海人民出版社

第十章

市场结构与厂商均衡

从企业理论中我们知道厂商为了获得最大利润，不仅要考虑其成本，而且还要考虑其收益，而收益取决于市场的需求状况，结构不同的市场其需求状况是不一样的。所以，为了实现利润最大化的目标，在不同的市场结构条件下，要具体分析均衡价格和均衡产量的决定。本章将分析完全竞争、垄断、垄断竞争和寡头市场的不同市场结构理论模型，说明厂商在不同的市场结构条件下实现利润最大化的均衡产量的决定，以及整个行业的总产量和价格的决定。

第一节 市场结构

一、市场结构及其特征

市场是某一商品（或要素）的买者和卖者相互作用决定其价格和交易量的一种制度安排。简单地说，买方和卖方同时相互作用，形成市场。按交易对象可将市场分为商品市场和生产要素市场两大类，商品市场又可进一步分为产品市场和劳务市场，生产要素市场又可分为土地市场、资本市场、劳动力市场等。市场的类型是多样的，然而，不同市场类型下的企业，其经济行为也是不同的。

可见，要研究市场行为，就要分门别类地研究企业在不同市场类型中的行为。市场结构（market structure）是指影响厂商行为的市场特点，或者说是某种市场本身所组成的竞争特点，它包括一个行业中厂商的数量、资源的流动、厂商产品的差异性与替代性等。概括地说，市场结构的特征主要包括：一是在某一行业中企业数目的多寡。企业数目用来反映行业的市场集中程度；二是产品差异程度。产品差异是同一种产品在质量、牌号、形式、包装等方面的差别。产品差异引起垄断，产品差异越大，垄断程度越高。三是行业的进入限制。进入限制主要来自自然原因和立法原因。自然原因指资源控制与规模经济。如果某个企业控制了某个行业的关键资源，其他企业得不到这种资源，就无法进入该行业。立法原因是法律限制进入某些行业，如实行特许经营、许可证制度、专利制度等。

二、市场结构的类型

根据行业的市场集中程度、行业的进入限制和产品差别，可以把市场结构分为四种类型。

（1）完全竞争市场（perfect competition market）。这是一种竞争不受任何阻碍和干扰的市场结构。形成这种市场的条件是企业数量多，而且每家企业规模都小。价格由整个市场的供求决定，每家企业不能通过改变自己的产量而影响市场价格。

（2）垄断竞争市场（monopolistic competition market）。这是既有垄断又有竞争，垄断与竞争相结合的市场。这种市场与完全竞争的相同之处是市场集中率低，而且无进入限制。其差别关键是完全竞争产品无差别，而垄断竞争产品有差别。企业规模小和进入无限制也保证了这个市场上竞争的存在。

（3）寡头垄断市场（oligopoly market）。这是只有几家大企业的市场。在这种市场上，大企业集中程度高，对市场控制力强，可以通过变动产量影响价格。而且，由于每家企业规模大，其他企业难以进入。由于不是一家垄断，所以在几家寡头之间仍存在激烈竞争。

（4）完全垄断市场（pure monopoly market）。这是只有一家企业控制整个市场供给的结构。形成垄断的关键条件是进入限制。此外，垄断的另一个条件是没有相近的替代品，如果有替代品，则有替代品与之竞争。不同市场类型及其特征，如表 10-1 所示。

表 10-1　市场类型及其特征

项目	厂商的数量	产品差别的程度	对价格控制的程度	进出一个行业的难易程度	市场信息	广告	代表行业
完全竞争市场	无数	完全无差别	没有	很容易	买卖双方都掌握充分信息	很少有价值	一些农产品
垄断竞争市场	很多	有些差别	有一些	比较容易	条件优越的卖者掌握信息	普遍使用	香烟、糖果
寡头垄断市场	几个	有一些差别或无差别	相当程度	比较困难	卖者信息不足	普遍使用	钢铁、汽车
完全垄断市场	一个	唯一的产品，没有接近的替代品	完全或很大程度	很困难，几乎不可能	企业控制	不经常使用	公用事业，如水、电

第二节　完全竞争市场的厂商均衡

一、完全竞争市场的存在条件

完全竞争市场又称纯粹竞争（pure competition）市场，是指每家厂商都不必考虑自己的行动对整个市场带来的影响，因为每一家厂商在市场中所占的份额都是微不足道的。更精确地说，经济学意义上的完全竞争市场必须符合以下四个条件：

（1）无数的买者和卖者。市场中有无数商品的需求者和供给者，他们中的每一个人的购买份额或销售份额，相对于整个市场的总购买量或销售量来说都是微不足道的。每个消费者或者厂商都是市场价格的被动接受者（price taker），而不是市场价格的主动决定者（price maker），对整个市场价格没有任何的影响或控制力。

（2）产品是同质的，即每一厂商生产的产品是完全无差别的。这种无差别不仅仅是质量上的，还包括销售条件、商标、购物条件。因此，对消费者来说，因为产品是完全相同的，所以只需要关心价格的高低。同样，对厂商来说，因为产品是无差异的，所以有哪个厂商提价，他的商品就会完全卖不出去。

（3）要素可以自由流动。劳动力要素在劳动市场上可以自由地流动，生产所需要的资金可以很迅速地从一个行业转移到另一个行业，生产所需要的土地可以按市场价格租到。而且土地价格或租金、利率、工资都是由市场供求关系决定的。

（4）信息充分。买卖双方都具有完全信息和知识，对商品的质量和价格信息有充分的了解，可以根据自己的完全信息，确定自己的最优购买量或最优生产量。而且，这样也排除了由于市场信息不畅通而可能产生的一个市场同时存在几种价格的情况。

满足以上四个条件的市场，我们称为完全竞争市场。这四个条件在现实生活中很难完全达到，只有诸如水稻、小麦、玉米等农产品市场才能接近完全竞争市场的条件。完全竞争市场的那些条件虽然苛刻，分析完全竞争市场却有以下三个好处：第一，为那些基本接近于满足完全竞争假设的市场提供了非常有利的解释和预测；第二，完全竞争模型是其他几个市场模型的基础和出发点；第三，完全竞争模型有利于我们分析经济效率问题。

二、完全竞争市场的需求曲线

在商品市场中，消费者对其中某一个厂商所生产的产品的需求量称为厂商所面临的需求量，相应的需求曲线称为厂商所面临的需求曲线。或者说，厂商的需求曲线是指单个厂商所面临的消费者对其产品的需求曲线。市场上全体消费者对整个行业所生产的商品的需求量称为行业所面临的需求量，相应的需求曲线称为行业所面临的需求曲线。

由于整个行业所面临的需求量就是整个市场上全部消费者的需求总量，所以，行业所面临的需求曲线也就是市场的需求曲线，根据前文可知，它是一条向右下方倾斜的曲线，如图 10-1（a）所示。而对厂商需求曲线而言，在完全竞争市场中，由于厂商数目众多，每一个厂商对同一行业的同种商品的价格均无决定权，只能被动地接受现有价格，所以对厂商而言，在既定的市场价格下可以改变销售量，但不可能改变商品价格。如果个别厂商为了实现更多的利润而提升产品价格，那么消费者将减少对其产品的需求，其销售量将降为零，因为产品是无差异的，厂商的需求弹性为零，这样厂商也没有必要降价，所以完全竞争市场中厂商面对的是一条具有完全价格弹性的水平需求曲线。所以厂商的需求曲线是一条在既定价格下与横轴平行的水平线，如图 10-1（b）所示。

三、完全竞争市场的收益曲线

收益是指厂商在市场经营过程中产生的销售收入。厂商的收益可以分为总收益、边际收益和平均收益三种类型，分别用缩写字母 TR、MR 和 AR 表示。

根据需求曲线的特点，可得到完全竞争市场的企业的收益曲线。由于总收益是厂商按一定价格出售一定量产品时所获得的全部收入，以 P 来表示既定的市场价格，以 Q 表示销售总量，那么总收益 TR（Q）$=P \cdot Q$。由于在完全竞争条件下，不管单个厂商的销售量如何变化，单位产品市场的价格始终不变，故总收益随着销售量的增加，在坐标上表现为一条具有固定斜率的向右上方的直线，如图 10-1（c）所示。

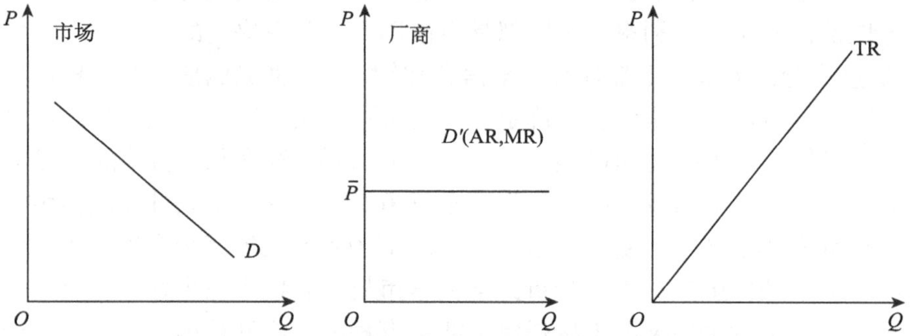

(a) 完全竞争市场的需求曲线　(b) 完全竞争厂商的需求曲线　(c) 完全竞争厂商的总收益曲线

图 10-1　完全竞争市场和完全竞争厂商的需求曲线与总收益曲线

每增加一个单位产品销售所得到的总收益的增量，即为边际收益，也就恒等于市场价格。或者说，边际收益就是相应的总收益曲线的斜率，也就是固定的市场价格 $\bar{P}$，即

$$\mathrm{MR}(Q)=\frac{\mathrm{dTR}}{\mathrm{d}Q}=\frac{\mathrm{d}\left(\bar{P}\right)}{\mathrm{d}Q}=\bar{P}$$

平均收益等于厂商的总收益除以销售数量，指厂商在销售一定单位产品时，平均在每一单位产品销售上所获得的收入，即

$$\mathrm{AR}(Q)=\frac{\mathrm{TR}}{Q}=\frac{\bar{P}}{Q}=\bar{P}$$

由此可见，平均收益实际上等于每个单位产品的卖价，它可以用厂商面对的需求曲线来表示。综合上面的分析可以知道，在完全竞争市场中，单个厂商的边际收益曲线、平均收益曲线、需求曲线是重叠的，即

$$\bar{P}=\mathrm{MR}=\mathrm{AR}=D'$$

下面我们用具体的数字来详加说明。在完全竞争市场中，由于厂商所面临的需求曲线是一条与横轴平行的水平线，也就是说，影响厂商收益的只能是产量，在这种情况下，假定厂商所面临的市场价格为 P=2，则该厂商的收益表如表 10-2 所示。

表 10-2　某完全竞争厂商的收益表

价格 P	销售量 Q	总收益 $TR=P\cdot Q$	平均收益 $AR=TR/Q$	边际收益 $MR=\Delta TR/\Delta Q$
2	100	200	2	2
2	200	400	2	2
2	300	600	2	2
2	400	800	2	2
2	500	1 000	2	2

由表 10-2 可见：第一，完全竞争市场的需求曲线、边际收益曲线、平均收益曲线三条线重合。所以，P=AR=MR。因为在完全竞争市场上，厂商只是市场价格的接受者，其产品的价格是常数，厂商每销售一单位所获得的边际收益等于价格，是一条平行与横轴的水平线。第二，完全竞争厂商的总收益曲线是一条由原点出发的呈上升趋势的直线，因为每一销售量上的边际收益值是相应的总收益曲线的斜率，即 MR=AR=P，而完全竞争厂商的边际收益是不变的，它等于既定的市场价格。

四、完全竞争市场的市场均衡

市场均衡是指市场价格或者交易量没有内在变动趋势的一种状态。此时，均衡价格是市场需求量等于供给量时的价格。根据时间的长短市场均衡可分成三种类型，即瞬期均衡、短期均衡和长期均衡。

（一）瞬期均衡

瞬期是指时间极短，短到每个厂商和全行业都无法调整自己的产销量。那么，时间多短，短到什么程度才被称为瞬期呢？这个瞬期有可能是一个小时、一天、一周、一月，甚至更长的时间。例如，每天早上八点送蔬菜，一天之内其他时间不送，市场上每天的蔬菜供应量是一定的，那么蔬菜的市场周期是一天。农产品的市场周期经常是一个生长成熟期，生长成熟期可以是一天、一周、一月、一年，甚至更长；一些艺术作品的市场周期则可能是无限长的时间。因此，瞬期指的就是市场供给量绝对固定、不会改变的那段市场周期。正因如此，瞬期均衡也称作市场周期均衡。正因为在瞬期均衡中，厂商和行业的供给量是固定的，那么，供给曲线是一条垂直于横轴的直线，此时均衡价格决定于需求曲线。瞬期均衡价格的决定如图 10-2 所示。假定某种商品的瞬期市场供给量固定为 Q，那么，瞬期的市场供给曲线 S 为一条垂直于横轴 Q_0 的垂线，这表明供给完全没有价格弹性。如果市场需求曲线为 D，那么均衡价格便为 P。当然，在一个市场周期内，供给量固定不变，但没有进账，相信市场需求会一直不发生变化。在大多数情况下，我们会发生商品的价格会经常发生变化。例如，在某个区域西瓜市场中市场周期为一天，但如果那天天气特别炎热，市场需求便有可能从 D_0 上升到 D_1，因为市场价格有可能从 0.8 元上升到 1.5 元。如果天气突然发生变化，连续三天下暴雨，气温激降，消费者对西瓜的需求会有所下降，加之西瓜囤积，这也会使需求下降，从而价格下降。

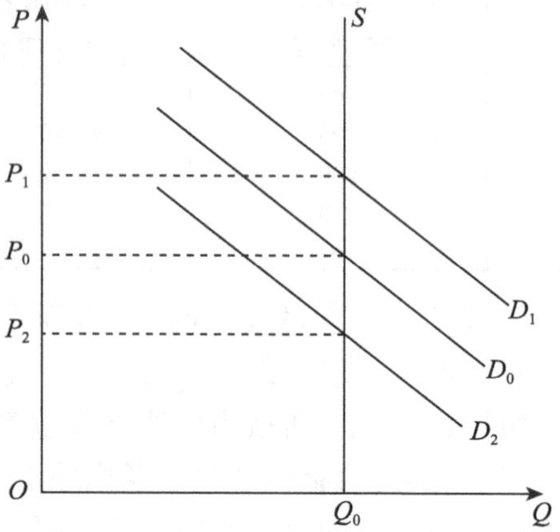

图 10-2　瞬期均衡价格的决定

（二）短期均衡

短期是指较短的时间，使厂商来不及调整生产规模，来不及加入和退出所属的行业。短期需要满足以下条件：第一，市场中的现行企业数目给定，即企业在短期内不可能进入或退出该行业；第二，每个现有企业的机器、设备和厂房是固定不变的，企业只能通过增加劳动力等资源的方法提高产量。也就是说，在短期内，资本的数量固定不变，而劳动力的数量则是可变的。

1. 厂商的短期均衡

完全竞争企业在短期内依照 MR=MC 的原则决定其产量水平，但却不一定能盈利。因为有的企业能获得超额利润，有的只能赚取正常利润，有的却处于亏损状态，究竟处于哪种状态取决于整个行业（或市场）所决定的均衡价格水平，取决于各自企业因管理水平等因素的差异而导致的平均成本和边际成本曲线的不同。具体地说，厂商的短期均衡可以分为以下五种情况。下面具体地进行分析，我们以短期边际成本（SMC）、短期平均成本（SAC）和平均可变成本（AVC）来代表厂商的既定短期生产规模，厂商面临五条需求曲线 d_1、d_2、d_3、d_4、d_5 分别代表在五个不同市场价格水平下的厂商收益状况，如图 10-3 所示。

第一，平均收益大于短期平均总成本，即 AR>SAC，厂商获得利润。当市场价格为 P_1 时，相应的厂商所面临的需求曲线为 d_1，根据 MR=SMC 的利润最大化的均衡条件，厂商选择的最优产量为 Q_1。因为，在 Q_1 的产量上，SMC 曲线和 MR_1 曲线相交于 E_1 点，E_1 点是厂商的短期均衡点。这时，厂商的平均收益为 E_1Q_1，平均总成本为 F_1Q_1，平均收益大于平均总成本，厂商在单位产品上所获得平均利润为 E_1F_1，利润总量为 $E_1F_1 \cdot OQ_1$，相当于图中矩形 $H_1P_1E_1F_1$ 的面积。

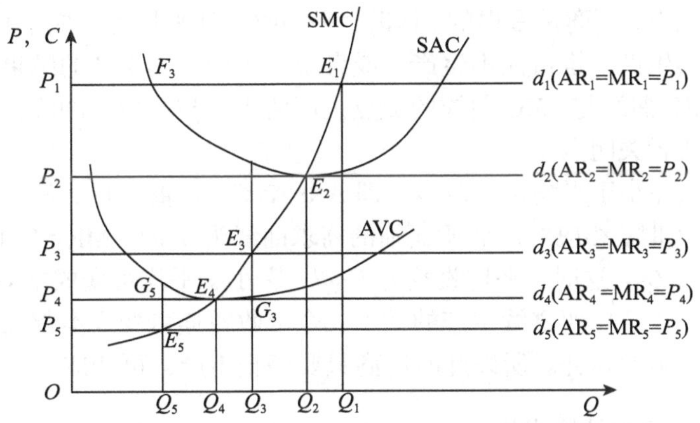

图 10-3　完全竞争条件下企业短期产量决策和均衡分析

第二，平均收益等于短期平均总成本，即 AR=SAC，厂商的利润刚好等于零。相对于第一种情况，市场价格由 P_1 下降到 P_2，厂商所面临的需求曲线相应地向下平移到 d_2 恰好与短期平均总成本 SAC 相切于后者的最低点 E_2，短期边际成本 SMC 曲线也经过该点。由于该点就是 SMC 曲线和 MR_2 曲线的交点，所以，E_2 点就是厂商的短期均衡点，相应的均衡产量为 Q_2。

在 Q_2 的产量水平，平均收益为 E_2Q_2，平均总成本也为 E_2Q_2，厂商的利润为零，但厂商的正常利润全部实现了。也就是说，如果完全竞争企业的平均成本最低点恰好等于由市场所决定的均衡价格，那么，该企业根据边际原理决定生产 Q_2，从而使经济利润为零，即企业赚取了正常利润——所有的生产要素，包括市场购置、租赁及自有自用的生产要素均得到了市场的最高回报。在这一点上，厂商既无利润，也无亏损，所以，SMC 曲线与 SAC 曲线的交点也被称为厂商的收支相抵点。

第三，平均收益小于平均总成本，但仍大于平均可变成本，即 AVC<AR<SAC，厂商亏损，但继续生产。当市场价格继续下降到 P_3 时，相应的厂商所面临的需求曲线为 d_3，SMC 曲线和 MR_3 曲线相交所决定的短期均衡点为 E_3，均衡产量为 Q_3。在 Q_3 的产量水平，平均收益为 E_3Q_3，平均总成本为 F_3Q_3，平均收益小于平均总成本，厂商是亏损的，单位产品的亏损额为 F_3E_3，总亏损量为 $F_3E_3 \cdot OQ_3$，平均可变成本为 G_3Q_3，它小于平均收益 E_3Q_3。此时，厂商是亏损，面对亏损，缺乏经济学头脑的企业家可能会作如下考虑：既然价格给定，而平均成本却大于市场价格，这是要亏损的，那么既然是亏损，那为什么还要去生产呢，干脆停产。我们说，这种思考是过于简单的，因为即使企业暂时停产，但固定成本依然是会发生的，它等于平均固定成本与产量之积 $F_3E_3 \cdot OQ_3$。所以，虽然亏损，明智的厂商仍会继续生产，因为只有这样，厂商才能在用全部收益弥补全部可变成本之后，还能弥补在短期内总是存在的不变成本的一部分。所以，在这种情况下，生产要比不生产强。

第四，平均收益等于平均可变成本，即 AR=AVC，厂商亏损，处于生产与不生产的临界点。当市场价格进一步下降到 P_4 时，相应的厂商所面临的需求曲线为 d_4，而且 d_4 曲线与 AVC 曲线恰好相切于后者的最低点 E_4，SMC 曲线也经过该点。在这种情况下，根据 MR=SMC 的利润最大化原则，E_4 点就是厂商的短期均衡点。在均衡点 E_4 上，平均收益小于平均总成本，厂商是亏损的。同时，平均收益和平均可变成本相等，都是 E_4Q_4。于是厂商可能继续生产，也可能不生产。或者说，生产与不生产的结果对厂商来说都是一样的，所以 SMC 曲线与 AVC 曲线的交点是厂商生产与不生产的临界点，通常将此点称为停止营业点或者关闭点。

第五，平均收益小于平均可变成本，即 AR<AVC，厂商亏损，停止生产。当市场价格下降到更低的 P_5 时，相应的厂商所面临的需求曲线为 d_5 时，MR_5=SMC 的短期均衡点为 E_5，均衡产量为 Q_5。这时，平均收益为 E_5Q_5，它小于平均可变成本 G_5Q_5，厂商亏损，停止生产。因为，倘若厂商继续生产的话，其全部收益连可变成本都无法全部弥补，就更谈不上对不变成本的弥补。所以此时厂商只要停止生产，可变成本就降为零。

2. 完全竞争的短期供给曲线

短期供给曲线可以分为厂商的供给曲线和市场（行业）的供给曲线。

第一，完全竞争厂商的短期供给曲线。厂商的供给曲线是指在不同的销售价格水平下，厂商愿意生产和销售的产量变动曲线。供给曲线表示的是短期内厂商最有利润可图（或亏损最小）的产量水平与产品价格之间的关系。

假定某完全竞争企业的成本曲线如图 10-4 所示，现在我们有意识地改变市场价格，以考察该企业相应的产量决策，以便得到价格和产量一一对应关系的一条曲线，即供给曲线。

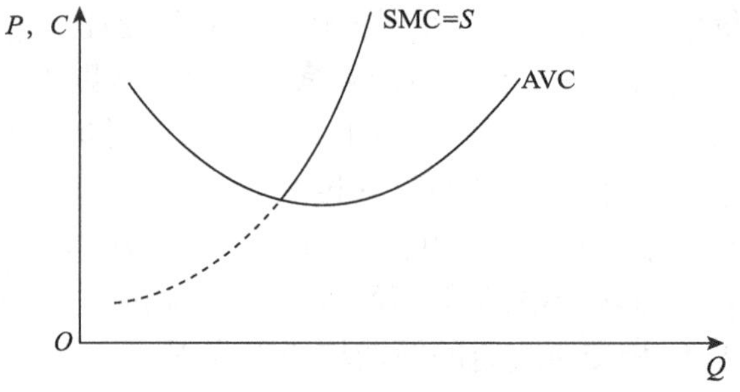

图 10-4　完全竞争厂商的短期供给曲线

据前可知，完全竞争厂商的短期均衡条件为 MR=SMC，由于 AR=MR=P，所以该均衡条件也可以写成 SMC=P。

这个公式表明，完全竞争厂商为了获得短期的最大利润，应该选择最优的产量 Q，使商品的价格 P 和边际成本 SMC 相等。这就是说，在每一个短期均衡点，在厂商的产量与商品的价格之间都存在着一种对应的关系：（p_4，q_4）（p_3，q_3）（p_2，q_2）（p_1，q_1）或（p_0，q_0）。

由此可知：完全竞争厂商的短期边际成本 SMC 曲线上等于和高于平均可变成本 AVC 曲线最低点的部分，就是完全竞争厂商的短期供给曲线。显然，完全竞争厂商的短期供给曲线必定是向右上方倾斜。从图 10-4 反映即为完全竞争厂商的短期供给曲线的实线部分所示。随着市场价格的变动，厂商为使利润最大，必将遵循 MR=MC 的原则，使产品的边际成本恰好等于市场价格，即均衡的产量点总在边际成本曲线上变动。

所以，完全竞争厂商的短期供给曲线就是该厂商边际成本曲线停止营业点以上（P>AVC）的那部分实线段。

第二，完全竞争行业的短期供给曲线。假定生产要素的价格是不变的，那么，完全竞争行业的短期供给曲线就是所有厂商的短期供给曲线的水平加总而成的。或者说，把完全竞争行业内所有厂商的 SMC 曲线上等于和高于 AVC 曲线最低点的部分水平相加，便构成该行业的短期供给曲线，如图 10-5 所示。

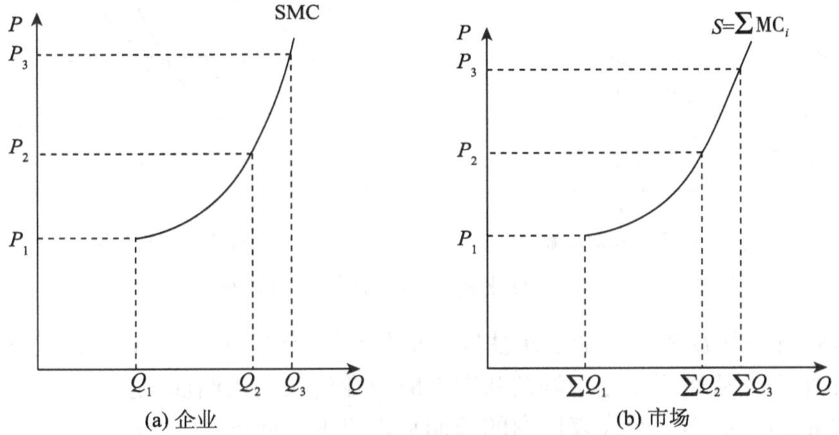

图 10-5 市场供给曲线图

由于行业的短期供给曲线是单个厂商的短期供给曲线的水平相加，所以，行业的短期供给曲线也是向右上方倾斜的。而且，行业短期供给曲线上的每一点都表示在相应价格水平下能够使全体厂商获得最大利润（或最小亏损）的行业短期供给量。

（三）长期均衡

在短期中，根据利润最大化原则，将产量确定在 MR=MC=P 的水平上，此时会出现厂商亏损及盈利并存的状况。但在长期中，由于厂商有足够的时间调整全部生产要素，可以随意进入和退出某一行业，以至于短期中获取超额利润或不能实现正常利润的情况不能继续维持下去，这就需要分析长期均衡问题。长期均衡是指在这段时期内，各厂商能够调整其厂房设备的规模，即厂商能够根据其准备提供的产量选择一个耗费总成本最低的厂房设备规模，而且长期内行业的厂商人数能够发生变化。

1. 厂商均衡和行业均衡

和短期均衡一样，长期均衡也可分为厂商均衡和行业均衡。在长期范围内，不断有新的厂商进入该行业和亏损的厂商退出该行业，各厂商根据该产品的市场销售价格调整其厂房设备的规模，并使所提供的产量的边际成本等于既定的产品价格；行业的供给和需求决定该产品行业的均衡价格和均衡产量。当该产品在市场上的供给量和需求量在某一价格下处于均衡时，该产品的价格、产量和留存的厂商人数将不再发生变化，该行业处于均衡状态。与此同时，每个厂商的长期均衡产量位于其长期平均成本（LAC）曲线最低点[短期平均成本(SAC)曲线最低点],厂商不会再调整其选用的厂房设备的规模,也不会变动其提供的产量。这意味着在行业的需求状况和成本状况既定条件下,行业与留存该行业的各厂商同时处于均衡状态(图 10-6)。

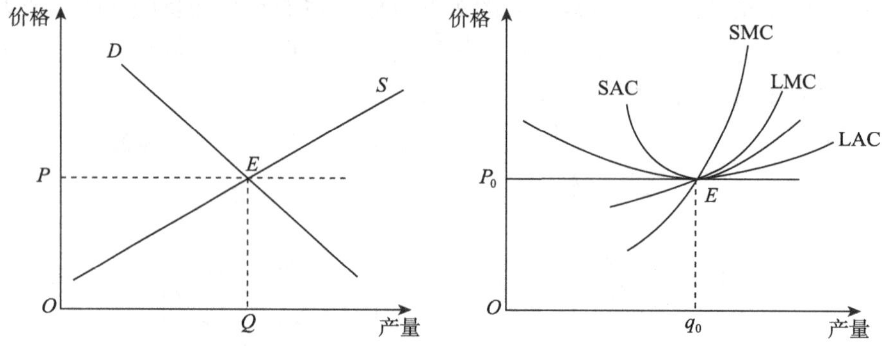

(a) 行业长期均衡　　(b) 厂商长期均衡

图 10-6　行业长期均衡与厂商长期均衡

图 10-6(a)中 D 表示行业需求曲线,S 表示行业供给曲线,S 与 D 的交点 E 表示行业的供求平衡(从而厂商处于均衡状态)时行业的长期供给曲线上的一点。但这一点不代表厂商的边际成本,而代表厂商的长期平均成本最低点。

图 10-6(b)中 LAC 和 LMC 分别表示厂商的长期平均成本曲线和长期边际成本曲线,SAC 和 SMC 分别表示短期(即实际使用的厂房设备)的平均成本曲线和短期边际成本曲线,厂商的均衡产量为 q_0,总产量 $Q=q_a+q_b+q_c+\cdots+q_m$,表示行业处于均衡状态时留存下来的某一厂商的均衡状态。

在完全竞争长期均衡的市场机制下,能够使一个社会的生产资源实现有效配置。因为完全竞争长期均衡状态具有以下三个特点:

(1)在行业达到长期均衡时,行业内生存下来的厂商都具有最大的经济效率。虽然大量的生产同种商品的厂商的成本状况可能不尽相同,但它们都按相同价格售卖产品,从而会实现不同的利润。图 10-7 描述某行业的效率不同的三种类型的厂商的成本状况和由这些厂商组成的市场供求状况。其中,A 厂商的效率最高(成本最低),B 厂商次之,C 厂商的效率最差。当市场供求决定的均衡价格为 P 时,q_a、q_b 和 q_c 代表各类厂商的均衡产量。A 厂商和 B 厂商赚得不同程度的超额利润,C 厂商处于收支相抵不赔不赚状态。但因该行业原有厂商能赚得超额利润,这引起新的厂商进入该行业,由此导致市场供给量的扩大,这意味着市场(行业)供给曲线从 S 向右下方移动,价格下跌到 P_1,市场均衡产量增为 Q_1。在这场合,B、C 类型的厂商,除非把自己的效率提高到同行业中效率最高的 A 厂商的水平,否则将因亏损而退出该行业。这一淘劣存优的调整过程将继续下去,一直到生存下来的厂商都达到了最高效率为止。所以完全竞争市场达到长期均衡状态时,该市场留存下来的每个厂商都具有相同的最高效率。

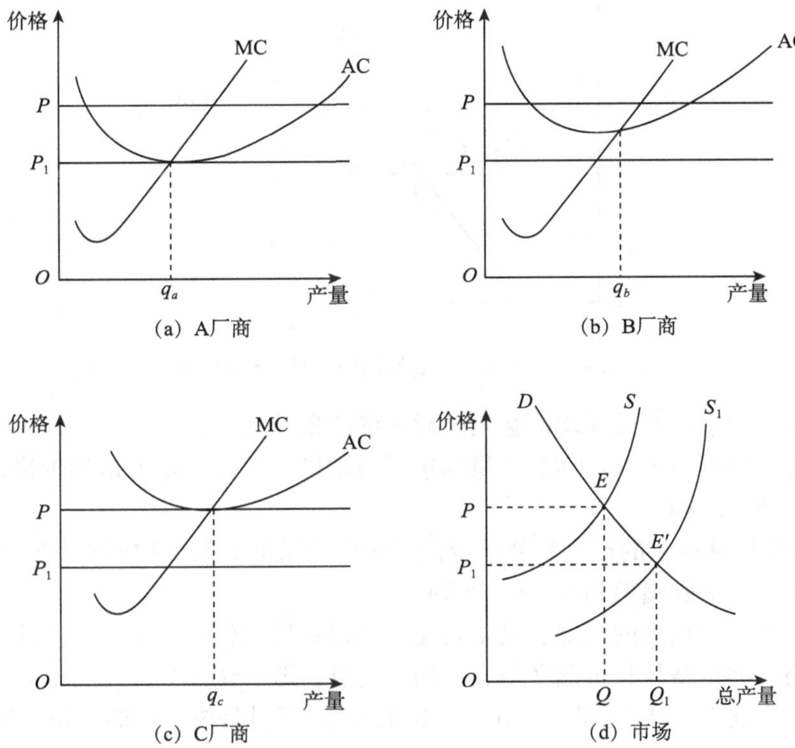

图 10-7　行业与厂商的短期均衡和长期均衡

（2）在达到行业长期均衡时，留存在该行业的厂商，虽然都是效率最高、成本最低的厂商，但每个厂商只能赚得正常利润。因为只要还能赚得超额利润，新的厂商会被吸引到该行业，由此引起市场供给量的扩大和价格下降，一直到留存下来的效率最高的厂商的超额利润完全消失，所有厂商只能赚得正常利润为止。这表现为图 10-7 中的 B、C 类型厂商都被与 A 类型厂商效率相同的新厂商所替代。因此，长期调整过程是通过厂商的淘劣存优实现的，在其作用下，效率最高的厂商也只能实现正常利润。

（3）在行业长期均衡状态下，每个厂商提供的产量，不仅必然位于其短期平均成本（SAC）线的最低点，而且必然位于其长期平均成本（LAC）曲线的最低点[图 10-6(b)]。就是说，每个厂商所选用的厂房设备的规模是在当时技术条件下效率最高的规模，并且提供的产量是该厂房设备平均成本为最低点的产量。

我们可进一步作如下说明：假设如图 10-8 所示，在开始时，效率最高的厂商选用的厂房设备的规模的效率小于最优规模的效率，这意味着该厂商的规模在其 LAC 最低点的左上方的一点，假设为图 10-8 的 B 点。假设开始时的价格为 P，该厂商可获得超额利润。由于只要 LAC 曲线还处于递减阶段，厂商选用规模更大从而平均成本更低的设备，会获得更多利润。这显然会驱使该厂商充分利用规模经济的效益，选择效率更高，即平均成本最低的设备规模，所以当厂商达于长期均衡时，厂商选用的厂房设备的规模必然位于长期平均成本 LAC 曲线之最低点，如 A 点。又因为只要存在超额利润，竞争的压力就会引起市场供给增加，由此迫使价格下降到超额利润完全消失，即 P=LAC。

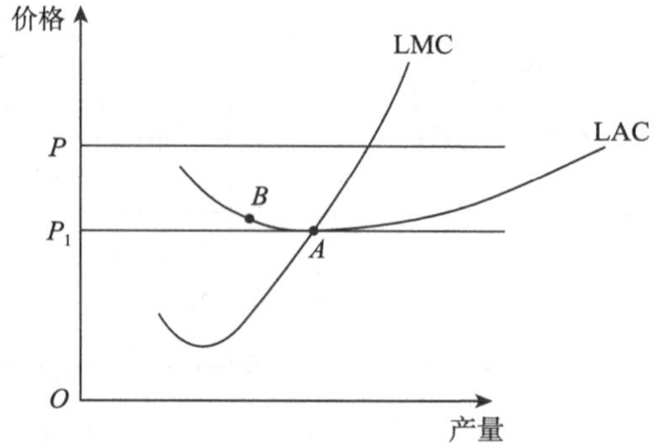

图 10-8 完全竞争厂商长期内的最优经营规模

可见，完全竞争厂商长期均衡必须同时具备的条件如下：

第一，每个生存下来的厂商的产量的边际成本恰好等于既定的市场价格以便赚得最大限度利润，即 P=MC。

第二，每个厂商提供的产量是使既定设备所产产量的短期平均成本（包含正常利润）等于既定价格，以消除超额利润，即 P=SAC。

第三，每个厂商选用的厂房、设备及使用该设备所提供的产量，又使该产量的平均成本等于价格，即价格与其长期平均成本相等之点，即 P=LAC。

同时满足上述三个条件，即 P=MC=SAC=LAC 的产量是位于厂商长期平均成本 LAC 曲线之最低点的产量。这意味着在所假定的完全竞争前提下，当行业（从而厂商）达到均衡状态时，产品的卖价等于厂商的边际成本；各厂商提供的产量是在可以利用的技术为既定的条件下，选用了规模经济最大的厂房设备生产出来的；各厂商提供的产量，又是这一设备的平均成本最低的产量。所有这一切意味着：当任一市场上对一种产品的需求和供给这两种社会力量共同决定的价格，在使供给量与需求量达到平衡的时候，一方面，厂商在该价格下愿意供应的产量恰好等于消费者在该价格下愿意买进的数量；另一方面，厂商提供的这一产量是在技术既定条件下，用最低的成本生产出来的。简言之，完全竞争的市场结构具有导致生产资源最有效率配置的功能或作用。

2. 完全竞争行业的长期供给曲线

在进行短期分析的时候，我们知道，在厂商投入要素价格不变的情况下，通过对厂商供给的简单加总可以得到产业的供给曲线。行业的长期供给曲线是否也可以通过这种方法得到？答案是否定的。因为长期内，厂商自由进出该产业，我们不知道对哪些企业的供给进行加总。何况在长期内，产业的扩张、收缩会引起厂商投入要素价格的变化，我们更不可能通过对单个厂商供给的简单加总得到产业供给曲线。即使厂商投入要素的价格长期不发生变化，我们也不能通过对单个厂商供给的简单加总得到产业的供给曲线。由于在长期均衡状态时，与厂商的均衡供给量相对应的价格和成本不是边际成本，而是厂商长期平均成本（LAC）曲线最低点的平均成本。所以行业的长期供给曲线将是因市场需求的扩大（或减缩）而引起的行业供求平衡时各厂商长期平均成本（LAC）曲线最低点的轨迹。因此，行业长期供给曲线的形状可能有三种情况，即水平直线、向右上方倾斜和向右下方倾斜。我们将区分成本固定不变行业、成本递增行业及成本递减行业三种情况，讨论完全竞争行业长期供给曲线。

1）成本固定不变行业

成本固定不变行业（constant cost industry）是指随着行业的扩张或收缩，不会引起厂商成本变化，因而行业长期供给价格不变、行业长期供给曲线为一水平线的行业。行业长期供给价格是指：第一，该行业每个厂商进行内部最优调整后的价格；第二，该行业厂商的数目通过自由进出最优调整后，生产该行业每一种产量水平所需的最低价格。成本固定不变行业的要旨在于产业的长期供给价格是不变的，其既定的条件是厂商所使用的生产要素市场是完全竞争的市场，生产要素是非专门化的要素，因此，行业的扩张不会引起生产要素价格的上升。我们借助图 10-9 来分析成本固定不变行业。

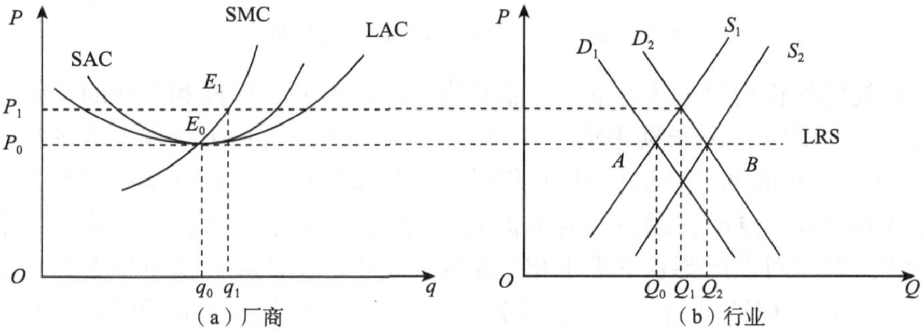

图 10-9 成本固定不变行业的长期供给曲线：水平直线

图 10-9（b）表示，假设开始时行业的长期均衡点为 A，均衡价格为 P_0，均衡产量为 Q_0。现假设市场对该产品的需求从 D_1 扩到 D_2。在短时期内，价格从 P_0 上升到 P_1，这引起该行业既有厂商利用原有设备扩大供给量，并赚得超过平均利润的超额利润，行业的供给量从 Q_1 增为 Q_2。原有厂商赚得超额利润吸引新的厂商进入该行业。新厂商提供的产量导致行业供给曲线从 S_1 向右下方移动到 S_2。假如行业产量扩张引起的对所需生产要素需求的增加并未引起要素价格上升，则产品的成本不会增加，因而新旧厂商的长期平均成本曲线不会上下移动。新厂商进入引起的市场供应量增加导致行业供给曲线从 S_1 移到 S_2，迫使价格下跌。只要该行业继续存在超额利润，新厂商的进入和行业产量的增加会继续下去，一直到产品价格回复到原来的水平 P_0，超额利润完全消失为止。新的行业均衡产量从 Q_0 增为 Q_2。如图 10-9（a）所示，原来的厂商提供的产量从一度增为 q_1 恢复到原来的 q_0，因而行业产量的增加完全是由新增的厂商提供的。在这种场合下，行业的长期供给曲线是一条水平线，如图 10-9 中由 A 点与 B 点联结起来的 LRS 直线，它表示对该产品需求的增加（需求曲线从 D_1 向右上方移动到 D_2）只会引起供给量的扩大，均衡价格则始终保持在等于厂商 LAC 曲线之最低点的水平。由于这样的行业的单位产品的成本不因产量的增加而发生变化，所以被称为成本固定不变行业。

2）成本递增行业

成本递增行业（increasing cost industry）是指随着产业的扩张，生产要素价格提高，造成厂商成本增加，从而导致行业供给曲线向右上方倾斜的行业。图 10-10 描述了递增成本行业市场的长期供给曲线与厂商的长期供给曲线。

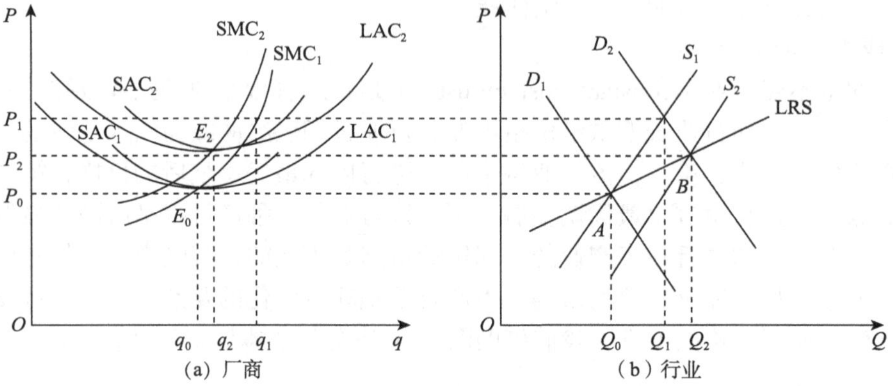

图 10-10 成本递增行业的长期供给曲线

假设在初始的长期均衡状态下，产品的均衡价格为 P_0，厂商和行业的均衡产量分别为 q_0 和 Q_0，厂商的短期和长期平均成本曲线分别为 SAC_1 和 LAC_1。现在假设市场需求从 D_1 扩大为 D_2，在短时期内价格从 P_0 上升到 P_1，这会使原有厂商赚得超额利润，引起新的厂商进入该行业。这样，因市场需求扩大引致的整个行业的扩张产生两种结果：一是行业产量扩大时，对生产要素的需求相应增加，这引起生产要素的价格上升，由此导致新旧厂商的 LAC 曲线从原来的 LAC_1 移到 LAC_2。二是行业供给曲线因新厂商的进入 S_1 向右下方移动到 S_2。厂商的 LAC 曲线（和 SAC 曲线）向上移动和 S 曲线的右移一直进行下去，一直到 S 曲线的移动使价格从 P_1 下降到等于已经上移的 LAC_2 曲线之最低点为止，即价格为 P_2。这时，超额利润完全消失，行业与厂商再次处于均衡状态。如需求继续扩大，该行业将趋向另一更高的均衡。在这种场合下，对产品需求的增加引起行业产量增加的同时，产品的均衡价格相应上升，因而行业的长期供给曲线表现为图 10-10（b）所示的联结 A、B 两点的自左向右上方倾斜的 LRS 曲线，在这种场合下，行业产量扩大引起的生产要素价格，递增的行业供给曲线上升，导致单位产品成本提高，所以被称为成本递增行业。在农业和采矿业中，当这些产品的生产扩大时，人们不得不耕种肥沃度较低的土地，开采较贫的矿山，是成本递增行业的递增供给曲线的典型实例，或称向上倾斜的长期供给曲线（upward-sloping long-run supply curve）。

3）成本递减行业

成本递减行业（decreasing cost industry）是指随着行业的扩张，生产要素价格降低造成厂商成本下降，从而导致产业供给曲线向右下方倾斜的行业。行业的扩张并不总是引起投入要素价格的上升，有些行业会出于规模扩大的优势而获得较便宜的投入，行业的扩张还有可能改进运输系统，降低运输成本等。这都有可能降低厂商的长期平均成本，导致出现向右下方倾斜的长期产业供给曲线。

图 10-11 描述的是成本递减行业的长期供给曲线。假设开始时，行业均衡点 A 相应的均衡价格为 P_0，均衡产量为 Q_0，各厂商均衡产量为 q_0。现假设市场需求增加（需求曲线从 D_1 向右上方移动到 D_2）。在短时期内，价格从 P_0 上升到 P_1，原有厂商利用其已有厂房设备扩大产量，并由此赚得超过平均利润的超额利润。超额利润吸引新的厂商进

入该行业，厂商人数的增加导致市场供给扩大。由此导致供给曲线从 S_1 向右下方移动到 S_2；厂商的 LAC 曲线从 LAC_1 向下移动到 LAC_2。新厂商的进入将继续进行下去，一直到价格从 P_1 降到 P_2，即价格再次等于新的长期平均成本（LAC_2）曲线之最低点，每个厂商的超额利润完全消失为止。把图 10-11 所示各长期均衡点 A 与 B 连接起来的一条曲线，即可得出一条源于厂商的 LAC 曲线向下移动的向下倾斜的行业长期供给曲线。

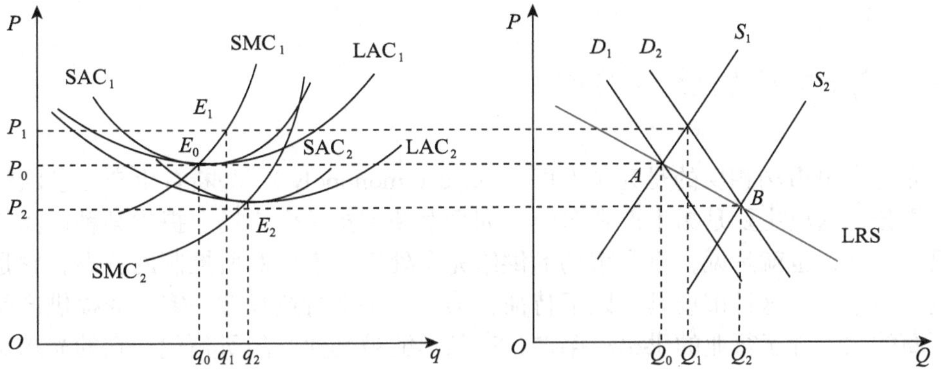

（a）厂商　（b）行业

图 10-11 成本递减行业的长期供给曲线

随着一个行业的产量扩大，其所需的生产要素的成本会下降（表现为厂商的 LAC 曲线和 SAC 曲线向下移动），这种现象是生产扩张产生的“外部经济”造成的。经济学家马歇尔曾把能够引起厂商成本减少的因素区分为内部经济（internal economies）和外部经济（external economies）两种。内部经济是指单个厂商本身厂房设备的规模扩大带来的规模经济（economies of scale）引起厂商成本曲线向下移动。外部经济又称行业经济（industry economies），是指整个行业扩大带来的厂商成本曲线向下移动。以某一新矿区为例，在该矿区的总产量还很小时，每个厂商的矿产品可能需用马车搬运；但当矿场数目日益增多，从而矿产品的总量日益扩大时，就值得修建一条铁路把产地和销售地点联结起来，从而使每一矿场上的运输成本大大降低。简言之，当一种产品的扩大导致所需重要原材料的成本下降时，会导致该产品的长期供给曲线由于成本递减而向右上方倾斜。

五、对完全竞争市场的评价

经济学家认为，在完全竞争条件下，价格可以充分发挥其“看不见的手”的作用，调节整个经济的运行。通过这种调节会产生一系列的后果，包括正反两方面。从正面来看：第一，社会的供给与需求相等，从而资源得到最优配置，生产者的生产不会有不足或过剩，消费者的需求也得到了满足；第二，在长期均衡时所达到的平均成本处于最低点，这说明通过完全竞争与资源的自由流动，使生产要素的效率得到了最有效的发挥；第三，平均成本最低决定产品的价格也是最低的，这对消费者是有利的。从反面来看：第一，各厂商的平均成本最低并不一定是社会成本最低；第二，产品无差别，消费者的多种需求无法得到满足；第三，完全竞争市场上生产者的规模都很小，且其没有能力进行技术创新，从而不利于技术进步。

第三节 完全垄断市场的厂商均衡

一、完全垄断的概念及其形成原因

与完全竞争市场相反的是完全垄断（perfect monopoly）。垄断有生产者垄断和消费者垄断之分，这里主要是指生产者垄断。完全垄断是指一个市场上提供某种产品的生产厂商只有一家，也就是说，整个市场的供给完全处于一家厂商所控制的状态，它是没有任何竞争的市场。这种市场具有以下特征：第一，一个行业只有一家厂商提供产品，因此，厂商的供给等于行业的供给；第二，产品不能被其他产品所替代，它的需求交叉弹性为零，不必担心来自其他行业的竞争者，垄断厂商没有任何竞争威胁；第三，垄断厂商能独自决定产品的价格，它是产品价格的制定者，而不是价格的接受者，可以根据情况决定价格以保证垄断利润；第四，其他厂商很难进入这个行业。可见，垄断厂商能够对其所经营的产品的供给实行控制是垄断的显著特征。

一般认为，以下原因可能会造成现实生活中的垄断现象。

第一，规模经济。竞争中的厂商为了取得优势，会走上扩大生产规模的道路。越是先进的生产设备，越是大规模生产，就越能降低成本。于是在竞争中有一种大鱼吃小鱼的现象，那些成功地利用规模经济的企业会逐步消灭规模较小的企业，使整个行业的产量集中到少数几家厂商，最终就有可能形成一个行业只有一家厂商的局面。

第二，自然垄断。经济生活中存在这样一些行业，出于自然的原因，它们不适于小规模分散经营，必须使用大量的投资或使用规模很大的设备，而且一家厂商就足以满足整个市场的需求，这种情况下厂商的产品成本随着产量的增加而递减。整个市场只需要一家厂商即可满足需要，两家厂商很难获得利润。这样，其他厂商难以再进入这个行业，这种行业我们统称为自然垄断。许多公用事业，如电力、电信、自来水、煤气、铁路等通常都由一家厂商独家经营，但为了保护居民的利益，通常由政府加以管理。

第三，法律性垄断。为保护创新，以促进厂商重视新发明、开发新产品和发展新技术，政府用法律保护专利所有者的独家占有权。如果专利所有者决定自己独家使用该专利，或决定把该专利使用权转让给某一家厂商，就会形成垄断局面。在我国，专利有效期为 15 年，美国是 17 年。另外，政府也可能用特许权的形式授予某个厂商在政府管制下独家经营与公共福利或财政收入密切相关的行业，如食盐、烟、军用品、某些药品等。

第四，一家厂商控制了其产品的基本原料来源。这种情况主要是某些厂商控制了特殊的自然资源或矿藏，从而对用这些资源或矿藏生产的产品实行完全垄断。例如，美国铝公司长期保持垄断地位的原因是它控制了铝土矿；加拿大国际镍公司，也是由于控制了世界上近 90%的镍矿藏，从而对镍享有垄断权力；南非的德比尔公司拥有并控制了地球上钻石矿的4/5，成为世界钻石市场上的垄断者。

相关链接 10-1 《反垄断法》：市场经济法治化的重要环节

历经多年酝酿，被寄予厚望的《中华人民共和国反垄断法》（简称《反垄断法》）于2007年8月30日在十届人大第29次常委会会议上表决通过，并于2008年8月1日生效实施，这是我国社会主义市场经济法治化建设的里程碑。《反垄断法》的实施有利于市场经济体制的完善发展。

《反垄断法》作为市场经济法律体系中的核心之法，是旨在保护市场公平竞争、维护市场竞争秩序、充分发挥市场配置资源作用的重要法律。我国的《反垄断法》既坚持了国际上反垄断法制度设计的基本共识，也强调了我国初步市场经济的国情特征，是适合当前我国市场经济发展阶段的一部法律。

《反垄断法》的实施，有利于建立平等竞争的市场环境。当前我国经济生活中的垄断现象突出表现在两个方面：一是市场垄断行为，如串通定价、限制产量、划分市场和滥用市场支配地位等；二是实行国家管制或带有自然垄断特点的领域和行业利用行政权力并通过市场方式形成垄断。此外，地区封锁和行业垄断也很严重。垄断行为破坏了经济发展的活力，影响了企业生产经营的正常进行，抑制了市场机制作用的发挥，不利于形成公平竞争、资源优化配置的经济运行机制。《反垄断法》的实施，在一定程度上扭转了大企业挤压小企业生存空间的现状，建立公平竞争的市场环境，消除垄断对市场经济造成的破坏。

《反垄断法》的实施，有利于普及竞争理念和竞争文化。垄断行为具有很强的隐蔽性和迷惑性，从世界各国反垄断的经验来看，光靠执法机构的“单兵作战”，成效并不明显。只有调动起公民反垄断的积极性和维护权益的自我保护意识，才能使垄断行为无处藏身。因此，竞争理念和竞争文化的普及对于遏制垄断行为意义重大，《反垄断法》的实施，必将推动竞争理念和竞争文化的普及。

《反垄断法》的实施，有利于平衡和协调各种利益关系。我国社会正处于转型期，各种利益关系盘根错节，利益之间的博弈和利益集团的寻租行为非常普遍。政府与市场的边界模糊，使现实中滥用行政权力排除或限制竞争的行为相当严重，长期的权力垄断使行政垄断与体制弊端“交相辉映”，与利益集团千丝万缕，与地方保护及部门利益盘根错节，使消费者的合法权益和各种形式的垄断利益之间发生了严重的对立。随着经济全球化的加剧和我国对全球经济影响力的提高，国内国际经济结构调整不断加快，企业间的合并、重组日趋活跃。其中，外资并购引发了诸多争议，更使外资、国资、民资的利益平衡和协调迫在眉睫。

《反垄断法》的实施，有利于市场经济体制的完善发展。《反垄断法》不仅是保护市场竞争、维护市场竞争秩序、充分发挥市场配置资源基础性作用的重要法律制度，也是市场经济国家调控经济的重要政策工具。特别是在经济全球化的条件下，世界各国普遍重视利用反垄断法律制度，防止和制止来自国内、国外的垄断行为，维护经营者和消费者的合法权益，促进技术创新和技术进步，提高企业竞争力，保证国民经济的健康、持续、协调发展。《反垄断法》的出台，初步界定了垄断行为的三方面具体内容，建立了反垄断的执法体系和救济途径，将为部分垄断行业的改革扫清法律障碍，有力地遏制行业垄断的蔓延和地方保护的扩张。

资料来源：夏晓龙. 反垄断法：市场经济法治化的重要环节. 文汇报，2008-10-06

二、垄断厂商均衡价格和产量的决定

（一）垄断厂商的需求曲线和收益曲线

垄断是指一个市场只有一家厂商，所以垄断厂商的供给曲线也就是市场供给曲线，其需求曲线也就是市场需求曲线。当产品价格比较高时，社会需求量比较小；当产品价格比较低时，社会需求量比较大，垄断厂商的需求曲线自左向右上方倾斜。

垄断厂商的需求曲线向右下方倾斜，表明厂商的销售量每增加一个单位，那么增加的这个单位产品的销售价格比之前的价格要低，而且全部销售量的其他各单位产品的销售价格也较前一个单位产品的销售价格下降，因而每增加销售一个单位产品带来的总收益增加量（即边际收益），总是小于单位产品的销售价格。这意味着边际收益曲线总是位于需求曲线的左下方。厂商的边际收益总小于单位产品的销售价格，这是不完全竞争厂商不同于完全竞争厂商的一个重要特点。

当需求曲线是线性曲线时，其表达式可以写为

$$P=a-bQ$$

这时企业的平均收益是

$$\mathrm{AR}=\frac{\mathrm{TR}}{Q}=\frac{PQ}{Q}=a-bQ$$

平均收益曲线与企业面临的需求曲线重合。

边际收益表达为

$$\mathrm{MR}=\frac{\mathrm{dTR}}{\mathrm{d}Q}=\frac{\mathrm{d}PQ}{\mathrm{d}Q}=\frac{\mathrm{d}(aQ-bQ^2)}{\mathrm{d}Q}=a-2bQ$$

当需求曲线是线性时，边际收益曲线也是线性的，而且边际收益曲线斜率的绝对值等于需求曲线斜率绝对值的两倍。

（二）完全垄断厂商的短期均衡

虽然垄断厂商有权自己决定产品价格和销售量，其可以只卖少量的产品而维持高价，也可以用低价扩大自己的供给量。但是，要获得利润最大化，垄断者在短期均衡情况下要遵循两条准则：一是使出售产品的平均收益大于或等于平均变动成本，以弥补平均变动成本；二是把产出水平调整到边际成本等于边际收益点，以使厂商获得最大化利润或者使亏损最小化。条件是边际收益等于边际成本，即 MR=MC。垄断厂商在短期中的均衡可以分为三种情况。

（1）利润最大时的短期均衡。垄断厂商的成本曲线形状和完全竞争厂商的成本曲线是一样的，它们都受要素边际收益递减规律的约束，因此，平均成本 AC 和边际成本 MC 曲线是 U 形的。MR 与 MC 相交于 E 点，该点决定了产量 Q_1，Q_1 是能带来最大限度利润的产量，因为在产量为 Q_1 时，有 TR 曲线的切线斜率等于 TC 曲线的切线斜率，如图 10-12（a）所示。从图 10-12（b）中可以看出，当产量小于 Q_1 时，MR>SMC，这表示这时增加产量可导致利润总量增加；反之，当产量超过 Q_1 时，MR<SMC，这表示这时增加产量反而导致利润总量减少。因此，当 MR=SMC 时的产量，是带来利润最大化的产量 Q_1 是带来利润最大化的产量。将 Q_1 与 SMC 曲线和 MR 曲线的交点连接，并向上延伸与需求曲线 D 相交于点 F，过点 F 作平行于横轴的直线与纵轴交于 P_1 点，P_1 就是完全垄断厂商能够实现利润最大化的价格，这时利润额等于图 10-12（b）中矩形 P_1FET 的面积，其中 E 点是 Q_1 向上延伸与 AC 曲线的交点，T 点是过 E 点作平行于横轴的直线与纵轴的交点。

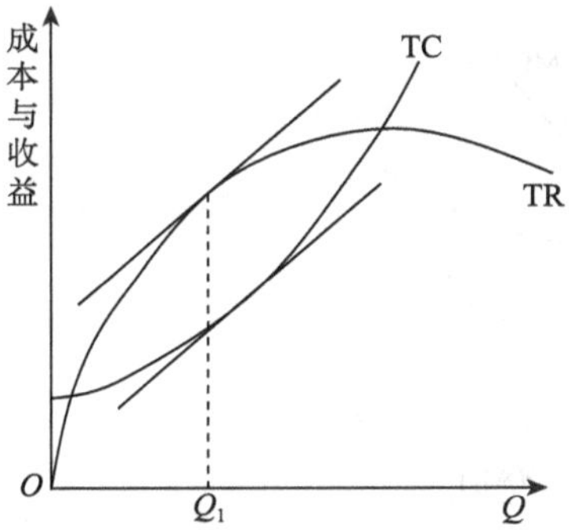

（a）总成本与总收益

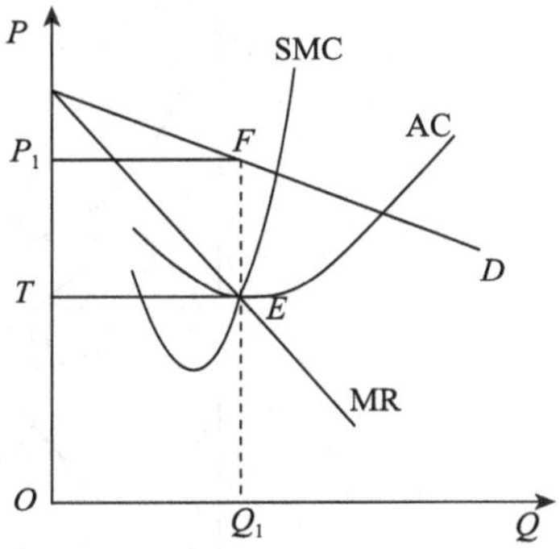

（b）边际成本与边际收益

图 10-12　利润最大时的短期均衡

（2）不亏不盈的短期均衡。有时候垄断厂商面临的需求曲线不与它的平均成本 AC 曲线相交，而与 AC 曲线相切，那么，根据 MR=MC 决定的产量，垄断厂商就能保证自己不亏不盈。其均衡情形如图 10-13 所示。垄断厂商根据 MR=MC 决定均衡产量 Q_1，与 Q_1 相应的价格 P_1 正好由需求 AR 曲线和平均成本 AC 曲线相切的切点 A 表示。于是厂商在产量为 Q_1 时，总收益和总成本都相当于图 10-13 中矩形 P_1OQ_1A 的面积。

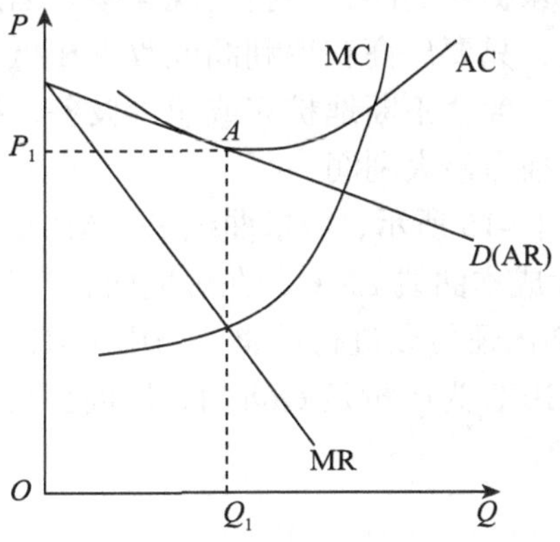

图 10-13　得到正常利润的短期均衡

（3）亏损最小时的短期均衡。如果完全垄断厂商面对的需求太少，以至于没有任何产量可以使 TR>TC，那么，为使亏损最少，完全垄断厂商将把其提供的产量调整到 MR=SMC 的产量水平。这时，只要 TR>TVC，完全垄断厂商将持续生产，这时不仅可以收回全部可变成本，而且其固定成本也可得到部分补偿。但是，如果价格太低，以至于 TR<TVC，完全垄断厂商将停止生产。这表明，完全垄断厂商并不一定能赚得超额利润，能否赚得超额利润，取决于市场需求所决定的可能销售价格和成本状况。

用图 10-14 作如下说明：当垄断厂商的需求曲线 D（AR）低于平均总成本曲线（ATC）、高于平均可变成本曲线（AVC）时，无论在哪个产量水平，厂商都会亏损。为降低亏损，厂商按边际收益等于边际成本的原则，把产量水平决定在 Q_1 上，这时，价格水平为 OP_1，平均成本为 OC，总收益为 OQ_1AP_1 的面积，总成本为 OQ_1BC 的面积，总成本大于总收益，P_1ABC 为亏损，且为亏损额最小。若 MR>MC，增加销售使亏损减少；若 MR<MC，减少销售使亏损减少；只有当 MR=MC 时，亏损降到最低。

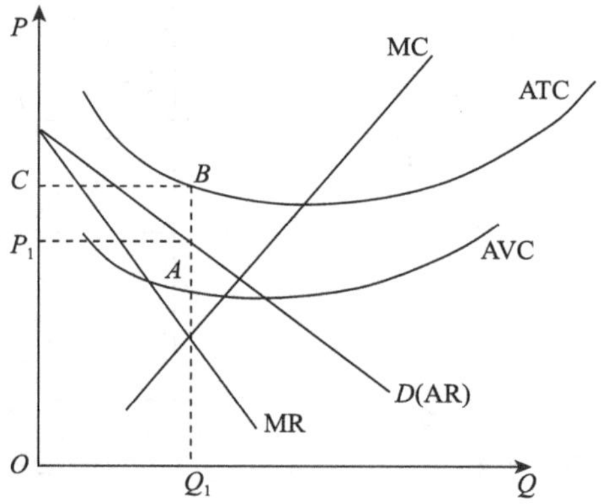

图 10-14　亏损最小时的短期均衡

（三）完全垄断厂商的长期均衡

1. 长期内存在超额利润

完全垄断市场由厂商独家提供商品，不会出现竞争。因此，从长期看，在适当的生产规模和最佳的产量水平上，只要厂商获得利润或收支相抵，厂商就会经营下去。在市场需求曲线既定的情况下，厂商会不断地扩充或减少设备，缩小规模，把产量调整到能获得最大利润的水平上，可独占最大利润。

某厂商成本、收益如图 10-15 所示，需求曲线 D（AR），边际收益曲线 MR，长期平均成本曲线 LAC，长期边际成本曲线 LMC，在短期内，产量为 OQ_0，价格为 OP_0。阴影 P_0ADB 为超额利润。长期内还可以进行调整，当由 LMC=MR 时确定的产量水平，将获得最大利润。阴影部分 P_1EFC 为产量是 OQ_1 时，厂商获得最大利润。垄断厂商长期均衡的条件是 MR=SMC=LMC。

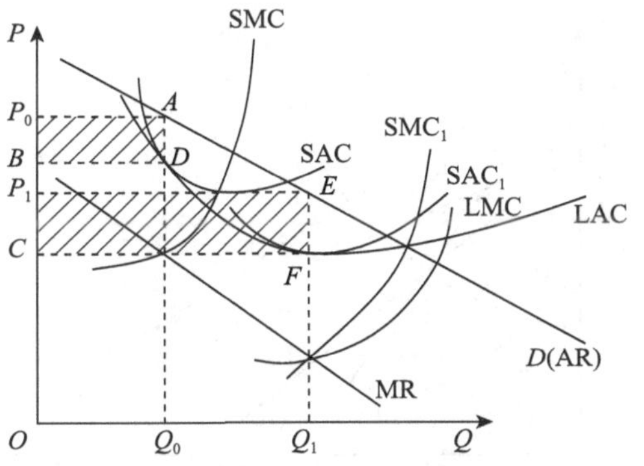

图 10-15　垄断厂商的长期均衡

如果厂商在短期内只能得到正常利润，在长期内可以通过调整规模来获取超额利润，或者仍处于收支相抵点，这取决于厂商面对的需求曲线的位置和形状。如果短期内存在亏损，在长期内通过调整规模消除亏损或得到超额利润，厂商会继续留下经营。假如不论怎样调整都有亏损，厂商只有离开该行业转移到有利的部门。

2. 完全垄断行业价格与产量的关系

在完全竞争市场上，不论厂商还是行业都有供给曲线，反映产品价格和产量（供给量）之间一一对应的关系，价格提高，供给增加，价格降低，供给减少。供给曲线具有正斜率，价格与供给量存在正相关。然而在完全垄断市场上，商品价格和产量之间并不存在对应关系，或者说，完全垄断厂商或市场没有供给曲线。

为什么完全垄断厂商没有供给曲线？供给曲线是指在既定价格条件下，厂商或行业愿意并且能够提供的商品量。在完全竞争市场上，厂商是价格接受者，不能控制或影响价格，而在完全垄断市场上，不存在价格和产量的对应关系，垄断厂商的产量是与价格同时决定的，所以没有供给曲线。

在图 10-16 中，当需求曲线为 D_1 时，价格为 P_1，产量为 OQ_1。当需求增加到 D_2 时，新的边际收益曲线 MR_2 和 MC 曲线在原来的产量水平上相交，于是价格变为 P_2，产量仍然保持在 OQ_1 水平上。因此，在完全垄断条件下，价格和产量是同时决定的，所以在需求曲线移动时，同一价格下可能会产生一系列不同产量，或者同一产量水平也可能导致不同的价格，垄断厂商不存在价格与数量一一对应的供给曲线。

3. 垄断厂商的价格歧视

在前面考察中假定垄断厂商根据需求和成本状况，为提供既定商品制定相同的价格。但在现实经济领域中，垄断厂商为获取最大的垄断利润，可以通过不同定价方法来增加总收益。也就是说，在不同市场上索取差别价格，即一家厂商在同一时间对同一种产品向不同的购买者索取两种或两种以上的价格，或者对销售给不同购买者的同一种产品在成本不同时索取相同的价格，这种价格称为价格差别或价格歧视（price discrimination）。

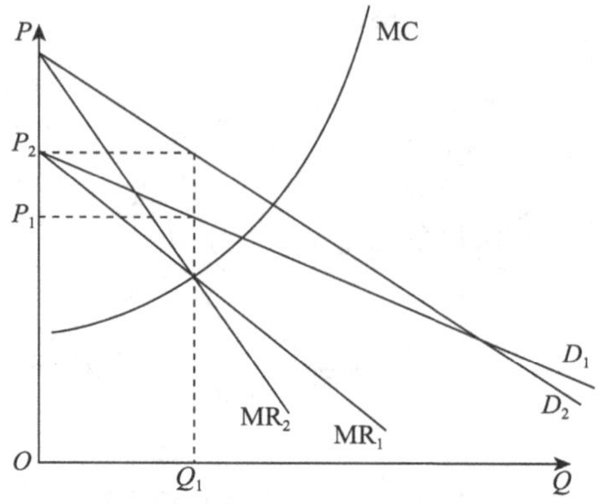

图 10-16 同一产量下的不同价格

1）实行价格差别的条件

完全垄断厂商要使差别价格切实可行，必须满足如下条件：

第一，市场必须有某些不完善之处，使独家能占据市场，拥有一定程度的垄断权力。在完全竞争条件下，差别定价的办法是不可能的。但当市场存在不完善性，或者当市场的各部分被运输成本、消费者不了解或者国家之间的壁垒所阻隔时，完全垄断厂商就能够对各个市场或市场的各个部分分别实行某种控制，从而对不同的买者索取不同的价格。

第二，各个市场的需求弹性必须各不相同，厂商能够了解不同层次的消费者购买商品的愿望和能力，即知道不同消费者对商品具有不同的需求弹性。对需求弹性比较大的商品市场制定比较低的价格，而对需求弹性比较小的商品市场制定比较高的价格。这样，可以使厂商得到更多的收益。

第三，市场必须能有效地分离开来。如果一家厂商无法隔离它的市场，那么它的全部买主将在价格最低的市场上进行购买，或者把低价购进的商品在价格更高的市场上重新出售。如果一个国家出口的商品，在另一国家的销售价格远低于本国出售价格，那么，要使差别价格切实可行，必须有足够的运输成本或其他贸易控制办法阻止该商品从其他国家再进口到该国。

2）价格歧视的类型

垄断者对同一产品索取不同价格的程度，大体可分为三种类型，即一级价格差别（first-degree price discrimination）、二级价格差别（second-degree price discrimination）和三级价格差别（third-degree price discrimination）。

第一，一级价格差别。一级价格差别也称为完全价格差别（perfect discrimination），是指垄断厂商在出卖商品时，每个商品都以不同价格出卖以获得最大利润的可能性。换句话说，如果完全垄断厂商非常熟悉每个消费者对任何数量的产品愿意并能够支付的最高价格，即需求价格，它就可以依照每个消费者的需求价格逐个制定差别价格，从而将每个消费者剩余全部转化成垄断利润，这就是一级价格差别。

一级价格差别的理论依据是前文消费者行为理论中的边际效用价值论。通常，对人们的边际效用越大，人们愿意付出的价格就越高；反之，边际效用小，价格就低。用图 10-17 说明，D 为需求曲线，如对一定量商品索取相同价格时，消费者按 P_1 价格购买

OQ_1 商品，这时消费者剩余为三角形 P_nHK。若实行一级价格差别时，厂商对 Q_1 取价 P_1，对 Q_2 取价 P_2，……最后对 Q_n 取价 P_n。这样，需求曲线 D 成为垄断厂商的边际收益曲线。在同一价格下的消费者剩余由于实行一级价格差别而全部转为垄断厂商增加的收益。此时，消费者剩余消失。体现这种情况的典型事例是西方社会的个体自由职业者，如律师、医生、会计师等，他们一般根据当事人经济状况收取不同的劳务费。

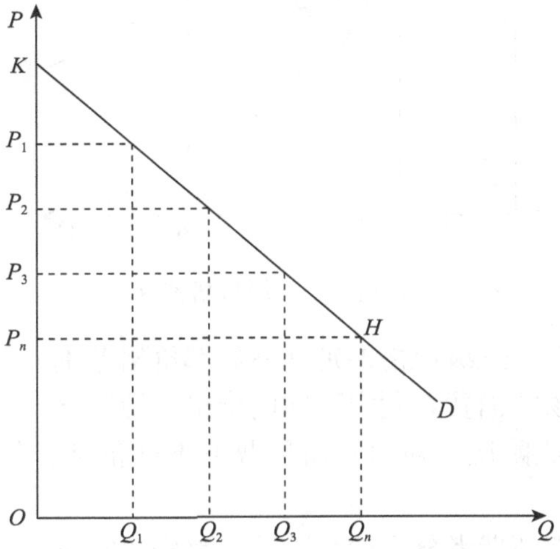

图 10-17 一级价格差别

第二，二级价格差别。二级价格差别是指垄断厂商把产品分成若干个组，按组制定不同的价格，这样可以榨取相当一部分消费者剩余。

用图 10-18 说明二级价格差别情况，以电力公司为例，电力公司可以把居民用电、商业用电和工业用电等方面的电力市场分隔开来，对不同用户收取不同电费。Q 表示电力公司提供电量，P 表示电价。假设分三个级别，耗电越少收价越高。三个组的耗电量与电价分别为 Q_1、Q_2、Q_3 和 P_1、P_2、P_3，如果按统一定价收费，存在消费者剩余三角形 P_1CH。如果电力公司实行二级价格差别而按三个价格收费，电力公司获得了部分消费者剩余。这种分批定价现象现实生活中有许多，如邮政、电信等社会公用事业，都是使用这种定价方法。

二级价格差别与一级价格差别之间的区别仅仅在于它较为粗略。由图 10-18 可见，二级价格差别所包含的步骤与垄断厂商索价种类（P_1、P_2 和 P_3）比一级价格差别要少得多。所以垄断厂商榨取的消费者剩余（相当于阴影部分）也要比一级价格差别少得多。一般来说，当某种商品或劳务市场内部的购买者数量增加时，二级价格差别就会更多地出现。在现实经济生活中，二级价格差别往往以大宗交易时每单位价格较低的 “下降税率表”的形式表现出来。例如，某些电力公司对居民每一单位追加的用电量要价较低，使用任何数量电力的居民都可以在较低的价格下消费更多的电量。二级价格差别通过提供数量折扣吸引更多的消费。这种数量折扣被阶梯式地制造出来，它也称为多方面定价。

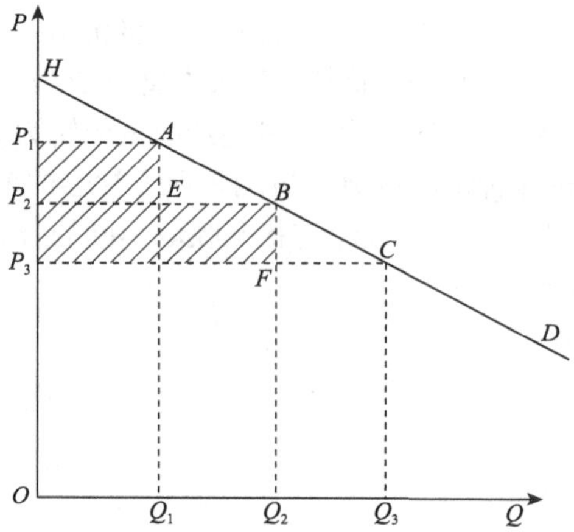

图 10-18　二级价格差别

第三，三级价格差别。三级价格差别又称局部价格差别，是指垄断厂商对不同性质的消费者，或对不同市场的消费者制定不同的价格。简言之，垄断厂商把消费者划分为两种或两种以上的类别或阶层，对每一阶层收取不同价格，每个阶层就是一个单独的市场。

假定一个垄断厂商把消费者分为两个阶层，首先考察总产量是怎样确定的。一方面要考虑两个阶层（或市场）的不同需求，另一方面仍根据 MR=MC 确定产量，此处的边际收益等于每个阶层的边际收益的共同值。

用图 10-19 说明，垄断厂商的边际收益曲线 MC，第一阶层与第二阶层的需求曲线 D_1、D_2，边际收益曲线为 MR_1、MR_2，一起加总为 Z 曲线，该曲线表示当每个阶层的边际收益相等时，与之相对应的总产量。或者说，表示的是当某一既定的总产量分配给每个阶层时，在各阶层所增加的最后一单位销售量所带来的相同的边际收益。Z 与 MC 相交的产量 OQ_3 为最佳产量。因为这时的边际成本等于对各阶层来说都相同的边际收益，即 CMR。

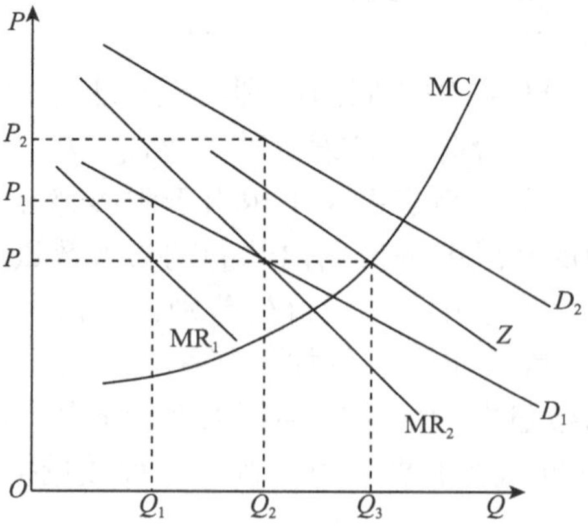

图 10-19　三级价格差别

垄断厂商将根据等边际原则分配其总产量，即实现最佳的产量配置条件，是从每个阶层得到的边际收益都相等，即 $MR_1=MR_2=CMR=MC$。

根据上述原则，垄断厂商分配的产量，第一阶层 OQ_1，第二阶层 OQ_2。向不同阶层索取不同的价格，从图 10-19 看出 OQ_1 对应的价格为 P_1，OQ_2 对应的价格为 P_2，$P_2>P_1$，是因为在需求价格弹比上，第二阶层小于第一阶层。

●专栏 10-1　完全垄断与完全竞争市场的比较

在此，我们将所学完全相反的完全垄断市场与完全竞争市场进行比较，以发现两类市场的差异，归纳如下：第一，完全垄断厂商的均衡产量小于完全竞争厂商的均衡产量。第二，完全垄断厂商的单位产品成本高于完全竞争厂商的单位产品成本。第三，完全垄断厂商的销售价格高于完全竞争厂商的销售价格。

上述差异表明，完全垄断市场导致生产资源利用效率的损失。也就是说，从市场机制有效率地配置生产资源的角度来看，完全竞争市场比完全垄断市场的效率更高、更优越。因为在完全竞争条件下，产品的均衡价格等于其短期边际成本，即 P=SMC，从整个社会的角度来看，这意味着生产资源在其各种用途的配置中生产该产品是最有效率的。换句话说，在完全垄断条件下，产品的均衡价格大于其短期边际成本，即 P>SMC，这表明生产不足，即从社会的角度来看，生产资源被用于该产品的生产还相对不足，还应增加该产品的供给，使其价格下降。同时，也表明分配不公，即消费者支付的价格超过了该产品的短期边际成本，也就是说，垄断厂商取得的垄断利润是对消费者利益的剥夺和损害。

虽然完全竞争市场比完全垄断市场更能保证生产资源地有效率配置，但是，同完全垄断市场比较，完全竞争市场也有其缺点。

第一，完全竞争不利于技术进步。在完全竞争条件下，一个厂商发明新技术，发展新产品，将很快被其竞争者仿效，因而完全竞争不利于技术进步。正是由于这个原因，每个国家对于新技术、新产品都赋予其发明者以专利权，使之享有完全垄断该发明的权利。

第二，完全竞争不利于规模经济十分显著的商品生产。在完全竞争条件下，产品是由许多规模很小的厂商进行生产的，单位产品的成本就有可能很高。而如果由一个或少数几个完全垄断厂商进行大规模生产，则可能以较低的价格给消费者提供更多产品。许多公用事业，如电力、煤炭、自来水等，就属于这种类型。

资料来源：冯涛. 微观经济学. 西安：陕西人民出版社，2005：120

第四节　垄断竞争市场的厂商均衡

完全竞争与完全垄断是市场结构的两种极端情况，现实中绝大多数市场既包含竞争又包含垄断，但竞争因素与垄断因素在市场中比重则千差万别。根据竞争和垄断所占比重的不同，又可以将之分为两类市场类型：一是起主要作用的是竞争，接近于完全竞争的市场，称为垄断竞争市场；二是接近完全垄断的市场，由少数几家大公司生产全部或大部分产品，称为寡头垄断市场。本节介绍垄断竞争市场，第五节介绍寡头垄断市场。

一、垄断竞争的性质和特征

（一）垄断竞争的含义

垄断竞争（monopolistic competition）是指一种既有竞争又有垄断，竞争和垄断相结合的市场结构类型，这是一种有许多厂商销售相类似但又不完全相同的商品市场。垄断竞争理论创始人张伯伦认为，在现实经济生活中的市场既不是完全竞争性的，又不是完全垄断性的，而是竞争和垄断的混合。在这种市场上，有许多独立的厂商，厂商间存在竞争，能够不受限制地进入和退出市场。从这方面看这类市场与完全竞争相似，厂商是竞争者。厂商生产和销售的既是同类相似的可以互相替代的商品，又是有差别的不能完全替代的商品，这样厂商对商品具有一定垄断力量，从这方面看，这类市场与完全垄断市场相似。因此，这类市场的厂商是竞争的垄断者，这些厂商所在的市场就是垄断竞争市场。

（二）垄断竞争市场的特征

第一，市场上存在许多买者和卖者。许多厂商都是中小企业，可以施加给市场的影响是有限的，不可能达到互相勾结、控制价格的程度。规模不大的厂商所做出的任何决策对其他厂商影响都不大，厂商行为是独立的，而不是相互勾结的。

第二，各厂商生产的商品存在差别。产品差别可能是现实的差别也可能是想象中的差别，差别产生的原因包括：①商品自身的品质、性能、设计、颜色、式样和包装的不同；②专利、广告、商标牌号和商店名称的不同，造成消费者主观感受上的差别；③销售地点、经营方式、工作效率、交易信誉、服务态度和时间等方面的差别。

张伯伦曾经论述并强调了广告宣传的作用，他认为广告宣传不仅是造成产品有差别的重要手段，而且是垄断竞争市场特有的一种手段。因为在完全竞争市场上，产品同质，厂商只能按市场价格去销售，不必花费代价去进行广告宣传活动。相反地，在完全垄断市场上，厂商处在没有竞争对手、没有替代商品的状态，做广告宣传会减少利润。垄断竞争市场却不一样，厂商生产和销售商品同时存在差别性和替代性，厂商推销商品的重要手段是充分广泛地利用广告宣传，一方面可以扩大厂商和商品的影响，同其他厂商的替代品进行竞争，另一方面可以创造新的需求，刺激和诱导消费者的心理，影响消费者的支出分配。所以，在垄断竞争市场上，广告费用成为构成这类厂商销售成本的必要组成部分。

理解有差别的商品要注意的是同类性或相似性是第一位的，而差别性居第二位。商品的差别不是大得不能互相替代，但又不能完全替代。从产品差别性产生一定程度的垄断，差别越大，垄断程度就越大。从产品替代性形成激烈竞争，替代性越大，竞争程度越高。所以，厂商既是垄断者又是竞争者。

第三，厂商进入或退出行业比较容易。厂商规模不大，运用资金较少，进退没有什么障碍和阻力，比较自由。在垄断竞争市场上存在超额利润，就会吸引新厂商也从事这类行业或产业，当存在亏损时，原有厂商就会退出而转入其他行业或市场。垄断竞争是现实经济生活中普遍大量存在的现象，比较接近现实，如零售商业、手工业、轻工业等，都是实行垄断竞争的。

（三）垄断竞争厂商面对的需求曲线

由于垄断竞争市场商品的差别性和替代性，每个厂商都有两条斜率为负且相互交叉的需求曲线。

如图 10-20 所示，假设有两条需求曲线。d 为第一条需求曲线，表示当其他厂商保持价格不变时，某厂商的商品价格和销售量之间的关系。假定某垄断竞争厂商开始时处于价格为 P 和产量为 Q 的 A 点上，其想通过降价来增加产品的销售量。因为该厂商相信，降价后其他厂商不会对其降价行为做出反应，这样该厂商不仅能增加产品对原有买者的销售量，而且还能把顾客从生产行业内的其他厂商那里吸引过来，其销售量会大幅度增加。反之，假定该垄断竞争厂商相信其他厂商对他提高价格的行为无反应，则他预期产品的销售量会大幅下降。因此，该代表性厂商的需求曲线 d 比较平坦，是一条企业的主观需求曲线。

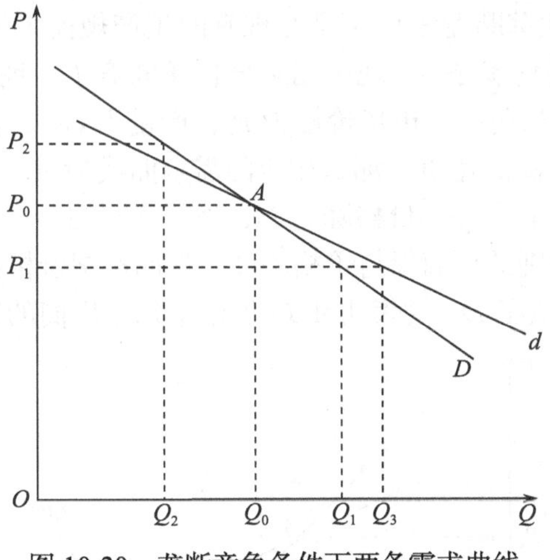

图 10-20 垄断竞争条件下两条需求曲线

从图 10-20 中看，假定原来均衡时，价格为 P_0，产量为 Q_0。厂商预计其他厂商价格不变，自己降价而销售量会增加，拉过某些其他厂商的购买者，同时原消费者也会增加购买。图 10-20 中表现为由 P_0 降到 P_1，销售量由 Q_0 增加到 Q_3。反之，若提高价格到 P_2，销售量减少到 OQ_2。

DD 为另一条需求曲线，表示代表性厂商变动价格，与其竞争的其他厂商也对价格做出同样的变动时，代表性厂商销售量变化和价格变化的关系。

如图 10-20 所示，如果该厂商价格从 P_0 降为 P_1，那么其他厂商跟着也降价，导致该厂商仅能增加对自己原有顾客的销售量，而不可能比其他厂商拥有更多的顾客，厂商的销售量提高得十分有限，图 10-20 中该厂商的销售量表现为从 Q_0 上升到 Q_1，而不是 Q_3；同样的，如果该厂商提高价格，且其他厂商同样提高价格，则仅能减少对自己原有顾客的销售量，不会失去顾客，厂商的销售量不会大幅度地下降，即每个厂商所占有的市场份额不会改变。因此，需求曲线 D 也被称为“实际市场份额”需求曲线，或被称为代表性企业的有效需求曲线。如果生产行业内有 n 个垄断竞争厂商，需求曲线 D 总是表示每个厂商的实际销售价额为市场总销售量的 $1/n$。因此，需求曲线 d 和需求曲线 D 相比，需求曲线 d 上价格变动引起销售量变化的幅度，大于需求曲线 D 上价格变动引起销售量变化的幅度，需求曲线 D 比需求曲线 d 陡峭。

二、垄断竞争条件下的均衡

如前文所述，在垄断竞争条件下，代表性厂商有利可图的某种变动，总是伴随行业内所有厂商的同等变动。假定不考虑销售费用和产品性质，在价格竞争下厂商将怎样达到均衡呢？下面我们分短期和长期来对此进行分析。

（一）垄断竞争厂商的短期均衡

在短期内，某代表性垄断竞争厂商是在现有的生产规模下通过对产量和价格的同时调整，来实现 MR=MC 的均衡条件。现用图来分析垄断竞争厂商的短期均衡的形成过程。

如图 10-21 所示，最初阶段，市场价格为 P_2，产量为 Q_0。，如果厂商相信自己改变价格不会遇到行业内其他厂商的竞争，那么相应的需求曲线为 d，边际收益曲线为 MR，在 MC 和 MR 相等时确定产量为 Q_1，价格降为 P_1，该厂商利润会有所增加。其他厂商也会这样假定自己改变价格，而别的厂商保持价格不变，从而都把价格降到 P_1，这样与之相适应的雷求曲线不是 d，而变成了 D。这表明在 P_1 价格下每个厂商的销售量不是 Q_1，而是 Q_2。

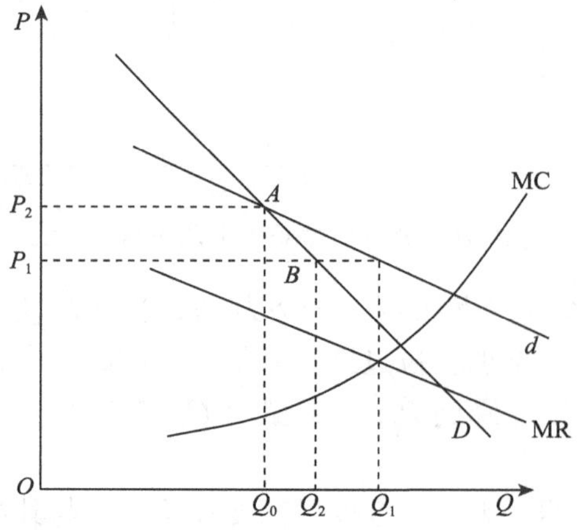

图 10-21　价格和产量的最初变化

上述结果如图 10-22 所示，所有厂商都定价为 P_1，d 已向下移动。d 与 D 在 B 点相交，因为新的 d 表示的是其他厂商价格变为 P_1，该厂商在各种价格下的销售量。这样，在与价格 P_1 相对应的 d 的 B 点上，所有厂商都定价 P_1，而该厂商的销售量也必然是在 D 上和 P_1 价格相对应的 B 点所表示的位置上，销售变量为 Q_2。

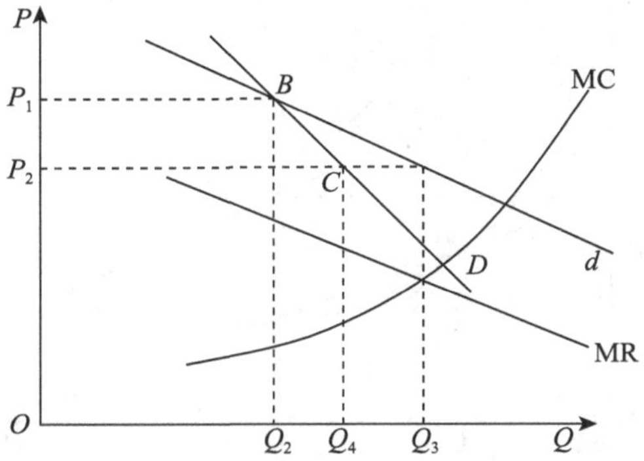

图 10-22 价格和产量初始变动后的情况

在这种情况下，该厂商在新的需求曲线 d 基础上使利润最大，把价格定在 P_2 上，期望 Q_3 的产量。其他厂商也采取同样行动，结果新需求曲线又不是 d，而是 D，每个厂商将生产 Q_4 而不是 Q_3 的产量，d 再次向下移动，并在与新价格 P_2 相对应的 C 点上和 D 相交。

这个过程一直持续到厂商不想改变价格时为止。在图 10-23 中，当价格为 P_5 时，产量为 Q_5，该厂商不会再调价格，因为此时 MR=MC，实现了利润最大化，P_5 和 Q_5 为厂商短期均衡价格和均衡产量。

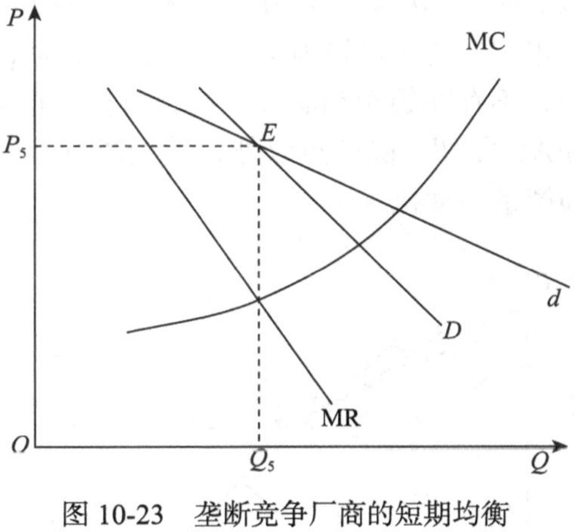

图 10-23 垄断竞争厂商的短期均衡

垄断竞争短期均衡的条件是两条需求曲线的交点和 MR=MC 交点决定的是同一产量。同完全竞争和完全垄断一样，垄断竞争的短期均衡也可能有三种情况，即可能有超额利润、可能有正常利润、也可能存在亏损。这取决于两条曲线交点的位置，只要在平均可变成本曲线之上，生产就会继续进行。

（二）垄断竞争厂商的长期均衡

在长期内，垄断竞争厂商可以改变生产规模，也可以进入或退出行业。调整过程可通过图 10-24 中 d 和 D 的变化来说明。

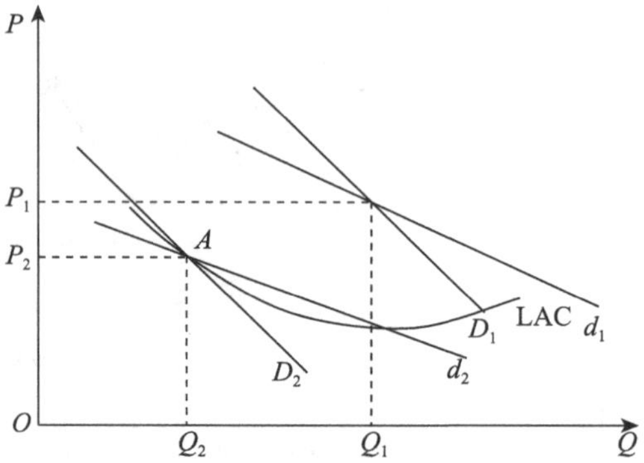

图 10-24　向长期均衡的运动

一开始，厂商处于短期均衡状态，D_1 和 d_1 确定的均衡价格为 P_1，均衡产量为 Q_1。因存在超额利润吸引新厂商进入该市场，相对缩小单个厂商所占的市场份额，D_1 与 d_1 向左下方移到 D_2 和 d_2，而且如果这两条曲线与长期平均成本曲线相交于 A 点，那么处于收支相抵点。如果产量在大于 Q_2 的范围，d_2 在 LAC 之上，那么，增加产量有利可图。

调整过程继续到 d 与 LAC 相切，而且 D 在切点上同 d 和 LAC 相交为止，这时便达到了长期均衡。如图 10-25 所示，d 与 LAC 在 N 点相切，D 和 d 相交于 N，N 点是垄断竞争厂商的长期均衡点，相应的均衡价格为 P_0。，均衡产量为 Q_0。为什么会这样呢？一是 D 在 N 点和 LAC 相交，不存在超额利润和亏损，只获得正常利润，厂商没有进出的诱因。二是 d 在 N 点与 LAC 相切，除此点以外，不论产量多少，d 都在 LAC 之下，现有厂商不存在改变价格和产量的动机。

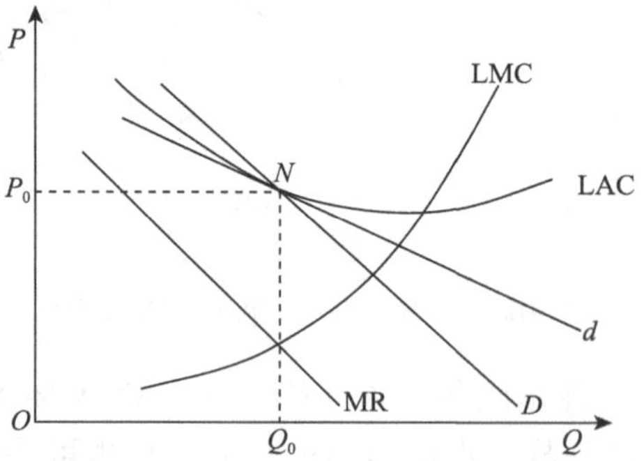

图 10-25　垄断竞争厂商的长期均衡

所以，垄断竞争厂商的长期均衡条件为：MR＝LMC，P＝LAC。

（三）非价格竞争对均衡的影响

垄断竞争厂商除了通过价格进行竞争之外，还在产品质量和广告等促销手段方面展开竞争。垄断竞争厂商清楚地知道，产品的质量、外观、特色在吸引顾客方面的重要性，同时又懂得通过广告等宣传，增加人们对这种产品的购买。但是，无论是提高产品质量的行动，还是进行广告或其他促销活动，都需要厂商有额外的费用支出，所以厂商需要把这些费用支出与它们带来的总收益增加量进行比较，衡量在产品质量和广告方面的费用支出是否值得，这些费用支出的收益率是多少。下面我们用图 10-26 来分析垄断竞争厂商在品质和广告等方面开展竞争对厂商均衡的影响。假设在产品质量方面和广告方面没有额外的支出，厂商面临的需求曲线是 D_1，这时边际收益 MR_1 曲线和边际成本 MC 曲线交点决定的均衡产量是 Q_1，均衡价格是 P_1。现在厂商在提高产品质量或广告宣传上支出一笔费用，使平均成本曲线 AC_1 向上升到 AC_2，由于这费用相当于一笔固定成本，所以这笔费用的支出并没有改变边际成本 MC 曲线。

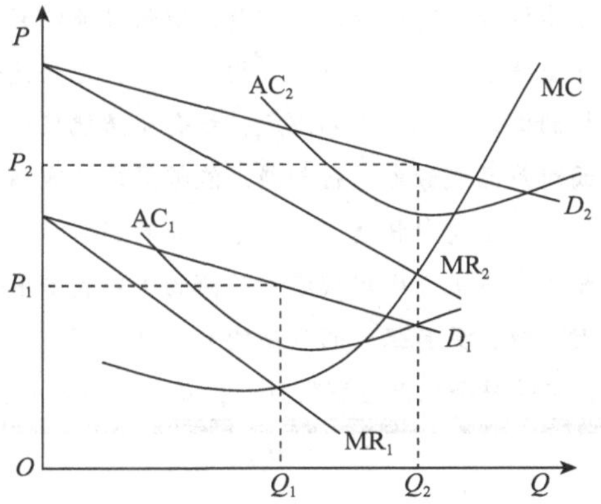

图 10-26 品质竞争和广告竞争对均衡的影响

由于这家垄断竞争厂商在产品质量和广告宣传上花了功夫，使市场上对这家厂商的产品需求增加，设需求曲线从 D_1 位置向右移动到 D_2 位置，边际收益 MR_1 曲线也相应地变为 MR_2，于是 MR_2 与 MC 交点决定的均衡价格为 P_2，均衡产量为 Q_2。根据完全竞争和垄断竞争两种均衡状态，就可以分析得出在产品质量和广告上的费用支出是否合算。当厂商决定使自己的产品增加一项功能或增加某种特色时，需要分析因为增加这项功能或这种特色而需要的费用，以及相应的销售利益。如果后者大于前者并且不低于平均利润率，那便是值得实施的项目。现在有一种称为“价值工程学”的方法，就是专门考虑和解决这类问题的。厂商做广告也有类似问题，如广告的覆盖面应该和厂商打算占领的市场相符合，广告媒体应该和潜在的销售对象有较多的接触。一般而言，反复的广告宣传达到家喻户晓的程度时，产品的销售量也就会大幅度上升。但是，广告的效果增加到一定程度以后会随广告次数增加而递减，因此，也有一个最佳广告次数的选择问题。

●专栏 10-2　完全竞争、垄断竞争和完全垄断市场的厂商均衡比较

假定某厂商生产的产品在不同市场结构下达到长期均衡，不管其产品处在哪种市场结构中，它的长期成本状况总是一样的，但在不同市场结构下，厂商的需求曲线并不一样，并由此产生厂商长期均衡的区别，这些区别见表 10-3。

表 10-3　三种不同市场结构下厂商长期均衡的比较

比较内容	完全竞争	垄断竞争	完全垄断
厂商产品差别	产品无差别	产品有差别	独家生产
产品替代	产品具有完全替代性	有替代产品	几乎无替代产品
需求曲线	具有完全弹性的水平直线	向右下倾斜的需求曲线	向右下倾斜的需求曲线
价格	等于平均成本最低点	高于平均成本最低点	高于平均成本最低点
产量	最大	略小	最小
超额利润或亏损	无	无	有超额利润或亏损
资源配置效率（结论）	最优	较高	不高

经济学家曾经认为完全竞争市场是最有效率的。但是，现代经济学家对不同市场结构优劣的评价已经发生了很大改变。他们认为完全竞争市场也是有缺点的：第一，完全竞争市场是以假定产品没有差别为前提的，那么消费者多种多样的需求就无法得到满足，社会生活就显得单调而没有光彩。反之，在垄断竞争状态下，厂商从各个方面对产品或劳务进行创新，能够更广泛地满足消费者多样化的需求，丰富消费者多姿多彩的生活。第二，在完全竞争状态下，单个厂商的创新活动会很快被竞争者效仿，因而不利于技术进步。第三，在完全竞争市场上，小规模经营厂商的平均成本不一定都是最低的，而那些寡头垄断厂商，凭借其雄厚的人、财、物，更具强大的创新能力。这种创新同垄断竞争厂商的那种局部的、个别的技术或产品创新不一样，它是整个生产过程的创新，是科学技术的突破，因而效率更高。

第五节　寡头垄断市场

一、寡头垄断的性质和分类

寡头垄断（oligopoly）是指为数不多的销售者，或者只有少数几家厂商供给该行业全部或大部分产品，每个厂商的产量占市场总量的相当份额，对市场价格和产量有举足轻重的影响。

寡头市场是处于完全竞争和完全垄断之间的一种市场结构。同垄断竞争市场一样都是中间形态的市场，而寡头市场侧重完全垄断。同完全垄断市场比，寡头垄断的垄断程度小于完全垄断，厂商的数目较多；同完全竞争市场的区别是，厂商进入市场困难，存在行业障碍。

相互依存是寡头垄断市场的基本特征。由于厂商数目少而且占据市场份额大，不管怎样，一个厂商的行为都会影响对手的行为，进而影响整个市场。所以，每个寡头在决

定自己策略和政策时，都非常重视对手对自己这一策略和政策的态度和反应。作为厂商的寡头垄断者是独立自主的经营单位，具有独立的特点，但是它们的行为又是互相影响、互相依存的。这样，寡头厂商可以通过各种方式达成共谋或协作。寡头厂商对产品价格有一定的控制能力，它们既不是完全竞争厂商——价格接受者，又不是完全垄断厂商——价格制定者，而是价格的寻求者。

在市场结构和厂商理论中，寡头理论虽然有不少论述，但比起其他三种市场理论都要复杂得多，具体表现为：①种类多。有少数纯质寡头垄断、双头纯粹寡头垄断、双头异质寡头垄断。②行为多样。寡头相互依存，可能是相互猜测的独立行为，也可能是各种不同方式、不同程度的勾结和协作。③按行业不同，进入的难度（障碍程度）也不相同。④竞争方式不同，可能是价格竞争也可能是非价格竞争。⑤需求曲线不易确定。

形成寡头垄断的原因很多，主要包括以下方面：一是规模经济的作用。在社会经济的某些部门中，整个市场大部分产量由一家或几家提供，才能不断降低成本，并以较低成本提供产品，这样就会使这个行业中厂商的数目变得非常少。二是在流通领域中推销商品的活动也存在规模经济，促进了寡头垄断的形成。三是某些行业还存在使新厂商难以进入的障碍，这种障碍对新厂商来说是阻碍力量。

寡头垄断按不同的方式进行分类：①按产品的性质分为纯粹寡头垄断（生产同质产品）和差异寡头垄断（生产有差异的产品）；②按行为方式分为独立行动（或非勾结性）寡头垄断和勾结性寡头垄断；③按厂商数目可分为双头垄断（行业只有两个厂商）、三头垄断（行业由三个厂商组成）和多头垄断。

相关链接 10-2　中国市场结构中的寡头垄断问题

大型国有企业数量减少，资本和规模空前集中。据统计：从 2003 年年初到 2005 年年底，中国国有及国有控股企业户数从 15.9 万户减少到 12.7 万户，减少了 20.1%；但资产总量从 6.4 万亿元增加到 8.6 万亿元，增长了 34.4%，销售收入从 8.3 万亿元增加到 14.2 万亿元，增长了 71.1%；实现利润从 3 764.3 亿元增加到 9 682.8 亿元，增长了 157.2%。其中，中国银行业的寡头垄断局面非常典型：四大国有商业银行的资产总量占中国银行业总资产的 75%。截至 2003 年 6 月底，四大国有银行的各项贷款余额为 8.43 万亿元，各项存款余额为 11.44 万亿元，分别占全国金融机构的 56.5%和 58.9%。

在市场垄断领域出现寡头垄断格局。例如，大型啤酒企业青岛、燕京、雪花三大巨头的市场占有率达到 36%；电视机行业七大民族品牌 TCL、长虹、康佳、创维、海信、海尔和厦华就占国内市场份额的 75%。自然垄断领域正在形成寡头垄断的市场结构。一是中石油、中石化和中海油占据中国石油行业 90%的份额；二是中国移动通信集团公司和中国联合通信有限公司占整个移动通信市场的份额超过 90%；三是 2002 年年底，新成立的华能、大唐、华电、国电、电力投资五家发电公司各自的市场份额大约都在 20%；等等。

行政垄断领域正在形成寡头垄断的市场结构。例如，烟草行业通过兼并重组，在我国已经形成了红塔集团、上烟集团、昆烟集团、武烟集团、白沙集团、红河集团六大烟草集团割据一方的状况；在白酒行业，除了茅台、五粮液等全国知名的垄断品牌以外，各地方政府无不通过行政手段为本地白酒产业划出一片市场，使我国每个省几乎都扶持了一至两个白酒行业的垄断寡头。

市场化取向的改革开放在一定程度上促成了垄断寡头的形成。30 年激烈的市场竞争使纺织、服装、家用电器、机械制造等行业从完全竞争状态逐渐过渡到寡头垄断状态。

国家的产业政策促进了寡头垄断市场结构的形成。为了加快经济发展的产业化、规模化，国家制定了一系列推动企业重组、联合向集团化发展、提高产业集中度的政策。例如，汽车行业从 20 世纪 80 年代的 120 多家整车生产企业到 2007 年年底只剩下不到十家的三大汽车集团以及少数合资企业，他们所占有的市场份额达 80%以上。2007 年 9 月国土资源部发布的《招标拍卖挂牌出让国有建设用地使用权规定》指出："受让人依照国有建设用地使用权出让合同的约定付清全部国有建设用地使用权出让金后"，才能领取土地使用权证书。这一政策对已经上市的资金雄厚的房地产企业影响不大，甚至可能是利好。而中小企业的生存将变得困难，大批中小房地产公司将倒闭，仅留下少数几个大型房地产公司。垄断市场价格致使房地产行业寡头垄断时代来临。

对自然垄断行业的拆分政策促成了寡头垄断市场结构的形成。国家通过行政手段，将原来电信、石油、电力等独家垄断行业拆分成垄断寡头，初步形成了寡头垄断的市场竞争格局。自然垄断行业的特征决定了寡头垄断市场结构的必然性。一是自然垄断产业在提供产品（或服务）时必须形成庞大的网络系统。通过做大规模来降低成本，提高规模经济效益。二是生产具有极大的范围经济效益。企业的联合生产销售与单独生产销售相比，能极大地节约费用。三是有大量的"沉淀资本"。资金一旦投入就很难收回，也难改为其他用途。

"诸侯经济"的格局是中国经济的现实，中国特色的"诸侯经济"加上以省为范围的城市圈建设促进了寡头垄断市场结构的形成，它通过行政手段促进本地企业的发展，逐渐形成了垄断寡头。2005 年以来，我国如火如荼地开展的城市圈建设极大地拓宽了垄断寡头的市场范围，出现了"长三角城市圈""珠三角城市圈""环渤海经济圈""武汉城市圈""中原城市群""长株潭城市群""成渝经济圈"等。城市群建设的目标是以构建产业链为主线，促进区域市场一体化，实现资源共享、优势互补。这必然会为区域内产业龙头企业消除市场壁垒、拓宽市场范围，将垄断优势扩大到整个经济区。

消费者品牌意识的觉醒刺激了寡头垄断市场结构的形成。随着中国改革开放成熟起来的中国消费者，其品牌意识与日俱增，从而进一步促进了寡头垄断市场结构的形成。消费者认品牌，将自己的货币选票投向品牌厂商，使能够拥有品牌的企业逐渐垄断市场份额，成为本行业的垄断寡头。

资料来源：夏华强. 中国产业加快从分散到寡头垄断竞争. 经济导刊，2007,（12）: 50-51

二、纯粹寡头垄断和差异寡头垄断

纯粹寡头垄断是指本行业中的几家厂商所生产和销售的产品都是同质的，如原材料行业中的铝、水泥、糖、木材、铜等就属这种垄断。因为这类产品一般都有国家标准，顾客只要按型号、规格订货购买即可，而不必考虑是谁家的产品，顾客关心的只是产品的价格。而差异寡头垄断是指本行业中的几家厂商所生产和销售的产品是有差别的，如汽车、香烟、化妆品、计算机、家用电器等。这类产品对顾客来讲，除了需要考虑价格因素外，他们更关心产品的商标、设计、包装、信用、售后服务等。

寡头垄断市场的重要特征在于各家寡头之间在竞争策略上的相互依存，相互影响。在完全竞争和垄断竞争市场上，由于厂商数量很多，个别厂商在做出决策时，不用考虑其他厂商会做出相应的反应。但是，在寡头垄断市场上，由于厂商数量很少，每家厂商的产量又很多，所以任何一家厂商在价格和产量方面的决策变化都将影响整个市场，并为其他厂商所关注，他们会很快做出反应，据以调整其竞争策略。例如，假定 A 和 B 两个厂商是属于同一行业的纯粹寡头。如果 A 厂商降价以增加产量，那么 B 厂商的产品就卖不出去，因此，B 厂商发觉之后也采取降价措施，这样，A 厂商的行为就引起 B 厂商的反应，而 B 厂商的反应又会反过来影响 A 厂商的行为。

三、非勾结性寡头垄断模型

（一）双头垄断模型

双寡头垄断模型是指市场上只有两个厂商的相互依存和相互竞争行为的模型。主要包括以下几种：

1. 古诺模型

古诺模型（Cournot duopoly model）是早期的寡头模型，它由法国经济学家古诺在 1838 年首次提出，它属于独立行动条件下的两个寡头厂商模型，也就是寡头之间不存在任何勾结的寡头厂商模型。该模型通常被作为寡头理论分析的出发点，其结论可以很容易地推广到三个或三个以上寡头厂商的情况中去。

古诺模型的存在要满足以下几个假设条件：①两个厂商生产相同产品；②假设厂商的生产成本为零，即 MC=0；③有已知的线性的需求曲线；④每个厂商都认为不论自己产量多少，对手会保持产量不变，关键是对手对别人的决策有无反应；⑤每个寡头通过调整产量实现利润最大化。

下面考察产量决策。在图 10-27 中，设最初 A 厂商进入市场，它面对的需求曲线为 D，它为了使自己的利润最大化，其必然选择 $OQ_{A1}=\frac{1}{2}OQ_0$ 作为自己的产量。因为在这一点上 MR=MC=0。此时单位产品的价格是 P_{A1}，利润相当于矩形 $OP_{A1}CQ_{A1}$ 的面积。

然后 B 厂商进入市场，它认为 A 厂商不会改变其产量，因而只能在剩下的市场容量中决定自己的最优产量。它把 $Q_{A1}Q_{B1}=\frac{1}{2}Q_{A1}Q_0$ 作为自己的产量，价格为 OP_{B1}，其利润相

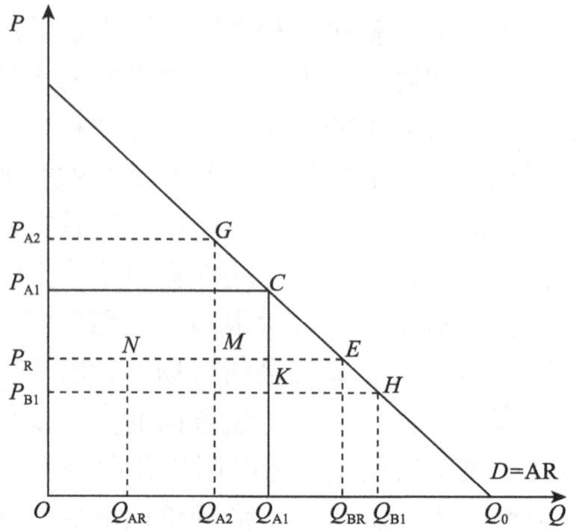

图 10-27 古诺模型

当于矩形 $Q_{A1}KHQ_{B1}$ 的面积。由于此时市场价格从 OP_{A1} 降为 OP_{B1}，A 厂商的利润便降为矩形 $OP_{B1}KQ_{A1}$ 的面积了。

于是 A 厂商假定 B 厂商不会改变其产量，它把剩下的市场容量的一半作为自己的产量，$OQ_{A2}=\frac{1}{2}OQ_{B1}$，价格上升为 OP_{A2}，获得的利润相当于矩形 $OP_{A2}GQ_{A2}$ 的面积。

这样一步一步地走下去，最后就可以达到一个均衡点。在这个均衡点上，A 厂商和 B 厂商的均衡产量都等于 $\frac{1}{3}OQ_0$，它们的均衡价格都等于 P_R，因此，它们的利润也就都相等于 $\frac{1}{2}OP_REQ_B$ 的面积。

如果寡头市场内有几个厂商，则可以用相同的方法推断出每个厂商的均衡产量为 $\frac{1}{n+1}OQ_0$。由此可以知道，双头垄断的总产量 $\frac{2}{3}OQ_0$ 大于完全垄断的总产量 $\frac{1}{2}OQ_0$。随着市场中厂商数目的增加，总产量 $\frac{n}{n+1}OQ_0$ 也就越来越接近 OQ_0。

2. 埃奇沃思模型

埃奇沃思模型是由英国经济学家埃奇沃思于 1897 年提出的。假设两个厂商出售同质产品，边际成本为零，每个厂商都有一个最大产量。假定对手价格不变，每个厂商面临相同的市场需求曲线，一个厂商产量有限，无法供给整个市场。得出的结论是：均衡价格不稳定，在完全垄断的均衡价格和每个厂商的最大产量点的价格之间上下波动。

埃奇沃思模型如图 10-28 所示，A、B 两个厂商的需求曲线分别为 d_A、d_B，各自最大产量为 500。A 厂商进入市场，产量为 300，价格是 3，利润为 900。B 厂商进入以稍低价可以抢占市场，可获利接近 1 500，A 厂商降价来争夺 B 厂商的市场。如此下去，价格降到 1 时不能再跌，这时 A、B 厂商的利润各为 500，比独占时低，再开始一轮一轮地提价，价格一直波动，不存在均衡价格。

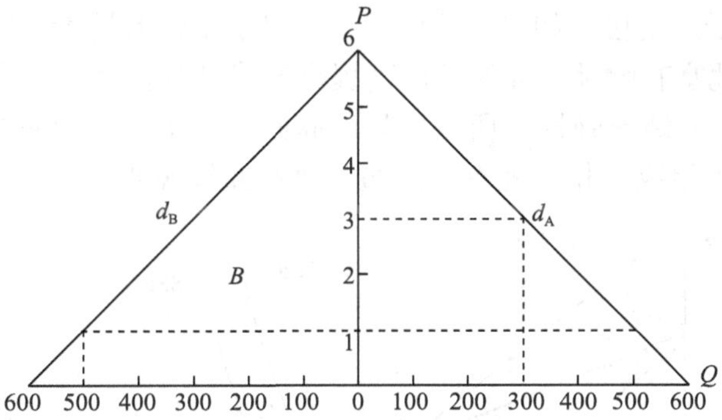

图 10-28　埃奇沃思模型

3. 张伯伦模型

张伯伦模型由美国经济学家张伯伦于 1933 年提出。如图 10-29 所示，假设 A、B 厂商出售矿泉水，MC=0，市场需求曲线为 D，A 厂商先进入市场，选择产量是 OQ_1；B 厂商把 A 厂商的产量看做既定不变，需求曲线为 D_b，选择产量 OQ_2。

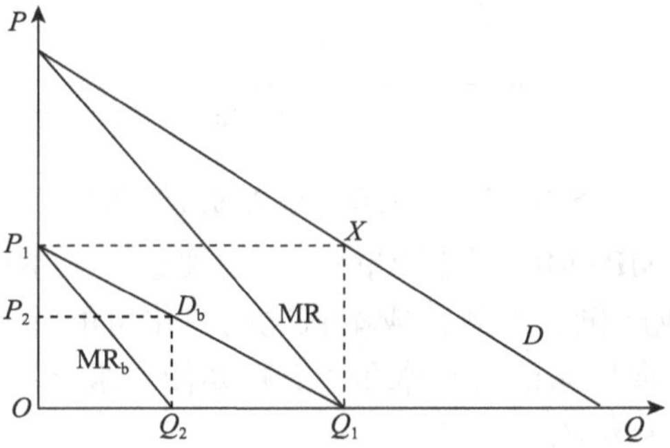

图 10-29　张伯伦模型

张伯伦假定 A 厂商意识到 B 厂商反应，同 B 厂商共分利润，平分 $OQ_1 \cdot OP_1$。B 厂商也这么认为，总产量调整为 OQ_1，在价格 OP_1 的水平下共享垄断水平的利润。张伯伦模型假定还说明了虽然没有勾结，也能建立统一价格，使共同的利润最大化。

（二）有折弯的需求曲线模型

该模型是由美国经济学家保罗·斯威齐于 1939 年提出的一个假说，说明寡头垄断行业的产品价格存在价格刚性，其原因是存在折弯的需求曲线。斯威齐认为，寡头垄断市场的商品价格固定在某水平后，之所以不经常变动是因为其市场需求曲线不是顺滑的曲线，而是在某种价格水平上出现拐折点，然后折转向下倾斜，形成折弯的需求曲线。

在一个价格已经确定的行业，某厂商预计对手对价格变化可能做出两种反应，即进行价格竞争或不理睬价格变动。这样，面临两条需求曲线，如图 10-30 所示：一是 D 表示进行价格竞争时，该厂商价格和产量的关系；二是 d 表示不理睬价格变动时，该厂商价格和产量的关系。假定最初价格为 P_E，产量为 Q_E。如果某厂商降价，对手没有参与竞争，将沿 D 曲线增加销售。如果某厂商提价，对手不跟着提价，则会失去市场，对手的需求曲线 d 相对地富有弹性。如果该厂商提高或降低其价格，对手也改变价格，那么销售量的变化就小，d 缺乏弹性。所以，某厂商面对一条折弯的需求曲线，由 D_2 曲线 D_1 部分（如果提价）组成。相应地有一条边际收益曲线 MR 和 mr。

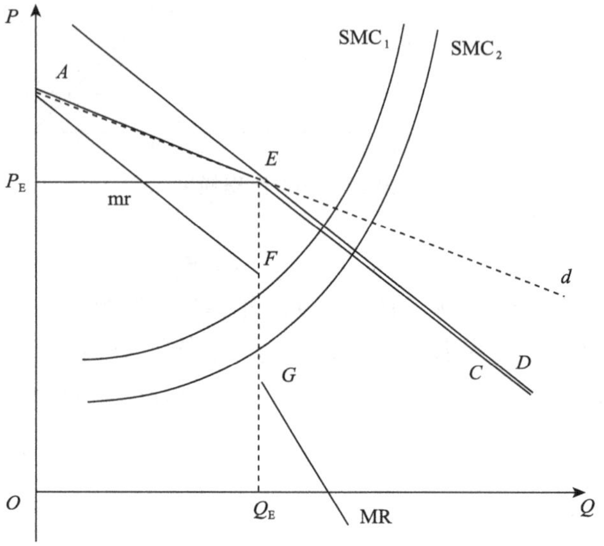

图 10-30　斯威齐有折断的需求曲线

要实现最大利润，按 MR=MC 调整产量水平，只要边际成本曲线在 F 和 G 之间移动，某厂商不会改变其价格或产量。因此，成本状况的变化可能并不随着价格或产量的变动而变动，只要折断点保持在原来的价格水平上，则即使需求状况在一定范围内发生变化，Q_E 和 P_E 仍为有利的产量和价格。

四、勾结性的寡头垄断模型

寡头垄断市场厂商的数目很少，又深知相互依存的关系，会导致厂商间相互勾结。勾结的益处在于：一是减少不确定性，提高利润；二是增强阻碍新厂商进入的力量。勾结方式分为公开勾结和非公开勾结。

（一）公开的勾结：卡特尔

寡头厂商之间达成了正式的和公开的协议，这是卡特尔（Cartel）。卡特尔属于正式串谋行为，是寡头市场的典型特例。几家厂商组成一个卡特尔，由一个管理机构确定统一价格，在不同的价格水平下，市场上存在各种需求水平，形成一条需求曲线，并有与之对应的边际收益曲线，在图 10-31 中分别为 D 和 MR。把各厂商的边际成本曲线 MC 加总起来，得到卡特尔组织的边际成本曲线 $\sum$MC，则卡特尔的边际成本曲线 $\sum$MC 和边际收益曲线 MR 相交于 E 点，决定整个卡特尔的产量水平为 Q_1，Q_1 产量对应需求曲线上的 G 点就决定了卡特尔组织的价格水平为 P_1，也就是垄断价格。

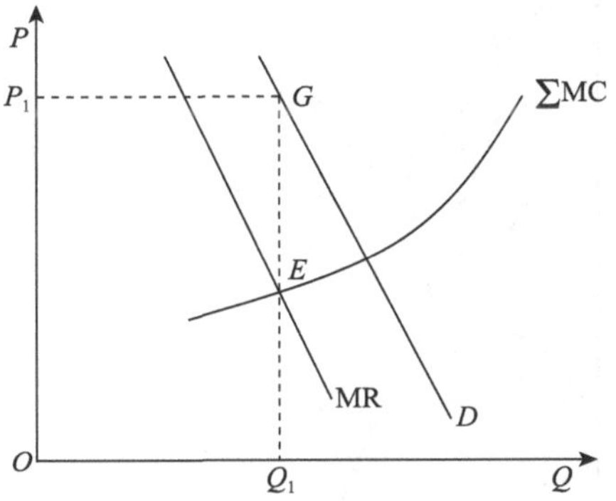

图 10-31 卡特尔价格和产量的决定

卡特尔的总产量或总销售量分配给各成员厂商的方法有两种：一种是非价格竞争，另一种是定额分配。前一种方法适用于比较松散的卡特尔，在卡特尔中管理机构确定了统一价格之后，任何一个厂商都不允许按低于统一价格水平的价格销售产品，在统一价格水平下却可以销售任何数量的产品。第二种方法是规定销售限额，定额分配总销售量。分配限额的主要根据有：①寡头厂商在卡特尔中的地位，参加限额规定谈判代表的能力；②组成卡特尔之前厂商的情况，每个厂商的生产能力和销售量；③寡头厂商在市场上所处的地理位置。

实际上卡特尔协议不是由法律规定维持的，所以难以实施。由于寡头厂商为争得自己的利益，往往采取欺骗手段，千方百计维护自己的决策权，所以卡特尔是不稳定的，往往因利益冲突而瓦解。

（二）非公开的勾结：价格领先制

公开性的勾结在某些国家被认为是非法的，寡头间勾结多以非公开形式进行，非公开勾结是指同行厂商默认接受的某些行为准则。例如，承认降价倾销是违背商业道德的；尊重对方的市场份额和销售范围；计算价格采用同一方法；等等。非公开勾结的主要形式之一是价格领先制（price leadership）。

价格领先制是指某行业内，由一家企业率先制定价格，其他厂商据此决定自己的价格，协调厂商行动。价格领先制一般分为如下三种形式。

1. 低成本厂商价格的领先

低成本厂商制定价格，其他厂商跟随定价，在图 10-32 中，A、B 两个厂商生产的产品相同，B 厂商成本低，A 厂商成本高。D 与 MR 别为市场需求曲线和边际收益曲线。B 厂商的 SMC_B 和 SAC_B 低于 A 厂商的 SMC_A 和 SAC_A。B 厂商按照 $MR=SMC_B$ 确定价格为 P_1，产量为 Q_1。若按 A 厂商自己的均衡点，价格为 P_2，如按 P_2 销售 A 厂商销售量为零，而 A 厂商只好承认 P_1，按此定价，也存在一定的超额利润。如果从 B 厂商的情况看，可以把价格定为 P_0，造成 A 厂商亏本，把 A 厂商赶出市场，这种做法的结果违背垄断法，B 厂商从自己的利益着想，会确定一个不低于 A 厂商平均成本的价格。

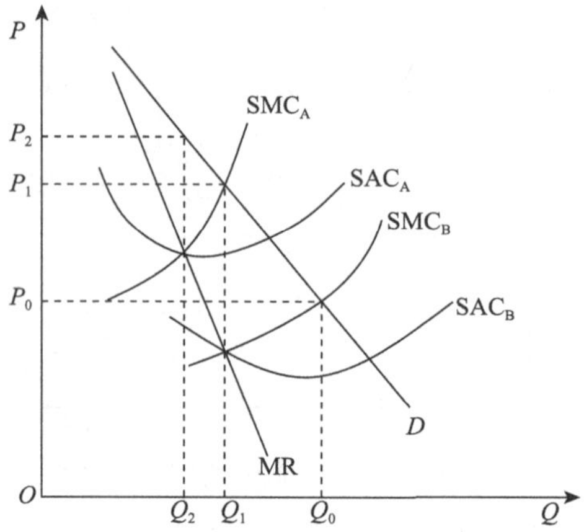

图 10-32 低成本厂商的价格领先

2. 支配型厂商的价格领先

在由一个占统治地位的支配厂商和一些小厂商构成的行业里，支配型厂商按利润最大化原则制定价格，其余小厂商按此价可销售任何数量的商品。

用图 10-33 说明，D 为行业需求曲线，所有小企业的供给曲线是 S，决定价格是 P_1。在这个价格上，市场需求量只等于小企业的供给量。假如支配型厂商定价为 P_2，则小企业 MC>MR，不能提供商品。P_2 是支配型厂商定价的下限，低于或等于 P_2 时，支配型厂商变成了完全垄断厂商。扣除小企业供给量，支配型厂商需求曲线为 D_1。按支配型厂商的 MR 和 MC，制定市场价格为 P_3，向市场提供商品量为 Q_1。从图 10-33 中可以看出，在 P_3 价格下，小企业提供的商品量为 Q_2。，行业总供给量 $Q_R=Q_1+Q_2$。这时支配型厂商实现最大利润，小企业也可按 P_3 价格销售商品。

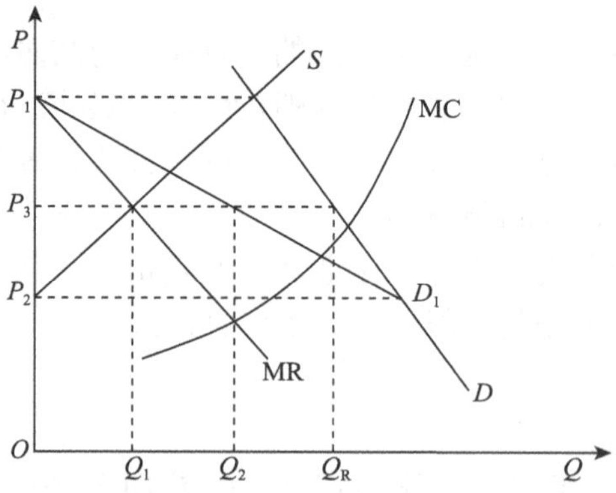

图 10-33 支配型厂商的价格领先

3. “晴雨表型厂商”的价格领先

行业中某厂商对市场情况非常熟悉清楚，市场行情的预测比较准确，具有一定的威信，这样的厂商称为“晴雨表型厂商”（barometric firm）。它不一定规模大、效率高，而是与其他厂商规模相似，晴雨表型厂商制定的价格，会被其他厂商模仿，跟着其定价和变价。由于晴雨表型厂商有较好的判断力和威信，当市场不景气，走向萧条时，它能带头降低价格，当经济好转，需求旺盛时，它能带头提高价格。

这种价格领先的厂商要保持领导地位，在定价或变价时，不能只考虑自身利益，还要考虑对其他厂商的影响，一般情况下不会轻易变动价格。

五、寡头垄断的长期均衡

要保持寡头垄断市场的长期均衡，关键是怎样阻止新厂商进入，维持寡头垄断行业的特征。阻止新厂商进入的因素主要有以下几点：

（1）市场相对狭小。如果原有的几个厂商已处于最佳生产规模状态，这时新厂商难以进入该行业。因为原有的最佳生产规模，市场狭小，如果再进入新厂商就会出现浪费，原厂商的存在就构成进入该行业的有效障碍。

（2）大规模生产。在寡头垄断行业里，厂商需要有大量的资金、先进的机器设备和大批专业技术人才与熟练工人才能进行生产。在大规模生产过程中，通过生产工序和工艺流程的高度专业化和自动化，行业经营效率和管理水平都很高。因此，新厂商要想加入该行业，参与竞争几乎不可能。现实经济中的钢铁、汽车、机车、轮船等行业，就是例证。

（3）自然资源、专利和政府限制。某些限制因素阻碍新厂商进入，维持寡头垄断的市场。一是对自然资源的控制，在铝土矿、硫黄、钻石等矿产和生产原料，已由寡头控制的情况下，进入该行业不可能；二是法律保护专利权，如某些产品、某项关键工艺的专利所有者，只允许少数厂商生产；三是政府限制规定阻止新厂商进入某行业。

（4）价格限制。寡头用限价的办法阻止新厂商进入。限价是指寡头厂商放弃部分短期利润，以便获得长期最大利润。这种价格既高得使原有厂商能获得超额利润，又低得使计划进入者难以接受。从长远看，限制只能在一定的适当的价格范围内进行。

●专栏 10-3　各种市场类型比较

1. 需求曲线

四种市场类型的特征集中体现在需求曲线上，差异在于不同类型需求曲线的斜率不同。完全竞争厂商的需求曲线为一条水平线，只能按既定价格调整产量，以实现利润最大化。面对斜率为零的需求曲线，行业需求曲线向右下方倾斜，负斜率。不完全竞争厂商可以控制产品价格和产量，需求曲线从左上方向右下方倾斜，曲线斜率与垄断程度正相关。随着垄断程度的提高，需求曲线由平坦变陡峭。

2. 经济效率

在四种市场类型达到均衡时（短期与长期），各自的价格、产量、利润、经济效率及技术进步状态反映了资源配置程度和经济效率水平。一般认为：①完全竞争市场产品价格最低，在平均成本最低点，产量最高，资源的配置能够自由流动，资源利用达到最优状态。②垄断竞争同完全竞争比较，产品价格偏高，产量偏低，有剩余生产能力，资源利用次优，有差别的产品可以满足人们的不同需要。③寡头垄断的需求曲线不确定，通常产量较少，价格较高，资源利用较差。④完全垄断的需求曲线最陡峭，其他厂商不能进入，一直保持超额利润，价格最高，产量最少，资源利用最差。表 10-4 为四种市场类型均衡与效率比较。

表 10-4 四种市场类型均衡与效率比较

项目		完全竞争	垄断竞争	寡头垄断	完全垄断
需求曲线	厂商	水平线	D 与 d 相交弹性大于完全垄断小于完全竞争	不同假设下的模型	厂商与行业一致需求曲线向右下
	行业	右下倾斜	没统一的需求曲线	卡特尔需求曲线、价格领先制	倾斜，MR 在 AR 之下
供给曲线	厂商	S 在 AVC 以上 MC 曲线上，LRS 为 LAC 最低点	不确定	不确定	价格与产量没有对应关系，不存在供给曲线
	行业	S 为供求平衡时各厂商 LAC 最低点加总	不确定	不确定	
均衡条件	短期	MR=MC=P	MR=MC	MR=MC	MR=MC
	长期	MR=SAC=LAC=LMC	LMR=LMC LAC 与 d 相切	LMR=LMC	LMR=LMC
产量		相对较高	接近完全竞争	等于或接近完全垄断	相对最低
价格		相对最低	接近完全竞争	等于或接近完全垄断	相对最高
超额利润	短期	$\pi>0$，$\pi<0$，$\pi=0$	$\pi>0$，$\pi<0$，$\pi=0$	$\pi>0$，$\pi<0$，$\pi=0$	$\pi>0$，$\pi<0$，$\pi=0$
	长期	$\pi=0$	$\pi=0$	$\pi>0$，$\pi=0$	$\pi>0$，$\pi=0$
规模经济		缺乏	存在	存在	存在
技术进步		较快	最快	较快或较慢	较慢
经济效率		最高	较高、中上	较低或很低、中上	最低

➢本章提要

按照市场的竞争程度，市场结构可以分为完全竞争市场、完全垄断市场、垄断竞争市场和寡头垄断市场四种类型。厂商为获取最大利润进行价格决策和产量决策，原则是边际收益等于边际成本。在完全竞争市场，价格等于边际收益，厂商的均衡条件为 P=MC；在完全垄断条件下，价格与边际收益并不相同，厂商的均衡条件为 MR=MC；垄断竞争与寡头垄断属于中间状态的市场类型，其均衡既受到竞争因素的影响，也与垄断因素相关。总之，一个厂商的利润最大化产量和价格的决定不仅取决于自身的成本结构，还取决于外部的市场结构。

➢关键概念

市场结构（market structure）
完全竞争（perfect competition）
垄断竞争（monopolistic competition）
寡头垄断市场（oligopoly）
完全垄断市场（pure monopoly）
自然垄断（natural monopoly）
无差异寡头垄断（undifferentiated oligopoly）
纯寡头垄断（pure oligopoly）
差异寡头垄断（differentiated oligopoly）
价格接受者（price taker）
价格决定者（price maker）
总收益（total revenue）
边际收益（marginal revenue）
平均收益（average revenue）
短期均衡（short-run equilibrium）
长期均衡（long run equilibrium）
成本固定不变产业（constant cost industry）
成本递增行业（increasing cost industry）
成本递减行业（decreasing cost industry）
内部经济（internal economies）
外部经济（external economies）
规模经济（economies of scale）
价格歧视（price discrimination）
一级价格差别（first-degree price discrimination）
二级价格差别（second-degree price discrimination）
三级价格差别（third-degree price discrimination）

➢复习思考题

1. 说明为什么利润极大化的一般原则是 MC=MR，为什么完全竞争厂商的均衡条件是 MC=P。

2. 作图表示完全竞争条件下行业和厂商的短期均衡。

3. 论述完全竞争市场长期均衡的实现过程和特点。

4. 已知某行业是成本固定不变的行业；该行业的代表厂商使用劳动和资本两种生产要素，资本在短期内固定不变；该行业原来处于长期均衡状态。现在假设由于收入提高，对该行业产品的需求有持久性增加，请解释说明：为什么该厂商在长期均衡条件下雇佣的劳动小于（而不是大于或等于）其在短期内雇佣的劳动？该行业的就业人数在长期内是否发生变化？长期均衡价格是否发生变化？假如出现技术进步或（和）规模经济等情况，长期均衡价格会发生什么变化？请用作图法表示。

5. 完全竞争行业的代表厂商的长期总成本函数为 $LTC=Q^3-60Q^2+1\ 500Q$，成本用美元计算，Q 为每月产量。求解：

（1）推导出长期平均成本函数和长期边际成本函数。

（2）假设产品价格 $P=975$（美元），求利润为极大的产量。

（3）在（1）（2）条件下，上述利润为极大的长期平均成本为多少？利润为多少？为什么这与行业的长期均衡相矛盾？

（4）假如该行业是成本固定不变行业，推导出行业的长期供给方程（提示：求出 LAC＝LMC 时的 LAC 值）。

（5）假如市场需求曲线是 $P-9\ 600-2Q$，长期均衡中留存该行业厂商人数为多少？

6. 完全竞争的成本固定不变行业包含许多厂商，每个厂商的长期总成本函数为 $LTC=0.1Q^3-1.2Q^2-11.1Q$，Q 是每个厂商的年产量。又知市场需求函数为 $Q=6\ 000-20P$，Q 是该行业的年销售量。求解：

（1）计算厂商长期平均成本为最小的产量和销售价格。

（2）该行业的长期均衡产量是否为 4 500？

（3）长期均衡状态下该行业的厂商人数。

（4）假如政府决定用公开拍卖营业许可证（执照）60 张的办法把该行业竞争厂商人数减少到 60 个，即市场销售量 $Q=60q$。问：在新的市场均衡条件下，每家厂商的产量和销售价格各为多少？假如营业许可证是免费领到的，每家厂商的利润为多少？若领到许可证的厂商的利润为零，每张营业许可证的竞争性均衡价格为多少？

7. 垄断竞争企业是否有确定的供给曲线？垄断竞争条件下是否存在行业的需求曲线和供给曲线？

8. 为什么在垄断竞争市场上企业面对两条需求曲线？它们各自在什么情况下有效？

9. 假定一家卡特尔由两家企业组成，这两家企业的成本函数分别为

$$C_1 = 0.1Q_1^2 + 20Q_1 + 100\ 000$$
$$C_2 = 0.4Q_2^2 + 32Q_2 + 20\ 000$$

又设市场的需求函数为 $Q=4\ 000-10P$。假定卡特尔追求总的利润最大化，分别求出这家卡特尔的总产量、价格及两家企业的产量，此时卡特尔的总利润是多少？

10. 垄断者怎样确定其供给量和销售价格？为什么供给曲线的概念对于垄断厂商来说无确定的意义？

11. 假定某垄断厂商面临的需求曲线为 $P=100-4Q$，总成本函数为 $TC=50+20Q$，求解：

（1）垄断者利润最大化时的利润、产量和价格。

（2）假设垄断者服从完全竞争法则，那么厂商的利润、产量及价格如何？并与（1）进行比较。

12. 为什么难以形成统一的寡头理论？

13. 古诺双寡头模型有何假设？均衡结果是什么？

14. 斯威齐模型有何假设？均衡结果是什么？

15. 已知完全竞争市场上单个厂商的长期成本函数为 $LTC = Q^3 - 20Q^2 + 200Q$，市场上的产品价格

为 $P=600$，求解：

（1）该厂商实现利润最大化时的产量、平均成本和利润各是多少？

（2）该行业是否处于长期均衡？为什么？

（3）该行业处于长期均衡时每个厂商的产量、平均成本和利润各是多少？

16. 折弯的需求曲线模型是如何解释寡头市场上的价格刚性现象的？

17. 用图说明垄断厂商短期和长期均衡的形成及其条件。

➢扩展性阅读资料

范里安 H R. 2006. 微观经济学：现代观点. 第六版. 费方域，等译. 上海：上海三联书店，上海人民出版社

高鸿业. 1997. 西方经济学. 北京：中国经济出版社

胡适耕. 2003. 微观经济学的数理分析. 武汉：华中科技大学出版社

李翀. 2003. 现代西方经济学原理. 广州：中山大学出版社

厉以宁. 2000. 西方经济学. 北京：高等教育出版社

梁小民. 1999. 微观经济学. 北京：中国社会科学出版社

卢丰. 2002. 经济学原理. 北京：北京大学出版社

平狄克 R S，鲁宾费尔德 D L. 2000. 微观经济学. 第四版. 李彬，高远译. 北京：中国人民大学出版社

萨缪尔森 P A，诺德豪斯 W D. 2005. 微观经济学. 萧琛译. 北京：人民邮电出版社

斯蒂格利茨 J E，沃尔什 C E. 2013. 经济学. 黄险峰，张帆译. 北京：中国人民大学出版社

宋承先. 2005. 现代西方经济学. 第三版. 上海：复旦大学出版社

王秋石. 微观经济学. 北京：经济管理出版社

周惠中. 2003. 微观经济学. 上海：上海人民出版社

第十一章

博弈论与企业策略

博弈论（game theory）又称对策论，它是现代数学的一个新分支，也是运筹学的一个重要组成部分。博弈论就是研究互动决策的理论，即各行动方［局中人（player）］的决策是相互影响的。博弈论的应用领域十分广泛，在经济学、政治科学（国内的及国际的）、军事战略问题、进化生物学及当代的计算机科学等领域，都已成为重要的研究和分析工具。此外，它还与会计学、统计学、基础数学、社会心理学及认识论与伦理学等哲学分支有重要联系。本章主要从微观经济学的视角研究博弈论与企业策略。

第一节　博弈论概述

一、博弈论及其发展

1. 博弈论的研究对象

博弈又称为对策或游戏，是指一些人或组织在“策略相互依存”情形下相互影响、相互作用的状态。在博弈情况下，每个人的效用不仅取决于其自身的行为，还取决于其他人的行为，个人所采取的最优策略取决于他对其他人所采取策略的预期。博弈论就是研究在博弈情况下博弈参与者的环境选择行为的理论，或者说是竞争者如何依据环境的变化，采取最优策略与行为的理论。博弈论是研究决策主体的行为发生直接相互作用时的决策，以及这种决策的均衡问题，即当一个主体的选择受到其他主体选择的影响，而且反过来影响到其他主体选择时的决策问题和均衡问题。

2. 博弈论的发展

1944 年，冯·诺依曼和摩根斯坦（Morgenstern）合作的《博弈论和经济行为》（*The Theory of Games and Economic Behaviour*）一书出版，在该书中，他们提出了预期效用理论等概念。

1950 年，合作博弈发展到鼎盛时期，成果包括纳什和夏普里（Sharpley）1953 年的

"讨价还价模型"、Gillies 和 Sharpley（1953 年）关于合作博弈中的"核"（core）的概念等。同时，非合作博弈也开始创立，纳什在 1950 年和 1951 年发表了两篇关于非合作博弈的重要文章，塔克于 1950 年定义了"囚犯困境"（prisoner' s dilemma），从而基本上奠定了现代非合作博弈的基础。

1960 年后，泽尔腾把纳什均衡的概念引入动态分析，提出了"精练纳什均衡"的概念。海萨尼（John C. Harsanyi）把不完全信息引入博弈论的研究。克瑞普斯（Kreps）和威尔逊（Wilson）于 1982 年合作发表了关于不完全信息动态博弈的重要论文。

●专栏 11-1　博弈论在微观经济学中的重要性

1994 年诺贝尔经济学奖获得者为纳什、泽尔腾和海萨尼。纳什为非合作的一般理论和合作博弈的谈判理论奠定了基础，从而对现代博弈论学科体系的建立做出杰出贡献。纳什定义的著名的"纳什均衡"，至今仍是博弈论研究的核心思想。泽尔腾提出了著名的"子博弈精炼均衡"和"颤抖手完美纳什均衡"，为成功解决不完全信息下的动态博弈做出开创性贡献，海萨尼在纳什均衡的基础上吸取了贝叶斯的研究成果，以贝叶斯原理为出发点，对纳什均衡做了广泛的展开。

在信息经济学中，对委托–代理问题的研究、逆向选择和道德风险问题已经成为研究金融保险、劳动力市场，以及拍卖市场中合同和激励约束的重要理论基础。1996 年，诺贝尔经济学奖获得者为维克里和莫里斯。维克里简洁地以对策论描述了如何给参与者以足够的激励去显示他们偏好的机制，奠定了其在信息经济学研究的基础。莫里斯在分析激励相容机制上取得突破性进展，最优激励合同要满足两个约束条件。2001 年诺贝尔经济学奖获得者为斯蒂格利茨、阿卡洛夫和斯宾塞。斯蒂格利茨把不对称信息结果运用于保险金融及劳动力市场。阿卡洛夫开创了逆向选择理论的先河，说明信息不对称为何导致逆向选择和无效率。斯宾塞最重要的贡献是提出了信号传递模型，证明了市场上的代理人如何利用信号机制抵消逆向选择效应，与此同时，在机制设计问题（包括非线性价格歧视、最优拍卖等）、公共物品的偏好显示等方面得到广泛应用。

2005 年度诺贝尔经济学奖获得者为奥曼和谢林，他们进一步发展了非合作博弈理论。谢林在其著作《冲突的战略》一书中对讨价还价和冲突管理理论做了具体分析，首次定义并阐明了威慑、强制性威胁与承诺、战略移动等概念，将博弈论作为统一的分析框架应用于社会科学问题。奥曼最主要的贡献是重复博弈论，他与 Michael Maschler 建立的非完全信息的重复博弈模型，被扩展到更一般的模型中（非零和博弈），并提出了一些新的、更深刻的概念。

博弈论对经济学的思维方式产生深刻影响。人们越来越意识到，大多数经济问题可以作为博弈过程来理解，因而可以重新构建理论框架。这被比喻为经济学领域发生的一场革命。博弈合作与经济制度紧密相连，对经济制度的研究，本质上成为对合作机制的研究。在宏观经济研究上，获得 2004 年诺贝尔经济学奖的新一代理性预期学派领军人物 F.基德兰德和 E.普利斯科特最早将博弈论引入宏观经济政策分析中，用博弈论的分析方法证明了"时间不一致性"，从而否定了政府进行最优决策来干预经济的可能性。

资料来源：王红艳. 博弈论的发展与创新. 云南财经学院学报（社会科学版），2005，（5）24-25；黄韬，易宪容，高占军，等. 博弈论的发展与创新. 财经问题研究，1995，（5）：3-9

二、博弈的要素

构成博弈的要素主要包括参与人(players)、行动(actions or moves)、战略(strategies)、支付(pay off)、信息(information)、均衡(equilibrium)、结果(outcome)等。

1. 参与人

一个博弈中的决策主体,其目的是通过选择战略(或行动),以最大化自己的支付(效用)水平。参与人的目标是通过选择一定策略或行为使自己的福利最大化。参与者既可以是单个自然人,也可以是团体或组织。

2. 行动

行动是参与人在博弈的某个时点的决策变量,包括行动集合、行动组合与行动顺序。

(1)行动集合(action set):可供某个参与人(i)选择的所有行动的集合,记作 $A_i=\{a_i\}$。

(2)行动组合(action profile):n 个参与人的行动的有序集 $a=(a_1, a_2, \cdots, a_i, \cdots, a_n)$。

(3)行动顺序(the order of play):根据行动顺序,可以将博弈分为静态博弈和动态博弈。因此,行动顺序对于博弈结果非常重要。

在博弈论中,一般假定参与人的行动空间和行动顺序是所有参与人的共同知识。

3. 战略

战略是指参与人在给定信息集的情况下的行动规则,它规定参与人在什么时候选择什么行动。战略与行动是不同的概念,战略是行动的规则而不是行动本身,战略要说明什么时候采取什么行动。例如,"人不犯我,我不犯人;人若犯我,我必犯人",就是一个战略,而"犯"与"不犯"是两种行动,这一战略规定了什么时候选择"犯"与"不犯"的行动。有的战略还包括:"人不犯我,我必犯人;人若犯我,我不犯人""人不犯我,我不犯人;人若犯我,我还不犯人""人不犯我,我必犯人;人不犯我,我还犯人"等。战略必须是完备的,它要给出参与人在每一种可想象得到的情况下的行动选择,即使参与人并不预期这种情况会实际发生。

在静态博弈时,战略与行动是相同的,因为作为参与人行动的规则,战略必须依赖于参与人获得其他参与人行动的信息,而在静态博弈中,双方同时行动,从而不可能获得对方行动的信息,因此,战略选择就变成简单的行动选择。在战略中有两个重要的概念:

(1)战略集合(strategy set):某参与人(i)所有可选择的战略的集合,记作 $S_i=\{s_i\}$。

(2)战略组合(strategy profile):n 个参与人每人选择一个战略的 n 维向量,$\mathbf{s}=(s_1, s_2, \cdots, s_i, \cdots, s_n)$。

4. 支付

支付是指在一个特定的战略组合下,参与人得到的确定的效用水平,或者是指参与人得到的期望效用水平。支付是博弈参与人真正感兴趣的东西。博弈的一个基本特征是,一个参与人的支付不仅取决于自己的战略选择，还取决于所有其他参与人的战略选择。

5. 信息

信息是指参与人有关其他参与人的特征、战略、行动、支付等的知识。其中，一类较为特殊的信息是共同知识。共同知识（common knowledge）是指“所有参与人知道，所有参与人知道所有参与人知道，所有参与人知道所有参与人知道所有参与人知道……”的知识。

6. 均衡

均衡是指所有参与人的最优战略的组合，记为 $s^*=(s_1^*, s_2^*, \cdots, s_i^*, \cdots, s_n^*)$。

7. 结果

结果是指博弈均衡产生的博弈的最终后果，包括均衡及其支付。

相关链接 11-1　从日常生活看“博弈论”

“博弈论”原本是数学的一个分支，但由于它较好地解决了对于竞争等问题的可操作性分析，所以其成为经济学中激荡人心的一个研究领域。可以说，“博弈论”已经改变了经济学的传统轮廓线。“博弈论”的英语原文是 game theory，直译过来就是游戏论、运动论或竞赛论。例如，在足球比赛中，双方都想在努力巩固防守的同时，积极进攻以置对方于“死地”，这种行为就是一种博弈。“弈”在汉语中是下棋的意思，下棋中的双方行为特征也如同足球比赛中双方的行为。当然，扩展开来讲，企业之间的竞争、国家之间的角力等都是“游戏”，只是游戏的内容不同而已。

我国古代有 “田忌赛马”的故事，说的是齐威王与大将田忌各出三匹马，一对一比赛三场，由于齐威王的最优、次优和较差的三匹马分别跑得比田忌的三匹马快，所以田忌总是以 0∶3 告负。后来田忌的谋士孙膑给田忌出主意，让最差的马去与齐威王最快的马比，而让最优的马去赢齐威王次优的马，让次优的马去赢齐威王最差的马，这样便以 2∶1 取胜。但我们还可进一步设想，如果齐威王知道了田忌的花招后，便会在以后的比赛中也更改出马的次序，当然田忌的出马次序也应改动。双方的出马次序怎样才是最合理的呢？这便是“博弈论”更深层次研究的问题了。

2002 年获奥斯卡大奖的影片《美丽心灵》中的主角原型，便是“博弈论”中纳什均衡的创立者——约翰·纳什。影片中有这样一个情节——在美国普林斯顿大学的酒吧里，四个男生正商量着如何去追求一位漂亮女生，当时还正在大学读书的纳什却在朦胧的“博弈论” 思维逻辑引导下喃喃自语：“如果他们四个人全部去追求那位漂亮女生，那她一定会摆足架子，谁也不理睬。然后他们再去追其他女孩子，别人也不会接受，因为没人愿意当‘次品’。但如果他们先追其他女生，那么漂亮女生就会感到被孤立，这时再追她就会容易得多。”在纳什眼里，追求女生就是一场“博弈”，而“博弈”是要遵循一定的规则的，是需要“博弈”策略的。

我们再从经济决策上来看“博弈论”。假如你是一个公司的老总，你在决定是否将自己的产品降价，以及降价多少时，至少必须先考虑以下几个方面的问题：消费者会增加购买吗；大概会增加多少购买量呢；其他同种产品的厂家也会降价吗；等等。只要我们是理性的，一定会在对这些问题进行考虑的基础上做出决策。所以说，“博弈论”主要研究各相关行为主体的决策行为在相互影响、相互作用的假定条件下，理性的行为主体如何决策，以及这种决策的均衡等问题。在这里，决策均衡是一个经济学概念，意味着最佳决策或最佳决策的组合。因为只要决策是最佳的，相关的行为主体就不会去改变它，从而使它处于稳定、均衡的状态。简言之，“博弈论”就是分析博弈行为和博弈决策的一门科学。

资料来源：叶德磊. 从日常生活看“博弈论”. 文汇报，2005-10-23

三、博弈的分类

1. 根据博弈参与人划分

根据博弈参与人不同，博弈可分为单人博弈、两人博弈和多人博弈。

（1）单人博弈的实质是个体的最优化问题，即在一定条件下选择最优战略。

（2）两人博弈是指参与人为两人的博弈。

（3）多人博弈是指三个或三个以上参与人的博弈。其与单人博弈和两人博弈最大的区别在于可能存在“破坏者”，即具有下列特征的参与人：其策略选择对自身支付没有任何影响，但却会影响其他参与人的支付，有时其影响甚至是决定性的，如奥运会申办。

2. 根据战略划分

根据战略不同，博弈可分为有限博弈和无限博弈。

（1）当博弈的参与人数和每个参与者的战略空间均为有限时，博弈被称为有限博弈。如果满足下列条件：第一，参与人个数是有限的；第二，每个参与人可选择的纯战略是有限的。该博弈被称为有限博弈。有限博弈可以用矩阵式、扩展式，甚至罗列方式表示。

（2）当博弈的参与人数和每一个参与者战略空间是无限时，博弈被称为无限博弈。无限博弈一般用数集或函数式表示。

3. 根据支付划分

根据支付不同，博弈可分为零和博弈、常和博弈与变和博弈。

（1）零和博弈是指无论各参与人如何决策，最后的社会总支付，即各参与人支付之和总是为零的博弈，如猜谜游戏（matching pennies）。零和博弈的特征主要包括以下方面：一是各参与人之间的利益是对立的，相互之间难以和平共处；二是各参与人为了多得利益，总不希望对方知道自己选择的战略，因此，这种博弈的结果是不能完全确定的；三是即使进行重复多次的博弈，也不会产生新的机会或可能。

（2）常和博弈是指各参与人支付之和总是等于一个非零常数，如分配固定数额的奖金。在常和博弈中，各参与人之间的利益关系也是对立的，但较易取得妥协，因而往往有一个确定的结果。在重复博弈中，由于总支付增加，会创造出许多新结果。

（3）变和博弈是指在不同的战略组合下，各参与人支付之和是不同的。变和博弈是博弈的一般形式。

4. 根据参与人行动次序划分

根据参与人行动次序不同，博弈可分为静态博弈、动态博弈和重复博弈。

（1）静态博弈是指参与人同时进行战略选择，同时行动的博弈。

（2）动态博弈是指各参与人先后、依次进行选择和行动，而且后选择、行动的参与人在自己选择前一般能看到此前其他参与人的选择、行动的博弈。在动态博弈中，参与人之间存在不对称性，即后行动的参与人可根据先行动的参与人的行动做出针对性选择，而先行动的参与人在决策时，不但看不到后行动参与人的选择，而且还要考虑后行动参与人的反应。

（3）同一博弈反复进行所构成的博弈过程叫做重复博弈。构成重复博弈的一次性博弈称为“原博弈”或“阶段博弈”，其一般是静态博弈。重复博弈的最少重复次数是两次。其中，到一定重复次数后肯定要结束的重复博弈称为“有限次重复博弈”。而无限次重复进行的博弈叫“无限次重复博弈”。在重复博弈中，考察的重点不是某一次重复的结果或支付，而是原博弈重复进行后的总体效果或平均效果，因此，不能把重复博弈割裂为一次次独立的博弈进行分析，而是要将它们作为一个完整的过程和整体进行分析，因此，重复博弈是一种特殊的动态博弈。在重复博弈中，一次静态博弈中的均衡可能会发生变化。

5. 根据参与人对其他参与人等的信息划分

根据参与人对其他参与人等的信息不同，博弈可分为完全信息博弈和不完全信息博弈。

（1）若各参与人都完全了解所有参与人的特征、战略、行动，以及在每种战略组合下的支付，并且不存在事前的不确定性，该博弈称为完全信息博弈。

（2）至少存在部分参与人不完全了解其他参与人相关情况的博弈，称为不完全信息博弈。

6. 根据参与人对博弈进程信息的了解程度划分

根据参与人对博弈进程信息的了解程度不同，博弈可分为完美信息动态博弈和不完美信息动态博弈。

动态博弈中，若某参与人行动时，对此前行动的各参与人（包括“自然”）的选择、行动完全了解，称其为“具有完美信息”的参与人；若其不完全了解此前全部的博弈进程，则称其为“具有不完美信息”的参与人。

如果动态博弈中的所有参与人都是具有完美信息的，该动态博弈称为完美信息动态博弈。若动态博弈中存在具有不完美信息的参与人，则该动态博弈称为不完美信息动态博弈。

第二节 完全信息静态博弈

一、博弈的战略式表述

1. 战略式表述的含义

战略式表述（strategic form representation）又称标准式表述（normal form representation），在这种表述中，所有参与人同时选择自己的战略，所有参与人选择的战略一起决定每个参与人的支付。需要注意的是，参与人“同时选择”的是战略，是参与人行动的全面计划和准则，而不是行动。因此，战略式表述也可以用来描述动态博弈。

2. 战略式表述的组成及表示

战略式表述包括三方面内容：

第一，博弈的参与人集合：$i\in \Phi$；Φ=1，2，…，n。

第二，每个参与人的战略空间：S_i，i=1，2，…，n。

第三，每个参与人的支付函数：u_i（s_1，s_2，…，s_i，…，s_n），i=1，2，…，n。

所以，G=｛S_1，S_2，…，S_n，u_1，…，u_n｝代表战略式表述博弈。

3. 两人有限博弈的支付矩阵

支付矩阵是战略式表述的一种常用方法。两人有限博弈的支付矩阵可以通过囚徒困境（prisoners’ dilemma）来说明。在“囚徒困境”中，若两人都坦白，各被判 8 年；若两人都抵赖，则各被判 1 年；若一人抵赖，一人坦白，则分别被判 8 年和释放。两人的支付矩阵如图 11-1 所示。

		囚犯B 坦白	囚犯B 抵赖
囚犯A	坦白	−8，−8	0，−10
	抵赖	−10，0	−1，−1

图 11-1 囚徒困境

二、占优战略均衡

（1）占优战略（dominant strategy）是指无论其他参与人选择什么战略，该参与人的最优战略是唯一的，这样的最优战略称为“占优战略”。例如，在“囚犯困境”中，“坦白”是囚犯 A 的占优战略，“坦白”也是囚犯 B 的占优战略。

（2）占优战略均衡（dominant-strategy equilibrium）是指在一个博弈里，如果所有参与人都有占优战略存在，则所有参与人占优战略所组成的战略组合称为“占优战略均衡”。例如，在上例“囚犯困境”中，（坦白，坦白）就是占优战略均衡。这时，个人理性与集体理性产生了冲突。需要注意的是，占优战略均衡只要求每个参与人是理性的，不要求“每个参与人是理性的”是共同知识。

三、重复剔除的占优均衡

1. “智猪博弈”

在绝大多数博弈中，占优战略均衡是不存在的。在图 11-2 中的“智猪博弈”中，按下按钮可有 8 个单位食物，但要支付 2 单位成本。若大猪先到，大猪吃 7 个单位，小猪吃 1 个单位；小猪先到，各吃 4 个单位；同时到，大猪吃 5 个单位，小猪吃 3 个单位。

		小猪：按	小猪：等待
大猪	按	3，1	2，4
	等待	7，–1	0，0

图 11-2 智猪博弈

尽管“等待”是小猪的占优战略，但大猪没有占优战略，因此，本博弈没有占优战略均衡。那么，在没有占优战略均衡的情况下，智猪博弈的均衡是什么呢？为此需要引入新的均衡概念。

2. 重复剔除（严格）劣战略和重复剔除的占优均衡

（1）劣战略。劣战略包括如下两种情况。

第一，（严格）劣战略。

定义：令 s_i' 和 s_i'' 是参与人 i 可选择的两个战略（即 $s_i' \in S_i$，$s_i'' \in S_i$）。如果对于任意的其他参与人的战略组合 s_{-i}，参与人 i 从选择 s_i' 得到的支付严格小于从选择 s_i'' 得到的支付，即 $u_i(s_i', s_{-i}) < u_i(s_i'', s_{-i})\ \forall s_{-i}$，我们说，战略 s_i' 严格劣于战略 s_i''。

例如，在“智猪博弈”中，对于小猪，“按”严格劣于“等待”。

第二，弱劣战略。

定义：战略 s_i' 弱劣于战略 s_i''（s_i' is weakly dominated by s_i''），如果对于所有的 s_{-i}，$u_i(s_i', s_{-i}) \leqslant u_i(s_i'', s_{-i})\ \forall s_{-i}$，且对于某些 s_{-i}，严格不等式成立，这时 s_i'' 称为相对于 s_i' 的弱占优战略。

例如，在“智猪博弈”中，若“–1”变为“0”，则对于小猪，“按”弱劣于“等待”。

（2）重复剔除严格劣战略（iterated elimination of strictly dominated strategies）。重复剔除严格劣战略的方法是：先找出某参与人的严格劣战略（假定存在），把这个严格劣战略剔除，重新构造一个不包含已剔除战略的新博弈；然后再剔除这个新博弈中某个参与人的严格劣战略；继续这个过程，一直到只剩下一个唯一的战略组合为止。

例如，在“智猪博弈”中，先剔除小猪的“按”战略，再剔除大猪的“等待”战略，剩下唯一的战略组合是（按，等待）。这里，小猪是“搭便车者”（free rider）。

（3）重复剔除的占优均衡（iterated dominance equilibrium）。如果一个战略组合是重复剔除劣战略后剩下的唯一的战略组合，它被称为“重复剔除的占优均衡”。如果这种唯一的战略组合是存在的，称该博弈为“重复剔除占优可解的”（dominance solvable）。如果重复剔除后剩下的战略组合不唯一，该博弈不是重复剔除占优可解的。

例如，在图 11-3 的例子中，剔除的顺序是右→下→左，（上，中）是博弈结果。

		参与人2 左	参与人2 中	参与人2 右
参与人1	上	1，0	1，2	0，1
参与人1	下	0，3	0，1	2，0

图 11-3 严格劣战略的剔除

需要注意的是，如果每次剔除的是严格劣战略，那么均衡结果与剔除顺序无关；但如果剔除的是弱劣战略，那么均衡结果可能与剔除顺序有关。因此，一般使用严格劣战略剔除。

（4）重复剔除严格劣战略方法的缺陷。重复剔除严格劣战略要求假定“参与人是理性的”是共同知识，这一条件比占优战略均衡严格。同时这一方法对博弈结果的预测经常是不精确的，甚至许多博弈无法通过该方法找到均衡。例如，在图 11-4 的例子中，该博弈没有重复剔除的占优均衡。

		参与人2 左	参与人2 中	参与人2 右
参与人1	上	0，4	4，0	5，3
参与人1	中	4，0	0，4	5，3
参与人1	下	3，5	3，5	6，6

图 11-4 严格劣战略的剔除（无均衡）

四、纳什均衡

许多不存在占优战略均衡，或重复剔除的占优均衡的博弈，却存在纳什均衡。

1. 纳什均衡的含义

纳什均衡（Nash equilibrium）是一个战略组合，当其余参与人不改变各自的战略选择时，某参与人也没有动力单独改变自己的选择，这一点对所有参与人都成立。这就意味着，在纳什均衡的战略组合中，每一个参与人的战略选择都是针对其他参与人战略组合的最优选择。

纳什均衡的特征——假定所有参与人签订一个协议，协议规定参与人均选择纳什均衡中各自的战略。则这一协议必定是可以自动实施的（self-enforcing），否则，就不是纳什均衡。

●专栏 11-2 电商价格战博弈

2012 年 8 月 14 日，京东商城 CEO （chief executive officer，即首席执行官）刘强东针对苏宁易购、国美商城的家电价格体系发表了两条微博，表示京东商城的价格将比苏宁易购及国美商城的线下商店的价格降低至少 10%，并且还表示将会聘请五千名家电价格情报员，在苏宁、国美两大线下家电大卖场进行价格监控，一旦发现其价格下降，则京东商城必定进行相应的降价，且保证京东的大家电商品在 3 年内零利润。苏宁易购随后也表示跟进价格战，将针对 3C 产品［计算机（computer）、通信（communication）和消费类电子产品（consumer electronics）三类产品的结合，也称“信息家电”］实行线上线下统一定价的策略，并且将保证价格低于京东商城。随后，当当、易迅等也表示跟进价格战。

表 11-1 是 2012 年 8 月 15 日京东商城和苏宁易购大家电降价比较表。

表 11-1 京东商城和苏宁易购大家电降价比较表 单位：%

渠道商	大家电商品重合比率	重合大家电商品降价幅度	全部大家电商品降价幅度	缺货率	当日流量比重	当日流量增长幅度
京东商城	11	4	2.8	46	47.5	132
苏宁易购	11	6	4.4	14	19.8	706

资料来源：网易有道《网购价格不完全报告》815 特刊

综合分析此次价格战，主要存在以下几个问题：

（1）价格降低的幅度不高，且存在虚假宣传的现象。京东商城没有做到宣称的相比苏宁易购、国美商城的价格低 10%以上，价格战之后的价格回升幅度也比苏宁易购高。

（2）双方可供比较价格的商品有限。由于制造商对于不同的渠道商提供了不同的商品，因此，消费者发现双方都在销售的商品有限，对于不同型号的商品，消费者无法比较价格。

（3）缺货率高。许多消费者发现商品主页显示为缺货状态。价格监督检查与反垄断局的调查显示，电商实际上是有库存的，然而相关的网页却显示库存暂时为零的状态。

同时，根据一淘网的监控数据显示，在价格战开始的前一天晚上，各电商都在暗中提高了商品的价格，以数码家电类产品为例，涨价比例如表 11-2 所示。

表 11-2 各电商涨价比例表 单位：%

渠道商	京东商城	库巴网	苏宁易购	国美商城	当当商城	易迅商城
涨价比例	1.22	1.87	1.05	0.64	0.50	1.12

资料来源：一淘网

由表 11-1 和表 11-2 可知，价格战实际上价格降低的幅度远没有达到各大电商所宣传的降价幅度，同时，对于制造商而言，品牌级别越高，价格战中价格降低的幅度越小，品牌实力在一定程度上能够维护制造商在渠道商之间的价格竞争中的利益；另外，价格战期间电商的流量都出现了大幅度的增长，由此可知，本次价格战实际上是争夺将来对制造商的控制权及电商市场的份额。2012 年 9 月，国家发展和改革委员会认定电商价格战存在欺诈行为。

根据电子商务中的交易行为进行分析，假设如下：①价格博弈分先后次序，如此次价格战就是由京东商城先行开始的；②博弈属于完全信息博弈，各大电商的价格信息面向消费者，是公开的，竞争对手可以便利地获取相关的价格信息；③属于重复博弈，在决定市场格局之前，价格战是持续的，价格也处在不断变化中，因此，视其为重复博弈；④属于零和博弈，由于价格战中企业的竞争关系大于合作关系，因此，将其视为零和博弈。

为了方便论述，假定价格战中的参与人为两方，即京东商城、苏宁易购，且在价格战爆发之前二者拥有相同的价格。在价格战之前，二者在市场中拥有的收益分别为 A、B。

第一轮博弈：由于企业做出决策是在假定对方决策已定的基础上，因此，假定京东商城为了获得更大的利益，或者出于销售库存等原因，实行了降低价格的行为，且获得新的收益为 $A+X_1$。此时，苏宁易购的市场收益必然减少，假设其减少收益为京东商城的增加收益，则其减少后的收益为 $B-X_1$。同理，假设当苏宁易购主动做出降低价格的行为时与京东商城主动降低价格时的获益变化一致，其获得的新收益为 $B+X_1$，京东商城的收益变为 $A-X_1$。当双方都选择降低价格的时候，由于线上市场的客户总量有限，所以双方的市场份额没有发生变化，但其市场收益必然都减少，假设减少幅度一致，京东商城的市场获益变为 $A-X_2$，苏宁易购的市场获益变为 $B-X_2$。易知，当一方降低价格时，另一方也降低价格，其损失会减小，故 $X_1>X_2$，$A-X_1<A-X_2$，$B-X_1<B-X_2$。

京东商城和苏宁易购的得益矩阵如表 11-3 所示。

表 11-3 京东商城和苏宁易购的得益矩阵

价格	苏宁易购维持价格	苏宁易购降低价格
京东商城维持价格	（A，B）	（$A-X_1$，$B+X_1$）
京东商城降低价格	（$A+X_1$，$B-X_1$）	（$A-X_2$，$B-X_2$）

由于双方都存在降低价格的动机，且无法确定对方是否具有降低价格的动机。对于京东商城而言，当对方选择维持原有价格的时候，其策略是选择降低价格；当对方选择降低价格的时候，自己只有也进行降价才能尽量减少损失，因此，降低价格是京东商城的占优策略；同理，对于苏宁易购而言，降低价格也是其占优策略。故而，双方都选择降低价格的策略，（降低价格，降低价格）是其纳什均衡。这就解释了为何企业在经营活动中总有降价的动机，即电商价格战爆发的内因。

在第一轮博弈结束之后，参与博弈的双方发现降低价格之后彼此的获益还不如维持原有价格时期的获益。可能在进行协调后，双方会保证采取维持原有价格的策略。然而这种保证由于缺乏法律依据及行业标准约束，实际上并不具备任何事实上的约束力，在总相信自己能够获得更大利益的驱动下，其中一方总想着通过降低价格来占有更大的利益。毫无疑问，这种动机在参与博弈的双方心中都存在，因此，在这种心态的驱动下，双方再次采取（降低价格，降低价格）的策略，达成了一种真正的平衡状态。

资料来源：郭惠玲. 基于博弈论视角的电商价格战分析. 北京理工大学学报（社会科学版），2014，10：94-102

2. 划线法和纳什均衡的求解

划线法。划线法是在支付矩阵中求解纳什均衡的一种主要方法。首先对参与人 i 的每一个可选择战略，在参与人 j 使用最优反应战略时的支付下划横线；其次，支付均有横线，该战略组合就是纳什均衡。

例如，在图 11-4 中，运用划线法可求得（下，右）是纳什均衡。

3. 纳什均衡与占优战略均衡和重复剔除的占优均衡

纳什均衡是比重复剔除的占优均衡和占优战略均衡适应性条件更强的解的概念。它们之间的关系可以归纳为：①每一个占优战略均衡都是纳什均衡，而每一个纳什均衡却未必是占优战略均衡。②用重复剔除严格劣战略方法保留下的重复剔除的占优均衡，就是纳什均衡。③纳什均衡不会被重复剔除严格劣战略方法剔除（但弱劣战略剔除可能会剔除纳什均衡）。④经重复剔除严格劣战略之后，有不唯一的多个战略组合保留，其中有的战略组合不一定是纳什均衡，即重复剔除严格劣战略方法无法确保将所有非纳什均衡战略剔除，没有被剔除的战略组合不一定是纳什均衡。⑤没有占优战略均衡的博弈，不能用重复剔除严格劣战略方法求解的博弈，可以有纳什均衡。

4. 没有纳什均衡和多个纳什均衡

虽然纳什均衡是适应性条件更强的均衡概念，但是仍有一些博弈不存在纳什均衡，而另一些博弈则不止一个纳什均衡。例如，在猜谜游戏中，出币人和猜币人的支付矩阵如图 11-5 所示。这个博弈中就没有纳什均衡。而在图 11-6 所示的“性别战”博弈中，则不只存在一个纳什均衡，分别是（足球，足球）、（芭蕾，芭蕾）。在这种情况下，同样需要引入新的均衡概念。

		猜币人	
		正面	反面
出币人	正面	−1，1	1，−1
	反面	1，−1	−1，1

图 11-5　猜谜游戏

		女	
		足球	芭蕾
男	足球	2，1	0，0
	芭蕾	0，0	1，2

图 11-6 性别战

五、混合战略纳什均衡

（一）混合战略

（1）猜谜游戏一个突出的特点是，每个参与人都试图先知道对方的战略。一旦每方参与人都尽力知道其他参与人的战略选择，就不存在前面定义的纳什均衡，因为参与人此时的最优行为是不确定的，而博弈的结果必然要包含这种不确定性。为了深入分析，这里需要引入纯战略和混合战略。

（2）纯战略（pure strategies）。纯战略是指在给定信息的情况下，一个参与人的选择是其战略空间 S_i 中的一个战略 s_i。例如，在猜谜游戏中，出正面就是出币人的一个纯战略，出反面也是他的一个纯战略。

（3）混合战略（mixed strategies）。混合战略是指在给定信息的情况下，一个参与人的选择是以某种概率分布，随机选择其战略空间中的一些或全部战略。例如，在猜谜游戏中，出币人以 0.5 和 0.5 的概率随机选择出正面和出反面，这就是一个混合战略；以 0.8 和 0.2 的概率随机选择出正面和出反面是其另一个混合战略。纯战略是混合战略的一个特例。

需要注意的是，第一，一个给定的纯战略，可能会严格劣于一个混合战略，即使这个纯战略并不严格劣于其他任何一个纯战略；第二，一个给定的纯战略，可以是针对对方参与人一个混合战略的最优反应，即使这一纯战略并不是针对对方参与人任何一个纯战略的最优反应。

（二）混合战略纳什均衡

1. 混合战略纳什均衡的含义

混合战略（P_1^*，P_2^*）纳什均衡的充要条件是：每个参与人的混合战略是另一个参与人混合战略的最优反应，即 $V_1(P_1^*, P_2^*) \geqslant V_1(P_1, P_2^*)$ 和 $V_2(P_1^*, P_2^*) \geqslant V_2(P_1^*, P_2)$ 同时成立（即对于参与人 2 的混合战略 P_2^*，参与人 1 选择 P_1^*的期望收益大于（不小于）自己选择其他战略的期望收益，这一点对于参与人 2 也成立）。

2. 混合战略纳什均衡的求解

求解混合战略纳什均衡的方法有两个，分别是支付最大化方法和支付等值法。下面以猜谜游戏为例进行说明。

第一，支付最大化方法。假定“出币人”的混合战略为$\delta_h=(\theta, 1-\theta)$，即“出币人”以$\theta$的概率选择出正面，以$1-\theta$的概率选择出反面。“猜币人”的混合战略为$\delta_a=(\gamma, 1-\gamma)$，即“猜币人”以$\gamma$的概率选择猜正面，以$1-\gamma$的概率选择猜反面。

“出币人”的期望效用为

$$\begin{aligned}V_h(\delta_h, \delta_a) &= \theta[-1\cdot\gamma+1\cdot(1-\gamma)]+(1-\theta)[1\cdot\gamma+(-1)\cdot(1-\gamma)]\\ &=\theta(2-4\gamma)+(2\gamma-1)\end{aligned}$$

对上述效用函数求微分，得到“出币人”效用最大化的一阶条件为

$$\frac{\partial V_h}{\partial\theta}=2-4\gamma=0,\quad \gamma^*=0.5$$

即在混合战略纳什均衡中，“猜币人”以0.5的概率猜正面，以0.5的概率猜反面。

同样，“猜币人”的期望效用为

$$V_a(\delta_h, \delta_a)=\gamma[1\cdot\theta+(-1)\cdot(1-\theta)]+(1-\gamma)[(-1)\cdot\theta+1\cdot(1-\theta)]$$

$$=\gamma(4\theta-2)+(1-2\theta)$$

对上述效用函数求微分，得到“猜币人”效用最大化的一阶条件为

$$\frac{\partial V_a}{\partial\theta}=4\theta-2=0,\quad \theta^*=0.5$$

即在混合战略纳什均衡中，“出币人”以0.5的概率出正面，以0.5的概率出反面。在猜谜游戏中，$\theta^*=0.5$，$\gamma^*=0.5$是唯一的纳什均衡。

第二，支付等值法。“出币人”出正面的期望收益为

$$(-1)\cdot\gamma+1\cdot(1-\gamma)=1-2\gamma$$

“出币人”出反面的期望收益为

$$1\cdot\gamma+(-1)\cdot(1-\gamma)=2\gamma-1$$

当且仅当$\gamma<0.5$时，$1-2\gamma>2\gamma-1$，“出币人”的最优战略为出正面，即$\theta=1$；$\gamma>0.5$时，$1-2\gamma<2\gamma-1$，“出币人”的最优战略为出反面，即$\theta=0$；$\gamma=0.5$时，$1-2\gamma=2\gamma-1$，“出币人”出哪一面是无差异的，即$\theta=[0, 1]$（即对于0~1的任何θ，混合战略$(\theta, 1-\theta)$都是$(\gamma, 1-\gamma)$的最优反应）。

将以上θ随γ的变化用函数关系表达出来，就得到如图11-7所示的反应对应$\theta=\theta^*(\gamma)$。在这里，因为存在一个γ值，使$\theta^*(\gamma)$有不止一个解，称$\theta^*(\gamma)$为“出币人”的最优反应对应（best-response correspondence），如果对于每一个γ值，$\theta^*(\gamma)$只有一个解，称$\theta^*(\gamma)$为“出币人”的最优反应函数（best-response function）。

同理，“猜币人”猜正面的期望收益为

$$1\cdot\theta+(-1)\cdot(1-\theta)=2\theta-1$$

“猜币人”猜反面的期望收益为

$$(-1)\cdot\theta+1\cdot(1-\theta)=1-2\theta$$

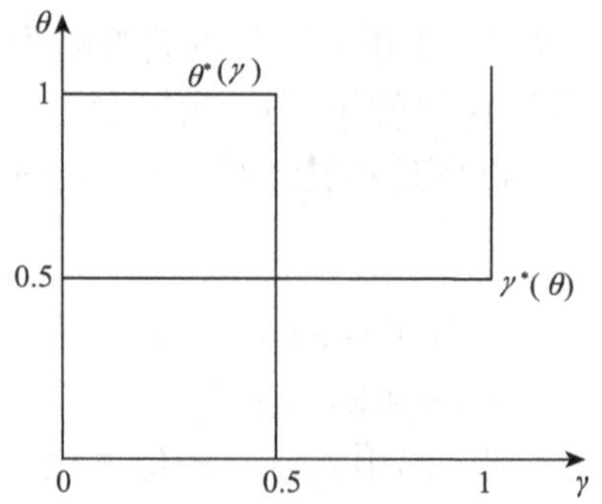

图 11-7 反应曲线

当且仅当 $\theta>0.5$ 时，$2\theta-1>1-2\theta$，“猜币人”的最优战略为猜正面，即 $\gamma=1$；$\theta<0.5$ 时，$2\theta-1<1-2\theta$，“猜币人”的最优战略为猜反面，即 $\gamma=0$；$\theta=0.5$ 时，$2\theta-1=1-2\theta$，“猜币人”猜哪一面是无差异的，即 $\gamma=[0,1]$[即对于 0~1 的任何 γ，混合战略（γ，$1-\gamma$）都是（θ，$1-\theta$）的最优反应]。

将以上 γ 随 θ 的变化用函数关系表达出来，就得到如图 11-7 所示的反应对应 $\gamma=\gamma^*(\theta)$。

最优反应对应 $\theta^*(\gamma)$ 和 $\gamma^*(\theta)$ 的交点就是混合战略纳什均衡。如果“出币人”的战略是（0.5，0.5），“猜币人”的最优反应就是（0.5，0.5）；反之，同样成立。

六、纳什均衡的存在性

1. 四种均衡的关系

占优战略均衡、重复剔除的占优均衡、纯战略纳什均衡和混合战略纳什均衡，每个均衡概念依次是前一个均衡概念的扩展，或者说，前一个均衡是后一个均衡概念的特例。如果将在某个适当定义的均衡的所有博弈定义为一个集合，那么，存在前一个均衡的集合依次为存在后一个均衡的集合的子集，如图 11-8 所示。

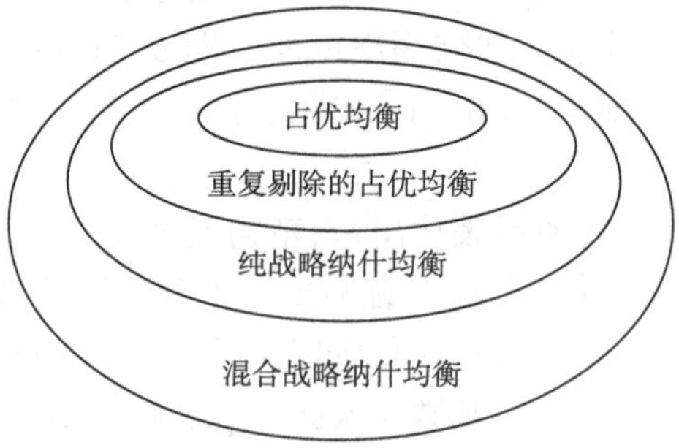

图 11-8 纳什均衡的关系

一般地，将上述四个均衡概念统称为纳什均衡。

2. 纳什均衡的存在性

不一定所有的博弈都存在纳什均衡。纳什于 1950 年证明，每一个有限博弈，至少存在一个纳什均衡（纯战略纳什均衡或混合战略纳什均衡）。这里，有限博弈指博弈有有限个参与人，且每个参与人有有限个纯战略。

第三节 完全信息动态博弈和不完全信息静态博弈

在完全信息静态博弈纳什均衡的基础上，博弈论对完全信息动态博弈和不完全信息博弈进行了进一步研究，本节在第二节基础上简要介绍其他三种博弈的均衡及其求解思路。

一、完全信息动态博弈

完全信息静态博弈的纳什均衡存在三个问题：第一，一个博弈可能有不止一个纳什均衡，哪个纳什均衡会发生是未知的，如“性别战”博弈；第二，在纳什均衡中，参与人在选择自己的战略时，把其他参与人的战略当做给定的，不考虑自己的选择如何影响对手的战略。这一假设只适合静态博弈，在动态博弈下就不适合了；第三，由于不考虑自己的选择对别人选择的影响，纳什均衡允许不可置信威胁的存在。

例如，在“市场进入阻挠”（entry deterrence）博弈中，已经在市场上的垄断企业称为“在位者”，试图进入的新企业称为“进入者”，支付矩阵见图 11-9。

		在位者：默许	在位者：斗争
进入者	进入	40，50	-10，0
进入者	不进入	0，300	0，300

图 11-9 市场进入阻挠博弈

这个博弈的纳什均衡有两个，即（进入，默许）和（不进入，斗争）。对于进入者，在位者发出“你进入我就斗争”的威胁是不可置信威胁，因为进入者如果进入，在位者的最优行动是默许。但纳什均衡承认了这种不可置信威胁，于是（不进入，斗争）成为一个纳什均衡。泽尔腾定义了“子博弈精炼纳什均衡”，中心意义是将纳什均衡中包含的不可置信威胁战略剔除出去。

完全信息动态博弈的一种特殊情况是重复博弈。在重复博弈中，同一博弈被重复进行多次，研究最多的重复博弈是囚犯两难困境。如前文所述，在囚徒困境中，博弈双方的占优策略是其达到与整体来说的最糟糕结局。显然，囚徒们想选择抵赖，但又都害怕被欺骗。在一次性博弈中，被欺骗之后便无法报复了。想要抵赖的囚徒，希望对方能相信自己，但没有办法令人信服地表明诚意。在重复博弈中，情形就不一样了。因为两个囚徒还要打交道，所以这次一个人被欺骗了，下次就要报复。这样，考虑到长远的利害关系，就能阻止对方欺骗。

假设甲乙两公司进行重复博弈，如图 11-10 所示。

		乙：守约	乙：不守约
甲	守约	1 152，1 152	864，1 296
	不守约	1 296，864	1 024，1 024

图 11-10　重复博弈

参与人每期都能得到一定报酬，为了比较不同策略的报酬，需要把每期的报酬加总起来。用 δ 表示时间折扣因子，从现在开始，参与人选择自始至终合作，那么，总报酬是

$$\left(1+\delta^{1}+\delta^{2}+\cdots\right)\times 1\ 152=\frac{1}{1-\delta}\times 1\ 152$$

假如从现在起不合作，则总报酬是

$$\frac{1}{1-\delta}\times 1\ 024$$

现在考虑一种策略（以牙还牙）：参与人一开始就合作，并继续合作，直到对方背弃合约；只要对方背弃一次，从此就再不合作。如果两个公司都选择这种策略，便是重复囚徒困境的子博弈完美纳什均衡，两个公司始终选择合作（无名氏定理）。

那么，如果一家公司选择上述策略，另一家公司为什么不会欺骗？因为行驶欺骗的公司最多只能占一次便宜，得到 1 296，这比合作报酬多了 144。但这一欺骗带来了长期损失，因为从此以后，只得到 1 024，只要欺骗的短期利益小于长期损失，就不会欺骗。可以找到一个时间折扣因子，使不等式成立。

在现实中，即使在有限重复博弈中，不能确定什么时候是最后一次打交道，这种无终止期的特性，也可以得到与无限重复博弈同样的纳什均衡。

二、不完全信息静态博弈

在不完全信息下，某个博弈参与人对对方的特征（生产函数）、战略空间、各种战略组合下的支付等并不是全部了解。海萨尼（1967—1968）的贡献就是引入一个虚拟的参与人——“自然”，“自然”首先行动——选择参与人的“类型”。被选择的参与人知道自己的真实类型，其他参与人只知道被选择的参与人的各种可能类型的概率分布。而且，

这一概率分布是共同知识。海萨尼的上述工作称为“海萨尼转换”（the Harsanyi transformation）。这样，“不完全信息博弈”就变成了“完全但不完美信息博弈”（complete but imperfect information）。这里，“不完美”是指“自然”做出其选择，但其他参与人并不知道其选择是什么，仅知道各种选择的概率分布。在这个基础上，海萨尼定义了贝叶斯纳什均衡。

贝叶斯纳什均衡是纳什均衡在不完全信息中的扩展。其含义是，在不完全信息静态博弈中：

（1）参与人同时行动，所以不能观察到别人的选择。给定别人的选择，每个人的最优战略依赖于自己的类型。

（2）每个参与人只知道对方的类型的概率分布，而不知道对方真实类型，所以他不知道对方实际的战略选择。但是，他知道其他参与人的战略选择是如何依赖于其各自类型的。

（3）参与人的决策目标就是，在给定自己的类型和别人的类型依从战略的情况下，最大化自己的期望支付。

于是，贝叶斯纳什均衡是这样一种类型依从战略组合：在给定自己的类型和别人类型的概率分布的情况下，每个参与人的期望支付达到了最大化。

相关链接 11-2　上海大众营销策略博弈分析

上海大众凭借其在中国内地市场近 20 年的积累，已成为中国轿车市场的一线领军厂商。但现在上海大众面临着更多市场进入者的挑战，其垄断地位受到威胁，市场占有率逐渐萎缩。而新进入的厂商除了不断推出新车型占领细分市场外，其蚕食市场最主要的手段就是以相对较低的价格冲击市场。面对激烈竞争，上海大众也在竭力维护其车坛老大的地位，其技术含量高的新车型投放市场的步伐明显加快。但从整体上看，上海大众的价格与新进入的厂商相比依然坚挺。并且，上海大众的有关负责人公开在媒体上表示“市场的领导者是不会主动降价的”，“上海大众汽车质量好，故其造车成本高，实际上单车利润已经很低”。

针对上述说法，以价格作为切入点，用博弈论来分析上海大众市场营销策略的有效性。

为简便起见，我们将上海大众视为博弈的一方，而将所有的竞争对手视为博弈的另一方（对手）。两个博弈矩阵分别表示上海大众为高成本企业和低成本企业，我们可以看看在这两种情况下，其对手是否进入市场。以上是一个不完全信息静态博弈，即对手具有不完全信息，而上海大众具有完全信息。可知：

（1）给定对手进入市场的情况下，上海大众选择低价斗争行动还是高价合作行动，取决于其成本类型。如果它是高成本企业，则高价合作是最优策略；如果它是低成本企业，则低价斗争是它的最优策略。

（2）对手不知道上海大众的真实成本类型。假定对手知道上海大众为高成本企业的概率为 P，则对手选择进入时的期望利润是 $40P+(-10)\times(1-P)>0$，解得 $P^*>0.2$，即 $P^*>0.2$ 时，对手进入市场。也就是说，对手是否进入市场依赖于它“知道”上海大众为高成本企业的概率，这是对手对于可能性的一种主观判断。

（3）显然，对于处在垄断地位的博弈一方，若是低成本企业，它将在博弈中占据最主动的地位，因为它可以通过采取单一的低价行动向对手发出信号，从而获取最大利润。

在不完全信息动态博弈中，垄断者降低价格并非是为了放弃最大利润，而是向进入者传达自己低成本的信息。这样，如以上博弈矩阵所示，对手进入就会无利可图，只能选择不进入，从而达到垄断者维护市场地位、继续占有垄断利润的目的，上海大众营销策略博弈分析的结论如下：

（1）如果上海大众是高成本企业，并且对手也深知其作为高成本企业的概率超过一定的P^*而采取进入行动时，上海大众的最优行动是高价合作。这样，即使将一部分垄断利润分给对手，自己也能够保持一定的利润。就目前上海大众坚挺的价格特点而言，可以视同高价策略，这是当上海大众作为高成本企业并且这一点被对手以较大概率确认后，它所能采取的最优策略。从这个意义上讲，上海大众目前的高价策略是正确而有效的。

（2）既然是不完全信息博弈，那么上海大众作为高成本企业这一信息就不应该透露给对手。也就是说，即便上海大众是高成本企业，如果此时上海大众发出低成本的信号，并能影响到对手以为其是高成本企业的概率P（使P变小，$P<P^*$），则对手会选择不进入，这样，上海大众仍将获得原有的利润。而上海大众“单车成本高”的说法直接向对手发出了一个使P增大的信号，虽然这种信号并不可靠，但它却会产生严重的负面影响。从市场营销及博弈的角度来看，这无疑是一个败笔。

（3）既然是不完全信息动态博弈，那么上海大众作为垄断者，完全可以主动降低价格，即向对手发出其低成本的信号，逼迫对手不进入市场。而上海大众“市场领导者是不会主动降价的”这一说法有悖于最优价格策略。

（4）上海大众“单车利润已经很低”的市场营销宣传是极为不妥当的。首先，消费者在乎的是汽车的销售价格（消费者剩余），而不是厂家利润的多少。其次，大家都知道，汽车的研发环节是需要很大的资金投入的，需要相对比较高的利润率作为支撑，而上海大众自己说自己的利润率很低，会引发人们对其后续研发能力的担忧，从而影响其客户的品牌忠诚度。

（5）上海大众“高质量要求高成本，也就导致了高价格”的逻辑是不能令人信服的。高质量并不必然要求高成本，否则怎么会有“物美价廉”之说呢？并且，上海大众拥有世界上最先进的造车技术，而先进技术的使用及大规模生产，应该是有利于降低单车成本的。因此，上海大众“高质量要求高成本”的说法如果成立，那么，我们就可以认为上海大众存在X低效率现象，即生产未能达到现有技术条件下的生产可能性边界。也就是说，上海大众有可能因为曾经的垄断使它减少了降低成本的压力，从而滋生了X低效率，而消费者却要为这一低效率买单。

（6）对于上海大众和对手的博弈分析，同样也适用于某个细分市场的车型。如果上海大众能够积极采用新技术，提高其生产效率（降低X低效率），使其某个车型的成本大大降低，那么它仍有可能在某些细分市场上占有博弈的主动地位，获取较高的利润。

资料来源：方勇．上海大众营销策略博弈分析．营销谋略，2005，（5）：54

三、不完全信息动态博弈

对应于不完全信息动态博弈的均衡概念是“精炼贝叶斯均衡”（perfect Bayesian equilibrium）。这个概念是完全信息动态博弈的精炼纳什均衡和不完全信息静态博弈的贝叶斯均衡的结合。其要点在于，当事人要根据所观察到的他人的行动修正自己有关后者类型的“信念”（主观概率），并由此选择自己的行动。

博弈的分类及对应的均衡概念的总结如表 11-4 所示。

表 11-4 博弈的分类及对应的均衡概念的总结

项目	静态	动态
完全信息	完全信息静态博弈； 纳什均衡； 纳什（1950 年，1951 年）	完全信息动态博弈； 子博弈精练纳什均衡； 泽尔腾（1965 年）
不完全信息	不完全信息静态博弈； 贝叶斯纳什均衡； 海萨尼（1967~1968 年）	不完全信息动态博弈； 精练贝叶斯纳什均衡； 泽尔腾（1965 年）； Kreps 和 Wilson（1982 年）； Fudenberg 和 Tirole（1991 年）

➤本章提要

博弈论研究决策主体发生直接相互作用时的决策行为，以及这种决策的均衡问题。构成博弈的要素主要包括参与人、行动、战略、支付、信息、均衡、结果等。按照不同的划分方法非合作博弈主要有两人博弈、多人博弈，有限博弈、无限博弈，零和博弈、变和博弈，静态博弈、动态博弈、重复博弈等。

完全信息静态博弈中，通常采用战略式表述。在战略式表述中，所有参与人同时选择自己的战略，所有参与人选择的战略一起决定每个参与人的支付。无论其他参与人选择什么战略，该参与人的最优战略是唯一的，这样的最优战略被称为 “占优战略”。在一个博弈里，如果所有参与人都有占优战略存在，则所有参与人占优战略所组成的战略组合称为“占优战略均衡”。如果一个战略组合是重复剔除劣战略后剩下的唯一的战略组合，它被称为“重复剔除的占优均衡”。如果这种唯一的战略组合是存在的，称该博弈为“重复剔除占优可解的”。纳什均衡是一个战略组合，当其余参与人不改变各自的战略选择时，某参与人也没有动力单独改变自己的选择，这一点对所有参与人都成立。若在这种战略组合中的战略为混合战略，则就成为混合战略纳什均衡。

子博弈精炼纳什均衡、贝叶斯纳什均衡、精炼贝叶斯均衡等分别是完全信息动态博弈、不完全信息静态博弈、不完全信息动态博弈的均衡概念。

➢关键概念

参与人（players）
行动（actions or moves）
战略（strategy）
支付（pay off）
信息（information）
均衡（equilibrium）
结果（outcome）
有限博弈（finite game）
无限博弈（infinite game）
静态博弈（static game）
动态博弈（dynamic game）
重复博弈（repeated game）
战略式表述（strategic form of a game）
占优战略（dominant strategy）
占优战略均衡（dominant strategy equilibrium）
纯战略（pure strategy）
纯战略纳什均衡（pure strategy Nash equilibrium）
混合战略（mixed strategy）
混合战略纳什均衡（mixed strategy Nash equilibrium）
纳什均衡（Nash equilibrium）
子博弈精炼纳什均衡（subgame perfect Nash equilibrium）
贝叶斯纳什均衡（Bayesian Nash equilibrium）
精炼贝叶斯均衡（perfect Bayesian Nash equilibrium）

➢复习思考题

1. 什么是博弈的标准式表示？在博弈的标准式中，什么是严格劣战略？
2. 在下图的博弈中，哪些战略不会被重复剔除严格劣战略所剔除？

		参与人2		
		左	中	右
参与人1	上	2，0	1，1	4，2
	中	3，4	1，2	2，3
	下	1，3	0，2	3，0

3. 求出下图博弈的混合战略纳什均衡。

		参与人2 左	参与人2 右
参与人1	上	2，1	0，2
	下	1，2	3，0

4. 把“田忌赛马”表示为战略式博弈模型，并求解其均衡。

5. 试用反应函数法求解“囚徒困境”博弈的纳什均衡。

6. 说明纳什均衡与占优战略均衡的联系与区别。

7. 冷霸和冰王都是空调制造商。它们可以生产低档产品或高档产品，每个企业在四种不同情况下的利润由报酬矩阵表示。假设每个企业在决定生产哪档产品时，并不知道竞争对方的对策。

		冰王 高档	冰王 低档
冷霸	高档	400，400	800，1 000
	低档	1 000，800	500，500

（1）企业有没有优势策略？

（2）这一博弈有没有纳什均衡？有几个？请指出。

8. 判断分析题。

（1）在一次性囚徒困境博弈中，对一个囚徒来说，如果他相信另一个囚徒会坦白，则他的占优战略就是坦白。

（2）因为零和博弈中博弈方之间的关系都是竞争性的、对立的，因此，零和博弈就是非合作博弈。

（3）凡是博弈方的选择、行为有先后次序的一定是动态博弈。

（4）纳什均衡即任一博弈方单独改变策略都只能得到更小利益的策略组合。

（5）如果一博弈有两个纯策略纳什均衡，则一定还存在一个混合策略均衡。

（6）在动态博弈中，因为后行为的博弈方可以先观察对方行为后再选择行为，因此总是有利的。

（7）纯策略纳什均衡和混合策略纳什均衡都不一定存在。

➢扩展性阅读资料

奥斯本 M J，鲁宾斯坦 A. 1999. 博弈论教程. 魏玉根译. 北京：中国社会科学出版社

弗登博格 J，梯若尔 R. 2002. 博弈论. 姚洋校，黄涛，等译. 北京：中国人民大学出版社

吉本斯 L. 1991. 博弈论基础. 高峰译. 北京：中国社会科学出版社

拉斯缪森 A. 2003. 博弈与信息——博弈论概述. 姚洋校，王晖，等译. 北京：北京大学出版社，生活·读书·新知三联书店

马斯科莱尔 A，温斯顿 M D，格林 J R. 2001 微观经济学. 刘文忻，李绍荣译. 北京：中国社会科学出版社

张维迎. 1996. 博弈论与信息经济学. 上海：上海三联书店，上海人民出版社

第十二章

一般均衡与福利经济学

在现代市场经济中，所有的市场及其参与者都是相互联系的。虽然每一个经济个体的决策都是在独立、自由的状态下自愿做出的，但每个市场的均衡却取决于所有经济个体的决策和行为。各个市场之间是相互联系、相互影响的，一个市场供求的变化会引起一系列相关的市场供求的连锁反应。因此，有必要研究在所有市场、市场参与者相互联系、相互依存的情况下，这些市场是如何同时达到均衡的，即一般均衡（general equilibrium）。一般均衡分析建立在局部均衡分析的基础上，考虑了不同市场间的相互依存关系。福利经济学是在一般均衡分析基础上，引入价值判断，讨论社会福利最大化问题。因此，本章除了讨论一般均衡理论外，还介绍福利经济学的基础理论，以及帕累托最优和一般均衡、阿罗-德布鲁模型。

第一节　一般均衡理论

一、局部均衡与一般均衡

1. 局部均衡

在前文的分析中，我们研究的都是单个市场的局部均衡问题。无论是研究单个产品市场还是要素市场，通常假定其他市场的供求是既定不变的，或者说隐含假定其他市场是均衡的，而我们所研究的这个市场的变动也不影响其他市场。这样，该市场的产品的供给和需求仅仅被看做其本身价格的函数，而其他产品的价格被假定为不变，需求和供给曲线共同决定了市场的均衡价格和均衡数量，这种研究方法被称为局部均衡分析，这种均衡被称为局部均衡（partial equilibrium）。

相关链接 12-1　香烟税——局部均衡分析的实例

香烟税的影响是一个可以很好的运用局部均衡分析的例子。1951 年，一盒香烟的联邦税占消费者支付的总价格的42%。由于税收没有对通货膨胀进行调整，而香烟（和其他所有商品）的价格一直在上升，到了20世纪80年代末，香烟税下降到每盒烟的市场价格的15%。这可以是增税的正当理由，特别是由于即使税额增加1倍——仍然在42%的范围之内——每年就可以增加近30亿美元的税收收入。那么对课税的后果可以做出什么样的预测呢？

厂商支付的税收可以视为生产成本的增加。图12-1给出了使香烟的供给曲线做相应幅度移动的课税。需求从Q_0减少到Q_1。由于在香烟上的支出在个人支出中所占的比例很小，价格上升15%对整个消费结构的影响很小。香烟需求量的减少（和间接地使其他商品需求的变化）对总体劳动需求的影响很小。这种影响如此之小，以至于对工资率没有明显的影响。同样，税收对资本收益也几乎没有影响。在这种情况下，更遥远的一般均衡影响可能非常微弱，难以觉察，对香烟进行局部均衡分析就足够了。

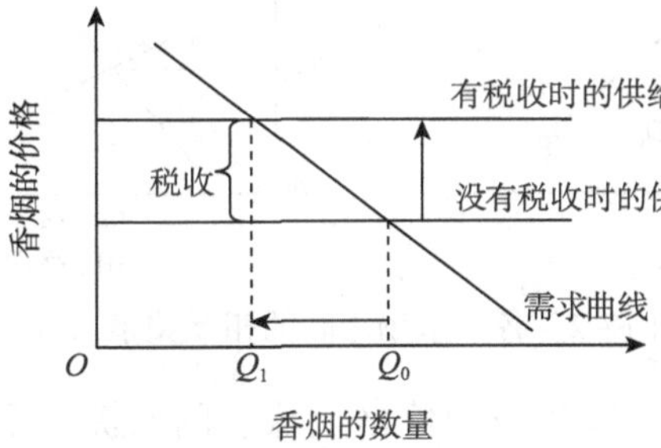

图12-1　对香烟税影响的局部均衡分析

资料来源：斯蒂格利茨 JE，沃尔什 CE. 经济学. 第二版. 梁小民，等译. 北京：中国人民大学出版社，2001：287

2. 一般均衡

局部均衡分析方法使人们能够直观的理解市场行为，但在实际经济生活中，不同的经济个体不是孤立的，而是互相依存、互相影响的。因此，商品的价格不仅仅取决于该商品市场的供求关系，还要受其他商品市场的影响，必须把所有的市场结合起来考察商品价格的共同决定，这就需要进行一般均衡分析。与局部均衡分析不同，一般均衡分析同时决定所有市场的价格和数量，它考虑了相关市场之间的反馈效应，即一个市场发生的变动，会引起其他市场一系列的变动，而其他市场的变动，又会反过来导致最初发生变动的市场再次发生变动。为了研究市场的相互依赖性，我们来看一个简化的经济模型。假设存在一个最简单的经济体，它只包括钢铁市场、汽车市场、汽油市场和劳动市场，见图12-2。初始状态，四个市场都处于均衡状态，每种产品的供求决定了各自的均衡产量和均衡价格。四个市场的供给曲线在图中分别表示为S_A、S_B、S_C、S_D，四个市场的需求曲线分别为D_A、D_B、D_C、D_D，前三个市场的均衡产量分别为Q_A、Q_B、Q_C，劳动市场的均衡劳动使用量为L_D，四个市场的均衡价格分别为P_A、P_B、P_C、W_D。

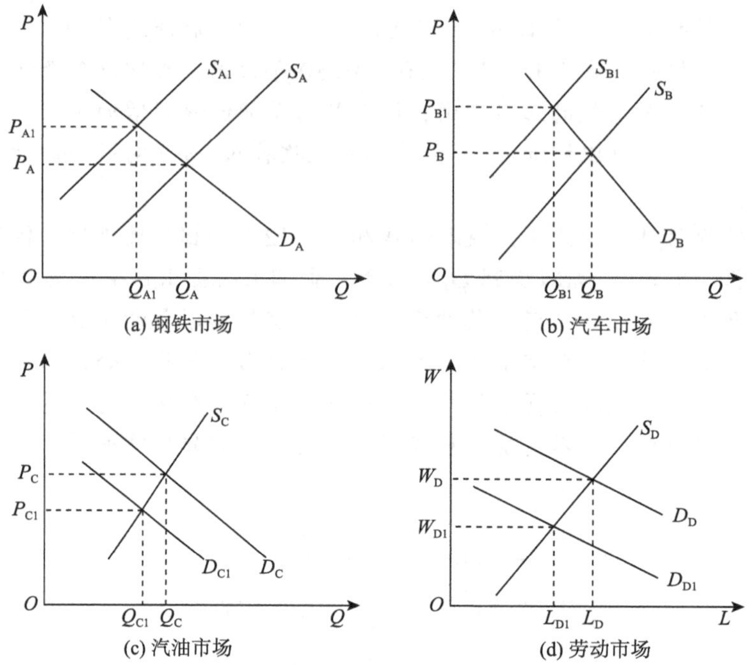

图 12-2 各个市场之间的相互关系

现在假设由于某种原因，如铁矿石的价格上涨、国家提高了污染的排放标准等，钢铁的生产成本上升、供给减少，即供给曲线向左移动，见图 12-2（a）。供给的减少将导致钢铁市场的均衡价格上升为 P_{A1}，均衡产量将下降为 Q_{A1}。如果我们使用的是局部均衡的分析方法，则分析到此结束，钢铁的价格上升，产量减少，而其他商品的价格和产量不变。但在一个相互联系的市场体系中，由于钢铁是汽车工业的主要原材料，钢铁价格的上涨会直接导致汽车工业的成本上升，汽车的供给也将减少，供给曲线向左移动，从而汽车的均衡价格将上升至 P_{B1}，均衡产量将下降至 Q_{B1}，见图 12-2（b）。由于汽车和汽油是互补品，汽车市场的变动将会导致汽油市场的变动，从图 12-2（c）中可以看出，由于汽车的需求量下降，汽油的需求将下降，需求曲线向左移动，从而汽油的均衡价格下降至 P_{C1}，均衡产量将下降至 Q_{C1}。由于钢铁、汽车、汽油等行业的产量都是下降的，在技术水平和其他因素不变的前提下，这就会导致市场对劳动等要素需求的下降，从而影响到要素市场，见图 12-2（d）。劳动的需求曲线向左移动，工资水平就由 W_D 下降到 W_{D1}，均衡的劳动供给量也由 L_D 下降到 L_{D1}。

要素市场的变化又会影响产品市场。由于劳动的工资水平下降，厂商的生产成本将下降，从而钢铁、汽车、汽油等产品的供给还会有一定的上升，均衡价格还会有所下降，均衡产量还会有一定上升。产品市场的这种变动又会继续影响生产要素市场。市场之间的反馈效应导致每一个市场都偏离原有的均衡，不断进行调整。这种调整过程会反复进行下去，但是，每一次调整的幅度都应该小于上一次的轮回，最后所有的市场才会重新得到一个稳定的、收敛的新的均衡。

从上文分析的这个简单的市场相互作用模型可以看出，要全面、准确地分析一个市场的变动，就要把所有的市场放到一起进行研究，研究各个市场之间的相互作用和影响，研究某一变量在各种条件和因素作用下，如何实现均衡，从而得出所有市场的均衡价格与均衡产量的决定。与局部均衡分析相对应，从市场上各种商品的供求和价格是相互影响、相互依存的前提出发，考察每种商品的供求同时达到均衡状态条件下的某商品均衡价格决定问题，这种分析方法称为一般均衡分析方法。而所有市场都达到均衡的这种状态就称为一般均衡。

现实世界中，一个市场变化的溢出效应可能会影响成千上万个市场，而后这一市场又会受到来自其他市场的反馈效应。尽管局部均衡分析方法忽略了一些因素，但在很多情况下，这些被忽略的因素带来的数量或程度上的差别是很小的，从而，运用局部均衡分析方法和一般均衡分析方法相比，在一定的精度要求下可以得出几乎相同的结论。因此，虽然从理论上讲，一般均衡分析要优于局部均衡分析，但并不意味着对所有的经济问题都要运用一般均衡分析方法，具体选择取决于所考察的对象。

●专栏 12-1　希克斯与一般均衡理论

一般均衡理论是由在瑞士洛桑学院任教的法国经济学家里昂·瓦尔拉斯（1834—1910）于 19 世纪 70 年代创立的。瓦尔拉斯认为，任何一种商品的价格都不能单独由其市场的供求关系决定，而必然受到其他市场供求关系的影响。只有将所有市场联系在一起共同考虑它们的价格决定，才能建立较完整的价格理论。他把所有市场供求都相等的竞技状态称作“一般均衡”，并将所有市场供求均衡等式组成一庞大的方程组，然后求出所有商品的价格解。除了提出了一般均衡的数学模型并试图解决一般均衡的存在性问题外，他还对一般均衡的唯一性、稳定性及最优性等问题做过探讨。19 世纪末，马歇尔建立了以局部均衡分析为基础的价格理论。直到 20 世纪 30 年代，这两种理论一直被看做互不相干、各自独立的价格理论。1939 年，英国经济学家希克斯出版了《价值与资本》一书，用局部均衡分析方法去研究一般均衡问题，简化和丰富了一般均衡理论，并在局部均衡分析与一般均衡分析之间架起了一座桥梁。由于希克斯的方法简单易懂，所以在当代西方经济学教科书中多采用他的方法来说明一般均衡理论。

希克斯对一般均衡有如下定义。

如果经济处于完全竞争条件下，市场上所有的买者和卖者都是价格接收者，当经济中出现一组价格（包括所有产品和要素的价格在内），能使所有消费者对商品的消费选择和生产者对投入-产出组合的选择都满足下列条件时，整个经济便达到一般均衡状态：①每一消费者都在其既定的收入下达到效用最大化；②每一厂商都在其生产函数决定的投入-产出组合下达到了利润最大化；③所有市场同时出清，即各自的供求都相等；④每一厂商都只获得正常利润，即其经济利润为零。

在这里，一般均衡状态的实现有两个重要的假定前提：一是完全竞争的假定；二是资源具有稀缺性的假定。前者至少在理论上保证了市场机制的作用，从而使一般均衡状态能够实现。后者则把资源的分配和经济效率问题引入经济活动中，从而使一般均衡过程的研究具有了必要性。

资料来源：刘骏民，柳欣. 现代西方经济学教程. 天津：南开大学出版社，1992：352

二、2×2×2 一般均衡模型

在假设经济变量可以量化的前提下，一般均衡可以用数理方式表示，即整个经济体系中的经济变量之间的关系可以用一系列的方程式，即联立方程组加以说明。一般均衡的数理方式的优点是能够系统地将一般均衡的架构表现出来，其缺点是比较抽象，不易理解。

2×2×2 一般均衡模型是瓦尔拉斯一般均衡模型的简单形式。该模型通常假设经济体系中仅有 2 个人、2 种商品和 2 种生产要素（资本和劳动）。尽管它是对现实世界的一种高度简化，但它依然有助于人们理解一般均衡的实质。而且，从 2×2×2 一般均衡模型扩展到 $H\times M\times N$ 一般均衡模型（H 个家庭、M 种商品、N 种生产要素）并没有什么本质不同，仅仅是数学上变得更为复杂，理论上显得更为完善。

2×2×2 一般均衡模型的基本假设如下：

（1）经济体系中存在 2 种给定数量的生产要素，即资本和劳动。

（2）用这 2 种生产要素生产 2 种商品：X 和 Y。这 2 种产品对应的生产函数分别为：$X=X(L, K)$，$Y=Y(L, K)$，它们是二阶连续可导，且为严格准凹的函数。生产技术水平是既定的。

（3）经济体系中只存在 2 个人（A 和 B）作为消费者，他们拥有一定的初始资源禀赋（即各自拥有一定的劳动和资本），从而决定了他们各自的收入约束。所有的收入都用于购买商品 X 和 Y。

（4）消费者 A 和 B 的效用函数满足偏好的三个基本公理。他们的目标是在既定的收入约束下实现效用最大化。

（5）生产者 A 和 B 的目标是在生产函数的约束下实现利润最大化。

（6）存在着劳动要素的充分就业。

（7）商品市场和要素市场是完全竞争的，即消费者和生产者都面临着相同的产品价格（商品 X 的价格 P_X 和商品 Y 的价格 P_Y），以及相同的生产要素价格（劳动的工资 ω 和资本的利率 r）。

在这一模型中，当 4 个市场（2 个商品市场和 2 个要素市场）以一组均衡价格（P_X 和 P_Y，ω 和 r）结清时，以及当所有的经济主体（2 个厂商和 2 个消费者）同时出于均衡状态时，就达到了一般均衡状态。因此，这一均衡模型要求决定以下 18 个变量的值：2 种商品 X 和 Y 的总产量；给定数量的生产要素 L 和 K 在每种商品生产中的配置（L_X，L_Y，K_X，K_Y）；2 个消费者所购买的商品 X 和 Y 的数量（X_A，X_B，Y_A，Y_B）；商品的价格（P_X，P_Y）和生产要素的价格（ω，r）；生产要素在 A 和 B 之间的所有权分配（L_A 和 L_B，K_A 和 K_B）。生产要素在 A 和 B 之间的所有权分配就是消费者占有的生产要素的数量，从而这 4 个变量（L_A 和 L_B，K_A 和 K_B）被当做是已知量，根据基本假设最终可以得到 13 个方程，但瓦尔拉斯认为在 4 个价格中，有一个可以作为“一般等价物”（numeraire）来衡量其他商品的价格，所有其他商品的价格就是它们各自同这种商品交换的比率。因而，在一般均衡条件中，需要决定的未知数就是 17 个，独立方程的数目也是 17 个。瓦尔拉斯认为，在一般均衡条件中，$n-1$ 个独立方程可以唯一地决定 $n-1$ 个未知数，从而得到结论：存在一组价格，使所有市场的供给和需求恰好相等，即存在整个经济系统的一般均衡。

另外，瓦尔拉斯还假定在市场上存在一位“拍卖人”，由他寻找并确定能使市场供求一致的均衡价格，以确保实现一般均衡。“拍卖人”寻找均衡价格的方法如下：他随意报出一组价格，消费者和厂商根据价格申报自己的需求和供给。如果所有市场供求均一致，他就将该组价格固定下来，消费者和厂商就在该组价格上成交，实现一般均衡；如果供求不一致，则消费者和厂商收回自己的申报，“拍卖人”根据供求的缺口重新修正价格，直至找到均衡价格，这就是瓦尔拉斯体系中达到均衡的“试探过程”。

瓦尔拉斯关于一般均衡存在性的证明在很长时间内被人们接受，后来的经济学家用集合论、拓扑学等数学方法证明，一般均衡体系只有在极其严格的假设条件下才可能存在均衡解。这些假设条件包括：任何厂商都不存在规模报酬递增；每一种产品的生产至少必须使用一种原始生产要素；任何消费者提供的原始生产要素都不得大于它的初始存量；每个消费者都可以提供所有的原始生产要素；每个消费者的序数效用函数都是连续的；消费者的欲望是无限的；无差异曲线凸向原点；等等。只有当一定的假设条件得到满足时，一般均衡体系才存在均衡解。

第二节　福利经济学的基础理论

一般均衡理论与福利经济学有着密切的联系。一般均衡理论研究的是生产与消费的相互关系、人们的收入分配与交换比例或价格之间的关系、资源所有权分配与收入分配之间的关系，以及所有的市场在一般均衡过程中的相互影响等。这些研究使人们有可能比较全面地分析有关生产和收入再分配及财产关系的政策和法令对社会福利将产生什么影响。福利经济学在一般均衡理论的基础上对各种行为和政策的结果做出“好”或“坏”的判断，并在此基础上研究如何改善和增进社会的福利。

一、福利经济学概述

1. 福利经济学的概念

研究福利经济学的目的是对不同经济状况的社会合意性进行评价。经济状况是经济活动和经济资源的某种安排，每种经济状况都具有不同的资源配置和经济活动回报的分配格局。正如黄有光给出的定义：“福利经济学是试图明确地表达一些命题的研究分支，我们根据这些命题来判断一种经济状态对应的社会福利比另一种经济状态对应的社会福利是高还是低。”①

① 姚明霞. 福利经济学. 北京：经济日报出版社，2005：2.

福利经济学属于规范经济学，它同实证经济学的不同之处在于其涉及价值判断。所谓价值判断，是指通过一些价值标准判断各种可供选择的行为是否符合个人和社会的愿望。福利经济学正是在一定的价值判断的前提下，研究社会经济制度、评价经济体系运行的经济理论。自亚当·斯密以来，人们认为自由放任能推动经济发展，"看不见的手"能够调整好社会经济生活，但是，随着经济的发展，出现收入与财富分配不均等、贫富差距扩大的现象。这一方面导致社会效率降低，另一方面引起社会矛盾尖锐，福利经济学就为解决这些问题而产生。

2. 福利经济学的发展

概括起来，福利经济学的发展大体经历了四个阶段：①早期的旧福利经济学阶段，以庇古为代表；②新福利经济学阶段，代表人物有卡尔多、希克斯、西托夫斯基、李特尔、勒那、帕累托、埃奇沃思、伯格森等；③相对福利经济学阶段，以阿布拉莫威茨、伊斯特林、米商等为代表；④后福利经济学时代，以阿马迪亚·森、黄有光等为代表。

福利经济学的思想渊源是18世纪末19世纪初的思想家边沁的功利主义，即人的本性是追求幸福，人的行为是趋利避害，绝大多数人的幸福就是道德准则和立法根据。福利经济学的福利概念就是从边沁的"幸福"一词而来的。福利经济学的经济理论基础是边际效用论，效用构成福利的内容和核心，效用最大化成为福利经济学的主体。因此，无差异曲线分析和最优化状态等概念对福利经济学的发展有着重要作用。

霍布森（J. A. Hobson）被认为是福利经济学的先驱，他认为应以社会福利研究作为经济学新方向，考察社会分配不均的问题，主张通过改良主义办法，如改革税收、实行国有化等政策解决分配不均，增进社会总福利。但是，他只对福利经济学进行了探讨却没有建立福利经济学的体系。

而最先将福利理论详细阐发并写成系统著作的是英国经济学家庇古，他是福利经济学理论体系的创立者。庇古在1920年出版了第一个以"福利经济学"为题的著作，这标志着福利经济学的正式产生，他也因此被称为旧福利经济学的创始人与主要代表。《福利经济学》连同《产业变动论》和《财政学研究》，构成了他的福利经济学体系的三部著作，并建立了一个完整的福利经济学的理论体系，对福利概念及其政策应用做了系统的论述，使福利经济学成为经济学的一个分支。他认为，个人的福利可以用效用来表示，整个社会的福利应该是所有个人效用的简单加总。在此基础上，庇古认为，国民收入越高，社会福利越大；国民收入越平均，社会福利越大。

20世纪30年代，西方经济学家对庇古的福利经济学提出挑战，谴责他将价值判断引入经济学，从而使经济学从实证科学变成伦理科学；也反对庇古关于"效用可计量性"和"效用在人与人之间的可比较性"这两个基本命题；反对庇古的收入均等化的政策主张。由于旧福利经济学存在的问题，以无差异曲线分析法为基本分析手段、以序数效用论为理论基础、以帕累托最优化原理为理论出发点的新福利经济学便取代了旧福利经济学。然而，新福利经济学存在不可克服的缺陷，即在缺乏其他信息的情况下，只使用序数效用进行社会排序是不可能的。后来新福利经济学受到了阿罗不可能定理带来的严重质疑，阿马迪亚·森的研究也表明，新福利经济学取代旧福利经济学是需要重新认识和评价的。

在新福利经济学的基础上，相对福利经济学得以产生。它是在新福利经济学的基础上，吸收了相对收入学说和有关福利或快乐的社会学、心理学的解释而发展起来的一种福利学说。它除了接受新福利经济学关于个人所得到的效用不可比较、福利取决于每个人对福利的主观评价，以及最大社会福利并不一定需要实现收入均等分配等基本命题以外，更加突出了福利的主观性质和相对性质，并强调最大社会福利是一个既无实际意义，又无实现可能性的幻觉。

阿马迪亚·森对福利经济学进行了批判性的重建，不仅给予了我们关于人类福祉、贫困和不平等问题全新的分析，同时也纠正了长期以来经济学的帝国主义式的褊狭态度，使经济学重新找回了道德、伦理和哲学的根基。在后福利经济学中做出巨大贡献的还有澳大利亚学者黄有光。黄有光提出了第三优的理论①，企图全面回答次优问题的挑战，这一理论主要区分了可利用信息和管理成本，对它们采取区别对待的原则，实行第三优政策；它吸纳了类似交易成本的运作成本的分析，区分不同信息的拥有情况，采取不同原则，使预期结果更为确定。

●专栏 12-2　阿马迪亚·森与福利经济学基础理论

印度经济学家阿马迪亚·森因为在福利经济学上的贡献获得 1998 年诺贝尔经济学奖。这些贡献包括社会选择理论、社会福利定义及福利指标、贫困指数和对饥荒成因的解释等研究成果。在社会选择理论中，他重新界定了有关概念，丰富了社会选择理论的基本原理，开拓了新的研究方向。例如，他提出个人价值的总和成为社会组成成员集体决策的条件；他界定了何种条件下集体决策的规则可以和个人能力相一致。

解决“投票悖论”。“投票悖论”的问题可以用包括三个人物和三项选择的例子来解释。假设人物 1 首先选择是 a，其次是 b，最后是 c；人物 2 的选择顺序是 b、c、a；人物 3 是 c、a、b。他们的选择可以表示为：就人物 1 和 3 的组合而言，a 的选票多余 b；但在人物 1 和 2 之间，b 的选票多于 c；在人物 2 和 3 之间，c 的选票多于 a。这里出现一种投票悖论，破坏得多数票者获胜的规则。投票悖论对公共选择问题显然是一种固有的难题，所有公共选择规则都不能避开这个问题。阿马迪亚·森建议的解决方法实际上非常简单，假设将人物 1 的选择中 a 和 b 的项目互掉如下：人物 3 选择 c、a、b，人物 2 选择 b、c、a，人物 1 选择 b、a、c。现在 b 胜过 c（人物 1 和 2），c 胜过 a（人物 2 和 3），而 b 也胜过 a（人物 1 和 2），投票悖论已告消失，唯有 b 获得大多数票而获胜。从阿马迪亚·森在以上的例子中可以察觉，所有人物均同意 a 项并非最佳。因此，理应可将这种论证伸展至符合以下三种条件中任何一种选择模式：所有人物同意其中一种选择不是最佳，同意某一项不是次佳，或同意某一项不是最差。至于有四项或四项以上的选择情况时，每个包括三项选择的子集合要符合这三种条件之一。这就是阿马迪亚·森著名的价值限制理论，它产生的结果是得大多数票者获胜的规则总能达成唯一的决定。

阿马迪亚·森克服了 1972 年诺贝尔经济学奖得主阿罗的不可能定理衍生出的难题，在这方面充分显示出他的睿智。他的另一项贡献是关于如何比较人际间的满足水平。为了解决阿罗不可能定理，学术文献主要提出了两种处理方法，而阿马迪亚·森对这两种方法均具贡献。其中一种方法是，就阿罗所定出的四个

① 黄有光. 福利经济学. 周建明，等译. 北京：中国友谊出版公司出版，1991：268.

假设（公理），逐一地加以放宽，并考察放宽的后果。这些公理本身没有什么不好，但更好的做法是增加它们的信息内容。阿罗假设不可将不同人之间的满足程度互相比较，但阿马迪亚·森却引入满足感的可度量性和可比较性。他及其他学者证明了，如果可具备更多的信息，实在可以扩展合理的社会福利函数的范围。一旦个人的满足水平可视为人际可比较的，便可以做出不同种类的社会评价。

阿马迪亚·森建立了社会福利与贫穷指数。他修正了过去用来比较社会福利分配差异的理论基础，定义出更新、更令人满意的福利与贫穷指数。通过对人类长寿率、死亡率和发病率及由此引起的社会不平等现象，以及对贫穷国家饥荒问题的深入研究，将道德概念纳入经济学的探讨之中。在对饥荒成因的解释中，阿马迪亚·森反驳了“粮食不足是产生饥荒的最重要原因”的流行观点。作为世界贫穷国家的一种普遍现象，他指出爆发饥荒的经济原因在于收入不高及贫富悬殊，而国家缺乏民主则是其政治原因。这一论点引起广泛探讨。

资料来源：谭刚. 1998年诺贝尔经济学奖得主阿马迪亚·森的主要学术思想. 现代金融，1999，（2）：23

3. 福利经济学的假设与基本命题

1）福利经济学的三大假设

第一，最大的选择自由。在维护社会利益的前提下，每个人获得最大的选择自由，包括自由选择职业、自由经营企业、自由支配自己的收入等。

第二，最高的经济效率。在配置的资源、技术和消费者偏好约束下，通过资源的最优配置达到最高的经济效率，个人收入达到最大化，社会福利达到最大化。

第三，公平的收入分配追求公平与效率是各国政府所追求的两大经济目标，两大目标在一定程度上存在此消彼长的关系，在不牺牲效率情况下的公平分配是福利经济学的社会目标。

2）福利经济学的两个基本命题

第一，国民收入越大，社会福利越大。全社会的经济福利是个人福利的总和，用货币计量的社会福利是国民收入，所以国民收入越大，社会福利越大，为使国民收入最大，就必须使社会公民配置达到最优。

第二，国民收入分配越平等，社会福利越大。货币的边际效用是递减的，高收入者的货币边际效用必然低于低收入者的货币边际效用，收入分配越公平，能使收入从高收入者转移给低收入者，提高社会整体福利水平。

二、福利经济学基本定理

（一）福利经济学第一定理

亚当·斯密在《国富论》中曾经指出，当经济中的人们都在追求自己的利益的时候，在“看不见的手”的引导下，其结果是促进了公众的福利。福利经济学第一基本定理（证明将在后面章节展开）将亚当·斯密的上述思想发展成为一个更加精致的“原理”：给定一些理想条件，单个消费者和厂商在完全竞争经济中的最优化行为将实现资源的有效配置，无须任何集权性的指导。

福利经济学第一定理以数学证明完全竞争市场在效率方面的优越性，指出市场机制能通过价格有效率地协调纷繁复杂的经济活动，配置宝贵的稀缺资源。根据亚当·斯密在《国富论》中对市场机制的比喻，在市场经济中，任何个人在追求自身利益的同时，往往有一只看不见的手牵引其促进社会利益。这种对社会利益的无意识促进，往往比有意识这么做时更有效。这只看不见的手就是均衡价格。

需要注意的是，福利经济学第一定理概括的是完全竞争市场机制的特性，而不是一般市场经济的特性。完全竞争需要一定条件。例如，对于市场参与者，无论是买方还是卖方，相对于市场都是微不足道的，因而不拥有市场权力。但在现实经济中，接近完全竞争市场的并不多见。如果市场只有个别卖者，其对于市场价格、竞争环境有一定的影响力，这样，卖方就不是价格接受者，而成为价格制定者。这时，福利经济学第一定理就不再适宜。又如，福利经济学第一定理隐含着一个重要假设，每一经济活动创造的利益或耗费的成本都在市场上结算，制造产品、提供服务按照市场价格得到报酬；耗费资源、造成损失的，按照市场价格支付成本。但在现实中，并非所有的活动都可以在市场上明确界定并通过市场价格来结算。一个人在饭馆抽烟，这一行为会给别人带来不适，甚至造成健康威胁，但抽烟者并不按照市场价格补偿受害者，因为这一市场并不存在。这实际上是我们后文要讨论的外部经济效应问题。当经济活动产生外部效应时，完全竞争市场的均衡配置就再不是帕累托最优。

一个重要的问题是帕累托最优作为衡量经济机制的一个标准是否合意。一般认为，社会福利至少涉及两个方面：一是效率，即在给定的资源和技术条件下，一个经济体可以生产多大的饼；另一个是公平，一旦饼生产出来，每个社会成员应该分得多少。帕累托最优仅仅是一个效率条件，它与公平毫不相关。例如，一个社会里皇帝拥有所有的资源而其余的人一无所有，这也是一个帕累托最优，因为皇帝认为所有的资源都是越多越好。因此，关于帕累托最优的合意性，一种观点认为，它是任何好制度的起码要求或必要条件。虽然不同人、不同集团、不同的意识形态会因价值观念的不同而对经济制度有不同的衡量标准，但不管这些标准如何千差万别，只要存在使所有社会成员改善，或使部分成员改善但不损害任何成员的可能性，一个好的制度就必须充分实现这种可能性。另一种观点认为，它与经济制度的好坏并不相关。假设我们认为公平是最重要的标准，那么 A 有 50 个苹果，B 有 40 个苹果的社会，比 A 有 70 个苹果，B 有 30 个苹果的社会好，虽然前者在实现公平的过程中损失了 10 个苹果。因为对经济制度的评判离不开价值观念，帕累托最优并不是独立于价值观念的技术标准，其反映了“效率至上”的价值观。

福利经济学第一定理指出了完全竞争的均衡是有效率的，那么反过来是否可以说，给定资源的一个帕累托最优配置，是否能找到一组使市场均衡的价格呢？福利经济学第二定理，给了我们明确的答复。

（二）福利经济学第二定理

如果所有交易者的偏好成凸性时，则总会有一组这样的价格，在这组价格上，帕累托最优配置是在适当的商品禀赋条件下的市场均衡。或者，可以这样定义福利经济学第二定理：在所有消费者的偏好为凸性（即无差异曲线凸向原点）时，任何一个帕累托最优配置都可以从一个适当的初始配置出发，通过完全竞争的市场均衡来达到。

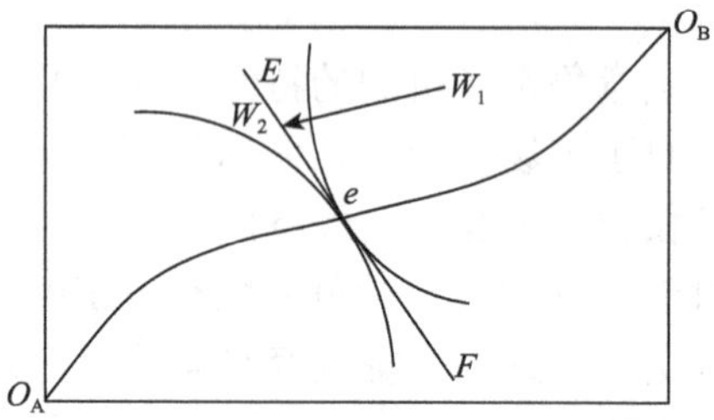

图 12-3 福利经济学第二定理的证明

如图 12-3 所示，这是一个交换的埃奇沃思盒状图，该工具的含义将在下文介绍。*EF* 是两条无差异曲线的公切线，假定初始的分配点是 W_1，显然初始的分配状态不一定恰好处于帕累托最优点。福利经济学第二定理要说明的是，给定一个帕累托最优配置点 *e*，能否透过市场机制从初始分配点 W_1 达到 *e*。

给定消费者的偏好，帕累托最优点（如 *e*）位于某两条无差异曲线的公切点，此时，边际替代率等于两种商品的价格之比（相对价格），也等于公切线 *EF* 的斜率。从 W_1 引出任何一条和 *EF* 不平行的直线都会和图 12-3 中的无差异曲线相交，也就是说，除了某一个相对价格（*EF* 所对应的）外，其他的相对价格都不能达到帕累托最优。如果通过再分配将初始资源配置状况从 W_1 变动到 *EF* 线上的一点 W_2，那么市场选择的两种商品的相对价格就会等于 *EF* 线的斜率。原因在于，当政府将资源重新配置到 W_2 时，无论相对价格如何，消费者的预算约束线必须满足三个条件：一是通过 W_2 点；二是与两条无差异曲线都相切；三是满足生产与交换的帕累托最优条件。因此，在确定了预算线 *EF* 后，两个消费者根据效用最大化的原则，都会选择预算线与无差异曲线的切点，即 *e* 点，从而实现帕累托最优。

福利经济学第二定理认为，在一定条件下，每一帕累托有效率的配置均能达到竞争均衡，它表明分配与效率是可以分开来考虑的。任何帕累托有效率配置都能得到市场机制的支持，市场机制加上适当的再分配，可以实现想要的帕累托有效配置。

价格在这种市场机制中起到两种作用：一是配置作用，即表明商品的相对稀缺性；二是分配作用，确定不同的交易者能够购买的各种商品的数量。福利经济学第二定理认为这两种作用可以区别开来，即我们可以重新分配商品来确定各人拥有多少财富，然后再利用价格机制来表明商品的相对稀缺性。

与福利经济学第一定理类似，对第二定理的解说也颇有争议性。推崇市场经济的人认为，它表明市场经济可以反映社会意愿，实现相应的帕累托最优。如果社会公众或政府企图达到一个最优配置状态，完全可以让市场去实现这一配置，而不必干预或摒弃市场机制。例如，政府不要用干预市场的办法，如税收或价格管制来达到一种政策目标，可以通过收入再分配或财富再分配进行，因为前者导致价格扭曲，从而改变边际决策或行为，造成效率损失，后者一般不扭曲边际决策，但这种分析实际上忽视了要素市场的影响及财富再分配的复杂性。

三、公平与效率

公平和效率是福利经济学中的两个重要概念，可以说贯穿福利经济学的始终，从某种意义上讲，福利经济学就是研究如何在效率与公平之间进行权衡的一门学问。效率与公平的最优组合既是福利经济学所追求的基本社会目标，也是它的基本政策目标。

经济学关心的是资源配置的效率问题。在技术和资源为既定的情况下，如果一个经济社会的资源使用或资源配置能够使社会各成员的福利达到最大化，我们就可以说这个经济是有效率的。在这里，必然涉及消费者的效用计量和比较问题，而这一点仍然是现代经济学难以解决的一个问题。原因在于我们无法比较各个消费者的效用水平，也就无法说明一种收入分配状况是否比另一种收入分配状况更好。

福利经济学通过帕累托标准绕过了这一难题：假定资源的配置有两种状态，即 A 和 B，如果在一个经济社会里至少有一个人认为 A 优于 B，而没有人认为 A 劣于 B，那么就可以说，从全社会的角度来说，A 好于 B。帕累托标准避免了个人效用的比较，实际提供我们一个由个体的偏好推导出社会偏好的方法和手段。

相应地，如果经济状态的任何改变（资源的重新配置）都不能使此状态中的任何一个社会成员的境况变得更好而不使其他社会成员的境况变坏，或者说如果不使其他社会成员的境况变坏，就无法使任何一个社会成员的境况变得更好，这种经济状态就称为帕累托最优状态。在这种状态下，一个社会的资源配置达到了最大效率，但这并不意味着收入分配是公平的。按照帕累托标准，如果既定的资源配置状态的改变，能够让一部分社会成员的状况改善，而其他人的状况并没有变坏，这就可以看做一种资源配置状况的改善，称为帕累托改进（Pareto improvement）。如果帕累托改进进行到一定程度，不再有任何改进的余地，也就是说，如果资源达到帕累托最优状态就表明：在技术、消费者偏好、收入分配等条件给定时，资源配置的效率最高，从而社会福利达到最大。

●专栏 12-3　帕累托改进与卡尔多改进

帕累托优化（Pareto optimality），也称为帕累托效率、帕累托改善或帕累托改进，是以意大利经济学家帕累托命名的，基于帕累托最优变化，在没有使任何人境况变坏的前提下，使至少一个人变得更好。一方面，帕累托最优是指没有进行帕累托改进的余地的状态；另一方面，帕累托改进是达到帕累托最优的路径和方法。如果一个经济体不是帕累托最优，则存在一些人可以在不使其他人的境况变坏的情况下使自己的境况变好的情形。普遍认为这样低效的产出情况是需要避免的，因此，帕累托最优是评价一个经济体和政治方针的非常重要的标准。帕累托最优是公平与效率的“理想王国”。

卡尔多改进（Kaldor efficiency），也称卡尔多–希克斯效率（Kaldor-Hicks efficiency），是在 1939 年由约翰·希克斯提出的，以比较不同的公共政策和经济状态。如果一个人的境况由于变革而变好，因而他能够补偿另一个人的损失而且还有剩余，那么整体的效益就改进了，为福利经济学的一个著名的准则。

与帕累托标准相比，卡尔多–希克斯标准的条件更宽。按照前者的标准，只要有任何一个人受损，整个社会变革就无法进行；但按照后者的标准，如果能使整个社会的收益增大，变革也可以进行，无非是如何确定补偿方案的问题。所以，卡尔多–希克斯标准实际上是总财富最大化标准。如果 A 和 B 两个投资项目只能选择一个，投资 A 项目甲可以获利 100，乙可获利 150，而投资 B 项目，甲可以获利 200，乙可获利 140。如果按照帕累托标准，我们不知道应该选择哪一个项目。选择 B 项目甲同意乙不会同意；选择 A 项目，乙同意甲不会同意。但按照卡尔多–希克斯的标准，可以选择 B 项目，因为只要甲对乙进行适当补偿（甲对乙的补偿大于 10），两人就都能同意选择项目 B，使总效益达到最大。

这实际上意味着，我们在一项变革中，主要考虑的是社会价值最大化和社会财富最大化，当然这里可能包含着很大的收入分配不公。应该强调的是，如果谈判成本不是很高，卡尔多–希克斯改进都可以转化成帕累托改进。这是我们愿意接受卡尔多–希克斯标准的主要理由。

帕累托最优并不意味着收入分配是公平的，资源配置有效率的状态不一定比无效率的状态公平。对于公平与否的评价，取决于个人想要的效用的人际比较。在经济学中，经常用一个社会福利函数来描述个人效用的特定权数，从而确定从社会角度看什么是理想的。对公平的不同理解必然会导致不同的社会福利函数。平均主义的公平观认为，应该将社会上所有的产品在社会全体成员之间做绝对平均的分配，每个社会的成员得到相同的产品。但是，由于消费者并不具有相同的偏好，所以这种平均的分配并不是帕累托有效率的。罗尔斯认为，最公平的配置是使一个社会里境况最糟的人的效用最大化。罗尔斯主义并不意味着平均主义，因为对生产力较高的人给予更高的奖励，能使最有生产力的人更努力地工作，从而生产出更多的产品和劳务，其中一些可以通过再分配使社会中最穷的人的境况变好。功利主义的社会福利函数给每个人的效用以相同的权数，随之将社会成员的效用最大化。所以功利主义的社会福利函数就是社会成员的总效用最大化。市场主导的公平观认为，市场竞争的结果总是公平的，因为它奖励那些最有能力的和工作最努力的人。按照这种观点，可能会导致产品分配极大的不均。由于有效配置并不必然是公平的，社会就必须在某种程度上依靠政府进行商品或收入的再分配，以实现公平的目标。

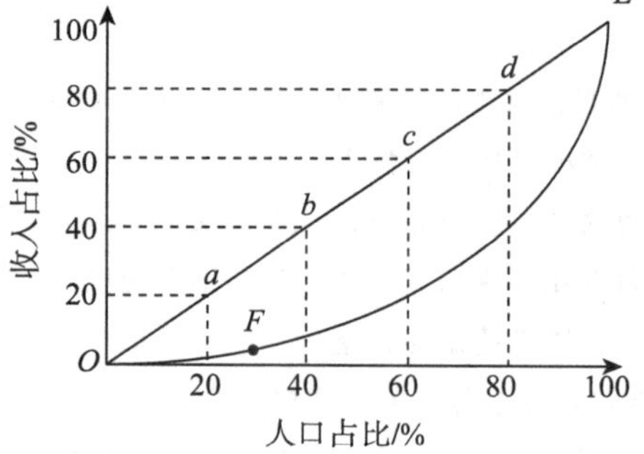

图 12-4 洛伦兹曲线

由于公平是很难衡量的，有些经济学家用一个比较容易测量的指标——平等（equality）作为公平的近似指标。当然，平等只是衡量社会财富分配的平均程度，只是关于公平的观点中的一种。

衡量经济平等的一个有用的工具是洛伦兹曲线（Lorenz curve）。在图 12-4 中，横轴表示家庭按照财富从低到高的分布比例，第一个等份代表收入最低的 20%的家庭，最右边的等份则代表收入最高的 20%的家庭；纵轴代表社会总财富，共分为 5 等份，每一等份为 20%的社会总财富。我们将每一百分比的家庭所拥有财富的百分比累积起来，并将相应的点画在图 12-4 中，便得到一条洛伦兹曲线，该曲线直观地表示出社会总财富是如何在各阶层家庭中分布的。

如果财富完全平均地分配于所有家庭，那么洛伦兹曲线就是对角线 OE，OE 被称为绝对平等线（line of perfect equality），因为这样的洛伦兹曲线表示所有家庭都得到完全相同的收入。另一条极端曲线是完全不平等的洛伦兹曲线 *OFE*，这意味着唯一的一个家庭拥有所有的财富，其他家庭一无所有。在现实世界中，任何一个经济体系都处于这两种极端的财富分配状况之间，其洛伦兹曲线越靠近对角线，其社会财富分配越平等，反之越不平等。

由绝对平等线 *OE* 和实际洛伦兹曲线构成半月形面积，与由绝对平等线和绝对不平等线构成的三角形 *OFE* 的面积之比称为基尼系数（Gini coefficient），这是更为常用的一个测量不平等程度的指标。如果我们把图 12-4 中实际收入线与绝对平等线之间的面积用 *A* 来表示，把实际收入线与绝对不平等线之间的面积用 *B* 来表示，则计算基尼系数的公式为

$$基尼系数=A / A+B$$

当 A=0 时，基尼系数等于 0，这时收入分配绝对公平；当 B=0 时，基尼系数等于 1，这时收入分配绝对不公平。

实际基尼系数在 0（绝对平等）和 1（绝对不平等）之间变动。基尼系数越小，收入分配越公平；基尼系数越大，收入分配越不公平。

相关链接 12-2　中国的基尼系数

基尼系数是 20 世纪初由意大利经济学家基尼提出的判断收入不平等程度的指标，基尼系数为 0，表示收入分配完全平等；基尼系数为 1，表示收入分配绝对不平等。国际公认的标准，基尼系数若低于 0.2 表示收入绝对平均，0.2～0.3 表示比较平均，0.3～0.4 表示相对合理，0.4～0.5 表示收入差距较大，0.6 以上表示收入差距悬殊。改革开放以后，中国的收入不平等程度加大，见表 12-1 和图 12-5。

表 12-1　1978~2005 年中国基尼系数变化情况

年份	1978	1981	1988	1994	1998	1999	2000	2001	2005
基尼系数	0.18	0.29	0.382	0.467	0.456	0.457	0.458	0.459	0.561

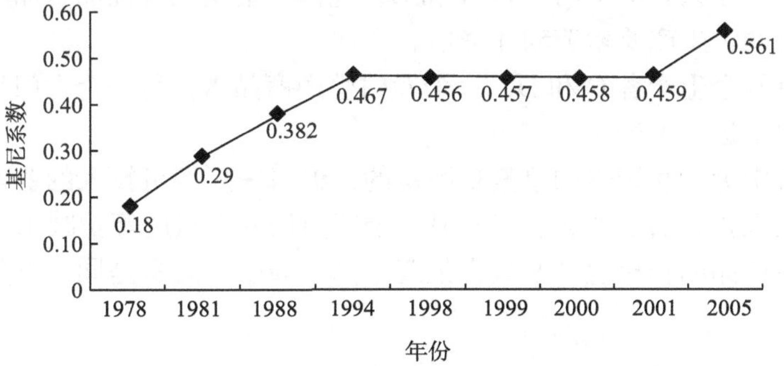

图 12-5　1978~2005 年中国基尼系数变化情况

2010 年，西南财经大学中国家庭金融调查在京发布的数据显示，2010 年中国家庭的基尼系数为 0.61，远高于 0.44 的全球平均水平。这份报告数据还显示，城镇家庭内部的

基尼系数为0.56，农村家庭内部的基尼系数为0.60。分地区看，中国东部地区基尼系数为0.59，中部地区的基尼系数为0.57，西部地区为0.55。调查组认为东部、中部、西部收入差距与其市场经济发达程度密切相关。

但这份报告引起争议，中国人民大学财政金融学院教授岳希明和北京师范大学中国收入分配研究院教授李实在《华尔街日报》撰文称统计样本过小、住户收入所需信息上存在问题及样本结构不平衡，导致统计结果偏大。西南财经大学甘犁随后在《华尔街日报》上撰文回应相关问题，指出可用权重调整样本的不平衡等。2013年2月5日岳希明和李实再次在《华尔街日报》发表文章，认为甘犁的回应没有很好地回答大部分的质疑，指出西南财经大学的调查结果在部分结构上出现缺失，不能通过权重纠正等问题。同时，他们对西南财经大学公开的项目数据进行再次计算，发现不能复制西南财经大学的结果，且西南财经大学在头尾数据的处理上存在随意性，据此进行再质疑。

第三节　帕累托最优与一般均衡

一、帕累托最优及其条件①

根据帕累托改进等概念，当一个经济体系中不存在任何帕累托改进时，我们称达到了帕累托最优状态，或者称实现了经济效率。按照帕累托最优标准，分析一个经济体系中的资源配置什么时候实现了有效率的配置，需要从交换的角度分析商品如何在消费者之间实现有效率的配置，从生产的角度分析生产要素如何在生产者之间实现有效率的配置，从生产和交换的角度分析如何有效率地在各种商品之间配置资源，相应地，我们把实现帕累托最优状态时的条件分别称为交换的帕累托最优条件、生产的帕累托最优条件、交换和生产的帕累托最优条件。为了简化，我们以最简单的经济体系为例进行分析，假设：

第一，整个社会只有两个消费者A和B，他们只消费两种商品X和Y。

第二，只有两种生产要素劳动和资本。

第三，只有两个生产者C和D，一个专门生产商品X，另一个专门生产商品Y，均使用两种生产要素进行生产。

第四，经济中劳动和资本的总量是固定的，但每一厂商可投入的要素是可变的，因此，一个厂商投入要素的增加必然伴随另一个厂商投入要素的等量减少。

第五，两种产品的相对生产要素密集度不同，而生产要素是同一可分的，生产技术是既定的。

---

① 对帕累托最优及其条件的分析也是对一般均衡的分析，二者的区别在于分析的侧重点不同，一般均衡强调的是实现均衡的机制及其实现条件，而对帕累托最优的分析强调的是在什么情况下社会福利可以得到改善，在什么情况下经济达到最优，从而出现任何变化都会损害社会福利的状态。

（一）交换的帕累托最优条件

假定交换是在最简单的经济中进行的消费者 A 和 B 消费两种商品 X 和 Y，两种商品的总量分别为 Q_X 和 Q_Y，而且两种商品的供给量固定不变，且交换量是在完全竞争市场中进行的。假定初始状态，消费者 A 拥有较多的商品 Y 和较少的商品 X，消费者 B 拥有较多的商品 X 和较少的商品 Y，两个消费者的无差异曲线分别见图 12-6（a）和图 12-6（b）。在图 12-6 中，消费者 A 拥有的商品 X 的量是 X_1，拥有的商品 Y 的量是 Y_1，因而其商品 X 和 Y 组合点位于 F 点；消费者 B 拥有的商品 X 的量是 X_2，拥有的商品 Y 的量是 Y_2，因而商品 X 与 Y 的组合点位于 H 点。

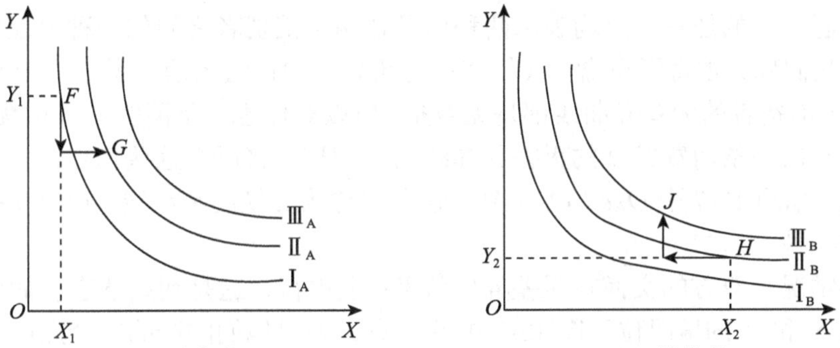

图 12-6　两个消费者的交换过程

现在，两个消费者开始交换其产品。消费者 A 以一定量的商品 Y 去交换消费者 B 一定量的商品 X，交换的结果是：消费者 A 所拥有的商品 Y 将下降，商品 X 将上升，其产品组合点将从 F 点运动到 G 点；消费者 B 所拥有的商品 X 将下降，商品 Y 将上升，其产品组合点将从 H 点运动到 J 点。可以看出，在交换之前，消费者 A 的效用水平以无差异曲线 I_A 为代表，交换以后消费者 A 的效用水平以无差异曲线 II_A 为代表，效用水平提高；在交换之前，消费者 B 的效用水平以无差异曲线 II_B 为代表，交换以后他的效用水平以无差异曲线 III_B 为代表，效用水平也提高。可以看出，两个消费者的效用都提高，这是一种帕累托改进。

只要通过交换能够使两个消费者的效用都提高，或者一个消费者的效用提高而另一个消费者的效用不变，消费者就有动力将交换不断进行下去。下面的问题是：什么时候两个消费者的交换达到均衡。就是说，什么情况下不能再实现帕累托改进了，也就是实现了帕累托最优。

为了研究上述问题，我们把图 12-6（b）逆时针旋转 180°，再与图 12-6（a）组合而成一个矩形盒子（图 12-7）。该矩形的长为 $\bar{X}=X_1+X_2$，宽为 $\bar{Y}=Y_1+Y_2$，这样矩形的长宽实际就是商品 X 和 Y 的总量。因而在图 12-7 中的每一点的坐标均满足：

$$X_A+X_B=\bar{X}\ ,\quad Y_A+Y_B=\bar{Y} \tag{12-1}$$

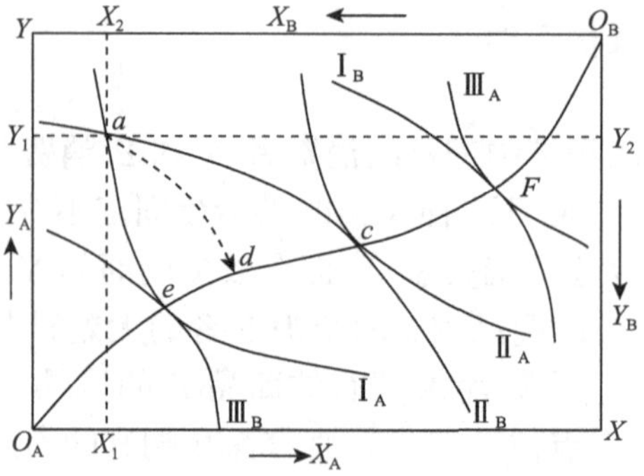

图 12-7 交换的埃奇沃思盒

埃奇沃思盒中的任意一点均表示两种商品在两个消费者之间的一种分配状态。这个矩形盒子，我们称为埃奇沃思盒。我们在埃奇沃思盒中标绘出消费者 A 和 B 的无差异曲线，由于两个消费者的无差异曲线都是无数条，所以对任意一条消费者 A 的无差异曲线，我们都可以找出一条消费者 B 的无差异曲线与之相切。将所有这些切点连接起来，就得到一条曲线，如图 12-7 中 O_AedcO_B 曲线，该曲线称为交换的契约线。通过交换达到均衡的状况分为三种：

第一种情况，双方的交换在无差异曲线 II_B 上进行，这是初始状态。假设两个消费者拥有商品 X 和 Y 的情况位于图 12-7 中的 *a* 点，如果他们的产品组合点由 *a* 沿着无差异曲线 II_B 运动到 *c*，可以看出消费者 A 的商品 X 在增加而商品 Y 在减少，而消费者 B 的商品 Y 增加而商品 X 减少，可以知道消费者 A 是以商品 Y 来换取消费者 B 的商品 X。由于产品的组合点沿着消费者 B 的无差异曲线 II_B 运动，所以消费者 B 的效用是不变的，但消费者 A 却由无差异曲线 I_A 运动到 II_A，所以消费者 A 的效用是提高的。因此，从 *a* 到 *c* 的交换过程是一个帕累托改进的过程。

第二种情况，双方的交换在无差异曲线 I_A 上进行。同样，消费者 A 与 B 由产品组合点沿着无差异曲线 I_A 运动到 *e* 点的交换过程，仍然是消费者 A 以商品 Y 交换消费者 B 的商品 X，消费者 A 的效用不变，但消费者 B 的效用提高了，这也是一种帕累托改进。通过分析可以发现，两个消费者通过交换实现帕累托改进的路径并不是唯一的，交换的结果即两个消费者效用的提高程度也不一样，但从全社会的角度来看，社会的总福利是增加了。可以证明当两个消费者的产品组合点不在交换的契约线上的时候，我们总能够找到数条路径，通过两个消费者之间的交换来实现帕累托改进。

第三种情况，双方在交换契约线上进行。假设两个消费者通过交换由组合点 *e* 运动到 *d*，即消费者 B 拿出一定的商品 X 和 Y 给消费者 A。那么消费者 A 的效用提高的同时，消费者 B 的效用却在下降，因而不符合帕累托改进的定义。同样，我们研究消费者的组合点由 *c* 运动到 *d* 的过程，这也不是帕累托改进。

综上所述，可以知道，凡是产品组合点不位于交换的契约线的情况，总是可以通过交换实现帕累托改进的，当产品的组合点运动到交换的契约线上的时候，则不存在帕累托改进的余地。因此，可以得出结论，交换的契约线就是所有帕累托最优的产品组合点的集合。由于交换的契约线是由两个消费者的无差异曲线的切点连接而成，在切点处，

两个消费者的边际替代率必然是相等的，因而交换的帕累托最优的条件就可以写成

$$MRS_{XY}^{A}=MRS_{XY}^{B} \quad (12\text{-}2)$$

由此可见，当两个消费者的边际替代率不相等时，总能够通过交换提高双方的满足程度，而一旦双方的边际替代率相等，则进一步的交换就会使至少一方的满足程度下降，即交换的帕累托最优条件就是交换双方的边际替代率相等。

（二）生产的帕累托最优条件

生产的帕累托最优要研究两种既定数量的生产要素之间分配的情况。分析两种生产要素在两个生产者之间如何实现帕累托最优时所使用的工具依然是埃奇沃思盒状图（图 12-8）。盒子的水平长度表示整个经济中第一种生产要素 L 的数量 $\bar{L}$，盒子的垂直高度表示第二种生产要素 K 的数量 $\bar{K}$ 。在埃奇沃思盒中的每一点的坐标都满足式（12-3）：

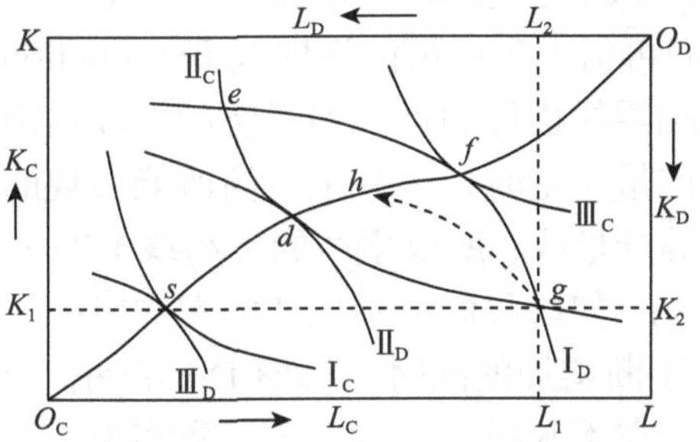

图 12-8　生产的埃奇沃思盒

$$L_C+L_D=\bar{L}\ ,\ K_C+K_D=\bar{K} \quad (12\text{-}3)$$

即盒中的任意一点确定了两种生产要素在两个生产者之间的所有可能的分配情况。O_C 为生产者 C 的原点，$Ⅰ_C$、$Ⅱ_C$、$Ⅲ_C$ 是厂商 C 的等产量线；O_D 为生产者 D 的原点，$Ⅰ_D$、$Ⅱ_D$、$Ⅲ_D$ 是厂商 D 的等产量线。

对于厂商 C 的任意一条等产量线都可以找到一条厂商 D 的等产量线与之相切，将所有切点连接起来，就得到 O_CsdhfO_D 这条曲线，这条曲线称为生产的契约线。与交换的帕累托最优的分析类似，通过生产要素的调整达到均衡的情况也分为三种。假定生产要素的初始分配状态位于埃奇沃思盒中的 g 点，即厂商 C 在初始状态拥有的劳动量是 L_1，拥有的资本量是 K_1；厂商 D 在初始状态使用 L_2 的劳动和 K_2 的资本。

第一种情况，双方的调整沿着等产量线 $Ⅰ_D$ 进行。假定这两个厂商 C 和 D 将生产要素从 g 沿等产量线 $Ⅰ_D$ 调整到 f，即厂商 C 增加资本减少劳动，而厂商 D 增加劳动减少资本，则厂商 C 的产量从 $Ⅱ_C$ 增加到 $Ⅲ_C$，厂商 D 的产量不变，所以这是一种帕累托改进。

第二种情况，双方的调整沿着等产量线 $Ⅱ_C$ 进行。假定厂商 C 和 D 将生产要素从 g 沿等产量线 $Ⅱ_C$ 调整到 d，即厂商 C 增加资本减少劳动，厂商 D 增加劳动减少资本，则厂商 C 的产量不变，而厂商 D 的产量由 $Ⅰ_D$ 增加到 $Ⅱ_D$，显然，这也是一种帕累托改进；如果厂商 C 和厂商 D 将生产要素从 g 调整到 h，两个厂商的产量都将增加，所以仍然是

帕累托改进。可以看出，对于初始的资源配置 g，帕累托改进的路径并非只有一条，g 点不是生产要素配置的帕累托最优状态。和 g 点一样，对于埃奇沃思盒中的任意一点，只要不在生产的契约线上，我们总可以找出帕累托改进的路径，使至少一个厂商的产量增加，而没有厂商的产量减少。

第三种情况，双方的调整在生产契约线上进行。如果厂商的初始点处于生产的契约线上一点 h，厂商沿生产的契约线调整至 d 或者调整至 f，都无法实现。

帕累托改进，因为一个厂商产量增加的同时，另一个厂商的产量却在下降。

综上所述，生产的契约线就是厂商实现帕累托最优状态的点的集合。厂商将生产要素调整到生产的契约线上之后，便不再有继续调整的动力，所以契约线上的点同时也是均衡点。由于生产的契约线就是等产量线的切点，所以在生产的契约线的任一点，两个厂商的边际技术替代率必然相等。因此，生产的帕累托最优的条件也可以写成：

$$\mathrm{MRTS}_{\mathrm{LK}}^{\mathrm{C}} = \mathrm{MRTS}_{\mathrm{LK}}^{\mathrm{D}} \tag{12-4}$$

其中，$\mathrm{MRTS}_{\mathrm{LK}}^{\mathrm{C}}$、$\mathrm{MRTS}_{\mathrm{LK}}^{\mathrm{D}}$ 分别表示生产者 C 和 D 的 L 代替 K 的边际技术替代率。

从生产的契约线，我们再引入生产可能性曲线（production possibility frontier）。生产的契约线表示了厂商实现帕累托最优的点，即经济的一般均衡点，在契约线上的一点实际上表示了在一个厂商的产量一定时，另一个厂商所能实现的最大产量。由于在埃奇沃思盒中已经标绘了厂商的等产量线，所以生产的契约线上的每一点所表示的厂商 C 和厂商 D 的产量都是可以知道的。如果我们沿着生产的契约线由 O_C 运动到 O_D 的时候，可以发现，当厂商 C 的产量 X 不断增加的同时，厂商 D 的产量 Y 却在不断下降。也就是说，如果生产要素的总量一定，技术水平一定，一个厂商实现帕累托最优时的产量增加，另一个厂商实现帕累托最优时的产量必定是下降的（如果不是这样，一个厂商产量增加的时候，另一个厂商的产量也增加或者不变，就可以实现帕累托改进，就不会是帕累托最优状态）。将生产的契约线上的各点所代表的产量 X 和 Y 标绘在一个图 12-9 中，我们就可以得到生产可能性曲线。

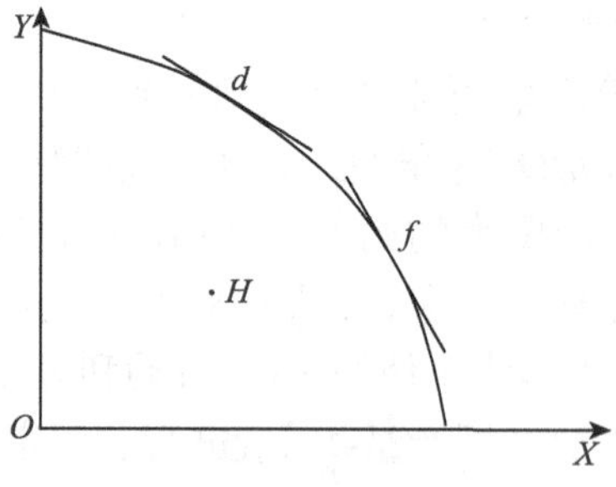

图 12-9 生产可能性线

生产可能性曲线表示在技术水平和生产要素总量一定时，一个经济所能达到的最大产出组合，在这些组合中，任何一种产品的产量都是与另一种产品的产量相对应的该产品的最大产量。在现有技术水平下，要达到生产可能性曲线以外的一点是不可能的。只要生产是有效率的，产出的组合点就应该落在生产可能性曲线上，如果一个经济的产出只是达到曲线以内的某一点（图 12-9 中的 H 点），则说明虽然该点的产量可以实现，但该经济是无效率的，存在帕累托改进的可能性。正因为如此，生产可能性曲线又被称为生产可能性边界。

生产可能性曲线有两个特点：一是它向右下方倾斜，二是它向右上方凸出。它向右下方倾斜是因为随着产品 X 产量的增加，产品 Y 的产量必定是减少的，即产品 X 与产品 Y 之间存在着替代关系。为了理解该曲线向右上方凸出的原因，我们引入边际转换率（marginal rate of transformation）的概念。从生产可能性曲线我们知道，要增加产品 X 的产量，就必须减少产品 Y 的产量，我们把增加 1 个产品 X 产量时必须减少的产品 Y 的产量，叫做边际转换率，用 MRT 来表示，这样写成极限的形式就是

$$\text{MRT}=\lim_{\Delta X\to 0}\left|\frac{\Delta Y}{\Delta X}\right|=\left|\frac{\mathrm{d}Y}{\mathrm{d}X}\right| \tag{12-5}$$

由式（12-5）可以看出，边际转换率实际上就是生产可能性曲线的斜率的绝对值。这样生产可能性曲线的第二个特点换一种说法也就是：随着产品 X 产量的不断增加，边际转换率是递增的。为了理解这一特性，我们将式（12-5）进行如下转换：

$$\text{MRT}=\left|\frac{\mathrm{d}Y}{\mathrm{d}X}\right|=\left|\frac{\mathrm{d}Y}{\mathrm{d}(L+K)}\cdot\frac{\mathrm{d}(L+K)}{\mathrm{d}X}\right|=\left|\frac{\mathrm{d}Y}{\mathrm{d}(L+K)}\bigg/\frac{\mathrm{d}X}{\mathrm{d}(L+K)}\right| \tag{12-6}$$

其中，$\mathrm{d}Y/\mathrm{d}(L+K)$、$\mathrm{d}X/\mathrm{d}(L+K)$ 表示投入要素生产产品 Y 和产品 X 的边际产量。随着产品 X 产量的不断递增，投入产品 X 生产中的要素也不断增加，其边际产量不断递减，与此同时，投入产品 Y 生产中的生产要素却不断递减，因而其边际产量不断递增。因此，边际转换率是递增的。

（三）生产和交换的帕累托最优

前面讨论了生产的帕累托最优和交换的帕累托最优，但在一个生产和交换同时存在的经济中，要实现经济效率，不仅要实现不同生产要素在厂商的生产过程中的有效配置，而且还要实现不同产品在消费者之间的有效配置，即厂商生产的产品组合要与消费者的购买意愿相一致，符合消费者的需要。

假定经济中有两个厂商 C 和 D，生产两种产品 X 和 Y，有两个消费者 A 和 B，消费产品 X 和 Y。图 12-10 中 PP' 是厂商的生产可能性曲线，在曲线上任取一点 B，由于生产可能性曲线上任一点都对应生产的契约线上一点，因而 B 点满足生产的帕累托最优，这时产品 X 的产量是 X^*，产品 Y 的产量是 Y^*，消费者 A 和 B 只能在既定产量 X^*和 Y^*之间进行选择。为研究方便，在图 12-10 中同时做出交换的埃奇沃思盒，盒中标出交换的契约线，显然交换的契约线上任一点都满足交换的帕累托最优。图中 SB 是通过 B 点的 PP' 的切线，因而其斜率的绝对值就是边际转换率。在生产的契约线上各点标出无差异曲线的切线，其斜率的绝对值等于边际替代率。我们来证明当无差异曲线的切线（图 12-10 中的 T）与 SB 平行时，即边际替代率与边际转换率相等时，满足生产和交换的帕累托最优。

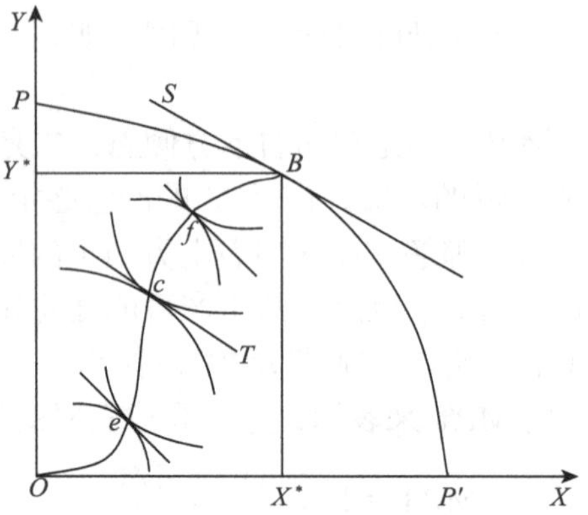

图 12-10 生产和交换的帕累托最优

假设 $MRT_{XY}=2$，$MRS_{XY}=1$，即 $MRT_{XY}>MRS_{XY}$。MRT 为 2 意味着厂商减少 1 个 X 的产量，Y 的产量就可以增加 2 个。MRS 为 1 表示消费者减少 1 个 X 的消费，必须增加 1 个 Y 的消费才能维持效用水平不变。所以，如果厂商减少 X 的产量同时增加 Y 的产量，那么消费者的效用水平可以提高，增加的效用水平可以看做社会得到的净福利，这就说明存在帕累托改进的余地。反过来，如果 MRT=1，MRS=2，即 $MRT_{XY}<MRS_{XY}$，这时厂商增加 1 个 X 的产量，必须减少 1 个 Y 的产量，而消费者要维持效用水平不变，减少 1 个 Y 的消费，需同时增加 0.5 个 X 的消费，因此，厂商增加 1 个 X 的产量减少 1 个 Y 的产量，将引起消费者效用水平的净增加，所以仍然存在着帕累托改进的余地。总之，无论是 MRT>MRS 还是 MRT<MRT 的情况，都存在着帕累托改进的余地，即只有 MRT=MRS 的时候，才实现了帕累托最优。所以，生产和交换的帕累托最优的条件可以表述为

$$MRS_{XY} = MRT_{XY} \tag{12-7}$$

需要说明的是，尽管以上生产的帕累托最优条件、交换的帕累托最优条件，以及生产与交换的帕累托最优条件都是在两个生产者、两个消费者、两种产品、两种生产要素极其简化的条件下推出的，但它们也适用于多个消费者、多个生产者、多种商品、多种要素的一般情况。

二、市场结构与帕累托最优

完全竞争市场经济的一般均衡是帕累托最优的，这是福利经济学第一定理的基本内容。这是因为，在完全竞争的一般均衡状态下，市场中商品和要素的价格都由市场决定，厂商和消费者都被动地接受市场价格，消费者根据自己的效用最大化原则决定要购买的商品组合，厂商根据自己的利润最大化原则决定自己的产量，最后实现供求相等。也就是说，一般均衡状态下的完全竞争市场经济，必然存在一组使所有商品需求和供给相等的价格。例如，商品价格 P_X、P_Y，对所有消费者、生产者都是相同的，他们都是 P_X、P_Y 的接受者。要素价格 w、r 同样对消费者和生产者都是一样的，他们

都是 w、r 的接受者。这就保证了完全竞争的一般均衡状态满足帕累托最优的三个条件，能够实现帕累托最优状态。

第一，完全竞争经济中，任一消费者 A 在竞争经济中购买商品时效用最大化的条件都是任意两种商品的边际替代率等于产品的价格之比，即

$$\mathrm{MRS}_{\mathrm{XY}}^{\mathrm{A}} = \frac{P_{\mathrm{X}}}{P_{\mathrm{Y}}} \tag{12-8}$$

此时，P_{X}、P_{Y} 对任何消费者都是一样的，所以消费者 B 的效用最大化条件同样有

$$\mathrm{MRS}_{\mathrm{XY}}^{\mathrm{B}} = \frac{P_{\mathrm{X}}}{P_{\mathrm{Y}}} \tag{12-9}$$

由式（12-8）和式（12-9）可知，$\mathrm{MRSA}_{\mathrm{XY}} = P_{\mathrm{X}}/P_{\mathrm{Y}} = \mathrm{MRSB}_{\mathrm{XY}}$，即两个消费者的边际替代率相等，所以完全竞争的产品价格之比满足交换的帕累托最优的条件。

第二，完全竞争条件下，任一厂商 C 实现利润最大的均衡时，也是实现要素最优组合的条件，即其边际技术替代率等于其要素价格之比，即

$$\mathrm{MRTS}_{\mathrm{LK}}^{\mathrm{C}} = \frac{w}{r} \tag{12-10}$$

此时，w、r 同样对于任何厂商都是一样的，所以厂商 D，同样有

$$\mathrm{MRTS}_{\mathrm{LK}}^{\mathrm{D}} = \frac{w}{r} \tag{12-11}$$

对比式（12-10）和式（12-11）可知，$\mathrm{MRTS}_{\mathrm{LK}}^{\mathrm{C}} = w/r = \mathrm{MRTS}_{\mathrm{LK}}^{\mathrm{D}}$，即厂商的边际技术替代率相等。因此，完全竞争的要素价格之比，满足了生产的帕累托最优状态的条件。

第三，从生产可能性曲线我们知道，如果投入的要素既定，当增加 X 的产量时必定以 Y 的产量的减少为代价，反之亦然，因而增加 X 的机会成本就是 Y 的减少，所以 ΔX 可以用 Y 的边际成本 $\mathrm{MC_Y}$ 来表示，ΔY 可以看做 X 的边际成本 $\mathrm{MC_X}$，因此有

$$\mathrm{MRT}_{\mathrm{XY}} = \left|\frac{\mathrm{d}Y}{\mathrm{d}X}\right| = \frac{\mathrm{MC_X}}{\mathrm{MC_Y}} \tag{12-12}$$

完全竞争的市场达到长期均衡时，$P_{\mathrm{X}}=\mathrm{MC_X}$，$P_{\mathrm{Y}}=\mathrm{MC_Y}$，再加上消费者效用最大化的条件，可知

$$\mathrm{MRS}_{\mathrm{XY}} = \frac{P_{\mathrm{X}}}{P_{\mathrm{Y}}} = \frac{\mathrm{MC_X}}{\mathrm{MC_Y}} \tag{12-13}$$

由式（12-12）和式（12-13）可知，完全竞争的市场满足 $\mathrm{MRT_{XY}}=\mathrm{MRS_{XY}}$，因此，完全竞争满足生产和交换的帕累托最优条件。

相应地，一个非完全竞争的市场可能会带来福利损失，如垄断厂商所带来的社会净损失（deadweight loss）。但要记住的是，完全竞争的市场经济只是实现帕累托最优的充分条件。尽管完全竞争模型有利于理解价格机制的运作和特性，但也有不少局限性。这主要是其前提条件往往难以满足。例如，市场上只有少量企业、企业的产品不完全替代、不完备信息、忽视广告、保险。又如，完全竞争模型是一个静态模型。只重视静态的效率，在经济发展中，牺牲短期利益获得长期利益是合理的，这往往会破坏静态的最优配置条件。静态的帕累托最优配置因而不一定是动态的帕累托最优配置。

第四节 阿罗-德布鲁模型①

瓦尔拉斯第一次提出了一般均衡体系，但他对一般均衡存在性的证明不能令人信服，而阿罗和德布鲁（G. Debreu）在1954年对一般均衡的存在性进行了严格的数学证明。

对一般均衡存在性的证明分为三步：第一步，介绍需求函数的性质；第二步，引入瓦尔拉斯定律（Walras' law）；第三步，介绍一般均衡存在性的证明。

一、需求函数与超额需求函数的性质

（一）需求函数的性质

需求函数是从解下列规划而来的：

$$\max_{\boldsymbol{x}^i \in \mathbf{R}_+^n} u^i\left(\boldsymbol{x}^i\right) \quad \text{s.t.} \quad \boldsymbol{p} \cdot \boldsymbol{x}^i \leqslant \boldsymbol{p} \cdot \boldsymbol{e}^i \tag{12-14}$$

其中，i 表示第 i 个消费者；$\boldsymbol{p} \cdot \boldsymbol{x}^i = \sum_{j=1}^{n} x_j^i p_j$（$j$=1，2，…，$n$）；$\boldsymbol{p} \cdot \boldsymbol{e}^i = \sum_{j=1}^{n} e_j^i p_j$（$j$=1，2，…，$n$）。$\boldsymbol{p} \cdot \boldsymbol{x}^i \leqslant \boldsymbol{p} \cdot \boldsymbol{e}^i$ 意味着消费者的收入只依赖于其资源禀赋 $\boldsymbol{e}^i$，在通行的市场价格下，他全部出卖其禀赋得到的钱是 $\boldsymbol{p} \cdot \boldsymbol{e}^i$，其消费支出 $\boldsymbol{p} \cdot \boldsymbol{x}^i$ 不得超过其收入。这就是消费者所面临的预算约束。

这里的效用函数 $u^i(x)$ 具有如下性质。

假定A：效用函数 $u^i(x)$ 在定义域 $\mathbf{R}_+^n$ 上是连续的，严格递增并严格拟凹的。

效用函数是连续的、严格递增的，保证了边际效用为正，严格拟凹的假定是指，若有 $u\left(x^1\right)$ 和 $u\left(x^2\right)$，则 $u\left(tx^1+(1-t)x^2\right)>\min\left\{u\left(x^1\right),u\left(x^2\right)\right\}$，即两个消费计划的线性组合所对应的效用水平优于原来较低的那个效用水平，其经济含义是两个消费者计划的某一组合，会使消费者的效用水平至少比原来较差的消费计划有所提高。

接下来，我们引入一个定理：

【定理 12-1】需求函数的基本性质：如果效用函数 $u^i(x)$ 满足假定 A，则当价格向量 $\boldsymbol{p} \gg 0$ 时，消费者的问题（$\boldsymbol{x}^2-\boldsymbol{y}^2=1$）便存在一个唯一解 $\boldsymbol{x}^i\left(\boldsymbol{p},\boldsymbol{p} \cdot \boldsymbol{e}^i\right)$。同时，$\boldsymbol{x}^i\left(\boldsymbol{p},\boldsymbol{p} \cdot \boldsymbol{e}^i\right)$ 对于 $\boldsymbol{p}$ 在定义域 $\mathbf{R}_{++}^n$ 上是连续的。

定理（12-1）中，$\boldsymbol{x}^i\left(\boldsymbol{p},\boldsymbol{p} \cdot \boldsymbol{e}^i\right)$ 其实就是马歇尔需求函数 $x^i\left(\boldsymbol{p},y\right)$，只不过 $\boldsymbol{y}=\boldsymbol{p} \bullet \boldsymbol{e}^i$。该解的存在性来自于 $\boldsymbol{p}>0$，因此预算集是有界的，唯一性来自于 u^i 的严格拟凹，$\boldsymbol{x}^i\left(\boldsymbol{p},\boldsymbol{p} \cdot \boldsymbol{e}^i\right)$ 的连续性来自于极大化定理。

① 本部分主要参考平新乔《微观经济学十八讲》（北京大学出版社，2001年版）的相关部分，重点在于介绍一般均衡理论存在性的数理证明。关于阿罗-德布鲁模型更全面的介绍，参见约翰·伊特韦尔等主编的《新帕尔格雷夫经济学大辞典》（经济科学出版社，1996版）。

（二）超额需求函数的性质

在瓦尔拉斯 1874 年关于一般均衡存在性的证明过程中，他运用的是建立需求函数与供给函数的联立方程式的方法。今天，这种证明通常是用更为方便的超额需求（excess demand）函数形式。

【定义 12-1】超额需求函数：对于市场需求 k 来说，其超额需求函数是一个实函数，即

$$z_k(\boldsymbol{p})=\sum_{i\in I}x_k^i(\boldsymbol{p},\boldsymbol{p}\cdot\boldsymbol{e}^i)-\sum_{i\in I}e_k^i \tag{12-15}$$

整个社会的总超额需求函数为一个实值函数，即

$$z(\boldsymbol{p})=(z_1(\boldsymbol{p}),z_2(\boldsymbol{p}),\cdots,z_n(\boldsymbol{p})) \tag{12-16}$$

换言之，对第 k 种物品的市场来说，超额需求就是所需量超过社会可供量的差额。

超额需求函数的性质：如果对于每一个消费者 i 来说，u^i 满足假定 A，则对于所有向量 $\boldsymbol{p}\gg 0$，都有：

（1）连续性，$z(.)$ 对 $\boldsymbol{p}$ 是连续的。

（2）零次齐次性，$z(\lambda\boldsymbol{p})=z(\boldsymbol{p})$，对于所有 $\lambda>0$。

（3）瓦尔拉斯定律，$\boldsymbol{p}\cdot z(\boldsymbol{p})=0$。

瓦尔拉斯定律是说，超额需求的市场价值必然为零。例如，如果经济里只有两种物品，则必然有

$$p_1z_1(\boldsymbol{p})=-p_2z_2(\boldsymbol{p}) \tag{12-17}$$

也就是说，如果只有一种物品存在超额需求，$z_1(\boldsymbol{p})>0$，那么另一种物品必定存在超额供给，$z_2(\boldsymbol{p})<0$。同理，如果一种物品在 $\boldsymbol{p}$ 处于均衡，即 $z_1(\boldsymbol{p})=0$，那么，另一种物品也必定处于均衡，$z_2(\boldsymbol{p})=0$。一般地，若社会上存在 n 种物品，如果 n-1 种物品的市场已经处于均衡，那么，由瓦尔拉斯定律可以推知，第 n 种物品必然也处于均衡。

值得注意的是，瓦尔拉斯定律不等于瓦尔拉斯均衡（Walrasian equilibrium）。瓦尔拉斯定律是说，只要效用函数满足假定 A，则必有全社会超额需求的价值之和为零。瓦尔拉斯均衡则严格得多，它是指超额需求函数本身为零。

【定义 12-2】瓦尔拉斯均衡：一个价格向量 $\boldsymbol{p}^*\in\mathbf{R}_{++}^n$，若满足 $z(\boldsymbol{p}^*)=0$，则称该价格向量 $\boldsymbol{p}^*$ 为一个瓦尔拉斯均衡。

需要注意的是：第一，瓦尔拉斯均衡的内容是一个价格向量 $\boldsymbol{p}^*\in\mathbf{R}_{++}^n$。在此价格下，各个市场的供求都相等。第二，瓦尔拉斯均衡不是在超额需求在各个市场之间求和的基础上的均衡。前面在介绍瓦尔拉斯定律时，是对超额需求的价值在各个市场之间求和，价值可以求和，但实物不能在各个市场之间求和，因为不同的物品无法比较。因此，$z(\boldsymbol{p}^*)=0$ 是指（$z_1(\boldsymbol{p}^*)=0$，$z_2(\boldsymbol{p}^*)=0$，…，$z_n(\boldsymbol{p}^*)=0$），即每一个市场都不存在超额需求，分别地达到供求均衡。从而，关于瓦尔拉斯均衡存在性的讨论，就是讨论是否存在一个价格向量 $\boldsymbol{p}^*\in\mathbf{R}_{++}^n$，使每一个市场各自达到供求恰好相等。

二、一般均衡存在性的证明

证明竞争性的交易经济里存在一般均衡，对于我们认识市场经济的性质具有重大意义。如果竞争性的交易经济里存在一般均衡，那么人类追求均衡的努力就是有意义的，从而寻找均衡存在的各种条件，以及随之而来的以各种政策措施去促成这些条件实现的工作，也会具有合理的意义。

从最抽象的层次上分析，竞争性经济里一般均衡的存在性只依赖于三个条件，可以概括为定理（12-2）。

【定理 12-2】 如果超额需求函数 $z(\boldsymbol{p})$ 满足下列三个条件：

（1）$z(\cdot)$ 在定义域 $\mathbf{R}_{++}^n$ 上是连续的。

（2）对于所有的价格向量 $\boldsymbol{p} \gg 0$，都有 $\boldsymbol{p} \cdot z(\boldsymbol{p}) = 0$。

（3）如果定义在 $\mathbf{R}_{++}^n$ 上的价格向量序列 $\{p^m\}$ 收敛于 $\bar{p} \neq 0$，并且对于某些物品 k，一旦 $\bar{p}_k = 0$，那么，对于具有 $\bar{p}_k = 0$ 的物品 k'，在该市场上其相对应的超额需求的序列 $\{z_{k'}(p^m)\}$ 是没有上界的。则市场必然存在一个价格向量 $\boldsymbol{p} \gg 0$，使超额需求 $z(\boldsymbol{p}^*) = 0$。

第一个条件在前面已经讲过，第二个条件是瓦尔拉斯定律。第三个条件是说，如果某一物品（而不是全部物品）的价格离零非常近，那么在这些价格接近于零的物品中，至少有一种物品的超额需求会非常高。这也是非常自然的事，如果社会上有一些物品是不要钱的，且不说对于这些物品的全部种类，至少对其中一种物品，社会会有无限高的超额需求。因此，第三个条件只是说，若对若干种商品不收钱，总会或多或少引起不良后果。

对于一般均衡理论存在性的证明：对于每一种物品 k，当所有的价格向量 $\boldsymbol{p} \gg 0$ 时，设 $\bar{z}_k(\boldsymbol{p}) = \min\{z_k(\boldsymbol{p}), 1\}$，并且设 0<$z_k$（$p$）<1。这样，我们确认 $\bar{z}_k(\boldsymbol{p})$ 最高为 1。并且，对于所有的 $\boldsymbol{p} \gg 0$，有

$$\boldsymbol{p} \cdot \bar{z}(\boldsymbol{p}) < \boldsymbol{p} \cdot z(\boldsymbol{p}) = 0 \tag{12-18}$$

这里，不等式 $\boldsymbol{p} \cdot \bar{z}(\boldsymbol{p}) < \boldsymbol{p} \cdot z(\boldsymbol{p})$ 来自我们对于 z 的定义，后面等式 $\boldsymbol{p} \cdot z(\boldsymbol{p}) = 0$ 来自于瓦尔拉斯定律。

现在，固定住 $\varepsilon \in (0,1)$，令

$$S_\varepsilon = \left\{ p \left| \sum_{k=1}^{n} p_k = 1, \text{并且} p_k \geqslant \frac{\varepsilon}{1+2n}, \forall K \right.\right\} \tag{12-19}$$

S_ε 是我们为寻找一般均衡而构造出来的。我们试图在 S_ε 里找出满足 $z(\boldsymbol{p}^*) = 0$ 的 $\boldsymbol{p}^*$。图 12-11 是对 S_ε 在只有两类物品中的一种图示。所有非在 ABC 区域内的价格都被排除在 S_ε 之外，并且当 $\varepsilon \to 0$ 时，S_ε 会包含越来越多的点。因此，当我们允许 $\varepsilon \to 0$ 时，我们寻找均衡价格 $\boldsymbol{p}^*(p_1^*, p_2^*)$ 的视野会越来越开阔。

集合 S_ε 具有紧（compact）、凸（convex）与非空（nonempty）三个性质。

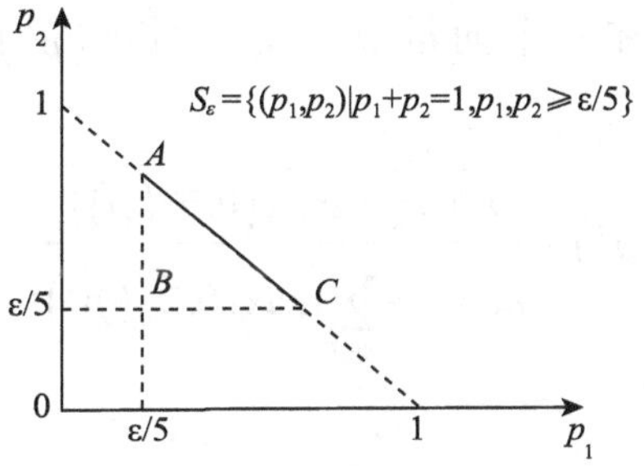

图 12-11　在 $\mathbf{R}^n_{++}$ 上的 S_ε 集合

“紧”来自于下列两个原因：第一，S_ε 是闭的，当 $\varepsilon\to 0$ 时，极限点仍在 S_ε；第二，S_ε 是有界的，因 $\sum\limits_{k=1}^{n}p_k=1$。

凸性也可以得到证明，设 $\boldsymbol{p}^1$ 与 $\boldsymbol{p}^2$ 为 S_ε 内两个价格向量，则 $\lambda\boldsymbol{p}^1+(1-\lambda)\boldsymbol{p}^2\left(\lambda\in(0,1)\right)$：第一，$\sum\limits_{k=1}^{n}\left(\lambda\boldsymbol{p}^1+(1-\lambda)\boldsymbol{p}^2\right)=\lambda\sum\limits_{k=1}^{n}p_k^1+(1-\lambda)\sum\limits_{k=1}^{n}p_k^2=\lambda\cdot 1+(1-\lambda)\cdot 1=1$；第二，$\lambda p_k^1+(1-\lambda)p_k^2\geqslant\dfrac{\lambda\varepsilon}{1+2n}+(1-\lambda)\cdot\dfrac{\lambda\varepsilon}{1+2n}=\dfrac{\lambda\varepsilon}{1+2n}$，$\forall k$。所以凸性也是满足的。

当我们找出一个价格向量，令每一维价格都为 $p_k=\left(2+\dfrac{1}{n}\right)\Big/(1+2n)$，则 $\sum\limits_{k=1}^{n}\dfrac{\left(2+\dfrac{1}{n}\right)}{1+2n}=1$，并且 $\left(2+\dfrac{1}{n}\right)\Big/(1+2n)\geqslant\dfrac{\varepsilon}{1+2n}$，因为 $\varepsilon<1$。这说明 S_ε 是非空的。

以上的工作是确定 $\boldsymbol{p}$ 的定义域，该定义域的集 S_ε 是紧、凸及非空的。然后在该定义域的集合 S_ε 上定义一个函数 $f_k(\boldsymbol{p})$，让 $f_k(\boldsymbol{p})$ 满足某些性质，就可以找到不动点。我们设

$$f_k(\boldsymbol{p})=\frac{\varepsilon+p_k+\max\left(0,\bar{z}_k(\boldsymbol{p})\right)}{n\varepsilon+1+\sum\limits_{m=1}^{n}\max\left(0,\bar{z}_m(\boldsymbol{p})\right)}\qquad(12\text{-}20)$$

并且令 $f(\boldsymbol{p})=\left(f_1(\boldsymbol{p}),f_2(\boldsymbol{p}),\cdots,f_n(\boldsymbol{p})\right)$，于是，有 $\sum\limits_{k=1}^{n}f_k(\boldsymbol{p})=1$，且 $f_k(\boldsymbol{p})>\dfrac{\varepsilon}{n\varepsilon+1+n\cdot 1}$，因为对每个 m，$\bar{z}_m(\boldsymbol{p})\leqslant 1$，从而 $f_k(\boldsymbol{p})\geqslant\dfrac{\varepsilon}{1+2n}$，因为 $\varepsilon<1$，所以函数 $f(\boldsymbol{p})$ 的值域也是 S_ε。由上面的讨论可知，$f(\boldsymbol{p})$ 的定义域即 $\boldsymbol{p}$ 的取值范围也是 S_ε，即 $f:S_\varepsilon\to S_\varepsilon$。

根据定理（12-2）中的第一个条件，$z_k(\boldsymbol{p})$ 是连续的，当然 $\bar{z}_k(\boldsymbol{p})$ 也是连续的。因此，定义 f_k 中的分子分母都在 S_ε 上连续。而且分母总大于零，原因是分母至少等于 1。从而得到函数 $f_k(\boldsymbol{p})$ 的性质，即 $f_k(\boldsymbol{p})$ 是连续的。

综上所述，我们运用 Brouwer 不动点定理的条件已经具备。Brouwer 不动点定理是说，如果一个连续函数在非空、紧、凸的集上射影到该集本身，则该函数必定是一个不

动点。也就是说，必定存在一个向量 $\boldsymbol{p}^{\varepsilon}\in S_{\varepsilon}$ ，使 $f\left(\boldsymbol{p}^{\varepsilon}\right)=\boldsymbol{p}^{\varepsilon}$ ，或者，对于所有的 $k=1,2,\cdots,n$ ，有 $f_k\left(\boldsymbol{p}^{\varepsilon}\right)=p_k^{\varepsilon}$ ，即

$$f_k\left(\boldsymbol{p}^{\varepsilon}\right)=\frac{\varepsilon+p_k+\max\left(0,\bar{z}_k\left(\boldsymbol{p}\right)\right)}{n\varepsilon+1+\sum_{m=1}^{n}\max\left(0,\bar{z}_m\left(\boldsymbol{p}\right)\right)}=p_k^{\varepsilon} \tag{12-21}$$

即

$$p_k^{\varepsilon}\left[n\varepsilon+\sum_{m=1}^{n}\max\left(0,\bar{z}_m\left(\boldsymbol{p}^{\varepsilon}\right)\right)\right]=\varepsilon+\max\left(0,\bar{z}_k\left(\boldsymbol{p}\right)\right) \tag{12-22}$$

到此为止，实质上我们已经证明，对任一 $\varepsilon\in(0,1)$ ，在 S_{ε} 里存在一个价格向量满足式（12-22）。

现在，令 $\varepsilon\to 0$ ，考虑相应的满足式（12-22）的价格向量序列 $\left\{\boldsymbol{p}^{\varepsilon}\right\}$ 。首先，这一序列是有界的。其原因是， $\boldsymbol{p}^{\varepsilon}\in S_{\varepsilon}$ 意味着每一市场上的价格都处于 0~1。其次，由实变函数论知道，实数域紧集上任一有界序列必定收敛，因此，$\left\{\boldsymbol{p}^{\varepsilon}\right\}$ 必定收敛。令 $\left\{\boldsymbol{p}^{\varepsilon}\right\}$ 收敛的极限点为 $\boldsymbol{p}^{*}$ 。

$\boldsymbol{p}^{*}$ 必然满足 $\boldsymbol{p}^{*}\neq 0$ 这一性质，因为 $\sum_{k=1}^{n}p_k^{*}=1$ 。我们要论证 $\boldsymbol{p}^{*}\gg 0$ ，而这需要用到定理（12-2）中的第三个条件。

用反证法证明 $\boldsymbol{p}^{*}\gg 0$ 。设 $\boldsymbol{p}^{*}$ 不满足 $\boldsymbol{p}^{*}\gg 0$ ，则对某几种物品 $\bar{k}$ ， $\boldsymbol{p}^{*}=0$ 。但第三个条件表明，这时必然会存在 $k'\in\bar{k}$ ，使超额需求 $z_{k'}\left(\boldsymbol{p}^{\varepsilon}\right)$ 在 $\varepsilon\to 0$ 时没有上限。

注意，因为 $\boldsymbol{p}^{\varepsilon}\to\boldsymbol{p}^{*}$ ，所以 $p_{k'}^{*}=0$ 实质上意味着 $p_{k'}^{\varepsilon}\to p_{k'}^{*}=0$ 。于是，式（12-22）的左端，当 $k=k'$ 时必然趋于零，原因在于，式（12-22）中左端方括号内的式子是有界的。但式（12-22）的右端则不会趋于零，其原因在于 $z_{k'}\left(\boldsymbol{p}^{\varepsilon}\right)$ 是没有上限的，由 $\bar{z}_{k'}\left(\boldsymbol{p}^{\varepsilon}\right)$ 的定义可知， $\bar{z}_{k'}\left(\boldsymbol{p}^{\varepsilon}\right)$ 必然会无穷次的重复 1，无穷次重复是由 $\varepsilon\to 0$ 时价格点无穷序列产生的。显然，式（12-22）的左端与右端便不会相等。这个矛盾表明 $\boldsymbol{p}^{*}\gg 0$ 。

到此为止，我们已经证明：

第一，当 $\varepsilon\to 0$ 时， $\boldsymbol{p}^{\varepsilon}\to\boldsymbol{p}^{*}$ ，并且 $\boldsymbol{p}^{*}\gg 0$ 。

第二，当 $\varepsilon\to 0$ 时，式（12-22）成立，即

$$p_k^{*}\sum_{k=1}^{n}\max\left(0,\bar{z}_m\left(\boldsymbol{p}^{*}\right)\right)=\max\left(0,\bar{z}_k\left(\boldsymbol{p}\right)\right) \tag{12-23}$$

对于 $k=1,2,\cdots,n$ 都成立。

对式（12-23）两端都乘以 $\bar{z}_k\left(\boldsymbol{p}^{*}\right)$ ，并且就 k 加总，产生了

$$\boldsymbol{p}^{*}\cdot\bar{z}\left(\boldsymbol{p}^{*}\right)\cdot\left[\sum_{k=1}^{n}\max\left(0,\bar{z}_m\left(\boldsymbol{p}^{*}\right)\right)\right]=\sum_{k=1}^{n}\bar{z}_k\left(\boldsymbol{p}^{*}\right)\max\left(0,\bar{z}_k\left(\boldsymbol{p}^{*}\right)\right) \tag{12-24}$$

从式（12-18）可知， $\boldsymbol{p}^{*}\cdot\bar{z}\left(\boldsymbol{p}^{*}\right)\leqslant 0$ ，即式（12-24）的左端为非正，因为括号中的式子为非负，所以式（12-24）的右端也应非正。这样，必有 $\bar{z}_k\left(\boldsymbol{p}^{*}\right)\leqslant 0$ ，否则式（12-24）

的右端必为正。但这意味着 $0 \geqslant \bar{z}_k(\boldsymbol{p}^*) = \min\{z_k(\boldsymbol{p}), 1\}$，所以 $z_k(\boldsymbol{p}) \leqslant 0$，对 $k = 1, 2, \cdots, n$ 都成立。

由此可见，$z(\boldsymbol{p}^*) \leqslant 0$，并且 $\boldsymbol{p}^* \gg 0$，根据该定理（12-2）的第二个条件 $\boldsymbol{p}^* \cdot z(\boldsymbol{p}^*)=0$，必有 $z(\boldsymbol{p}^*)=0$。从而证明一般均衡的存在性。

这样，在 $\mathbf{R}^n_{++}$ 定义域上，只要超额需求是连续的，且满足瓦尔拉斯定律，并且当价格趋近于零时某些物品的超额需求会无限上升，则必定存在瓦尔拉斯均衡，即一般均衡。

➢本章提要

现实世界中，各经济个体、市场之间的相互联系、相互依存使分析方法必须由局部均衡分析方法扩展到一般均衡分析方法，由研究局部均衡扩展到研究一般均衡。

一般均衡理论与福利经济学有密切的联系。研究福利经济学的目的是对不同经济状况的社会合意性进行评价，因而属于规范经济学，福利经济学的基本定理描述了竞争的均衡市场与帕累托效率之间的关系，而关于效率与公平的争论一直是福利经济学的重要内容之一。

作为规范经济学，福利经济学必然涉及价值判断标准。帕累托最优标准分别给出了交换、生产、交换和生产的帕累托最优条件。一般均衡状态下的完全竞争市场经济，必然存在一组使所有商品需求和供给都相等的价格，从而保证了完全竞争的一般均衡状态满足帕累托最优的三个条件，能够实现帕累托最优状态。

➢关键概念

一般均衡（general equilibrium）
福利经济学第一定理（the basic theorems of classical welfare economics）
福利经济学第二定理（the second theorems of classical welfare economics）
公平（equity）
效率（efficiency）
洛伦兹曲线（Lorenz curve）
基尼系数（Gini coefficient）
生产可能性曲线（production possibility frontier）
边际转换率（marginal rate of transformation）
帕累托最优状态（Pareto optimality）
帕累托标准（Pareto criterion）
帕累托改进（Pareto improvement）

➤复习思考题

1. 局部均衡分析与一般均衡分析之间的差别是什么？分别在什么情况下适用？

2. 一般均衡论的缺点是什么？为什么它很少具有实际意义？

3. 瓦尔拉斯是如何解决一般均衡存在性问题的？其主要不足之处是什么？

4. “由于契约曲线上的所有点都是有效率的，因此，从社会的观点看它们都是同样理想的。”你同意这种说法吗？

5. 什么是福利经济学第一定理和第二定理？

6. 什么是帕累托最优？它需要满足什么条件？

7. 在一个两部门经济中，两种产品的生产函数分别为：$x=K^{0.5}L^{0.5}$，$y=4K^{0.5}L^{0.5}$，两个消费者的效用函数为 $U_A=x_Ay_A^2$，$U_B=x_B^2y_B$，其中 x_A 与 y_A、x_B 与 y_B 分别为两个消费者消费的两种商品的数量，消费者为产品的生产提供生产要素，其初始的资源禀赋为：$K_A=800$，$L_A=100$，$K_B=400$，$L_B=200$。求完全竞争一般均衡中产品和要素的价格，每一部门的要素投入量和产量，以及产品在消费者之间的分配状况。

8. 判断分析题。

（1）局部均衡分析是对经济中所有的相互作用和相互关系的分析。

（2）研究市场之间相互作用的分析被称为局部均衡分析。

（3）在经济处于全面均衡状态时，某种商品的供给量的增加将导致其替代品市场价格上升。

（4）契约曲线得名于它是所有可能契约的轨迹。

（5）为了达到帕累托最优状态，必须使任何使用某两种投入要素的两个厂商的该要素间的边际技术替代率相等，即使这两个厂商生产的产品很不相同。

（6）契约曲线显示了所有可以进行贸易的点。

（7）对福利极大化来说，完全竞争长期一般均衡既是必要的，又是充分的。

9. 已知商品 X 的生产函数为 $X=5L^{0.4}K^{0.6}$，而商品 Y 的生产函数为 $Y=4L^{0.5}K^{0.5}$，若社会上有 $\overline{L}=100$，$\overline{K}=200$，且只生产商品 X 与 Y，试问：该社会的生产契约曲线是什么？

10. 说明福利经济学在西方经济学中的地位。

11. 如果福利经济学第一定理的所有假设都满足，那么政府是否有干预经济的必要？

12. 案例分析。

阅读以下材料，联系实际情况，运用所学理论进行评析。

汽油价格与小型汽车的需求

如果市场对某几种产品的需求相互影响，可能出现什么情况？其中一种情形就是，导致一种产品价格发生变化的因素，将同时影响对另一种产品的需求。例如，在 20 世纪 70 年代，美国的汽油价格上升，这一变化马上对小型汽车的需求产生了影响。

回顾 20 世纪 70 年代，美国市场的汽油价格两次上升，第一次发生在 1973 年，当时石油输出国组织切断了对美国的石油输出；第二次是在 1979 年，伊朗国王被推翻而导致该国石油供应瘫痪。经过这两件事件，美国的汽油价格从 1973 年的每加仑①1.27 美元猛增至 1981 年的每加仑 1.40 美元。作为“轮子上的国家”，石油价格急剧上升当然不是一件小事，美国人面临一个严峻的节省汽油的问题。

---

① 1 加仑=4.546 09 升。

既然公司和住宅的距离不可能缩短，人们只好继续奔波于两地之间。美国司机找到的解决办法之一就是他们需要放弃自己的旧车，购置新车的时候，选择较小型的汽车，这样每加仑汽油就可以多跑一段距离。

分析家根据汽车的大小来分类确定其销售额。就在第一次汽油价格上升之后，每年大约出售250万辆大型汽车、280万辆中型汽车及230万辆小型汽车。到了1985年，这三种汽车的销售比例出现明显变化，售出150万辆大型汽车、220万辆中型汽车及370万辆小型汽车。由此可见，大型汽车的销售额自20世纪70年代以来迅速下降；反过来，小型汽车的销售额却持续攀升，只有中型汽车勉强维持了原有水平。

对于任何产品的需求曲线均假设其互补产品的价格保持不变。以汽车为例，它的互补产品之一就是汽油。汽油价格上升导致小型汽车的需求曲线向右移动，与此同时大型汽车的需求曲线向左移动。

造成这种变化的理由是显而易见的。假设一个人每年需要驾驶15 000英里①，每加仑汽油可供一辆大型汽车行驶15英里，如果是一辆小型汽车就可以行驶30英里。这就是说如果坚持选择大型汽车，每年必须购买1 000加仑汽油，如果满足于小型汽车，只需要购买一半的汽油，也就是500加仑就够了，当汽油价格处于1981年的最高点，即每加仑1.40美元的时候，选择小型汽车意味着每年可以节省700美元。即便这个人曾经是大型汽车的拥护者，在这种情况下，在每年700美元的数字面前，难道不觉得有必要重新考虑一下小型汽车的好处吗？

➢扩展性阅读资料

范家骧，刘文忻. 2007. 微观经济学. 第二版. 大连：东北财经大学出版社
黄有光. 1991. 福利经济学. 周建明，等译. 北京：中国友谊出版公司
平狄克 R S，鲁宾费尔德 D L. 2013. 微观经济学. 第八版. 李彬，高远，等译. 北京：中国人民大学出版社
平新乔. 2001. 微观经济学十八讲. 北京：北京大学出版社
萨缪尔森 P A，诺德豪斯 W D. 2005. 微观经济学. 萧琛译. 北京：人民邮电出版社
斯蒂格利茨 J E，沃尔什 C E. 2013. 经济学. 第四版. 黄险峰，张帆译. 北京：中国人民大学出版社
王乃静，郎国放. 2005. 经济学中一般均衡存在性问题理论述评. 数量经济技术经济研究，(12)：150-156
魏埙，蔡继明，刘骏民，等. 1992. 现代西方经济学教程. 天津：南开大学出版社

① 1英里≈1 609米。

第十三章

不确定性与不完全信息

本章研究的是在不完全信息条件下经济个体的决策和交易行为。首先讨论消费者或者厂商在不确定环境中的决策行为；其次分析不对称的信息结构，即交易的一方掌握着另一方所没有的信息，而这一信息又影响后者的福利。由于在这种信息环境中，具有信息优势的一方企图在交易中得到更多的利益，而处于信息劣势的一方意识到对方在操纵信息，因而会采取相应的措施，结果使交易较难达成。

第一节　不确定性与风险

一、不确定性与期望效用

根据概率论的基本知识，随机现象的实现具有不确定性，但可以用概率表示不同结果出现的可能性。在经济生活中，人们对不确定情况下的收入或消费有一种偏好排序，它们是如何排列的呢？最方便的方法就是按照“预期效用”的大小来进行。

预期效用是根据各种情况出现的概率和相应概率下的收入或消费估计的效用。例如，未来可能出现两种状态：状态 1 和状态 2。两种状态出现的概率分别为 π_1 和 π_2，如果只有这两种可能性，那么 $\pi_2=1-\pi_1$，C_1 和 C_2 分别代表状态 1 和状态 2 下的收入或者消费，那么预期效用的效用函数可以定义为

$$\mathrm{EU}=\pi_1 V(C_1)+\pi_2 V(C_2)$$

其中，$V(C_1)$ 和 $V(C_2)$ 表示一般的效用函数。

预期效用函数也被称为“冯·诺依曼–摩根斯坦效用函数”（von Neumann-Morgenstern utility function），它是以 20 世纪美国著名数学家冯·诺依曼和经济学家摩根斯坦的名字命名的。

例如，假设效用函数为 $V=\ln C$，那么预期效用函数为

$$\mathrm{EU}=\pi_1 \ln C_1+\pi_2 \ln C_2$$

期望效用函数之所以是合理的，是因为根据独立性假定，如果人们计划在一种自然

状态下做出的选择，独立于在另一种自然状态下的选择，这意味着或有消费的效用函数的特征是：不同消费或者或有消费束是可加的，也就是采取期望效用函数的形式。

由于预期效用可以表示人们对随机现象的偏好，我们可以用预期效用函数定义人们对待风险的态度，将人们对待风险的态度区分为风险偏好者、风险中性者和风险回避者三种情形。

如图 13-1 所示，假定某人拥有 100 元的确定财富，他是否会参加这样一场赌博：50%的可能性赢得 50 元，50%的可能性输掉 50 元。因此，不难发现这场赌博的预期收益是 $150\times50\%+50\times50\%=100$（元），假定个人的效用曲线是图 13-1 上的 V，这场赌博带来的预期效用是 CD 连线的中点 EU 或者 B 点的效用水平。相比之下，确定性地拥有 100 元财富的效用为 V（100）或者 A 点的效用水平，显然，A 点的效用水平大于 B 点的效用水平。也就是说，赌博预期收益的效用要大于赌博的预期效用，这是一个规避风险的人，因为他更愿意确定性地拥有赌博的预期收益而不是参与赌博，其效用函数曲线必然是凹曲线。风险规避者的效用随着财富的增加而增加，但增加的速度递减，或者说财富的边际效用递减。因为风险和财富是对称的，财富越多，风险也越高，而风险回避者不愿意承担风险，因此财富的边际效用递减。如图 13-2 所示，对于风险偏好者而言，其效用随着财富的增加而增加，而且增加的速度越来越快，或者说财富的边际效用递增。这是因为，风险偏好者喜欢高收入的刺激，收入越高，带来的满足感便越强。其效用曲线是凸的，此时参加赌博的预期效用高于确定的得到赌博预期收益的效用，或者说 A 点的效用水平小于 B 点的效用水平。至于风险中性者，他们的效用函数是线性的。如图 13-3 所示，风险中性者只计较随机报酬的大小，而对随机报酬的风险程度并不关注。赌博的预期收益的效用等于赌博的预期效用。

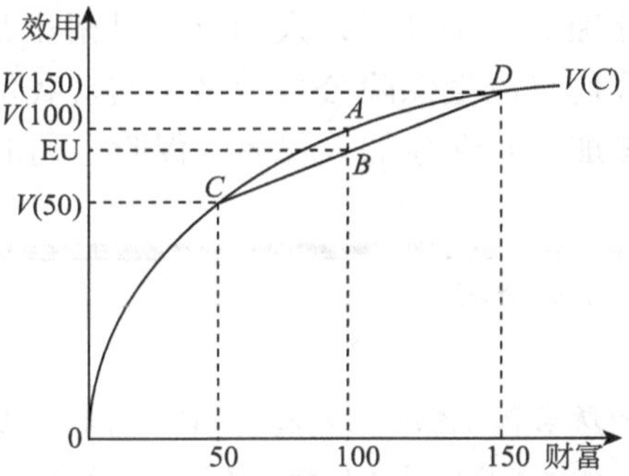

图 13-1　风险规避者的效用函数

二、风险与保险

现实生活中充满风险，一个风险规避者必定会参加保险。但是，保险只是转移风险而已，风险本身并没有消除。一位风险中性者如果提供保险，能够使保险双方都受益。显然，如果某人是偏好风险的，那他更愿意提供保险。

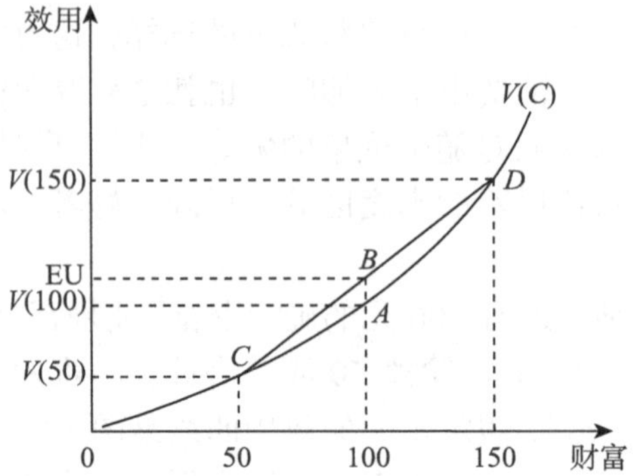

图 13-2 风险偏好者的效用函数

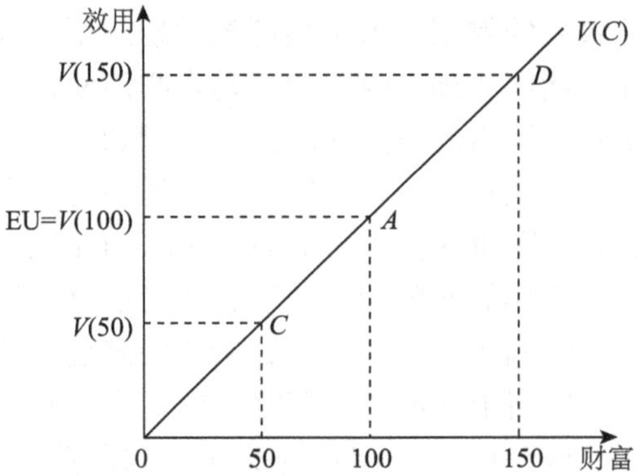

图 13-3 风险中性者的效用函数

需要注意的是，保险市场不一定要建立在人们不同的风险态度之上，即使风险态度相同，在假设风险事件相互独立的条件下，人们也可以相互保险，合伙分担风险，或者称为自我保险。事实上，我们可以把保险公司看做所谓自我保险的组织者，它经营着大量的独立保险事务，由于参加自我保险的人很多，保险公司的报酬的方差可以很小。

●专栏 13-1 风险态度与风险认知

所谓风险态度是指人对风险所采取的态度，是基于对目标有影响的正面或负面的不确定性所选择的一种心智状态；或者说是对重要的不确定性认知所选择的回应方式，然而判断会随处理的不同而异。有时候，个人或团体刚开始时所采取的态度，无法支持有效的风险管理。例如，当产品创新团队是风险趋避者，或核能安全的检查者是风险偏好者时，可能应采取修正风险态度的行动。近来在有关情绪智能及情绪知识上的进展，为促进及管理个人及组织态度的改变提供了方法，其关键在于认知到所有的态度都是一种选择，因此是可以修正的。

一项研究表明，风险态度是可变的。股票是一种典型的风险金融资产。根据标准的资产组合理论，居民的风险规避程度影响其股票投资决策。给定股票的回报与风险程度，居民的风险规避程度越高，他参与股市的可能性越低，而且即使他进行了股票投资，股票投资在他整个资产组合中的比例也越低。针对股票投资这一充满不确定性或风险的选择，由于社会互动可以降低居民对风险的主观感知程度，即社会互动可以降低居民主观感受到的股票投资风险水平，因此，居民的风险规避程度对其参与股市可能的负面影响会因居民的社会互动程度不同而异。因此，当股票投资成为一种群体大众行为时，居民对股票投资风险的主观感知程度会显著降低，不加区分地进行简单的风险提示，其作用可能非常有限。在不同的大众参与股市情况下，根据居民的社会互动程度来针对性地强化其风险意识，克服风险意识淡化的社会心理效应，是政府需要着力解决的问题，它不仅影响着中国股票市场的发展前景，更影响着广大股民的福祉民生。

资料来源：李涛，郭杰. 风险态度与股票投资. 经济研究，2009，（2）：56-67

对于绝大多数人来说，当面临的风险涉及金额较大时，往往选择支付小额保险费来保证在遭受可能损失时得到补偿。因此，当面临公平的费率时，风险规避的投保人将对可能遭受的损失进行全额保险。

假如一个人拥有财产为 W，他正面临遭受损失的可能性。例如，他的财产中的一部分是房产，价值为 L，这样财富是个随机变量，以概率 P 取值 $W-L$，即发生火灾；以概率 $1-P$ 取值 W，即不发生火灾。如果没有保险，期望效用为

$$(1-P)\cdot U(W)+P\cdot U(W-L)$$

假设保险公司愿意以 π 的价格赔偿，被保险人购买 X 保险，支付保险费为 πX，如果发生损失，被保险人将获得 X 赔偿。一个人需要购买适当的保险以最大化其期望效用。

$$\max[(1-P)\cdot U(W-\pi X)+P\cdot U(W-\pi X-L+X)]$$

假设保险费是统计公平的，或者说保险市场接近完全竞争市场，保险市场上有许多保险公司，且任何厂商都可以自由进出该行业，这样，只要收支能够平衡，保险公司就愿意经营该项保险业务，即保险费的收入恰好等于赔偿的期望值，即 $\pi=P$，由此可以得到 $X=L$。也就是说，如果保险是统计公平的，那么风险规避的消费者将会完全投保。

股票市场的一个重要功能是分散风险，或者说是一种保险市场。假设有 100 元投资，可供选择的有生产太阳镜或雨伞两个行业，那么投资的利润将取决于今后的天气状况是晴天还是雨天。

如表 13-1 所示，假定雨天和晴天的概率各为 50%，如果只投资于一种行业，不管是生产太阳镜还是雨伞，都有一半的可能性获得 100 元，也有一半的可能性亏损 50 元，期望效用为[1/2×（100）+1/2×（−50）]（元）。如果在两个行业各投资 50 元的话，风险就完全消除了。因为无论天气如何，都可以用一个行业的 50 元利润去抵销另一个行业的 25 元的亏损，可以净赚 25 元。因此，对于风险规避者来说，它们更愿意进行分散投资，股票市场可以成为分散风险的有效手段。但是，与保险市场不同，股票市场存在总体上的风险，风险可以分散，但保险市场“总和”为零，股票市场“总和”却可正可负，其中的不确定性，特别是系统性风险仍然存在。

表 13-1　不同情况下的盈利或亏损　　单位：元

项目	太阳镜	雨伞
雨天	−50	100
晴天	100	−50

第二节　不完全信息

一、信息与信息成本

1. 信息

完全信息只是一种理想化的假设。在现实世界中，信息和其他资源一样都是稀缺的或者是不完全的。信息的不完全性与生活中的不确定性有关。因为不确定性使经济行为人只能预见自己的行为会有哪几种可能的结果，以及这些结果的可能性，或者说不确定性带来了不完全信息，从而导致人们在决策时面临各种风险。因此，经济学上所研究的信息是指用来消除不确定性的东西或者信息是代表事物之间差异的东西。

2. 信息成本

缺少信息则意味着人们将面临更大的不确定性，信息的价值在于减少不确定性，或者说当存在不确定性时存在通过获取信息减少不确定性的可能性。因此，在经济学意义上，信息成本可以定义为人们为减少不确定性所付出的代价。

假设有两家快餐店出售汉堡包，一家的价格是 7.5 元，另一家是 12.5 元，平均价格是 10 元，这两家快餐店的汉堡包是同质的，消费者总是喜欢更便宜的商品。但是，他们不知道哪家的价格更低。首先建立一个间接效用函数（间接效用是收入与价格的函数），具体形式为 $V=0.5IP_X^{-0.5}P_Y^{-0.5}$，其中，$I$ 表示收入（假设收入为 20 元），P_X 表示饮料的价格（假设为 2.5 元），P_Y 表示汉堡包的价格。如果消费者随机选择一家快餐店的话，预期效用为

$$EU=0.5V（P_Y=7.5）+0.5V（P_Y=12.5）=2.049（元）$$

如果消费者知道哪一家快餐店更便宜的话，他们可以去购买，其确定的间接效用函数为 $V（P_Y=7.5）=2.309$。可以发现，一个收入为 17.7 元（20 × 2.049/2.309），并且知道哪家快餐店更便宜的消费者与一个收入为 20 元且随机选择的消费者得到的效用是相同的。可以说，一个消费者愿意支付 2.3 元（20−17.7）来获得信息，这就是信息成本。

3. 不完全信息与非对称信息的区别

信息不完备有两种情况：一是不完全信息；二是非对称信息。两者都是描述信息的不完备状态。但是，不完全信息皆在描述整个市场中的信息结构；而非对称信息则描述或比较不同交易主体之间的信息结构，即交易的一方拥有信息，而另一方不拥有。描述整个市场信息结构时，多用不完全信息；描述市场交易主体信息结构时，则多用非对称信息。

二、信息的不完全性

一般而言，信息的不完全性有两个方面。第一个方面与不确定性有关。不确定性使决策人只能预见自己的行为有几种可能的结果，以及这些结果的可能性，不确定性带来了不完全信息，从而导致人们的决策面临风险。当存在不确定性时，存在通过信息减少不确定性的可能。

信息的不完全性的第二个方面是因为信息不对称。在实际生活中，当市场的一方无法观察另一方的行为时，或者无法确知另一方的行动的信息时，就产生了信息不对称。例如，雇员对自己的能力和技术往往比雇主更了解。因此，信息在市场参与者之间是不对称或者不均匀的。经济学中的信息不完全并不是指某个人获得信息量的多少，而是指信息分布的不对称性，因此，不完全信息通常称为不对称信息。

产生信息不对称的原因是获取信息需要成本，任何信息的获取都是要付出代价的。例如，天气预报需要耗费大量的设备和仪器及科学家的劳动，只是在许多情况下相关费用由国家支付而已。由于一些人获取信息的成本过于高昂，或者不愿意为获取信息支付成本，另一些人却愿意为获取信息支付成本，或者获取信息的成本较低，这就形成了一方对另一方的信息优势，导致信息不对称。

三、信息的不完全性与市场失灵

现实生活中的信息不对称会带来两个方面的问题：一是道德风险；二是逆向选择。道德风险是交易双方在交易协议签订后，其中一方利用多于另一方的信息，有目的地损害另一方的利益的行为，道德风险有时称为“隐蔽行为”（hidden action）问题。逆向选择（adverse selection）是市场的某一方能够利用多于另一方的信息，使自己受益而使另一方受损，从而倾向于与对方签订协议进行交易。

一般而言，不对称信息可以按照时间划分。信息不对称发生在签约之前，叫做事前不对称信息，如逆向选择模型；信息不对称发生在签约之后，叫做事后不对称信息，如道德风险模型。按照不对称信息的内容划分，信息不对称可能是参与人的知识或者行为，这时有隐蔽信息模型和隐蔽行动模型之分。其中，最简单的情形是隐蔽行动的道德风险和隐蔽信息的逆向选择模型。隐蔽行动的道德风险是指事前信息对称、事后代理人选择行动和风险状况由自然决定，委托人只能观察到结果而不能直接观察到代理人行动本身和风险状况（如雇主和雇员关系）。隐蔽信息的逆向选择模型是指风险状况由自然决定，代理人知道自己的类型，而委托人不知道，委托人与代理人签订合同（如保险公司与投保人的健康保险）。但信息不对称也有更复杂的情形，如隐蔽信息的道德风险模型、信号传递模型和信息甄别模型。例如，在信号传递模型中，自然选择代理人类型，代理人知道自己的类型，委托人不知道，为了显示自己的类型，代理人选择某种信号，委托人在观察到信号之后与代理人签订合同（如教育信号模型）。信息甄别模型与信号传递模型类似，都涉及事前的信息不对称问题。自然选择代理人类型，代理人知道自己的类型，委托人不知道，为了显示自己的类型，委托人提供多个合同供代理人选择，代理人根据自己的类型选择一个最适合自己的合同，并根据合同采取行动（如保险公司根据不同类型的潜在投保人制定不同的保险合同）。至于隐蔽信息的道德风险模型，签约时信息是对称的，签约后自然选择，然后代理人观察到自然选择，采取行动，委托人观察到代理人的行动，但不能观察到自然选择（如企业经理与销售人员的关系）。

当存在道德风险和逆向选择时，就可能导致信息不完全，信息不完全可能出现有市场需求而没有供给的状况，导致市场失灵。诺贝尔经济学奖得主阿克洛夫在 1970 年的一篇经典论文中，以旧车市场为例，指出在不对称信息条件下，价格失去了调节供求、有效配置资源的作用。

假设旧车有三种不同的质量，即好、中、差，只有卖方知道自己车辆的质量，买方光依靠检查或者试车无法识别车辆质量的高低。假设对卖方来说，好、中、差三种旧车的价值分别是 11 000 元、8 000 元和 5 000 元；对于买方来说，三种车的价值分别是 12 000 元、9 000 元和 6 000 元。每一种车辆给买方带来的价值均高于对卖方的价值，交易对双方应该是互利的。假设三种车的比例是一样的，也就是说，任意挑选一辆旧车其优质的概率是 1/3，中质的概率是 1/3，劣质的概率也是 1/3。但是，不对称信息的存在导致交易不能进行。对买方而言，旧车的期望价值为 $1/3\times 12\,000+1/3\times 9\,000+1/3\times 6\,000=9\,000$（元）。也就是说，旧车的价格不能超过 9 000 元，高于这个价格是无人问津的。但是，如果这样，拥有高质量旧车的人就不会出售旧车，因为旧车对他的价值为 11 000 元，所以，只有中等车和劣质车的主人才出售。买主也知道这一点，他知道只有质量中等或者劣等的车才来兜售，所以对期望价值也要进行调整，为 $1/2\times 9\,000+1/2\times 6\,000=7\,500$（元）。这样，拥有中等质量旧车的人不会出售，只有拥有最差质量旧车的人才会出售。因此，在不对称信息下，市场失去了效率，有些市场消失了，如高质量和中等质量车辆市场。

相关链接 13-1　艰难化蝶——中国二手车市场的死穴和软肋

2008 年 8 月中旬，日本第一大、全球第二大的二手车交易商 Gulliver（概誉）集团在上海正式成立中国公司，至此，包括美翰、艾普在内的全球二手车商业巨子均已开始布局中国二手车市场，外资巨头的纷纷加盟让人们依稀看到了中国二手车市场希望的曙光。自 2000 年汽车产、销数量首次双双突破 200 万辆关口之后，仅仅用了 7 年，中国汽车产销数量就达到了 880 万辆的水平，新车市场的汹涌澎湃自然让人对二手车市场的巨大“钱景”浮想联翩，然而时至今日，中国二手车市场依然在低水平徘徊。什么原因导致中国二手车市场如此落后？外资巨头的到来能迅速带动中国二手车市场的发展吗？

信息不对称是二手车市场的死穴，旧车市场作为典型的信息不对称案例曾受到经济学家的关注，在二手车交易的过程中，卖方对于车况有完全的信息，而买方由于缺乏专业知识及检测工具而对车辆质量信息了解较少。通常的情况是，卖方为了卖个好价钱或者便于交易达成，多少都会隐瞒车辆的真实情况，在缺少监督或追溯成本过高的情况下，消费者买二手车更像是买彩票，全靠运气，因此市场交易成本非常之大。在这样的环境下，二手车市场怎能发展起来？信息不对称问题的解决要依靠那些声誉卓著的有长期利益诉求的第三方专业经纪公司，而中国作为新兴的汽车市场，目前二手车交易仍然集中于所谓“旧机动车交易市场”内，由众多小而分散的“黄牛”经纪公司完成。这些经纪公司大都实力不强，对二手车车况的了解及判断能力远远低于市场需要。更有甚者，本身就靠坑蒙拐骗混迹于二手车市场的部分经纪公司，信息不对称问题这个死穴因而依然没有解开，二手车市场自然难以发展。受中国汽车产业咨询网的委托，北京鸿锐新思管理咨询有限公司曾对消费者在二手车购买环节的关键影响因素做过一份问卷调查，问卷统计结果显示：“对二手车车况的准确评估”是消费者购买二手车时最关注的因素（有93%的受访者将该因素列为影响其购买行为的三大关键要素之一），其次是“透明合理的销售价格”（有83%的受访者将该因素列为影响其购买行为的三大关键要素之一），最后是“二手车车型”（有51%的受访者将该因素列为影响其购买行为的三大关键要素之一）。问卷调查结果从另一个侧面也显示了信息不对称问题对二手车市场发展的限制有多么严重。

资料来源：慧聪网汽车行业频道。

四、信息不完全的处理

在完全信息下，自由选择与效率是一致的。但是，在信息不完全时，自由选择可能导致市场无效。当自由选择与效率不相容时，政府能够在一定程度上维持市场机制的有效性。例如，政府强制性规定汽车保险，每个开车的人必须参加最低限额的责任保险，这样就可以避免因保费太高致使一部分人不愿购买，而出车祸概率较高的人倾向购买保险的逆向选择问题。

但是，政府干预并非总是有效的。例如，在对待道德风险时，政府往往和私人一样无能为力。搜集信息对于私人来说需要的代价很高，对政府来说也是如此。在许多情况下，由企业或市场处理不完全信息也可能有效。例如，虽然政府要求强制购买保险的计划会提高效率，但如果雇主能够把保险计划作为一揽子附加福利提供给他们的雇员，这样，保险公司就能够将费率建立在这些雇员的平均风险的基础上，同时，又确保所有的雇员一定参加保险计划，因此，排除了逆向选择。

市场可以发展出风险分享（risk sharing）的办法。诺贝尔经济学奖得主斯蒂格里茨用信贷配给模型对银行贷款总是有配额进行解释，而不是在给定的利率下要借多少就借多少，就充分地说明了这一点。

一般而言，不同的投资项目有不同的风险，因此，企业家比银行或投资者对项目所面临的风险要更清楚，假设甲、乙两位企业家各有一投资项目，初始投资额都是10 000元。假设甲的项目是万无一失的投资，一年后的收益为11 000元；乙的项目是风险投资，一年后的收益可能为9 900元，也可能为13 000元。两种结果的概率相同，这样，两个项目的期望收益率均为10%。假设银行只知道投资项目的平均期望收益率为10%，但不知道项目的风险程度。假设银行的资金成本为5%，贷款利率为8%，这时，两个项目都会借款。因为期望收益率都是10%，银行将从甲项目中收取利息800元，乙项目中收取利息 350 元，即 50%的可能性损失 100 元，50%的可能性收到 800 元，这时，银行的期望收益为 1 150 元，而资金成本为 1 000 元（20 000 × 5%），银行也愿意贷款。

假设银根紧缩，银行必须支付 8%的利息才能吸收到存款，如果现在贷款利率为 11%，显然，甲项目不再申请贷款，因为收益率只有 10%，但是，乙项目却仍然申请贷款，因为对乙企业家来说，如果投资成功，偿还贷款本息后还剩 1 900 元（13 000−11 100）；如果投资失败，则宣告破产，以 9 900 元偿债，净收益为 0（假设贷款没有抵押）。这时，乙企业家的期望报酬为 950 元（0.5 × 1 900+0.5 × 0）。所以乙企业家还是会向银行借钱。对银行而言，乙项目投资成功收回本息 11 100 元，投资失败只能收回 9 900 元，期望收益为 10 050 元，期望毛利率仅为 0.5%，但资金成本却为 8%，虽然银行不知道一个项目究竟是好是坏，但它知道在这种情况下，只有坏的项目才来借钱，因此，银行通常不能只靠利率来调节资金的供求，而是通过配额等方式来限制需求。值得注意的是，在这个不对称信息的交易中，不仅缺乏信息的一方会吃亏，掌握信息的一方也会吃亏。当资金成本上升到 8%时，银行就不会贷款了，银行与甲企业家都吃了亏。因为如果没有乙企业家的风险项目存在，银行会以 10%的利率给甲企业家贷款。这样，甲项目可以上马，其报酬正好抵付利息，而银行在这笔业务中也得到利润。因此，双方都有愿望弄清隐蔽信息。

第三节　非对称信息与激励机制

一、非对称信息与道德风险、逆向选择

道德风险是市场的一方不知道另一方行动的情形。例如，在现实生活中，风险的性质并非与保险双方无关，保险双方对风险的了解也并不一样。以汽车保险为例，汽车出事故的概率显然与开车人或者被保人有关，在完全保险条件下，任何事故损失都会完全得到赔偿，被保险人反倒会采取一些更冒险的行为。这样保险公司要么放弃保险，要么把全保的价格大大提高，以至于没有人愿意保险。被保险人因为有了保险而改变其行为的现象叫做道德风险。道德风险是市场的一方不知道另一方行动的情形所致，因为监督的成本太高，或者难以奏效，隐蔽行为的存在给交易带来效率的损失，这样，保险人一般提供非全额保险。

下面以汽车偷盗保险为例说明全额保险是无效率的，来分析保险的风险分享模型。假设一个风险规避的消费者在投保时拥有的财富为 W，如果汽车被盗，他将遭受损失 L。我们假定汽车被盗为第一种状态，汽车被盗的概率 π_1 是车主防范行动 a 的函数，车主选择安装防盗锁（行动 1）或不安装（行动 2）是隐蔽行为。令

$$\pi_1=\pi_1(a)=\begin{cases}\pi_{11}，\text{车主没有安装防盗锁车被盗的概率}\\ \pi_{12}，\text{车主安装防盗锁后车被盗的概率}\end{cases}$$

假定防盗加固锁的成本为 C，则

$$\pi_2=\pi_2(a)=\begin{cases}\pi_{21}，车主没有安装防盗锁车未被盗的概率\\ \pi_{22}，车主安装防盗锁后车未被盗的概率\end{cases}$$

根据定义，我们有 $\pi_{12}+\pi_{22}=1$ 及 $\pi_{11}+\pi_{21}=1$。令 S_i 为第 i 种状态（i=1，2）发生时投保人对保险公司的净支付（保险费减去赔偿费）。

保险公司为鼓励车主安装防盗锁，必须使车主安装防盗锁得到的预期效用 EU_1 大于或等于不安装防盗锁的预期效用 EU_2。

不安装防盗锁的预期效用为

$$EU_1=\pi_{11}U(W-S_1-L)+\pi_{21}U(W-S_2) \quad (13\text{-}1)$$

安装防盗锁的预期效用为

$$EU_2=\pi_{12}U(W-S_1-L)+\pi_{22}U(W-S_2)-C \quad (13\text{-}2)$$

必须满足

$$EU_2\geqslant EU_1$$

或者

$$\pi_{12}U(W-S_1-L)+\pi_{22}U(W-S_2)-C\geqslant\pi_{11}U(W-S_1-L)+\pi_{21}U(W-S_2) \quad (13\text{-}3)$$

如果保险公司提供的是全额保险，那么 $S_2=S_1+L$ 成立，即汽车没有被盗时投保人对保险公司的净支付（保险费）等于汽车被盗后投保人对保险公司的净支付（保险费减去赔偿费）加上投保人的损失。也就是说，损失发生后的投保人从保险公司得到的赔偿费（S_2-S_1）等于他遭受的损失 L。因此可得

$$\begin{aligned}EU_1&=\pi_{11}U(W-S_1-L)+\pi_{21}U(W-S_2)\\&=(\pi_{11}+\pi_{21})U(W-S_1-L)\\&=U(W-S_1-L)\end{aligned}$$

进一步可得

$$\begin{aligned}EU_2&=\pi_{12}U(W-S_1-L)+\pi_{22}U(W-S_2)-C\\&=(\pi_{11}+\pi_{21})U(W-S_1-L)-C\\&=U(W-S_1-L)-C\end{aligned}$$

显然，$EU_1>EU_2$，这是互相矛盾的。所以保险公司若提供全额保险，投保人将不愿意安装防盗锁。

但是，如果重新整理式（13-3），可得

$$(\pi_{12}-\pi_{11})U(W-S_1-L)+(\pi_{22}-\pi_{21})U(W-S_2)\geqslant C \quad (13\text{-}4)$$

在式（13-4）中，$\pi_{12}<\pi_{11}$，因为安装防盗锁后车主被盗概率会下降；同理，$\pi_{22}>\pi_{21}$，且 $\pi_{22}-\pi_{21}=(1-\pi_{12})-(1-\pi_{11})=\pi_{11}-\pi_{12}$，因此，可以得到

$$U(W-S_1-L)-U(W-S_2)\leqslant C/(\pi_{12}-\pi_{11})$$

因为 $C/(\pi_{12}-\pi_{11})<0$，安装防盗锁的一个必要条件是 $U(W-S_1-L)-U(W-S_2)<0$，又由于效用随财富的上升而单调上升，因此，$W-S_1-L<W-S_2$ 或 $S_2-S_1<L$。

这表明，要使投保人自愿安装防盗锁，那么损失发生后，保险公司对投保人的赔偿费应该小于由于汽车被盗所造成的损失，即保险公司提供的是非全额保险。

假设小食品店的食品加工器经常出故障时的损失是 200 元，如果妥善维护，食品加

工器故障率为 10%；若只使用不维护，则故障率高达 40%。维护成本每周为 40 元，小吃店的利润每周为 320 元。假设店主的效用函数为离散的：$U(80)=28$；$U(120)=45$；$U(170)=65$；$U(210)=81$；$U(240)=90$；$U(260)=94$；$U(270)=96$；$U(280)=97$；$U(300)=99$；$U(310)=99.5$；$U(320)=100$。

不难发现，在没有保险的情况下，店主会妥善保养机器。一家保险公司决定提供全额保险，公司的统计表明，食品加工器的故障率为 10%，所以期望赔偿额为 $0.1\times200=20$（元）。可以发现，只要保险费在 20~40 元，保险市场就应该存在。现在，使用机器的人都参加了保险。但是，在全保险时，由于存在道德风险，人们都不再维护机器了，机器的故障率不再是 10%，而是 40%。但如果为了使保险业务不亏本需要把保险费提高到 80 元，这时小店主就不会参加保险。所以可以推出新的方法，当故障发生时，投保人自己承担 100 元，余下的 100 元由保险公司赔偿，保费为 10 元。如果投保并妥善维护机器，小店主的期望效用为 92.9，投保但不维护机器的效用为 92.1，这时故障率为 10%，期望赔偿为 10 元，恰好等于保险费，保险市场得以恢复。

当交易一方掌握了另一方所不知道的信息，而价格不能反映决策所必需的信息时，缺乏信息的一方便无法做出买卖决定。这时，提高价格的作用留下了差顾客，赶走了好顾客，因而被称为逆向选择。例如，保险公司不知道每个人出事故的概率，只知道事故的平均概率。如果无法区分高风险与低风险的投保人，就无法对不同的投保人收取不同的保险费，因为高风险的人会冒充低风险的人。如果按照平均概率收费，对低风险的人太高，而对高风险的人太低，结果低风险的人退出市场，要求保险的都是高风险的人。

在逆向选择情况下，信号自我选择原理可以运用于筛选过程中。例如，委托人（雇主、经理）可以根据自我选择原则设计报酬计划，诱导代理人（雇员、下属）透漏各自信息，使之“对号入座”。以推销员的报酬制度为例。推销员的报酬往往与其实现的销售量成正比。如果销售量为 S，则报酬为 $A+BS$，其中，$A>0$，是一个月的固定工资，$0<B<1$，是推销员的佣金率。显然 B 越大，推销积极性越高，但 B 越大，雇主得到的份额就越小，因此，雇主会降低固定工资 A。在 A 比较小而 B 比较大时，推销员的报酬主要来自于佣金，他们所承担的风险较大，因为销售数量除了取决于推销员的努力程度外，还取决于一些不能控制的因素，如市场需求和产品质量等。对于家庭负担较重，无法经受收入波动风险者，不愿意选择这种报酬制度。如果企业不愿意雇佣那些只求稳定平安者，那么提高佣金率、降低固定工资正好可以排除这些人，而吸引那些为了高工资而拼命工作的人。于是，报酬制度设计达到了筛选的目的。

如果企业愿意同时雇佣两种类型者，那么就可以设计两套报酬制度$\{A_1, B_1\}$和$\{A_2, B_2\}$。报酬制度$\{A_1, B_1\}$的固定工资较高，而佣金率较低；报酬制度$\{A_2, B_2\}$的固定工资较低，而佣金率较高。面临这样的报酬制度，那些雄心勃勃、精力充沛、有把握使销售量超过 Q 的人就会选择第二套方案，那些精力不足、保守且只求平安的人就会选择第一套方案。这样激励制度就达到了筛选的目的，这种筛选是通过“对号入座”的自我选择来实现的，雇主无须了解每个雇员的特性。

相关链接 13-2　管理的最大问题是激励机制设计

管理的最大问题是激励机制设计。试想，如果一个员工做了一元的事情，马上就有一元的回报，那他就没有理由不做，他不做，其他人（来自内部或外部劳动力市场）也会做。但现实是，除了计件工资类企业，一般的企业中，工作成果是很容易混同的。

1. 仁慈薪酬

企业必须设计一种评估员工工作价值的办法。必须评估绩效（产出），这是员工的直接产出，这部分薪酬是绩效工资（pay for performance）。除此之外，员工还有些投入是无法马上显化为绩效产出的，所以企业还应该为员工的能力（工作投入）和岗位（工作过程）付薪，这两部分分别是能力薪酬（pay for competency）和岗位薪酬（pay for position）。另外，还有定向补偿员工损失的津贴（allowance）和普惠制的福利（benefit）。这些单元就组合成了企业的薪酬体系。每一个学者或人力资源曾经都对这套体系深信不疑。如果员工的绩效无法显化，那么，我们从其工作的投入和过程等角度来评估他们工作的价值，似乎是再合理不过了。员工不是个体户，如果企业让他们做一些没有办法马上产出绩效的事情，他们必须服从，但他们不可能无偿地做，所以企业给他们一笔固定的钱（能力薪酬和岗位薪酬）作为对价。可以说，企业为员工设置的岗位成为一个"风险投资机制"，在不敢100%确定员工的产出前，提前支付薪酬，预期的是未来，这也是奈特主张企业"降低不确定性"的效果。企业承担了风险，员工获得了稳定收入，当然，企业也获得了基于风险的回报。这样的游戏规则似乎很公平，企业因此也扮演了对于员工的一种"仁慈角色"。加之人性假设、领导力、塑造组织文化等管理趋势，都让我们把企业对于员工的仁慈看做理所当然。我们更愿意去支付一种"模糊的薪酬"，切断薪酬与员工产出之间的联系，转而用情感的逻辑告诉员工企业的"期待"，引导他们如海底捞一般疯狂服务，无限制地付出。甚至理论界也已经为这种逻辑加码，伟大的罗纳德·科斯超越了奈特，力证企业将员工放到内部形成了一种行政指挥的科层关系（hierarchy）是因为有效地降低了获得员工劳动力的交易成本，而不是为了降低不确定性（这是他获得诺贝尔经济学奖的主要贡献）。既然如此，企业一旦和员工建立情感和信任，更能有利于强化员工的服从（即降低交易成本），于是，我们有了太多对员工"仁慈"的理由。

2. 残酷薪酬

但现在，似乎有人不这么想了。2008年，一个土豪老板在听完人力资源管理课程后问："博士，为什么不能是那种模式——员工做一元的事，我给一元呢？市场交易，这样的游戏规则多清晰呀！"最初，我认为，这仅仅是不懂管理的表现罢了。分离员工的贡献本来就是一个几乎不可能完成的任务。因此，对于员工的风险投资，本来就是企业家才能的表现。况且，如果都是这种玩法，那谁不能当这个老板？于是，我尝试解释仁慈薪酬的逻辑。但是，土豪老板认死理："博士，您说得没错，但我给员工付工资，还是按照对于员工产出的估价。麻烦就麻烦在，这个估价经常变动，但薪酬不能随时动。另外，下面的人多、事多，我也估不准。所以，我想求教一种方法。"我依然回到了自己关于仁慈薪酬的老逻辑，建议他强化薪酬体系中的绩效薪酬单元，建立一种精准的绩效管理制度。当然，我不建议他取消其他薪酬单元，因为我预料到他建立的量化员工贡献的绩效管理制度可能不那么靠谱（这可能将他从风险的境地拉回来一些）。土豪认可我强化绩效薪酬的观点，但对于我不取消其他薪酬单元的建议不置可否。几年后的又一次见面，他坦诚自己在企业内推行的强化绩效薪酬改革失败，但却对我说了心声："既然我付出了薪酬，我需要的是结果，这样对于我们双方都是公平的，为什么要用我的真金白银来做那些伪善的事情呢？我对员工仁慈，谁对我仁慈呢？现在经营风险如此之大，企业倒闭了，他们拍拍屁股走人，倒霉的是我。"这番话对于我的冲击极大，让我时至今日还不时回味。最初的感觉是，民营企业的市场观念真强。果然是"不见兔子不撒鹰"的节奏。后来想想，他说的有什么错？市场交易的规则是道德的底线，而持续的底线是道德的最高标准。与其伪装善人，压榨员工的投入，为何不明明白白地"做生意"？似乎我们有了一些对员工"残酷"的理由，也许这才是真的"仁慈"。

3. 无限市场化

土豪的话逐渐赢得我的认同，另外的原因是这几年我在调研企业中看到的两个趋势。第一，我们传统认定的"员工贡献无法分离"似乎发生了变化。我们看到，一些企业似乎开始将企业内部打造为市场，海尔张瑞敏的自主经营体，稻盛和夫的阿米巴经营，澳洋顺昌的内部市场制……都是在做这些努力，这些模式将企业的贡献分解到员工。以海尔的自主经营体模式为例，这种模式提倡部门、员工之间以交易进行连接，一方向另一方提供半成品或服务都需要收取酬劳，实现了员工价值最大程度的显化。形象一点说，员工每天回到家中，核对自己的三张类似资产负债表、现金流量表和损益表的报表，就可以对自己的财务情况一目了然。员工被打造成了自主经营体，相当于一个"一人公司"。最初观察这种内部市场模式，我认为其只能在海尔等拥有一套标准化流程的成熟企业实施。因为这类企业内部管理的因果链条比较清晰，交易的上下游之间可以进行明确的议价，市场的绩效因此可以被反推到员工的环节，这样就形成了一个比较强劲的逻辑链条。但是，最近的一些观察却让我改变了判断。一些企业并没有基于标准化流程来定价，但他们的效果却一点都不差。一个我观察到的餐饮企业，利用外部常顾客和内部员工对员工的服务产出进行定价，换算成积分来管理，居然打造了"疯狂服务"。另一个我观察到的咨询企业（无边界协作是这类企业的特点），他们的老板坚决反对把市场绩效往员工层面反推，理由很简单，他们的员工并不成熟，与市场绩效之间并无强因果联系，大多时候是几名合伙人才起到关键作用。我建议他们进行管理层定价，大家将若干类任务罗列清单，测算工时，管理层再核定不同任务的价值，形成了一套"指导定价"。结果，激励的效果也不错。所以内部市场的价格并不一定是上下游"议"出来的，定价机制可以有其他选择。第二，市场变得越来越残酷，需要企业也变得残酷。可以说，新的竞争环境让企业更加如履薄冰。尤其是2013年作为移动互联网的元年，太多的传统企业都感受到冲击，互联网企业更感受到了机会。简单说，市场的迅速变化要求企业也具有高度的柔性，能够对接消费者快速变化的需求。于是，除了企业商业模式的变化，组织管理模式（主要是人力资源管理模式）也开始变化，柔性化成为主题。一方面，组织结构、业务流程、岗位系统全部被打乱，无边界协作似乎无处不在，某种程度上，员工似乎是用自己的行动来定义所在岗位的边界。换句话说，聪明人在一个岗位上做的事情可能值20 000元/月，但傻子在同样的岗位上做的事情可能仅仅值2 000元/月，还浪费了企业的机会成本！此时，你根据员工的岗位付薪，还会合理吗？另一方面，员工的岗位都无法确定，你能确定什么样的能力对于企业是有用的？况且，即使有的能力有用，在没有投入特定生产过程时，也没有任何意义。但在组织结构、业务流程、岗位系统全被打乱的情况下，你又怎么能确定这些能力能够被投入生产过程？此时，你根据员工的岗位付薪，还会合理吗？

资料来源：穆胜，管理的最大问题是激励机制设计. 销售与管理，2015，(11)：12-13

二、委托代理问题

当一个人为另一个人而工作，工作的成果既取决于投入的努力，又取决于不由主观意志决定的各种客观因素，且这两种情况对于委托人来说无法完全区分时，就会产生代理人的道德风险，这就是不完全信息下的“委托-代理问题”[①]。这时，首先一个最重要的问题是如何在委托人和代理人之间分担风险。

这一问题取决于委托人和代理人对待风险的相对态度，这可以分为三种情况：

第一，委托人是风险中性者（或偏好者），代理人是风险规避者。最优方案是代理人取得固定收入，委托人承担风险。

第二，委托人是风险规避者，代理人是风险中性者（或偏好者）。最优方案是代理人承担风险，委托人取得固定收入。

第三，双方都是风险规避者，均承担一定的风险，而且风险厌恶程度较小的一方承担较大风险。

一般而言，第一种情况是较为合理的。但是，这要求代理人不存在道德风险。

三、激励机制设计

激励机制要解决的问题是：如何让代理人努力工作，应该设计怎样一种报酬方案，或者说如何使报酬在一定程度上与产量相关。

首先，由于以完全信息为出发点有助于进行分析，我们考虑完全信息时的激励方案。

对委托人来说，激励机制要解决这样的问题：如何让代理人努力工作，就像为他自己工作一样。应该怎样设计一种给予报酬的方法，如果不管产量多少，都付给代理人相同的报酬，他会没有动力努力工作，适当的激励机制必须让报酬在一定程度上与产量相关，问题就在于这种相关性如何确定。这正是激励方案要解决的问题。

在激励模型中，令 X 为代理人付出的“努力”，Y 为产量，Y 并不唯一由 X 决定，但二者之间高度正相关，其函数关系为

$$Y=f(X)$$

---

① 与法律上的委托人和代理人概念不同，经济学中把拥有私人信息或者信息优势的一方称为代理人，把不拥有私人信息的一方叫做委托人。

委托人付给代理人的报酬为 S，为鼓励代理人的劳动积极性，S 必须与 Y 有关，二者的函数关系为

$$S=S(Y)=S[f(X)]$$

激励问题也可以用具体的数字来说明，如表 13-2 所示。

表 13-2　产量、报酬与成本

劳动 X	产量 Y	报酬 S	成本 C	失业救济 U_0
1	9	5	1	10
2	17	10	3	10
3	24	15	6	10
4	30	20	10	10
5	35	25	15	10
6	39	30	21	10

为简化分析，在表 13-2 中，我们不考虑产量（Y）、劳动（X）、成本（C）、失业救济（U_0）的衡量单位。第 1 列数字代表代理人付出的劳动或努力程度。第 2 列数字代表产量。产量 Y 和劳动 X 存在正相关关系，且边际产量递减。第 3 列数字代表报酬，假设委托人按劳动时间的多少支付一定数量的报酬，且劳动报酬随着产量的提高而增加。

委托人的目标是利润最大化，即令 $Y-S(Y)$ 极大化，那么，如何设计激励机制呢？这需要从代理人的角度来思考这个问题。首先，代理人付出劳动或努力是需要成本的（如花费时间、体力和脑力等），成本与付出的劳动正相关，并且随着付出劳动的上升，边际成本是递增的，成本 C 与劳动 X 的函数关系为

$$C=C(X)$$

在表 13-2 中，第 4 列数字代表成本。可以看出，随着劳动时间的增加（努力程度上升），成本也随之上升，并且后者上升的速度更快。

对于代理人来说，从工作中得到的净收益必须大于不工作所能得到的收益 U_0，他才愿意提供劳动，即

$$S[f(X)]-C(X)\geqslant U_0$$

如果不工作能领取失业救济金，那么失业救济金就构成了不工作也能得到的收益 U_0。第 5 列数字代表失业救济。我们假定在任何情况下，代理人如果不参加劳动也可以得到 10 的失业救济，因此，表 13-2 中 10 的失业救济是一个固定不变的数目，被称作“保留收益”，若报酬低于这一约束水平，代理人根本不会工作。也就是说，代理人得到的报酬减去成本之后必须大于或等于失业救济，否则代理人宁愿去领取失业救济也不愿意参加劳动。

理性的委托人会设计出一种激励机制，使代理人刚好愿意参加工作，即等式成立：$S[f(X)]-C(X)=U_0$，或者 $S[f(X)]=C(X)+U_0$。这被称为“参与约束”。当参与约束满足后，委托人的利润极大化就是使 $f(X)-C(X)-U_0$ 极大化。

我们不难发现，最优解 X^* 应该满足边际收益等于边际成本的条件，即在代理人已经付出 X^* 水平劳动的情况下，再增加一点“努力”所带来的增加产量与增加的劳动成本相等。从表 13-2 中可以发现，最优劳动时间 X^* 是 4 单位。

这一结论可以通过几何方式进行描述，可以在图 13-4 中分别画出 $f(X)$ 曲线和 $C(X)$ 曲线，委托人利润极大化就出现在 $f(X)$ 曲线和 $C(X)$ 曲线之间垂直距离最大的时候，此时，两条曲线的斜率相同。这一性质的经济含义就是：代理人努力的边际产量等于努力的边际成本。在图 13-4 中，X^*就是使委托人利润极大化时代理人所需付出的努力水平，即 $MP(X^*)=MC(X^*)$。同时，按照代理人的参与约束，委托人愿付给代理人的报酬的上限为

$$S[f(X^*)]=C(X^*)+U_0$$

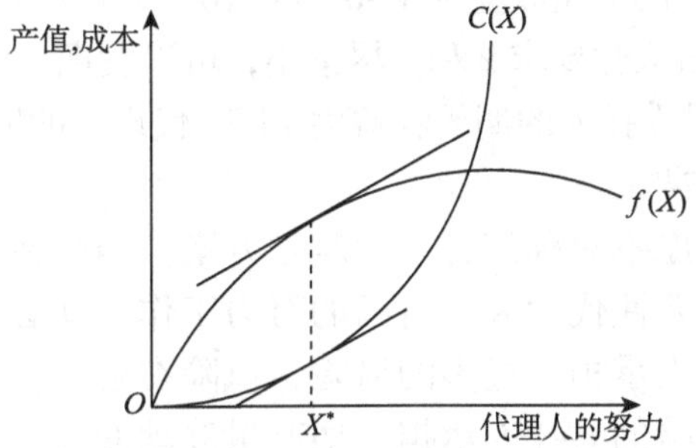

图 13-4 委托–代理机制

这说明，代理人参与劳动得到的报酬正好等于劳动的成本加上不劳动得到的救济，他将愿意为委托人工作。也就是说，在代理人付出 4 单位劳动的情况下，委托人支付给代理人的报酬为 20 单位，正好等于 10 单位成本加上 10 单位失业救济。

至此，我们解决了吸引代理人参与到工作中的问题。但是，参与工作的代理人还不一定愿意付出 X^*的努力水平，他可能参加了工作却又偷懒，而委托人又无法直接观察到他付出的真实劳动，因为产量还取决于其他因素。于是，委托人必须使激励机制的设计能诱使代理人不偷懒，即让代理人努力工作得到的净收益大于偷懒得到的净收益。这样的激励机制必须满足

$$S[f(X^*)]-C(X^*)\geqslant S[f(X)]-C(X)$$

该式对一切 X 的取值都成立。从表 13-2 中可以发现，如果代理人的劳动时间小于最优劳动时间 4 单位，那么他得到的净收益将减少。例如，代理人劳动 3 单位，报酬为 15 单位，减去成本 6 单位，净收益为 9 单位，这要小于劳动的净收益 10 单位。这一约束式被称为"激励相容约束"，它使代理人付出 X^*努力水平时得到的净收益最大。这样，从他本身收益出发，他也不会选择偷懒。又如，假设委托人委托代理人做生意。代理人有两种选择，即努力工作或不努力工作，分别记为 $e=1$ 和 $e=0$，生意的收益可能是 10，也可能是 20。如果代理人努力工作，那么收益为 10 的概率是 0.25，收益为 20 的概率是 0.75；如果代理人不努力工作，那么收益低的概率是 0.75，收益高的概率是 0.25。显然，代理人的投入能够影响收益，但二者之间的关系是不确定的，特别是委托人无法从所观察到的收益中确定无误地推断代理人的努力程度。委托人是风险中性的，其目标函数是最大化净收益，$V=E(R-W)$，其中 R 表示收益，W 表示支付给代理人的报酬。委托人是风险回避者，努力是有成本的，效用函数为 $U(W,e)=W^{1/2}-e^2$，委托人希望代理人努力工作，但无法观察 e，合同只能建立在可观察变量 R 上。合同规定：如果 R 为 10，代理人

的报酬为 x；如果 R 为 20，代理人的报酬为 y。这时，如果代理人努力工作，期望效用为 $U(e=1)=0.25\times(x^{1/2}-1)+0.75\times(y^{1/2}-1)$；如果代理人不努力工作，期望效用为 $U(e=0)=0.75\times(x^{1/2}-0)+0.25\times(y^{1/2}-0)$。要使代理人努力工作，必须使 $U(e=1)\geqslant U(e=0)$，所以 $0.25\times(x^{1/2}-1)+0.75\times(y^{1/2}-1)\geqslant 0.75\times(x^{1/2}-0)+0.25\times(y^{1/2}-0)$，得到 $x^{1/2}-y^{1/2}+2\leqslant 0$，这就是所谓的激励相容约束。假设代理人不做事、不拿工资，其效用水平为 $U(W, e)=0$，所以报酬 x 和 y 必须满足 $U(e=1)\geqslant 0$，$U(e=0)\geqslant 0$，这就是所谓个人理性约束，可以得到 $3x^{1/2}+y^{1/2}\geqslant 0$。显然，任何非负的 x 和 y 都满足个人理性约束，而满足激励相容约束的 x 和 y 也存在。当代理人努力工作时委托人的期望收益为 $V=0.25\times(10-x)+0.75\times(20-y)=17.5-0.25x-0.75y$，因此，委托人的期望收益最大化要求 x 和 y 尽量小，可以发现，使 V 最大的是 $x=0$ 和 $y=4$，这就是最优激励方案。这时委托人的期望收益为 14.5，代理人的期望效用为 $U(e=1)=0.25\times(0-1)+0.75\times(4-1)=1/2$①。

放松完全信息假设考虑不对称信息时的激励方案。当存在不对称信息时，激励机制会面临一种两难的困境：要使代理人尽自己的努力工作，就必须让报酬与产出相联系，这样就让厌恶风险的代理人承担了过多的风险，风险在委托人与代理人之间的分配是低效的；而如果相对偏好风险的委托人承担一切产量波动的风险，那么代理人又没有动力努力工作，并且委托人无法及时、完全地发现代理人的偷懒行为或监督成本很高，生产将是低效率的。就像存在道德风险的保险市场最后找到了一个次优的解决方案一样，劳动市场也找到了折中的激励机制——分成制。

分成制是一种常见的存在于农业生产中的激励机制，农民和地主按照一定比例从产量中获得报酬。这种报酬方式可以分为两部分：一部分是固定的收入 F，另一部分是产值的一个比例 α，即

$$S=F+\alpha f(X)$$

其中，

$$0<\alpha<1$$

在充分信息的条件下，分成制并不是一种有效的分配方式。从代理人的角度来说，希望自己的净收益极大化，即

$$\max F+\alpha f(X)-C(X)$$

由于 F 是固定的，上式可简化为

$$\max \alpha f(X)-C(X)$$

而委托人利润极大化的动机则要求

$$\max f(X)-S$$

参与约束要求 $S-C(X)\geqslant U$，代入上式可得

$$\max f(X)-C(X)-U$$

由于 U 是固定的，这等价于

$$\max f(X)-C(X)$$

① 这时也可以对信息成本进行说明。在完全信息时，如果 $e=0$，$W=0$；如果 $e=1$，$W=1$，代理人总是会努力工作的，代理人所付报酬为 1。在不对称信息时，代理人支付的期望报酬是 $0.25\times 0+0.75\times 4=3$，二者的差额是激励成本或信息成本。

通过比较不难发现，由于 $\alpha\neq1$，代理人和委托人的目标显然是不相容的。虽然委托人达到利润极大化的条件是边际产值等于边际成本，即 MP（X^*）=MC（X^*），但是，这一 X^*值所代表的努力水平却不能给代理人带来净收益极大化。因为在代理人多付出一分努力带来的边际产值 MP（X）中，他只能得到其中的一部分 αMP（X）。所以代理人达到净收益极大化的边际条件是

$$\alpha\text{MP}(X')=\text{MC}(X')$$

其中，X'表示代理人达到净收益极大化时所付出的努力水平。显然，$X'\neq X^*$。事实上，当 $\alpha<1$ 时，$X'<X^*$，这可以用几何方式加以描述。在图 13-5 中，αMP（X）曲线总是位于 MP（X）曲线下方，因此，代理人的最佳努力水平要小于委托人希望的最佳努力水平。所以双方的极大化动机是不相容的。由于 α 这个参数的存在，代理人做出的选择 X 对委托人来说还未达到最佳水平，即实际产量低于利润极大化时的最优产量。因此，在完全信息时，分成制并不是一种有效的激励机制。

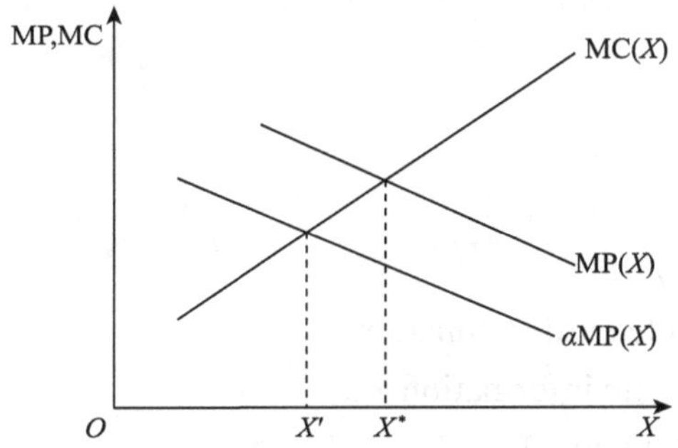

图 13-5　分成制

然而，在不对称信息的情况下，分成制却是一种良好的折中方案。代理人的报酬与产出直接相关，但产量波动的风险分摊在委托人和代理人双方面。分成制一般让代理人在任何情况下都至少有一笔固定收入 F，这是委托人向代理人提供的某种形式的“收入保险”。由于这部分固定收入只占全部报酬的一部分，它实际上是非全额保险。由于假定委托人一般是风险中立者或偏好者，而代理人是风险规避者，风险规避者从风险中立者（或偏好者）那里购买一定量的保险而转移风险，双方的处境都会改善。于是，在激励机制中，就应该由风险中立（或偏好）的委托人向风险规避的代理人提供保险——表现为部分固定收入。如果代理人也是风险中立者，甚至风险偏好者，那么激励机制中就不需要固定报酬部分了。

就像保险市场上全额保险也会引致道德风险一样，激励机制中的全额保险也会鼓励偷懒（代理人的道德风险）。因此，激励机制中必须有一部分报酬随着劳动的结果——产量的波动而波动。对代理人来说，要取得高收入就必须创造高产量。虽然产量高低不完全受其本人控制，但至少努力工作取得高产量的可能性要比偷懒取得高产量的可能性大得多。因此，在分成制下，代理人仍会自愿努力工作，即使他创造的每一元产值都要在自己和委托人之间进行分配。总之，存在不对称信息时，因为代理人可以获取一笔固定收入，相当于委托人向代理人提供一种非全额保险，在委托人是风险中性者（或偏好者）、

代理人是风险规避者时，双方的处境都会得到改善。

➢本章提要

在不确定环境中，人们的资产选择要考虑风险因素。个人对于风险的态度有三种，具体取决于财富变动对边际效用的影响。由于边际效用递减，一般情况下人们属于风险规避者。

现实生活中的信息是不完全或不对称的，因为获取信息需要成本，不完全信息会带来“道德风险”和“逆向选择”，从而对市场均衡造成影响。在信息不完全时，人们的选择并不是最优选择，而只能是一种“次佳”选择。这时，激励机制既能提供激励，也能分担风险。

➢关键概念

风险偏好（risk lover）
预期效用函数（expected utility function）
不完全信息（asymmetric information）
信息成本 （information cost）
道德风险 （moral hazard）
逆向选择 （adverse selection）
委托-代理问题（principal-agent problem）

➢复习思考题

1. 判断正误。

（1）无论人们的风险偏好如何，都会参加某些赌博，而不参加另一些赌博。

（2）投资于风险资产的人都是风险偏好者。

（3）寻找性物品的广告通常是试图说服顾客购买该物品。

（4）信息经济学研究与不对称信息有关的经济行为及其相应的机制设计问题，同完全竞争模型一样，它建立在一系列严格的假设前提上。

（5）如果买者无法评估二手车的质量，也没有质量保证书，那么，只有质量较好的二手车才会被售出。

（6）由于私人信息的存在会导致道德风险和逆向选择问题。

（7）保险就是对风险下赌注。

（8）交通罚单属于做记号的例子。

（9）旧货市场上物品的价格会低于相应的新商品的市场价格原因在于旧货市场的逆向选择。

（10）当拥有私人信息的合同一方达成使自己能够获取更多利益，而另一方获取利益较少的协定时，往往会出现逆向选择问题。

2. 假定一个拳击手的效用函数为$U(C)=C^{\frac{1}{2}}$，他与代理人签订一个合同：出场一次可以得到 100 万元报酬，如果严重受伤，不能比赛，那只能得到 4 万元，严重受伤的概率是 10%。试问：

（1）他的预期效用值是多少？

（2）如果他支付 P 作为保险金，当他受伤时保险公司补偿他的收入为 100 万元，他最多愿意支付多少保险金？

3. 从经济学角度说明信息的价格是如何确定的？

4. 什么是“委托–代理问题”，其产生的根源是什么？

5. 什么是市场信号，其是如何产生的？常见的市场信号有哪些？

6. 为什么高档产品的生产者不愿意在地摊上出售他们的产品？如果真正高价值、高质量产品在地摊上出售，会有怎样的遭遇？

7. 假设工人的产量 X 与劳动成本 C 之间的函数关系为 $C(X)=X^2/2$，产品的单位价格为 1，工人不工作或在别处工作所得到的效用为 0。在完全信息下，最优激励机制为 $S(X)=WX+K$ 如何设计？如果工人不工作或在别处工作所得到的效用为 1 呢？

8. 有些专家论证说，某些居民大量丢失自行车，是因为自行车盗窃者把盗窃来的自行车转手在旧车交易市场上卖掉，所以建议取缔城市所有的旧车交易市场。请给出一个支持该观点的论据，给出一个反对该观点的论据。

9. 举例说明委托人、代理人对待风险的态度如何决定风险的配置。

10. 利用信息经济学的相关理论解释新股发行低定价现象。

11. 从信息经济学的角度分析连锁经营的好处。

12. “我理解所有做记号的做法，但这似乎不太公平。最好的人应该得到最好的工作并过上最好的生活，即使他并不具有最好的记号。”请据此对信号所发挥的作用与利用信号的效率进行评价。

➢扩展性阅读资料

范里安 H R. 2006. 微观经济学：现代观点. 第六版. 费方域，等译. 上海：上海三联书店，上海人民出版社

黄亚钧. 2005. 微观经济学. 第二版. 北京：高等教育出版社

张维迎. 2006. 博弈论与信息经济学. 第六版. 上海：上海三联书店，上海人民出版社

周惠中. 2003. 微观经济学. 上海：上海人民出版社

第十四章

市场失灵与外部性

根据前面的分析，在完全竞争的市场结构中，可以通过价格机制的调节，达到资源配置的帕累托最优状态。然而，市场经济并不总是完美的，它也有许多缺陷，市场也会出现失灵。所谓市场失灵（market failure）是指通过市场机制配置资源达不到帕累托最优状态。市场失灵主要表现为外部性、公共物品、不完全信息与不对称信息及垄断等。其中，外部性的存在是市场失灵的重要表现，在前文中，我们已经分析过垄断、不完全信息与不对称信息，本章主要分析由外部性引起的市场失灵。

第一节　外部性问题

所谓外部性也称“外部经济”（externalities），是指一个行为主体的行为没有通过价格而给另一个行为主体带来成本或收益的经济现象。最早系统地研究外部性问题的经济学家是 20 世纪初的英国经济学家庇古。按照萨缪尔森的说法：“当生产或消费对其他人产生附带的成本或收益时，外部经济效果便发生了；也就是说，成本或效益被加于其他人身上，然而施加这种影响的人却没有为此而付出代价或为此而获得报酬。更为确切地说，外部经济效果是一个经济主体的行为对另一个经济主体的福利所产生的效果，而这种效果并没有从货币或市场交易中反映出来。”

1. 外部性的产生

在有些场合，一些人的经济活动，如消费和生产某些产品，会给不从事这种活动的另一些人带来收益或损失，那些得到收益者无须付费，而蒙受损失的人也无法得到补偿，外部经济也就产生了。按照外部性结果的不同，可以将其划分为正外部性和负外部性。如果一些人的经济活动给不从事这种活动的另一些人带来收益，而那些得到收益的人无须付费，这种外部性称为正外部性；如果一些人的经济活动给不从事这种活动的另一些人带来损失，却没有为此承担成本，这种外部性称为负外部性。

现实生活中有许多正外部性的例子。例如，在没有专利制度保护时，厂商发明了一种新药，它通过市场价格收费，却只能得到新药创造的利益的很小一部分；养蜂人在生产蜂蜜的过程中帮助了周围的果树传授花粉，而果园主人在种植果树时为蜜蜂提供了产出蜂蜜的原料，这时候出现相互外部性；受过高等教育的人会对他人和社会产生有益的影响。上述这些经济活动往往未能通过市场方式得到足够的补偿，因而体现了外部性。

现实生活中也有许多负外部性的例子。例如，在一条河流的上游，一家造纸厂在生产过程中向河流中排放了废水等污染物，而给下游的渔民造成了损害，造纸厂并没有给受害的渔民以应有的赔偿；一些人在公众场合抽烟、扔垃圾影响了他人的健康，但他们并没有因此而向受害者支付任何形式的补偿费；等等。

外部性可以在生产者之间、消费者之间或消费者和生产者之间产生。按照影响领域，外部性又可以分为生产的外部性和消费的外部性。当一个生产者从事的经济活动对他人产生了有利或不利的影响，而自己却不能从中得到报酬或支付成本时，就是生产的外部性。当一个消费者从事的经济活动对他人产生了有利或不利的影响，而自己却不能从中得到报酬或支付成本时，就是消费的外部性。

由前文可知，在市场经济中，资源配置是通过价格机制来实施的。通过价格信号，市场可以有效地调节生产与消费，从而实现稀缺资源的有效配置。

然而，这种资源配置的帕累托最优状态是在经济活动不存在外部性的假设前提下达到的，即在市场价格能够全面而真实地反映经济活动的收益和成本时达到的。当经济活动存在外部性时，意味着某种收益或成本没有反映在市场价格当中，从而导致价格扭曲，使市场机制对资源的配置缺乏效率。

为了进一步说明这一点，需要进一步分析外部成本、外部收益及其经济效应。

2. 外部成本

由于外部成本并不反映在市场价格中，因此，它会成为经济无效率的一个原因。例如，图 14-1（a）显示了造纸厂在完全竞争市场中的生产决策，图 14-1（b）为假设所有造纸厂都产生相似的外部性时的市场供求曲线。同时假设造纸厂的生产函数是固定比例的，因此，造纸厂不能改变它的投入比例，要减少污水只能降低产出。下面我们分两步来分析外部成本的性质：首先分析只有一家造纸厂产生污染的情况，其次分析所有造纸厂都以同样的方式产生污染的情况。

假设纸的价格为 P_1，即图 14-1 中供给曲线和需求曲线的交点。图 14-1（a）中的 MC 曲线表示一家造纸厂的边际生产成本，也称为该厂商的边际私人成本（marginal private cost，MPC）。该厂商处于完全竞争的市场之中，因此，是既定的市场价格 P_1 的接受者。该造纸厂在生产的产出为 q_1 时达到利润的最大化，此时边际私人成本等于价格，即边际收益。但是，伴随着每一单位的产量，都会有倒入河流中的污水，因此，对下游的渔民产生了边际外部成本（marginal external cost，MEC），如图 14-1（a）中的 MEC 曲线。由于随着厂商产出的增加及向河流中排放的污水增加，造纸厂对渔业的危害是不断增大的，因此，对于大多数形式的污染来说，这条曲线是向右上方倾斜的。从整个社会的角度来看，该厂商的边际成本应该是其内部成本加上外部成本，即边际社会成本（marginal social cost，MSC），因此，MSC=MC+MEC。边际社会成本曲线 MSC 与价格线在产出为 q^* 处相交。

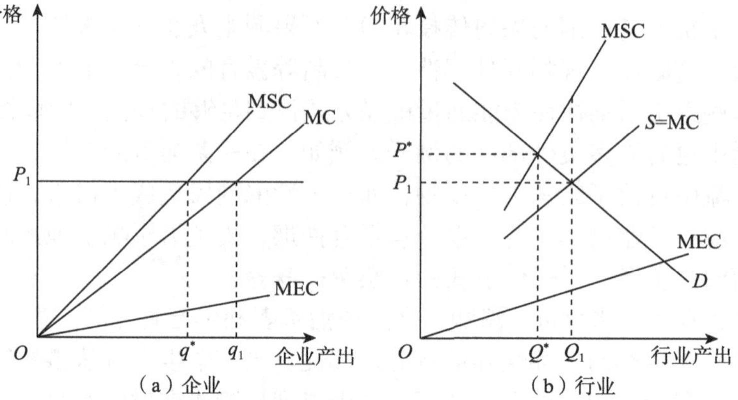

图 14-1　外部成本

如果不承担污染的外部成本，该厂商的产出是q_1，为边际私人成本曲线与价格线的交点。而符合社会最优的产出水平应当是q^*，因为在q^*的产出水平上边际社会成本与价格线相交。所以在q^*的产出水平上，该厂商承担了污染的社会成本。由于q^*小于q_1，因此，对于整个社会来说，该厂商生产的产出q_1太多，造成了严重的污染。

接下来考虑所有的造纸厂都把污水排入河流中会发生什么。在图 14-1（b）中，MC 曲线是该行业的供给曲线。与行业的产出相关的边际外部成本 MEC 是把每个渔民在每种产出水平下受害的边际成本相加得到的。MSC 曲线代表该行业所有造纸厂的边际成本和边际外部成本的总和，即 MSC=MC+MEC。

当存在外部经济时，行业的产出是否是有效率的呢？如图 14-1（b）所示，有效的行业产出水平是额外一单位产出的边际收益等于边际社会成本的产出水平。由于需求曲线衡量了消费者的边际收益，有效产出为Q^*，即边际社会成本曲线 MSC 与需求曲线 D 的交点处所决定的产出。然而，该行业的竞争性产出是Q_1，为需求曲线 D 和供给曲线 S 的交点处所决定的产出。显然，行业的产出水平太高了。

在这个例子中，每单位产出都导致了某些污染的产生。因此，无论我们是看一家厂商的污染还是整个产业的污染，经济效率都显示生产过多，因为它导致了太多的污水倒入河流中。无效率的来源是产品不正确的定价。图 14-1（b）中的价格P_1太低了，它只反映了厂商的边际私人生产成本，而不是边际社会生产成本。在图 14-1（b）中，只有在较高的价格P^*上，造纸厂的产出水平Q^*才是有效率的。

外部成本既导致了短期的无效率，也导致了长期的无效率。根据前文我们看到，当产品的价格高于生产的平均成本时，厂商就进入一个竞争性行业，而当价格低于平均成本时，厂商就退出该行业。在长期均衡中，价格等于（长期）平均成本。但是，当存在负的外部性时，平均私人生产成本低于平均社会成本。结果从社会成本来看，当某些厂商离开该行业才有效率时，这些厂商却仍然留在行业内。

相关链接 14-1　广州企业污染河水致鱼大量死亡　肇事企业被关闭

2008 年 9 月，广州流溪河、巴江河接连发生死鱼事件。据报道，两起事件的原因均已查明，肇事企业已被取缔关闭和责令停业整顿，并面临严厉处罚。

2008 年 9 月 7 日夜晚到 8 日上午，流溪河白云区段出现大量死鱼。调查发现，肇事原因是花都区一家名为恒昌油脂化工厂的小化工企业于 9 月 7 日当天在处理火灾事故过程中，将化工原料烷基苯磺酸钠冲入附近水渠并流入流溪河。据专家介绍，烷基苯磺酸钠溶液对人体没有毒害，但可以堵塞鱼鳃，导致鱼类窒息死亡。环保监测部门监测结果显示，流域内 8 个自来水水厂水质没有受到影响。

2008 年 9 月 24 日上午，广州市环境保护局又接到举报，称巴江河赤坭镇段又发现死鱼。经现场勘查，死鱼分布河段长约 3 千米，以鱼苗为主，数量约 150 千克。根据对本次死鱼特征分析，缺氧致死的特征明显，排除中毒致死因素。

经过排查，环境保护局执法人员发现，位于花都区赤坭镇在四清涌上游距离巴江河约 1 千米处 1 家名为广州锦盈建材有限公司的陶瓷企业，因污水处理设施故障又未采取迅速有效措施，导致含泥污水排入四清涌并流入巴江河，正是这些含泥污水造成了巴江河水缺氧。

监测还表明，死鱼地点周边与佛山三水交界的九曲河段、与清远交界的国泰河段的水质均达到国家三类水标准，水源水质安全。

资料来源：杜娟. 企业乱“排毒”鱼类窒息死. 广州日报，2008-10-04

3. 外部收益

由于外部收益并不反映在市场价格中，因此，它们导致某种商品生产的太少。例如，假定某个居民在自己的住宅周围种树，可以美化环境，他种植的树木越多，给周围邻居带来的外部收益也就越多。在图 14-2 中，横轴表示该居民种植的树木数量，MC 表示居民种植树木的边际成本，假定其固定不变，不受种植量的影响，因此，在图 14-2 中 MC 是一条水平线。需求曲线 D 衡量种植树木对居民的边际私人收益（marginal private benefit，MPB），表示种树给居民本人带来的边际收益。在图 14-2 中，边际私人收益曲线是向右下方倾斜的，因为在种植量小的时候边际收益大，但随着种植的树木增加，边际收益会出现递减的趋势。居民将选择在他的需求曲线与边际成本曲线的交点处决定种树的最优水平，此时市场均衡价格为 P_1，均衡种植量为 q_1。但是从整个社会的角度来看，这一均衡并非最优。

图 14-2 还显示了种树的边际外部收益（marginal external benefit，MEB），即这个居民种树给其邻居带来的边际收益，MEB 曲线向右下方倾斜，表示边际外部收益递减。将每个种植量上的边际私人收益和边际外部收益相加，即可得到边际社会收益（marginal social benefit，MSB）曲线。这样，社会最优的种植量应该是边际社会收益曲线 MSB 和边际成本曲线 MC 的交点处决定的产量 q^*，此时，增加种植的边际社会收益等于种植的边际成本。居民由于没有得到他对种植所有树木投资的补偿，就出现了无效率。结果价格 P_1 太高，不能鼓励他对种植树木的投资达到社会理想的水平。要鼓励达到有效率的供

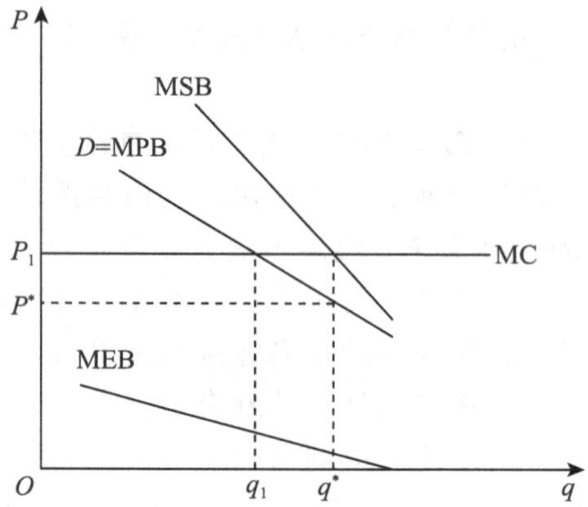

图 14-2 外部收益

给水平 q^*，就需要较低的价格 P^*。

●专栏 14-1 外部性理论的新进展

最早对“外部性”问题进行研究的是剑桥学派的两位奠基者西奇威克（Henry Sidgrwick）和马歇尔。尤其是后者，在 1890 年首创了“外部经济”和“内部经济”这一对概念。到 20 世纪 20 年代，庇古出版了《福利经济学》，补充了“内部不经济”“外部不经济”这一对概念。1928 年，阿温·杨（A. Young）在著名论文《收益递增与经济进步》中系统地阐述了动态的外部经济思想。

目前，从外部性理论研究趋势来看，外部性理论逐渐与现代经济学的其他理论相结合并不断向其他学科渗透。现代经济学中的公共选择理论、寻租理论、委托–代理理论、博弈理论、边际分析、均衡分析、制度分析等理论和方法都在以外部性研究为基础与核心的环境经济学科的研究与发展中得到了广泛应用，一些与之有关的研究成果也陆续涌现。20 世纪 90 年代以来，对外部性理论及环境经济学交叉性及跨学科研究的特征也越加明显，它与微观经济学、福利经济学、制度经济学、生态经济学、资源经济学、能源经济学、人口经济学、发展经济学等学科的相关性越来越强。不仅如此，外部性理论研究还越来越体现出与历史学、文学、哲学、社会学等其他社会科学相融合的寻求人文关怀的学术特征。

此外，随着世界经济发展中的外部性问题的凸现，特别是环境外部性问题的日益严重，西方经济学家从新的视角形成了对环境外部性理论的解释。

第一，用不可分割性来解释环境外部性。奥尔森从“集体行动”问题入手，通过研究认为，任何个人都不可能排他性地消费公共产品，即“外部性具有不可分割性”，由于大部分环境因子和自然资源都具有公共物品的性质，在公共物品的使用中会产生“搭便车”行为，即免费享用公共物品而不付费，使供给方无法获得其优化配置生产的收益指标，而需求者又不愿意真实表达自己对公共物品的主观需求，使生产者的需求曲线无法确定，从而形成外部性。

第二，用非竞争性来解释环境外部性。认为环境属于公共物品，而公共物品的主要特征是非竞争性，这就意味着某一个人对物品的消费不妨碍别人对该物品的消费，因此，环境污染和资源耗竭等问题形成的根源在于环境的非竞争性。治理这种由非竞争性而导致的环境问题时需要从两方面入手：一是完善市场体系，在公共环境资源使用中引入市场机制，通过完善市场机制使外部效应内部化来治理外部性；二是强调环境管制的作用，主张环境管制者要通过加大投入力度来改善环境质量。

第三，用时空转移来解释环境外部性。认为外部性在时间和空间上是可以转移的，环境外部性的风险可以在空间上转移到其他地点，在时间上转移到下一代，形成环境损害的代际转移，这样当代人生产活动的负效应要由未来人口承担。时空转移的原因在于经济活动的分散性，各代人出于对自身利益的考虑，将环境风险转移给下一代，形成环境风险的时间转移。而不同区域的人出于对区域利益的考虑，将环境风险转移给了其他地区，形成了环境风险的空间转移。最典型的例子就是人类对不可再生资源的消耗，由于这类资源具有不可替代性，一旦发生枯竭或产量下降，而替代资源又未能发展起来，人类社会将面临巨大的资源危机。

第四，用市场失灵和政府失灵来解释外部性。外部性问题的提出是和历史上对于市场失灵及政府作用的争论联系在一起的，即认为外部性是市场失灵和政府失灵造成的。从市场失灵来看，是由于市场机制不完全，市场机制扭曲等原因引起市场失灵，从而形成外部性。从政府失灵的解释来看，是政府未干预、政府政策失灵、政府干预政策的低效率或高成本引起政府失灵的，从而形成生态环境破坏的外部性。

资料来源：张培刚，张建华，方齐云. 简论现代微观经济学的新进展. 当代财经，1998，（1）：18-24

第二节　外部性的校正方案

既然外部性导致了无效率，那么这种无效率怎样才能得到纠正？我们可以通过税收手段、排污标准和可转让许可证这三种方法校正外部性。

1. 税收手段

税收手段是指政府向制造污染的企业征收排污税。税收方案是由英国经济学家庇古首先提出来的。庇古认为，如果要达到社会总福利的极大化，任何经济活动的边际社会收益与边际社会成本必须相等。因此，在存在外部经济的情况下，政府应该对带来外部成本的当事人征税，税额等于边际外部成本。

以前述造纸厂为例。为简化分析，假设造纸厂的边际成本是固定不变的，即在图 14-3 中 MC 为一条水平线。MEC 表示边际外部成本曲线，MSC 表示边际社会成本曲线，MC 与 MSC 曲线的垂直距离便是边际外部成本，A 点表示完全竞争的均衡产出水平。但是，从整个社会来说，由于外部成本的存在，A 点的产量（$Q>Q^*$）过多，造成了太多的污染，因此，政府应该对造纸厂征收污染税。假设税收额为 T，它等于社会最优产量 Q^* 下的边际外部成本，即 $T=E-B$。结果，外部成本就转化为企业的内部成本，企业的供给曲线由 MC 上升到 MC+T（即图 14-1 中的 P^*），因此，市场均衡将达到帕累托最优点 E。

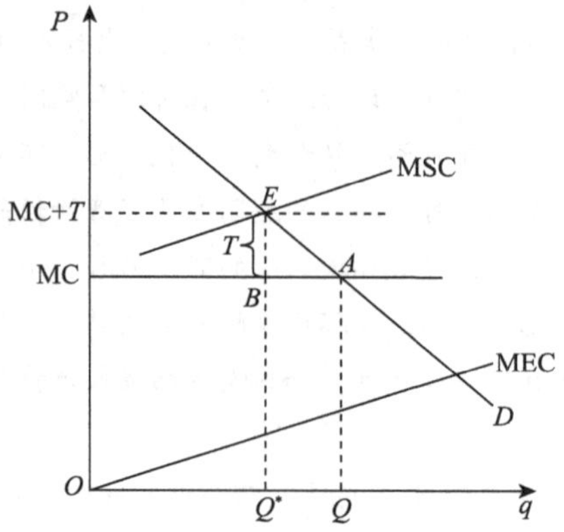

图 14-3 对外部成本征税

对于产生正外部性的经济活动，政府可以给予补贴以鼓励生产或消费。例如，在上面外部收益的例子中，政府可以通过给予补贴的办法来鼓励居民在自己的住宅周围养花种树从而美化环境。在图 14-4 中，如果没有补贴，居民养花种树时不会考虑外部收益，因此均衡点是 A 点。显然 A 点的种植水平 q_1 要低于边际社会收益和边际成本决定的最优种植水平 q^*。政府为了鼓励居民养花种树美化环境，应该将图 14-2 中的价格由 P_1 降低至 P^*，而这可以通过对消费者每一单位的种植量给予补贴额 T 来实现。T 是最优种植量 q^* 下的边际收益，即 $T=E-B$。结果，居民美化环境的边际成本下降了，外部收益转化为居民的内部收益，因此，花木的种植量将达到帕累托最优水平 q^*。

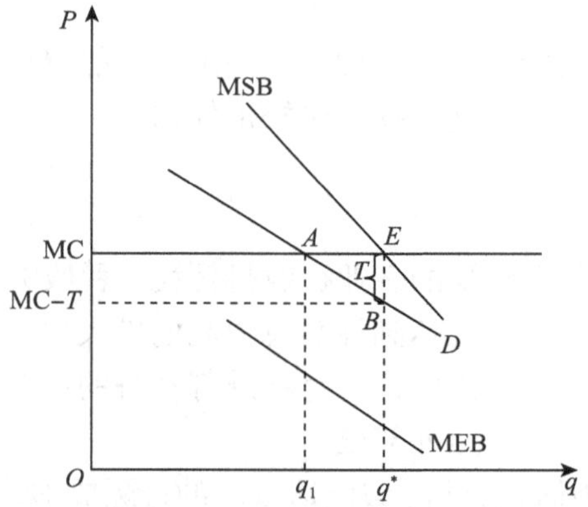

图 14-4 给予外部收益补贴

尽管庇古税收和补贴在理论上是可行的，但其在实际操作中困难重重。因为用税收或补贴克服外部性的最大缺陷在于政府很难确切地掌握有关外部成本或外部收益的信息，因此，很难确定边际污染成本或边际收益。此外，由于受外部经济影响的第三方也不一定确切地了解他到底遭受多大程度的损失或得到多大的好处，有时还因为私人的原因使受到外部成本损害的人们夸大损失的程度，要求政府尽可能多地减少这种损害；而得到外部收益的人们则往往会保持沉默，因为向政府公开了外部收益对他们来说没有任何好处。可见，只要有关外部成本和外部收益的信息是“隐藏的信息”，庇古提出的税收或补贴政策就难以在实际生活中得到应用。征税和补贴的效果是否理想，关键在于政府是否能够得到足够的信息，以使税收或补贴与相关的外部性正好一致。

2. 排污标准

有时，政府也可以通过颁布法律或制定某些政策来解决外部性问题。例如，控制污染的另一种政策是颁布排污标准（emissions standard）。排污标准是对厂商可以排放多少污染物的法定限制。政府通过调查研究，确定社会能够容忍或承受的环境污染程度，然后规定各企业所允许的排污量。凡排污量超过规定限度的，政府将给予企业经济或法律惩罚，如处以高额罚金，甚至刑事惩罚等。显然，政府在采取这种方法控制污染时，必须首先确定一个所允许的最高污染标准，这个标准从社会福利的角度来考虑应该是最优的。否则，任何方案的实行都会造成对社会福利的损失。

由于不同生产过程排污的方式和程度有所不同，降低排污量的成本也各不相同。因此，最优的污染水平只能是对社会来说损害相对较轻的污染，或者说从成本和收益的比较来看，是一个成本最低的污染。于是，政府在规定各企业的排污限量时，面临着这样的问题：如何有效率地分配最优的排污量？

图 14-5 反映了一家造纸厂排放污水影响了附近河流的情况。横轴代表工厂的排污水平，纵轴代表工厂向河流中排放污染物造成的社会成本或减少污染物所花费的成本。为了简便，我们假设该厂商的产出决定和排污决定是独立的，并且该厂商已经选择了利润最大化的产出水平。曲线 MSC 表示排污造成的边际社会成本，也就是该厂商每增加排放一单位废物对河流所造成的损害，因此，相当于前面提到的 MEC 曲线。MSC 曲线向右上方倾斜表示污染越严重，造成的损失越大。MCA（marginal cost of abating emissions）曲线表示减少污染花费的边际成本，它衡量厂商安装污染控制设备的附加成本。该曲线是向右下方倾斜，表示在污染严重时，要减少一个单位污染所花费的成本较小。随着污染程度的降低，进一步治污的成本升高。

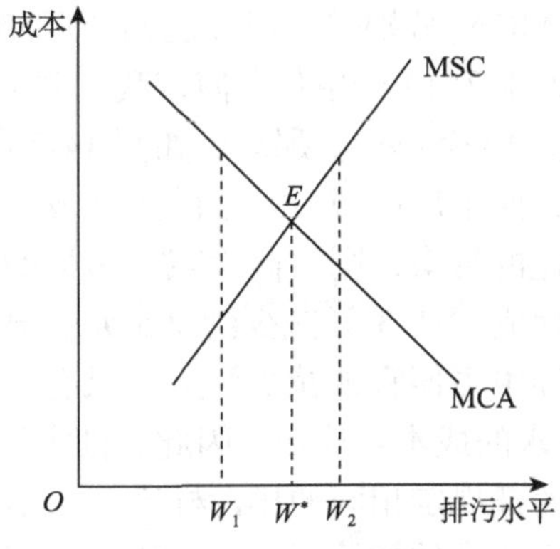

图 14-5　最优排污水平

社会最优的污染程度应该出现在排污的边际社会成本与治污的边际成本相等的时候，因此，从图 14-5 中可以看到 MSC 曲线和 MCA 曲线的交点 E 就是均衡点，该点处对应的 W^* 是社会的最优污染量，即成本最低的污染。在 E 点左边，如 W_1 点，污染程度较轻，MSC 小于 MCA，则排污水平可以适当扩大；而在 E 点右边，如 W_2 点，污染程度较重，MSC 大于 MCA，则污染水平应当降低。因此，W^* 代表企业最优的排污水平。

如图 14-6 所示，企业通过安装减少污染的设备来达到排污标准 W^*。如果安装减少污染设备的成本引起企业的平均成本曲线向上移动（幅度为平均排污成本），企业将会发现，只有产品的价格高于平均生产成本加上减污费用时，生产才能有利可图。因此，通过排污标准可以保证企业有效率地进行生产。

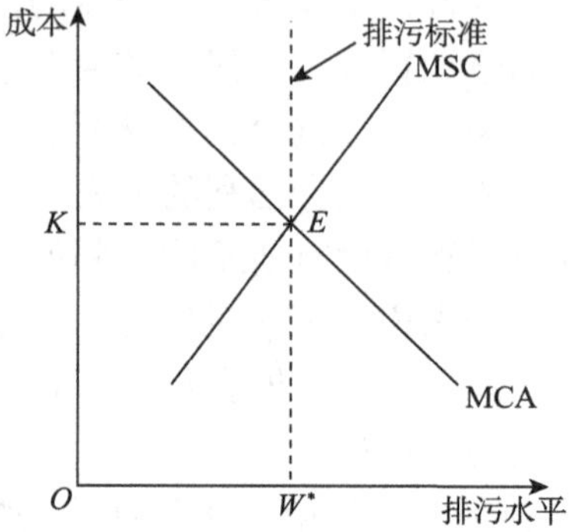

图 14-6 排污标准和排污税

排污税（emissions tax）是对企业排放的每单位废气的收费。如图 14-6 所示，对企业来说，K 元的排污税将会产生有效率的行为。通过收税，企业的污染降低到 W^* 的最优水平。

美国在历史上曾依靠排污标准来治理污染。但其他国家，如德国，则成功地利用了排污税。哪种办法更好呢？

假设有两家厂商甲和乙，它们所在的位置使无论哪一家厂商减少排污，排污的边际社会成本均相同。但由于厂商治理污染的成本不一样，厂商排污的边际成本曲线并不相同。在图 14-7 中，MCA_1 和 MCA_2 分别代表甲和乙两个厂商减少污染的边际成本曲线。在政府实施管制前，它们每天排污 14 个单位，假定我们要使每个厂商的排污量限制在 7 个单位以内，于是总排污减少 14 个单位。那么，如图 14-7 所示，厂商甲减少 8 个单位，厂商乙减少 6 个单位。这样，两个厂商减少污染的边际成本都为 3 元。但是，如果政府要求两个厂商都减少 7 个单位的污染，则厂商甲减少污染的边际成本从 3 元上升到 3.75 元，而厂商乙减少污染的边际成本从 3 元减少到 2.5 元。显然这种办法并没有使成本最小化。因为厂商乙能够比厂商甲更便宜地减少污染。只有当两个厂商减少污染的边际成本相等时，减少 14 个单位污水的成本才最小。因此，排污税（3 元/单位）在实现同样排污水平的同时，比对每家厂商都规定相同的排污标准的成本低。

因此，当对所有厂商制定相同的排污标准时，排污税能以较低的成本实现同样的效果。然而，排污标准制度的好处在于，排污标准一经制定，只要严格执行，人们对该政策下所形成的污染程度就有比较确切的估计。而在税收政策下，实际排污量有待各厂商来决定，政策制定者在制定税率时对实际污染程度难以估计。因此，在实践中要根据不

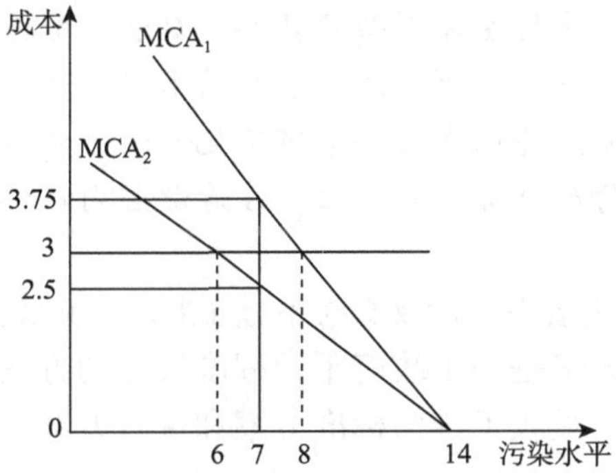

图 14-7　排污标准与排污税比较

同的情况选用不同的办法。

3. 可转让许可证

政府治理污染的另一种方法是发放可转让的排污许可证（transferable emissions permit）。在这种制度下，每家厂商都必须有许可证才能排污，每一个许可证都明确规定了厂商可以排放污染的数量。并且，这种许可证必须是可以转让的。

在这种办法下，购买许可证的厂商是最没有能力减少污染的厂商。分析如下：假定图 14-7 中的两个厂商得到排污水平不超过 7 个单位的许可证。厂商甲由于面临相对较高的边际减污成本，会愿意为每一单位排污的许可证付 3.75 元，而该许可证的价格对厂商乙来说则只值 2.5 元。因此，厂商乙就会以 2.5~3.75 元的一个价格向厂商甲出售许可证。因此，在完全竞争的排污许可证市场上，当处于均衡状态时，许可证的价格等于所有厂商的边际减污成本。

相关链接 14-2　国内首个排污权交易平台在浙江嘉兴成立

排污权交易有了专门的二级市场。2007 年 11 月 10 日，国内首个排污权交易平台——浙江省嘉兴市排污权储备交易中心揭牌成立。

国家环保总局总量控制办公室副主任赵华林说，该平台的成立，意味着国内的排污权交易开始实现规模化、制度化。

所谓排污权交易，是指排放污染物的权利可以在市场上进行买卖。在嘉兴市排污权储备交易中心成立之前，国内不少地区已经有了排污权交易的先例，但都是企业之间点对点的个别行为。嘉兴市排污权储备交易中心的成立将改变这一局面。

嘉兴市排污权储备交易中心是在当地环保局授权和指导下从事主要污染物排污权交易的专门机构，它为排污权可转让方和需求方搭建了一个交易平台。

“举例说，一家企业有 5 吨的排污权可转让，而另一家只需要购买 4.5 吨，这样点对点的交易就比较困难。成立交易中心后，所有可转让的排污权都卖给中心，需要购买的企业只需跟中心签合同，交易变得更加方便。”嘉兴市环保局副局长沈跃平说。

排污权储备交易中心成立后，在嘉兴，任何市场主体新增的排污权必须从中心交易获得。而参加排污权交易的市场主体则必须具备一级法人资格。

近年来随着经济的快速发展，地处江南水乡的嘉兴，环境污染问题也日益突出，水乡嘉兴开始出现缺水的现象。为探索出一条市场化的治污之路，嘉兴在全国率先开展排污权交易。嘉兴市成立排污权储备交易中心，被看做国内在排污权交易制度建设探索上的一次有益尝试。

资料来源：张道生. 国内首个排污权交易平台在浙江嘉兴成立. 经理日报，2007-11-12

可转让的排污许可证方案是一个政府干预程度较低的方案。因为它是用价格机制的手段来治理污染，同时，它吸收了排污标准方案和税收方案二者的优点，因此，世界各国普遍采用了这种做法。

●专栏 14-2　排污权交易在国内外的应用及发展趋势

目前，排放权交易的应用越来越广泛，其范围已经从一国内部扩展到国家之间，而这种变化的发生主要缘于 2005 年 2 月《联合国气候变化框架公约的京都协议书》（简称《京都议定书》）的生效。1997 年 12 月，在日本京都举行的《联合国气候变化框架公约》第三次缔约方大会通过了该公约的第一个附加协议，即《京都议定书》。其主要目标是将 2008~2010 年 38 个工业化国家的温室气体排放总量在 1990 年的基础上平均减少 5.2%，并对各个国家的减排指标和减排的 6 种温室气体做了具体规定，而对发展中国家则没有做出指标性的规定。

《京都议定书》的生效标志着排放权经济时代到来，还为全球创造了一种新的产品，即温室气体排放权，并且被迅速商品化。当前，排放权交易在国际市场发展非常快。例如，《京都议定书》生效之前的 2004 年年底，在联合国注册的温室气体减排项目仅有 1 件，而 2007 年已经超过了 200 件，且数量还在快速增长。世界银行集团曾估算，二氧化碳排放配额作为新兴的市场宠儿，2008~2012 年全球每年的需求量达到 7 亿~13 亿吨，由此可形成一个年交易额高达 140 亿~650 亿美元的国际温室气体排放配额的贸易市场。从国际温室气体排放配额的贸易市场发展的特点看，排放权交易既存在于发达国家之间，更存在于发达国家与发展中国家之间。

中国是仅次于美国的世界第二大二氧化碳排放国，提高能源利用率的潜力很大。应该说，中国是最有潜力的排放权提供方。由于 2007 年以前中国暂时没有对二氧化碳的排放量做出限制，因此，不少发达国家通过技术和资金来帮助中国“减排”，以换取中国的“二氧化碳排放权”。据了解，从 2002 年起，CDM（clean development mechanism，清洁发展机制）项目就已经进入中国，2007 年国内已经有 135 个 CDM 项目获得国家批准，预计这些项目将有助于中国在 2012 年以前减少 6.3 亿吨二氧化碳排放量。根据世界银行集团的报告估计，CDM 项目能给中国带来 100 多亿元的收益。从趋势来看，排放权交易将越来越频繁地在中国对外经济活动中出现。为实现在经济保持快速增长的同时污染物的排放量得到控制或减少的目标，中国政府已经在诸如长江三角洲等地区进行了排污权交易制度的试点，并取得了很好的效果。

资料来源：胡迟. 排污权交易在国内外的应用及趋势. 中国经济时报，2007-02-27

第三节　产权与科斯定理

虽然政府管制能够治理外部性，但并非唯一方法。20 世纪 60 年代，经济学家科斯对传统的理论进行了修正，于 1960 年发表著名的《社会成本问题》一文。他的主要思想被斯蒂格勒等总结为著名的“科斯定理”。科斯认为，外部经济并不是市场制度的必然结果，而是产权界定不够明晰或界定不恰当造成的。所以政府不一定要用税收、补贴、管制等干预方法来消除外部性的影响，政府只需要界定并保护产权，而随后产生的市场交易就能校正外部性，从而达到资源配置的帕累托最优。

要了解科斯的理论，首先要了解产权的概念及产权与外部性的关系。

一、产权的内涵及其特征

1. 产权的内涵

产权（property rights）是描述人们或企业可以对他们的财产做什么的法律规则，是市场经济中以财产为客体的多种权利的总和，是社会民事权利主体依法对财产实行所有、占有、支配、使用并享有财产收益的权利及权能体系，是资源有效配置的生产关系基础。例如，当人们对土地拥有产权时，他们可以有权决定如何使用这块土地，如在上面种粮食、建筑房屋或者将产权出售给别人。因此，产权包括了一系列的权利，如占有权、使用权、收益权和处置权等。

2. 产权的特征

（1）产权形式具有法律的权威性与强制性。产权主体及其财产关系只有被法律认可时，才能得到确立和保护，产权界定、规则制定及其调整都有法律依据。

（2）产权内容具有实体性和利益性。产权主体以经济实体为载体运营自己的财产，运营目的在于获得更多的财产收益。

（3）产权运营的自主性。产权主体对财产客体的运营有完全自主性，不受外界任何主体的干预。

（4）产权的制度安排具有激励性。不同的产权制度安排会形成不同的激励结构和机制，决定使用财产的方式，产生不同的使用绩效，形成不同的效率状态。

3. 产权的基本功能

（1）财产归属的界定功能。产权确立了产权主体对财产客体的自主权，保证了产权主体使用财产的利益实现。如果缺乏产权界定则容易出现弊端，如公产是产权界定不明确的一个特例，这时，个人行为对公产造成的损失由集体承担，私人成本与社会成本不一致，私人收益与社会收益不一致，就会导致效率损失。

（2）规范与约束功能。明确了产权主体内部及产权主体之间的权力、利益与责任关系，保证了财产运营的规范化与有序化。

（3）效率增进功能。产权界定为选择和构建有效的财产使用方式提供了现实可能性，为财产的交易、自由流动与交易的合约形式创造了必要条件，增进了财产配置的效率。

二、科斯定理

科斯在 1960 年发表的《社会成本问题》一文中，对通过界定产权解决外部性这一理论做出开拓性的贡献，其理论的核心命题被概括为科斯定理（Coase theorem）。科斯定理存在不同的表述，但其基本含义可以概括为：如果产权界定清晰，并且界定产权而发生的协商或谈判等活动的交易成本为零，那么在具有外部性的市场上，无论初始的产权属于哪一方，交易双方总能通过协商谈判达到资源的有效配置。这里的交易成本是指围绕自由交易而发生的任何谈判或使契约强制执行的成本。交易成本不同于生产中所耗费的资源成本，如劳动力成本、资本或土地成本等。交易成本包括信息成本、谈判成本、订立或执行契约的成本、防止交易的参与者在议价时进行欺骗的成本、维持所有权的成本、监督和执行成本等。

假设有一个造纸厂，它向河流中排放的污水毒死了鱼，给居住于附近的渔民造成了损失。假设每户渔民的损失为 100 元，则 10 户渔民总的损失为 1 000 元。又假定存在两种解决污染的技术方案：一是在造纸厂安装污水过滤设备，费用为 600 元；二是让渔民建造污水处理厂，每个渔民承担的费用是 80 元，总计费用为 800 元。

假定渔民拥有享受河流清洁的权力（产权界定在渔民），那么造纸厂面临三种选择：一是筹资 600 元自行安装污水过滤设备；二是不采取任何治理污染措施，但赔偿渔民因污染而造成的 1 000 元损失；三是支付渔民建造污水处理厂的费用 800 元。显然依据成本最小化的原则，造纸厂会选择第一种方案，花费 600 元安装污水过滤设备，从而解决污染产生的负外部性问题。这一解决方案的实质是，在渔民拥有不受污染权力的前提下，污染带来的社会成本在造纸厂这一方内部化了，其结果对双方都有利。

假定造纸厂拥有向河流中排放污水的权力（产权界定在造纸厂），那么渔民面临三种选择：一是支付造纸厂 600 元，安装污水过滤设备，以减少污水的排放；二是花费 800 元建造污水处理厂以减少造纸厂对河流的污染；三是不治理污染，承担 1 000 元的损失。显然，渔民的选择应当是第一种方案。可见，在造纸厂获得排污权时，渔民自身利益的要求会使他们联合起来集资 600 元让造纸厂安装污水过滤设备，解决负外部性问题，结果对双方都有利。

可见，科斯定理的实质是只要产权界定清晰，并且交易费用为零，无论初始产权归属于哪一方，都可以通过市场化的交换而无须政府的干预，就可以达到资源的优化配置，从而最终实现帕累托最优。

但是，科斯定理成立的一个重要假设前提是交易成本为零。事实上，只要发生交易和谈判，或多或少都会产生成本。而在存在交易成本的情况下，产权的不同界定就会对市场效率产生影响。

当谈判和交易只在两个人之间发生时，谈判成本不会太高。但如果外部成本涉及很多人时，谈判成本就会大大提高，有时甚至会高得无法达成交易。例如，在前文的例子中，如果受到河流污染损害的渔民有几千家，那么谈判会有成本，如果个别几家渔民出面和企业进行谈判并且承担费用，于是每个人都会寄希望于别人出面处理这件事并承担费用，那么出于“搭便车”的心理，最后企业与渔民之间的谈判可能会因为人数太多交易成本太高而无法进行。结果，交易就不会发生，企业继续将所有的污水都排入河中，这样的结果同样是低效率的。因此，如果交易成本太大，通过市场可能无法有效地解决外部性问题，使资源达到有效的配置。在这种情况下，也许需要某种形式的政府调节。

相关链接 14-3　科斯定理的辩论

西方学者认为，科斯定理有其局限性。首先，它的假设条件太苛刻，只有当交易成本为零时，才能出现科斯定理所说的结果。而在现实中，交易成本不可能等于零。其次，即使交易成本为零，现实中也存在西方学者所说的策略性行为。由于存在策略性行为，就不会出现科斯定理所说的那种帕累托理想状态。这种策略性行为是普遍存在的，在我们中国也有。例如，在城市里拆迁，经常碰到“钉子户”，你不答应他的苛刻条件，他就是不搬迁。这种行为就是策略性行为。最后，科斯定理忽视了收入分配的效应。这是最重要的理由。科斯定理企图论证的是：不同产权的分配方式不会影响资源配置效率，即任何产权分配方式都会导致帕累托最优状态。

科斯定理是真理还是谬误？在经济学中，一个证明是从一些普遍接受的行为假设派生的。以科斯定理的有关说明来确定科斯定理，都会碰到障碍，这些障碍表明，科斯定理有可能是错误的或仅仅是同义反复。弱科斯定理声称：法定权利在完全竞争的情况下得到有效分配。当阿罗研究了与科斯讨论过的那些外在性相似的外在性时，他表明，效率条件可以被看做外在性权利交换的一个竞争市场中的均衡条件。但是，正如阿罗及其他人所指出的那样，这种正规声明毫无实际价值，因为就本质来说，种种外在性具有阻碍竞争市场形成的特点。

从科斯定理中的完全竞争市场论转到交易成本论，我们观察到，当受影响的只有少数几方时，如当相邻的土地所有者就他们其中之一所引起的妨害行为进行谈判时，私下解决可能会是有效率的。如果只涉及少数几方，那么，法定权利价格将由他们谈判决定，而不是他们成为价格的接受者。这样的话就违反了完全竞争的假设，但这种谈判往往获得成功。根据科斯定理的交易成本论，影响少数人的外在性问题会有一些有效的解决方法。虽然交易成本论作为一种粗估法是准确的，但它并不十分符合实际。它有赖于这样的命题：谈判和履行协议的成本为零时，谈判才能取得有效的结果。在实际中，少数人之间的谈判有时以失败而告终，如工会罢工、劫机者杀死人质、房地产经纪人由于价格上不能达成一致意见而蚀本和诉之法庭等。与通信和履行协议费用无关的基本障碍在于谈判策略的性质。就其定义而言，一项谈判具有达成协议可产生利益的特点，但怎样分配利益却无协商一致的办法。自私自利的谈判者在不破坏合作基础的前提下尽全力要求得到尽可能大的利益份额。用经济术语来说就是，理性的谈判者要求获得每一个额外的美元，只要由此而引起的不合作可能性所产生的损失小于一美元。当谈判者过低估计对手的决心，他们就会施加过大的压力，谈判也就无法达成协议，谈判具有内在的不稳定性。

科斯定理的这一说明对理论和经验研究提出的挑战是，要预计法定权利何时才能通过私下协议进行有效率的分配。为进一步展开辩论，要撇开广义的“交易成本”和“自由交换”这类标签，而代之以实在、详细的对条件的描述，是这些条件使有关法定权利的谈判得以成功。幸运的是，近年来已出现一种较令人满意和较切合实际的谈判理论。根据这种理论，谈判在部分情况下可能由于策略原因而失败。但在均衡条件下，没有人对失败发生的频率感到惊奇，主要概念是贝叶斯-纳什均衡。在经济学中，“经验主义的验证”就是预测和事实之间的比较。近来有些人试图证明科斯定理，如确定一些小集团通过谈判达成有效协议所需的条件。对策论的一些新发展连同相关的经验主义研究，使人们有希望最终对这些条件做出科学的阐述。如果具备这些条件，就能通过私下协议纠正法定权利的低效率分配状况。

科斯定理的魅力在于它将政府的作用限定在最小范围内。政府只不过是使产权明晰，然后交由私人市场去取得有效率的结果。然而运用该定理的机会极其有限，因为达成和实施一项市场交易协议的成本可能非常高，特别当涉及很多人时，更是如此。于是，“一体化”和政府干预两种解决外部性问题的替代市场的方式便繁荣起来。不管科斯理论功过如何，他对人们普遍接受的财政观点提出了挑战。在他的论文问世以前，很少有人注意到外在性通过私人协议加以解决的可能性。因此，科斯的主张触及了经济学的一个重大争论的核心。此外，科斯论文的出版可以看做后来被称为“法律和经济学”课题的一次突破。在科斯论文出版以前，经济学分析——相对经济学思想而言——并未应用于习惯法，而在法律院校的教学中，习惯法处于法律理论和方法的中心。科斯以法学家的态度分析财产法案例，但又以微观经济学理论来指导这一分析，他的研究证明，习惯法的经济学分析取得了丰硕成果。虽然他未使用数学这一工具（1960~1980 年，使用这一工具成为研究这一课题的特点），但却鼓舞了一代成为法律经济学分析开拓者的学者。

资料来源：尹德洪. 科斯定理发展的理论述评. 经济学研究，2007，(1)：134-156

三、交易费用

科斯定理中涉及一个非常关键的概念，那就是交易费用，这是现代西方经济中使用频率最高的概念之一。交易费用是在市场交易中，用于策划、签约及履行合同的一种资源性支出，包括获取信息的费用、签订合约的费用、履行合约的费用、预测的费用。交易费用是社会财富或者资源的一种浪费，但是一个社会却不能完全消除交易费用。

交易费用形成的因素有两种：一是交易要素，主要包括市场的不确定性和潜在交易对手的数量；二是人的因素，包括人的有限理性和投机取巧。市场的不确定性意味着对有关交易双方的相关信息难以把握；交易的难度日益加大。由于人的有限理性，很难准确计算出对方的交易动机，人们各自怀有投机取巧的机会主义，从而增加了谈判和达成合同的一系列费用。

➢本章提要

市场经济并不是完美无缺的，它也有许多缺陷。所谓的市场失灵是指资源配置达不到帕累托最优状态。导致市场失灵的主要原因有外部性、公共物品、信息不完全与不对称和垄断等。

外部性也称外部经济，是指一个行为主体的行为没有通过价格而给另一个行为主体带来成本或收益的经济现象。外部经济可以分为外部成本和外部收益，但无论哪一种情况发生，市场经济的运行都将偏离帕累托最优的轨道。如果一些人的经济活动会给不从事这种活动的另一些人带来收益，而那些得到收益的人无须付费，这种外部性称为外部收益；而如果一些人的经济活动会给不从事这种活动的另一些人带来成本，而自身没有为此承担成本，这种外部性称为外部成本。外部性导致了无效率，政府可以通过税收手段、排污标准和可转让许可证等方法校正外部性。

按照科斯定理，如果产权界定清晰，并且交易成本为零，那么在具有外部性的市场上，无论初始的产权属于哪一方，交易双方总是能够通过协商谈判消除外部性，从而达到资源的有效配置。

➢关键概念

市场失灵（market failure）
外部性（externalities）
外部收益（external benefits）
外部成本（external costs）
边际私人成本（marginal private cost）
边际外部成本（marginal external cost）
边际社会成本（marginal social cost）
边际私人收益（marginal private benefit）
边际外部收益（marginal external benefit）
边际社会收益（marginal social benefit）
排污标准（emissions standard）
排污费（emissions tax）
排污许可证（transferable emissions permit）

产权（property rights）

科斯定理（Coase theorem）

➢复习思考题

1. 什么是外部经济，外部经济如何导致资源配置的低效率？

2. 政府解决外部经济有哪些方法，解决外部经济只能靠政府干预吗？

3. 什么是科斯定理？明确产权可以解决外部性问题吗？

4. 判断说明题。

（1）如果物品的生产不存在外部性成本，那么边际社会成本就等于边际私人成本。

（2）科斯定理指出，如果产权明晰且交易成本很低，那么就不会存在外部性问题。

（3）如果政府给予补贴，那么生产某种物品所造成的外部性成本就能够被克服。

（4）对教育的私人生产征税可以有助于解决教育的外部性问题。

（5）外部性问题是由私人产权的缺位造成的。

（6）市场失灵是指市场完全不好。

5. “我真搞不明白，我们经济学家老是说一些污染是有效的，我的意思是，污染是坏的，我们不需要任何的污染，即污染的最好水平是零污染。”请你对此进行评析。

6. 苹果园附近是养蜂场，以 A 表示苹果产量，以 H 表示蜂蜜产量，果园和蜂场的生产成本分别为 $C_a(A)=\dfrac{A^2}{100}-H$，$C_h(H)=\dfrac{H^2}{100}$。已知苹果的价格为 3 元，蜂蜜的价格为 2 元。

（1）如果苹果和蜜蜂独立经营，苹果和蜂蜜产量各为多少？

（2）如果果园和蜂场合并起来，产量各为多少？

（3）对于社会来说，蜂蜜的最佳产量是多少？如果它们分开经营，为引导蜂场生产最佳产量，对蜂蜜的价格该补贴多少？苹果园愿不愿意提供这一补贴？

7. 假定 A、B 两厂商之间存在外部性，A 厂商给 B 厂商造成负外部性。A 厂商生产 x 产品，B 厂商生产 y 产品，其成本函数分别为 $C_{\mathrm{A}}=2x^2$ 和 $C_{\mathrm{B}}=y^2+2xy$，B 厂商的成本受 A 厂商的产量 x 的影响。x 和 y 的市场价格分别为 80 和 60。计算：

（1）假定两厂商不对外部性问题进行交涉，两厂商的产量各为多少？

（2）假定两厂商对外部性问题进行交涉，并且交易成本为零，两厂商的产量又各为多少？

（3）在（2）的场合，对 A 厂商的负外部性有法规和无法规时，两厂商如何分配利润？

（4）假定政府为抑制外部不经济，对 A 厂商生产的每单位 x 征收数额为 t 的税收，两厂商若追求各自利润最大化，政府税额 t 应定为多少？

（5）假定政府向 A 厂商生产的每单位 x 征收数额 t 的税收，而向 B 厂商生产的每单位 x 发放 t 单位的补贴。假定两厂商可以无交易成本地交涉，那么政府的税收、补贴政策会带来什么样的影响？

8. 假设石油行业是完全竞争的，所有的厂商都从同一个油田中采油。如果所有的厂商都相信能以每桶 10 元的价格出售石油，且每一个油井每年的运营成本为 1 000 元。油田每年的产量 $Q=500N-N^2$，

N 为油田中油井的数量。每个油井的产量 $q=\dfrac{Q}{N}=500-N$ 。

（1）计算均衡的产量及均衡的油井数。在该工业中，边际私人成本与边际社会成本有无差异?

（2）假设政府将油田国有化，计算油田的油井数和总产出，以及每个油井的产量。

（3）政府通过发放采油执照来使采油量达到最优产量，每个执照的收费应定为多少?

9. 假定某垄断厂商生产的产品的需求函数为 $P=600-2Q$ ，成本函数为 $C_P=3Q^2-400Q+40\,000$（产量以吨计，价格以元计）。

（1）试计算利润最大化时的产量、价格和利润。

（2）若每增加 1 单位产量，负外部性（环境污染）会使社会受到损失，从而使社会成本函数成为 $C_s=4.25Q^2-400Q+40\,000$ ，试计算帕累托最优的产量和价格应为多少。

（3）若政府决定对每单位产品征收污染税，税率应为多少才能使企业产量与社会的最优产量相一致?

➢扩展性阅读资料

庇古 A C. 2007. 福利经济学. 朱泱，张胜纪，吴良建，等译. 北京：华夏出版社

方福前. 2005. 20 世纪西方微观经济学的发展与成果. 教学与研究，（10）：62-69

科斯 R，阿尔钦 A，诺斯 D. 2014. 财产权利与制度变迁——产权学派与新制度学派文集. 刘守英，等译. 上海：格致出版社

厉以宁，吴易风. 1984. 福利经济学述评. 北京：商务印书馆

刘小兵. 2001. 政府管制的经济学分析. 上海：上海财经大学出版社

茅于轼，汤敏. 1997. 现代经济学前沿专题. 北京：商务印书馆

平狄克 R S，鲁宾费尔德 D L. 2013. 微观经济学. 第八版. 李彬，高远，等译. 北京：中国人民大学出版社

平新乔. 2001. 微观经济学十八讲. 北京：北京大学出版社

萨缪尔森 P A，诺德豪斯 W D. 2005. 微观经济学. 萧琛译. 北京：人民邮电出版社

斯蒂格利茨 J E，沃尔什 C E. 2013. 经济学. 第四版. 黄险峰，张帆译. 北京：中国人民大学出版社

谢地. 2003. 政府规制经济学. 北京：高等教育出版社

张培刚. 1997. 微观经济学的产生与发展. 长沙：湖南人民出版社

张培刚. 1998. 简论现代微观经济学的新进展. 当代财经，（1）：18-24

第十五章

政府失灵与微观规制

市场失灵需要政府进行调节和干预，发挥“看得见的手”的功能，因此，政府的职能主要是弥补市场的不足，提高资源配置的效率。但是，由于现实经济活动的复杂性及政府机制本身的缺陷，政府这只“看得见的手”也往往出现失灵的情况。本章主要就公共产品、公共决策与政府失灵、寻租理论和微观规制理论等问题进行讨论。

第一节　公共产品

在市场经济中，产品从总体上看可以分为两类：一类是以个人和家庭为单位分别提出的需要，如食品、服装等；另一类是以整个社会为单位共同提出的需要，如国防和社区服务。前一类为私人产品，后一类为公共产品。

一、公共产品的基本特征

公共产品（public goods）是和“私人产品”相对而言的，是指具有非排他性和非竞争性的产品。相对于私人产品的特性来说，公共产品具有以下特征。

（1）效用的不可分割性（non-divisibility），是指公共产品本身的效用是为整个社会成员所共享的，技术上不能被分割成若干个别部分，分别归某个人享用，它具有联合受益和共同消费的特点；

（2）受益的非排他性（non-excludability），是指当公共产品被生产出来后，所产生的利益不能为个人独享或专有。只要社会存在一种公共产品，就不能排斥该社会中的任何成员消费该公共产品。因为要将别人排除在外，技术上做不到；有些可能做到排斥，但排斥的成本很高，得不偿失。

（3）消费的非竞争性（non-rivalness），是指个人或厂商对产品的消费并不排斥、妨碍其他人或厂商对它的享用，也不会因此减少其他人或厂商享用该公共产品的数量和质量。额外地增加一个人消费该产品不会引起产品成本的任何增加。非竞争性包含两方面的含义：第一，在产品数量既定的前提下，因消费者增加给供给者带来的边际生产成本为零。第二，拥挤成本为零。每个消费者的消费都不影响其他消费者的消费数量和质量，这种产品不但是共同消费的，也不存在消费中的拥挤现象。

综上所述，可将公共产品定义为能以零的边际成本向所有社会成员提供同等数量的物品。由上述第二个和第三个特征，还可以派生出公共产品的另一个特征，即消费的非排他性。任何人不可能拒绝享受公共产品的利益，即处于公共产品效应覆盖范围的消费者必然和自然地受到该产品的服务和影响，而不以其是否希望、愿意和需要这些消费和服务的意志为转移。例如，居住在一国的公民都要接受国防保护，也不可能把自己所得到的国防保护转让给他人。

●专栏 15-1　公共产品的识别

从公共经济学的角度看，公共产品可以概括为纯公共产品和准公共产品两种类型。

（1）纯公共产品。如果一种物品或者劳务同时具有上述三项特征，则该物品为纯粹的公共产品，如国防、基础教育等。这三项特征导致公共产品消费的不可分割，产权难以明确，无法运用市场原理来提供公共产品。在市场失灵的情况下，只能由政府来提供。这意味着纯公共产品的供给成本无法通过收费来补偿，只能通过收税来解决。

图 15-1 是我们对公共产品和私人物品的识别。通过识别，我们可以大致区分以下四种不同类型的物品：既具有排他性，又具有竞争性的私人物品；既具有非排他性，又具有非竞争性的纯公共产品；具有排他性和非竞争性的俱乐部物品；具有竞争性和非排他性的公共资源。

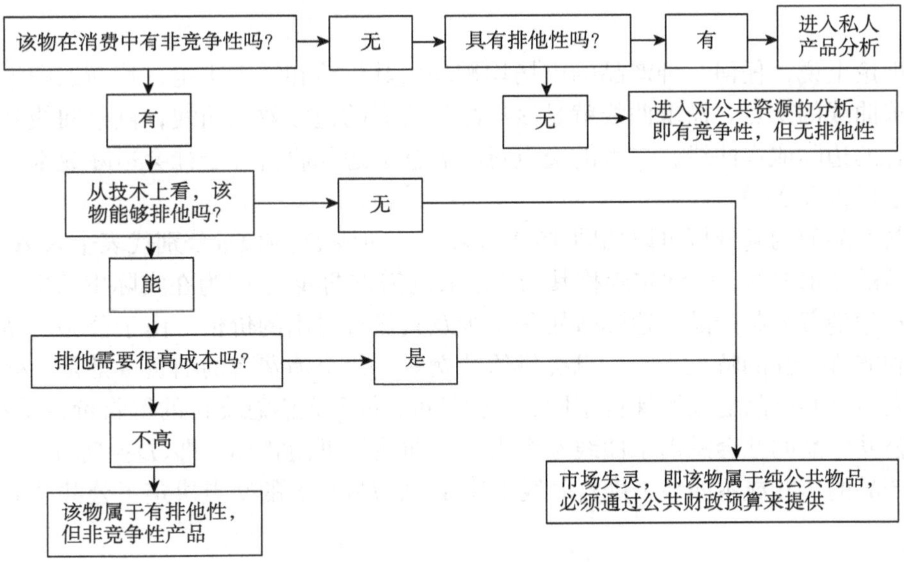

图 15-1　公共产品的识别

（2）混合产品或者准公共产品。在现实经济生活中，纯粹的公共产品或劳务并不是普遍存在的，更为常见的物品是既非纯粹的公共产品，又非纯粹的私人物品或劳务，西方学术界赋予他们一个特殊的名称——“混合物品”[①]。具体来讲，准公共产品进一步又可以分成以下几类：第一，无排他性或弱排他性，但有一定的竞争性的物品——“公有资源”（public resource），如公共牧场、地下水、江河湖海等，一般称为“公共池塘物品（common-pool goods）”。公共池塘的水谁都能用，但若是为个人灌溉，所抽用的水就成了私人物品。第二，有排他性，但无竞争性的物品——排他性公共产品（excludable public goods），如水、电、气、暖等公用事业产品，收费道路等均属此类[②]。这种混合物品若完全当做公共产品免费供应的话，会大大增加拥挤成本。第三，可能发生拥挤的公共产品——拥挤的公共产品（congestible public goods）。有些物品只符合非排他性的条件，但不符合非竞争性的条件，因为它达到某一使用水平后会具有竞争性，它所达到的这一使用水平点可称为拥挤点（point of congestion）。在出现拥挤效应之前，每增加一个消费者消费的边际成本为零。而在拥挤点之后，容纳或供应一个追加的消费者的边际成本将大于零。这类公共产品可称为拥挤的公共产品，如拥挤的街道、公路、游泳池、桥梁、高尔夫球场等。布坎南称之为俱乐部物品（club goods）。公共产品的类型与特征见表 15-1。

表 15-1 公共产品的类型与特征

类型		特征	实例
纯公共产品		非排他性、非竞争性	国防、公共安全、公共信息
准公共物品	排他性公共产品	排他性、非竞争性	公用事业
	拥挤的公共产品	非排他性、竞争性	拥挤的街道、高速公路
	公用资源	排他性、竞争性	公共牧场

资料来源：王传纶，高培勇. 当代西方财政经济理论. 第 3 版. 北京：商务印书馆，2002：61

二、公共产品的均衡

从理论上说，任何一种产品的市场均衡均由其供给和需求决定，均衡点即为供给曲线和需求曲线的交点。需求曲线就是该产品消费者的边际效用曲线，供给曲线就是该产品生产者的边际成本曲线，二者的交点意味着社会边际收益等于社会边际成本，此时，帕累托最优得以实现。

公共产品的均衡分析可以用图 15-2 来表示。曲线 D_A 和 D_B 分别代表个人 A 和 B 对公共产品的需求曲线，萨缪尔森称其为“虚假的需求曲线”。因为在实际生活中，个人并不会表示他消费公共产品的边际效用是多少及其愿意付出的价格。由于公共产品具有非竞争性和非排斥性的特点，它一旦提供给消费者，每个消费者的消费量都是一样的，但不同个人对公共产品的效用评价不同，也就是说，每个人愿意支付的税收价格是不同的。这样，公共产品的社会总需求曲线是个人需求曲线的纵向相加，即 $D_D=D_A+D_B$，如果假定公共产品的边际成本曲线（供给曲线）是 S，则 D_D 与 S 的交点决定了公共产品的均衡

① 也有人将其称作“半公共物品”、“半私人物品”或者“准公共物品”。笔者认为，狭义的准公共产品和混合产品是不同的，狭义的准公共产品是指具有利益外异性特征的产品。例如，教育，受到良好教育的公民使全社会都受益，并且这种利益是不可分的，但受到教育的公民也直接受益，这部分利益有时是可分的，有些卫生事业也具有这样的特征。因此，混合物品应该包括狭义的准公共产品。

② 王传纶，高培勇. 当代西方财政经济理论. 第 3 版. 北京：商务印书馆，2002：76.

产量为 Q_0，均衡价格为 P_0，$P_0=P_A+P_B$，当社会边际收益等于边际成本时，公共产品提供的数量达到最优。

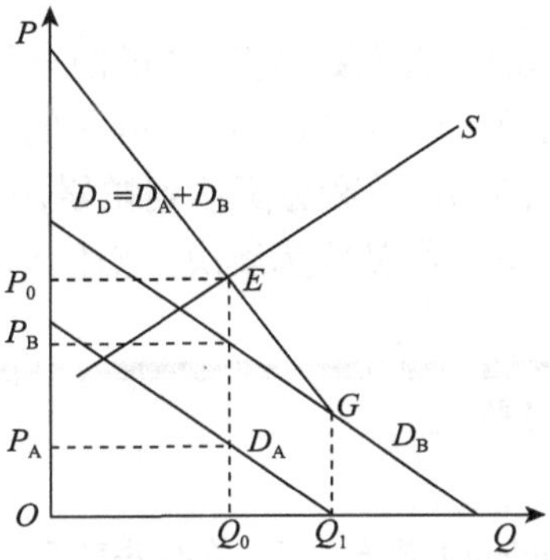

图 15-2　公共产品的最优供给

由于消费者的出价是与其消费公共产品所获得的边际效应一致，所以所有消费者出价的总和就是其边际效用之和，即边际社会收益。这样，在 E 点社会边际收益等于社会边际成本，实现了帕累托最优。因此，公共产品帕累托最优的实现条件可以用公式表示为

$$\mathrm{MSR}=\sum_{i=1}^{n}\mathrm{MR}=\mathrm{MSC}$$

其对应的消费量为个人消费量的总和，即

$$G_k=G_K^i\ ,\quad i=1,\ 2,\ \cdots,\ I;\ K=1,\ 2,\ \cdots,\ J+K$$

其中，i 表示个人；K 表示产品。

由公共产品的均衡决定可以看出，在公共产品最优供给数量的决定上，最优标准则是所有消费者的边际效用之和等于边际成本。

三、公共产品与“搭便车”行为

由于公共产品具有非排他性，因而就会产生“搭便车”的问题。“搭便车”问题是指某些个人参与了公共产品的消费，但却不愿意支付公共产品的生产成本，完全依赖他人对公共产品生产成本的支付。因此，公共产品的存在给市场机制带来的严重的问题是：即使某种公共产品带给人们的利益要大于生产的成本，私人市场也不会提供这种产品。

假如在一个地区建造一个堤坝需要总成本为 10 万元，该地区住有 100 户居民。假设每一个家庭的总财产为 2 万元，如果遭受洪水，则一切财产化为乌有，因此，堤坝的潜在收益为 2 万元。遭受洪水的概率为 1/10，所以，堤坝带来的现实收益为 2 000 元，即建造一个堤坝给每户居民带来的利益为 2 000 元，给这一地区带来的总收益为 20 万元，是总成本的 2 倍。如果 100 户居民每家出资 1 000 元来建造这样的一个堤坝，大家的境况都会改善。但是，如果没有强有力的组织者和协调者，这样的好事却不会在自由市场中发生。因为，每户居民都在想：如果有人出资造起了这个堤坝，即使自己不出任何钱，

也照样享受堤坝的好处。也就是说，每个人都想不支付任何成本或支付很低的成本来享受公共产品，这在经济学上就被称为“搭便车”行为。如果有很多免费“搭车”者，那么堤坝就无法建造起来。

一般来说，公共产品覆盖的消费者人数越多，“搭便车”问题就越严重，公共产品由私人市场提供的可能性就越小。可见，由于“搭便车”问题的存在，产生了一个典型的市场失灵的情形，即市场无力使公共产品的供给和分配达到帕累托最优。因此，由政府集中计划生产并根据社会福利原则来分配公共产品就成为解决“搭便车”问题的唯一选择了。

●专栏 15-2 “搭便车”问题

“搭便车”问题（free rider problem）是一种发生在公共财产上的问题，指一些人需要某种公共财产，但事先宣称自己并无需要，在别人付出代价去取得后，他们就可不劳而获地享受成果，常指宏观经济学中的公共品的消费问题。“搭便车”行为妨碍市场的自动调节过程。因此，一个成功的意识形态必须能够克服“搭便车”行为，这是各种意识形态的一个中心问题。在诺思看来，意识形态是一种行为方式，它通过提供给人们一种“世界观”而使行为决策更为经济。在日常生活中也常可找到“搭便车”的例子。例如，许多轮船公司不肯兴建灯塔，他们也可以获得同样的服务，此种“搭便车”问题会影响公共政策的顺利制定及有效执行。德国的高福利政策也是“搭便车”问题的例子，高收入者支付的高额税收对同样享用高福利（医疗、教育）的低税收贡献者来说是被后者“搭了顺风车”。

“搭便车”问题往往导致市场失灵，使市场无法达到效率。对于一个消费者而言，由于公共产品的非排他性，公共产品一旦生产出来，每一个消费者都可以不支付就获得消费的权利，每一个消费者都可以“搭便车”。消费者这种行为意味着生产公共产品的厂商很有可能得不到弥补生产成本的收益，长期来看，厂商不会继续提供这种物品，这会使公共物品很难由市场提供。例如，一个拥挤的十字路口，由于没有红绿灯的控制，每辆车都急于通过路口，从而导致路口变得更加拥挤，每辆车都无法通过。设置一个红绿灯的成本为 50 000 元，一年该路口通过 100 000 辆汽车，每辆汽车由于能够顺利地通过路口而节约的成本为 10 元。由于节约的成本 1 000 000 元大于 50 000 元，设置红绿灯是有效率的。对于红绿灯提供者而言，如果他不能把那些不付钱而享受红绿灯的人排除在消费之外，他将无法弥补生产成本。

正是由于这个原因，一些公共服务，如国防、公共治安等，就必须由政府组织提供。假设在一条街道有 25 名住户，并且本街道即将进行卫生设施改造，改造的费用为 2 500 元。因此，分摊到每个住户的改造费用为 100 元。虽然设施的改造会使所有住户都受益，但当费用是自愿支付时，肯定会有一部分的住户拒绝交纳。这部分住户盘算着其他住户会分担改造费用，而此种卫生设施肯定会投入使用。解决方法是使 25 名相互独立的住户作为一个整体支付这笔费用，即集体意志代表个人意志。在此情况下，住户可以通过投票决定是否进行设施改造。如果投票的结果认为应该进行改造，则所有住户都必须交纳费用。当然，仅仅通过投票决定还没能把问题解决。住户们还需要对费用的分摊比例进行讨论，因为一种平均分配费用的原则又显得无法公平地反映用户之间的差异。

第二节　公共决策与政府失灵

一、公共决策

政府的公共决策一般通过投票进行。相对于市场经济自发、分散和自由的特点，政府决策具有集中和统一的特点。在市场经济中，决策过程分散而简单，商品应当生产多少、如何生产或为谁生产，是由消费者手中的“货币选票”决定的。而在政府的公共决策中，问题就变得复杂起来。在这一决策过程中，公共政策的取舍、公共开支的确定，都由选民或选民代表投票决定，并遵循多数票通过原则，即得票多的方案获得通过。这种一人一票的决策方式是公平的，但在实施过程中会面临两个问题，即偏好显示问题和偏好加总问题。

1. 偏好显示问题

在产品市场上，通过“货币选票”可以较精确地反映人们对各种商品的真实偏好。但在政治市场上，由于绝大多数国家都实行间接民主制，选民通常不可能就每一项公共决策进行投票，而只能一次性地进行一揽子投票。因此，在公共决策中，人们无法真实、全面地显示其偏好。选民偏好的显示程度与公共决策的层次有关，层次越高的公共决策，选民表达意愿的机会越少。比较而言，层次较低的公共决策，由于所涉及的公共产品范围小，反而能较好地反映选民的偏好。此外，投票作为一种公共产品，具有非排他性，会使一些人选择“搭便车”，使偏好显示更加困难。如果人们的偏好显示与成本分担正相关，则人们不仅不会真实地显示自己的偏好，还会刻意隐瞒或歪曲其偏好，以获取最大利益。

2. 偏好加总问题

偏好加总问题把选民所表示出来的千差万别的偏好集中起来，形成统一的公共决策。由于政府的公共决策会影响每一个人的福利，因此，理想化的状况应该是政府通过加总个人偏好所形成的社会选择，应真实地反映出社会中个人的偏好，即政府决策应与个人偏好相一致。但实际上，与偏好显示相比，偏好加总面临更大的困难，投票悖论就是这种困难的最好说明。

投票悖论最先由法国哲学家康德尔赛（Marquis de Condorcet）于 1785 年提出，美国经济学家阿罗利用集合论对其进行论证并将其一般化。投票悖论指的是在投票人偏好为多峰形的情况下，会出现循环投票而无法取得政治均衡。投票悖论的实质是说，如果社会中所有人都具有可传递的偏好，但整个社会的偏好却是不可传递的，这意味着无法由个人的偏好逻辑一致地推导出社会的偏好，偏好加总是不可能的，这就是著名的阿罗不可能定理（Arrow’s impossibility theorem）。为防止投票悖论，取得均衡结果，必须依赖于某些外部力量。

在民主制度中，公共决策的一个重要方式是投票表决。假设一个村庄有三个公民，面临三种方案建桥：木桥、石桥、钢桥（A/B/C），越是坚固的桥梁造价越高。表决程序是一人一票，每次在两个方案中选择一个，简单多数获胜。得胜方案再与另一方案角逐，最终得胜方案成为公共决策。偏好排序见图 15-3。

		公民		
		甲	乙	丙
排序	1	A	B	C
	2	B	C	A
	3	C	A	B

图 15-3　偏好排序

表决程序决定了表决结果。经济学家已经严格证明，免于操纵的表决机制不存在。

一个更一般、更深刻的问题是，如果全体社会成员的偏好是理性的，能不能构造出理性的集体偏好或公众偏好呢？假设理性的个人偏好至少具备完备性和传递性特征。对此，著名的阿罗不可能定理指出，满足集体理性、无限制性、帕累托较优性、偏好独立性的公共决策机制只有一个，那就是独裁，即以一个人的偏好取代公众的偏好。

采用基数效用概念处理公共决策问题，假设个人之间的效用不是完全不可比的。例如，一个百万富翁的账户里少了 10 元的效用损失，一定小于一个挨饿受冻的小孩得到 10 元所增加的效用。这时，可以用个人效用的加总为社会福利函数。这时，社会成员之间的相互关系、各成员的效用的相对重要性设计价值观念，具有规范经济学的意蕴。这种社会福利函数的优点是可以确定社会的最优配置。而前述的帕累托最优的概念并不能确定社会的最优配置。社会福利函数可以代表除了效率之外的其他偏好，比较所有的帕累托最优，挑选出给定社会偏好的最优配置。可以说明，凡是社会福利最大化的配置一定是帕累托最优配置。例如，消费者剩余和生产者剩余之和可以看做一种社会福利函数。前者是效用的一种货币度量，使消费者效用可以加总，它与利润或生产者剩余都以货币度量，反映了社会在生产、消费、交换中所得到的总收益，很自然可以作为一个较常用的社会福利函数。

二、官僚制度

官僚是政府公共政策的执行者，通常由政治家任命，是政治家的代理人。官僚不直接对选民负责，只对政治家或公共机构负责，执行其方针政策。官僚虽然没有公共决策权，但也并非单纯是某种既定政策的执行者。实际上，官僚因其特殊地位，在执行政策上具有重大的影响力。因此，选民可以通过组织利益集团对官僚施加影响，使官僚在执行公共政策时做出有利于利益集团的安排。

经济人假设同样适用于对官僚的分析。作为经济人的官僚所追求的目标是预算规模最大化。因为通过预算的增加，官僚们可以获得职位、权限，尤其是随之而来的特权及名誉等个人利益。与私人企业的代理人相比，政府部门的官僚所受的制度约束要少得多，其行为具有以下特征：

（1）无产权约束。官僚们不必关心费用的高低，因为他们花费的是纳税人的钱。

（2）高度垄断，缺乏竞争。政府行政部门是高度垄断的，由于不存在竞争，效率低下。

（3）无利润最大化指标。政府行政部门不以营利为目的，无利润最大化指标所造成的结果是官僚的公务成本很高。

（4）无有效的成本约束。公共产品的投入与产出之间不存在清晰的对应关系，因此，难以对政府行政部门的成本-收益进行有效的分析。

（5）监督困难。由于不能以利润、成本等指标对官僚进行考核和评价，加之信息不对称，对官僚进行有效监督要比监督私人部门的代理人困难得多。

综上，作为官僚的个人最有可能追求个人利益的最大化，而不管这些个人利益是否符合公共利益，其结果往往是公共机构膨胀、公共产品供给过剩。

三、政府失灵

现代经济是市场这只“看不见的手”和政府这只“看得见的手”的混合体。由于市场失灵，政府在经济活动中开始扮演起至关重要的角色，对经济的稳定增长起到了重要作用。然而，由于现实经济社会的复杂性和政治制度的独特性，人们逐渐发现，用来弥补市场缺陷的政府干预本身并不是完美的如同市场会失灵一样，政府也存在缺陷，即所谓的“政府失灵”（government failure）。

按照萨缪尔森的定义，政府失灵是指政府政策或集体行动所采取的手段不能改善经济效率或道德上可接受的收入分配的状况。造成政府失灵的原因主要有几下几点：

（1）有限信息。信息不完全或不对称是造成市场失灵的一个基本因素，因此，需要政府承担起提供信息的职能，或者代替某些市场交易者进行决策。但由于现实生活是相当复杂而难以预计的，公共决策的特点使政府面临更大的信息失灵，政府从而无法对经济状况做出准确的判断。

（2）有限决策。即使政府不存在信息失灵，通过政治程序在不同方案之间做出最佳选择仍会产生困难。虽然政府的决策会影响到每一个人，但真正的决策者只是少数人，不管他们是由选举产生还是由其他方式指定，在决策时都会自觉或不自觉地倾向于自己所代表的阶层或集团的偏好和利益。一旦既得利益集团形成，相应的利益格局就很难打破。因此，政府的决策是否符合大多数人的经济利益是值得怀疑的。

（3）有限控制。这是指政府对私人市场的控制能力有限，由于缺乏足够的信息，政府实施某些公共政策后，对私人市场可能的反应及对策往往会无能为力。其结果是公共政策无法达到预期的效果，甚至适得其反。例如，政府为保障公民的生命权和健康权，采取公费医疗制度，却导致医疗费用急剧上升、医疗资源严重浪费的结果。

第三节 寻租理论

寻租（rent-seeking）是现代社会中影响较广的非生产性寻利活动，这一概念最早出现在安妮·克鲁格于 1974 年发表的《寻租社会的政治经济学》一文中，但其基本思想早在 1967 年就由戈登·塔洛克在《关税、垄断和偷窃的福利成本》一文中进行了详细的阐述。当今，寻租理论已成为西方经济学界最具挑战性的领域之一。

一、寻租的含义

寻租是指那种利用资源并通过政治过程获得特权从而构成对他人利益损害大于租金获得者收益的行为。“租”或“经济租”的原意是指生产要素的所有者所获得的收入超过该要素机会成本的余额。当经济处于一般均衡状态时，生产要素所有者所获收入与要素的机会成本相等。如果某个行业中要素收入高于其机会成本，则该行业中存在经济组。

与寻租相关的另一概念是“创租”（rent-creating）或“寻利”（profit-seeking）。厂商进行创新，如开发了一项新技术或一种新产品，可以获得高于其他厂商的超额收入，这被称为“创租”。当其他厂商想要追求该创新所带来的超额利润时，就会纷纷模仿这一技术或产品，从而使供给增加，导致产品价格下降，超额利润（经济租）渐渐消散。无疑，后者的行为也属于寻利范畴，寻利活动是正常的市场竞争的表现，其目的在于对新增经济利益的追求，因而会促进社会生产力的发展，增进社会的福利，属于生产性经济活动。

与创租不同，寻租关注的是既得的经济利益，是个人或利益集团通过对政府决策或政府官员施加影响，以获得于己有利的经济利益再分配的活动，属于非生产性活动。其行为的性质就变成了“寻租”。寻租活动不会使社会财富有任何的增加，而仅仅导致既有社会财富在个人之间的转移和重新分配。利用行政权力来维护既得经济利益或对既得经济利益进行再分配是更为典型和普遍的寻租活动。

●专栏 15-3 寻租活动的形式与后果

寻租活动可以采取合法的形式，也可以采取非法的形式。合法的活动，如企业向政府争取优惠待遇、利用特殊政策维护自身的垄断地位；非法的行为，如行贿受贿、走私贩毒。寻租活动又可以分为三个层次：一是对政府活动所产生的额外收益的寻租；二是对政府肥缺的寻租；三是对政府活动所获得的公共收入的寻租。例如，对出租汽车数量进行限制，即只发放一定数量的执照，这时寻租的活动将在以下三个层次上进行。

1. 直接获取执照的寻租

没有执照数量限制与有出租车执照数量限制之间的收益差额就是寻租的空间。这一层次的寻租可以通过竞争性拍卖的方式来出售执照。这时，执照数量限制所产生的额外收益就通过市场竞争的方式，体现在执照的价格中。如果拍卖过程是完全公平竞争的，那么执照的价格就是寻租的空间，由于该寻租空间已经表现为价格，已经不值得寻租，因此，寻租活动在这一层次会消失。当然，拍卖制度是需要高额费用的，这一费用实际上就是非生产性的支出，也就是为了遏制寻租活动而额外支出的费用。并且，只要制度是需要成本的，其寻租的可能性总是存在的。腐败也自然随时会产生。

2. 对政府肥缺的寻租

第一层次寻租空间的消失，并不意味着寻租活动真的消失了，实际上寻租活动会转向第二个层次，这就是对政府肥缺的寻租。一旦出租车执照是有价值的，出租车管理部门就成了肥缺，潜在的企业家就会在退出出租车执照寻租的同时，转入政府肥缺或者能获得拍卖收益的职位的寻租。当这些职位能够获得拍卖出租车牌照的收入时，尤其如此。当然，如果把拍卖出租车牌照的收入变成政府的财政收入，严格实施收支两条线，或者政府职位竞争上岗，通过竞争的方式付给报酬，这一领域的寻租活动也会减少，甚至消失。但严格实施收支两条线也并非没有成本，政府职位竞争上岗的制度设计更为复杂，因此，寻租空间总是可能存在的，腐败空间也总是难以消除的。

3. 对政府收入的寻租

一旦政府通过拍卖出租车牌照获得了收入，这就变成了公共财政的一个来源。公共财政的基本原则是“取之于民，用之于民”。但在公共财政的收入和支出过程中，其“民”的含义是不一样的，一旦进入公共财政的范围，其收入用于什么民，用多少，则大有文章可做。为了获取公共财政支出而进行的寻租活动，是第三个层次的寻租活动。人们常说的“跑部钱进”，实际上就是布坎南所说的第三个层次的寻租活动。在这一领域，遏制寻租空间的方式有两种：一是减少公共支出的量，如果没有公共支出，自然就不会有寻租活动；二是提高寻租活动的公开性和竞争性。显然，这一层次的制度设计要比第一个层次的制度设计困难得多。因此，公共财政支出领域的腐败机会也最多，由于制度设计的困难，人们对这一领域的腐败的容忍度也相对较大。出租车牌照管制虽然可以通过拍卖的方法消除寻租空间，但是，政府将获得制造出来的稀缺的全部价值，而租金在市政府预算层次上的存在表明，寻求租金会转到第二层次上。潜在的政治企业家想法进入的，不是直接进入出租汽车行业，而是进入各种政治官僚职位或能获得拍卖的东西的职业。如果仍然允许那些有幸占据能得到租金的地位的人可以获得租金，那么，政治和“行政机构”将成为获利甚丰的美差。假定政府官员预期能够得到由竞争决定的工资和津贴，假定那些有政府职位的人的个人报酬中没有租金的成分，在这种情况下，由于制造出来的稀缺而产生的经济租金，最初通过拍卖的做法转归政府，但必定会归还给社会全体纳税人——受益人。但是，除非这些租金已经归还财政预算，或以某种无差别的或随机的方式通过财政预算分配，否则，第三层次上寻求租金的活动将以获得在总价值中的有差别份额为目的。假定把出租汽车执照拍卖，并按竞争方式付给政府官员报酬，而那些资金则以与收入和财产无关的形式，归还给公民。

布坎南将寻租行为造成的社会成本分为三类：一是保持垄断地位的支出；二是政府部门对这类支出做出反应的努力；三是寻租行为所引起的第三方的各种扭曲行为。它们包括如下内容。

寻租者所做出的努力和支出：寻租者所做出的努力和支出是指这些企业和个人为了获得垄断地位，而向政府开展各种游说活动的支出费用，包括人力、物力、财力等。例如，一家生产和销售钢材的企业为了获得政府的特许或资助，会专门派一些能说会道的律师或社会活动家帮助自己开展寻租活动，甚至会用礼品和金钱去疏通层层关系。寻租者进行这些活动所花费的资源，对整个社会来说，是财富的净损失，一种资源浪费。

“政治创租”所需的费用：“政治创租”所需的费用包括政府官员为获得潜在垄断者的支出或对

这种支出所做出各种反应的努力。这是因为，一方面，想利用政治权力获得好处的人会主动地寻找能带来租金的人。在这个过程中，其所花费的努力，不仅是资源的浪费，更是对政治权力的侵蚀和扭曲。另一方面，如果政府及其官员都很廉洁，但他们针对寻租者的反游说、反行贿仍然需要花费一定的时间和精力。

造成垄断和资源配置的扭曲：扭曲资源配置也是一种社会福利的净损失。对消费者来说，寻租企业会把其寻租成本转化到产品成本中，从而最终转嫁给消费者；而对于其他企业，他们为了也从政府政策中捞取好处，必然会展开寻租竞争，这样同样会引发第三方资源配置的扭曲。寻租行为所导致的交易成本、院外说客的酬金及官僚们为被安置在能收受到行贿的位子上进行竞争而耗费掉的时间和金钱，对社会来说都是一种资源浪费。这种浪费有时甚至是惊人的。如 A.克鲁格在《寻租社会的政治经济学》一文中，举出了两个典型的国家，印度与土耳其，并估算了这两个国家在 20 世纪 60 年代由于政府过度干预所形成的租金数量。结果表明，这两个国家的寻租行为带来的社会资源浪费是十分惊人的，分别占到了国民生产总值的 7%和 15%左右。

影响收入再分配的公平性：寻租不仅造成浪费和资源配置的低效，而且也会引起收入的重新分配。在寻租活动中，受到损失的是消费者和不成功的竞租者及寻租的受害厂商。消费者因垄断，支付更高价格而获得了较少的商品，损失了一部分消费者剩余；不成功的竞租者耗费了一定的资源而未得到任何回报；另有一些厂商可能会因寻租活动而支付额外的成本，如承担更多的环保税等。寻租的受益者除了成功的寻租者之外，还可包括政府或政府官员和有特殊才能的人（如律师、经济学家和院外活动家）。这种再分配有利于社会经济中的强势群体，而不利于弱势群体，因而也是社会再分配的不良后果之一。

政治异化的社会成本：在社会成本的意义上，寻租对政治经济体制所造成的负面影响也是不可忽略的。因为寻租总是与政府的政治权力，尤其是行政权力，紧密联系在一起的，它在扭曲资源正常配置的同时，对政治生活也有着严重的负面影响。寻租行为对于政治权力而言，是对政治权力的一种异化和蜕变，从本质上讲，它是公共权力的非公共利用。对于政府来说，它也是政府发展的一个毒瘤，如果任腐败发展，将会导致政府的灭亡。正如詹姆斯·哈林顿所言：“一个政府的腐败将意味着另一个政府的诞生。”

总之，寻租作为一种“直接的非生产性活动”，它不仅降低了资源配置效率，影响了收入再分配的公平效应，而且破坏了政治秩序和政治发展。

二、寻租的特征

寻租造成了经济资源配置的扭曲，阻止了更有效的生产方式的实施；寻租耗费了社会的经济资源，使本来可以用于生产性活动的资源浪费在对社会无益的非生产性活动上；寻租还会引起连锁反应，导致其他层次的寻租或“避租”活动。如果政府官员在这些活动中享受了特殊利益，政府官员的行为会受到扭曲，因为这些特殊利益的存在会引发追求行政权力的浪费性寻租竞争。与此同时，利益受到威胁的企业也会采取行为“避租”来与之抗衡，从而耗费更多的社会经济资源。

因此，经济学家把寻租行为称为人类社会的“负和游戏”，即一场就社会整体而言损失大于收益的竞赛。从理论上讲，在均衡状态或从长远看，寻租者本身不会有什么好处。因为既然有寻租者，就必然有避租者与之抗衡，其结果是社会经济的内耗，资源的浪费。

经济租的形成及竞争性的寻租活动如图 15-4 所示。

假设某厂商在市场中居于垄断地位，其所面对的市场需求曲线为 D，边际收益曲线为 MR，边际成本曲线为水平的 MC。为追求利润最大化，由边际成本等于边际收益条件得出的产量为 q_m，价格水平为 p_m。此时，该垄断厂商能够得到 R^m 的垄断利润，即矩形 P_mbcp_c 的面积的利润。这一部分利润就是由垄断而形成的经济租。

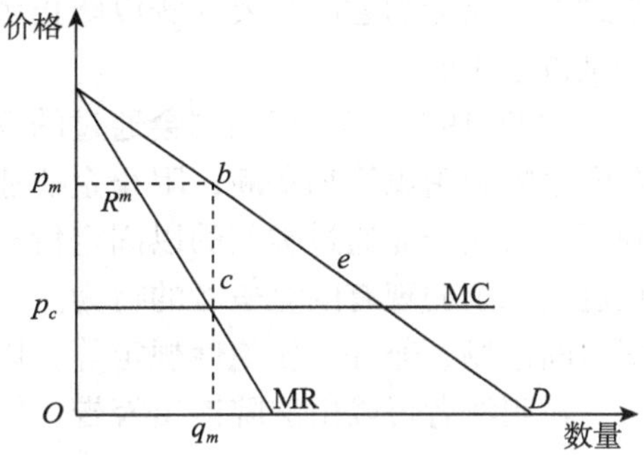

图 15-4　垄断经济租

该厂商为了得到或保持这部分经济租可以采取合法的行为，也可以采取非法的行为。合法的行为，如厂商向政府争取优惠待遇或特权，利用特殊政策维护本身的独家垄断地位；非法的行为，如向政府相关部门或主管官员行贿等。假设政府发放垄断经营该产品的特权，则这一特权对于任何一个企业的价值都是 R^m，因此，厂商会为了获取或保持这种垄断经营权而向政府合法或非法地支付 R^m。

第四节　微观规制理论

政府的微观经济职能主要在于纠正经济运行中的市场失灵，保障市场运行的最优状态，以获得最大的社会福利。为此，政府要制定相关的政策，建立相应的法规，保障并维护市场正常的运行秩序，限制垄断，消除外在性，合理进行收入再分配，有效率地向社会提供公共物品。

在微观经济理论基础上制定的经济政策有两类：一类是加强市场机制，限制垄断，促进市场竞争的政策；另一类是消除外在性，提供公共物品，解决贫民问题的公共政策。

一、限制垄断、促进竞争的政府规制

垄断可以分为自然垄断和行政垄断，政府对垄断的消除可采用以下两种方法。

1. 反托拉斯法

由于竞争可以通过降价和提高资源配置的效率而使社会受益。因此，政府最优先考虑的事就是执行能用来促进竞争的政策。为解决垄断时资源配置和收入分配的不合理及垄断造成经济和技术的停滞问题。西方国家都不同程度地制定了反托拉斯法，其中最为

突出的是美国。在美国，政府用来促进竞争的主要公共政策就是执行反托拉斯法。

《谢尔曼法》和《克莱顿法》是美国反托拉斯法活动的主要法律依据。《谢尔曼法》是在 1890 年通过的，之后 100 多年基本未变。《克莱顿法》是作为《谢尔曼法》的补充通过的。议会的意图是要立法以防止企业获得垄断权力，并明确规定企业的哪些具体做法是被禁止的。

1890~1950 年，美国国会通过的反托拉斯法案及其修正案，主要目的是禁止垄断、企图垄断和密谋策划垄断；阻止企业通过完全垄断产品或服务占有高市场份额和高垄断利润；防止企业通过类似的以固定价格来增加利润的串通；阻止企业利用价格差别来阻止进入或削弱现有的竞争者的行为。反托拉斯活动将限制贸易的协议或共谋、垄断或企图垄断市场、兼并、排他性规定等，以及价格歧视、不正常竞争或欺诈行为等都视为非法。对犯法者可以由法院提出警告、罚款、赔偿损失、改组公司直到判刑坐牢。

相关链接 15-1　中国《反垄断法》起航

经过多年反复酝酿，《反垄断法》于 2008 年 8 月 1 日起正式实施，这部法律的出台时，正值中国全面融入全球经济。在充分开放的市场环境中，垄断行为不但破坏竞争秩序，更对消费环境造成伤害。在《反垄断法》中，垄断行为被界定为两种情况：一种是经营垄断；另一种行政垄断。

造成经营垄断的行为主体主要是企业，其垄断行为的表现，在《反垄断法》中界定得很清晰。对于行政垄断，《反垄断法》中也有相关界定条款，但并不是十分清晰。行政垄断所带来的负面影响，不断遭遇市场各方谴责，这种垄断行为对公平竞争环境的形成，已经造成了很大伤害。行政垄断一旦与主管部门的利益有牵连，这种伤害就越显严重。

营造公平竞争环境，《反垄断法》任重道远。但我们有理由相信，这部法律的实施，将有效规范企业经营行为并遏制行政垄断，并由此建立起一个公正公平的市场竞争环境。

以下是反垄断的三种情况，有这些行为的企业，只要有人指控，相关企业就会成为被告。

第一种情况：企业之间，特别是竞争对手之间签订垄断协议的行为。例如，方便面协会的企业规定，一桶方便面定价 3 元钱，这就是一种垄断行为。作为竞争对手，应该是竞争的关系，价格应该是由企业自身来决定，因为生产成本是不一样的。企业联合起来就形成了统一的价格，况且这个价格是高价，这样的行为就是限制竞争。

第二种情况：企业之间的并购。本来两家企业应该是竞争关系，一家吃掉另外一家之后形成垄断，这就是市场结构上的垄断。

第三种情况：滥用市场支配地位。例如，随着电信市场的放开，应该允许其他企业进入，但电信业就是不放手自己占有的网络资源，这就是一种滥用市场支配。

除了上面提到的企业经营垄断外，还有一种是行政垄断行为。有些政府行为会严重影响市场竞争，这种垄断行为和企业垄断是有关系的。

至 2014 年，中国《反垄断法》实施 6 年多来，国家发展和改革委员会系统查处的价格垄断案件共涉及 339 家机构，其中仅包括 33 家境外企业。尽管有人认为，中国反垄断执法始终从垄断行为出发，从未因实施垄断行为的主体性质不同、国别不同而有所区别，不存在所谓选择性执法问题。但现实经济中，仍然存在一定的垄断企业。例如，中国《反垄断法》的立法蓝本虽然是欧盟竞争法，但在实施过程中仍然深受美国反托拉斯法的影响。因而中国反垄断法实施中的体系冲突，需要化解。

资料来源：王晓慧. “反垄断”起航. 新财经，2008，(10)：96-97；李剑. 中国反垄断法实施中的体系冲突与化解. 中国法学，2014，(6)：138-153

2. 国有化

国有化是将垄断性的企业收归国有，由政府经营。但西方各国对垄断企业的国有化实践被证明是低效率的，因此，在20世纪80年代之后，西方各国又把已经国有化的企业进行了私有化。

二、政府管制

政府对市场运行和市场结构的干预，除了实施反托拉斯法之外，还可以通过制定相关的法规和措施，对市场进行管制来实现。通过这些法规和措施，对单个厂商、整个行业或所有企业进行管制和约束。例如，美国的联邦政府平等就业委员会、劳动职业安全健康局、劳工全国关系委员会、劳工就业标准，要对种族、宗教和性别就业歧视实施法律限制，对工作场所的安全和健康条件，对雇主与雇员（及工会）之间的劳资关系进行管制，实施有关最低工资和加班的法律。联邦州际商务委员会、核管制委员会、通信委员会、能源管制委员会、证券交易委员会、联邦储备委员会及财政部货币审计办公室，要对州际陆上交通、民用核能、证券的发行和已有证券的交易、广播电视和国际电话服务、天然气的州际运输与销售、电力输送与销售、对商业银行及银行持股公司，以及全国银行进行管制。

需要指出的是，政府不适当的管制行为容易影响市场运行的功能，削弱市场配置资源的效率。因此，从20世纪70年代开始，主张对有些行业放松政府管制，赞成更多依靠市场调节的观点逐渐兴起。在实践中，政府也逐渐对某些行业和部门放松了管制。多数观察家认为，对一些行业解除管制的影响是好的，被解除行业的商品和劳务的价格下降，服务态度改进，这些行业的竞争加强，市场运行效率得到提高。

三、支持与保护

政府对企业的支持和保护体现在两个方面：一是限制竞争，二是提供直接或间接的支持。政府实施限制竞争的公共政策或法规可以采取多种形式，包括发放许可证、专利和知识产权等，如关税和限额等进口控制措施也都具有限制竞争的作用。

1. 发放许可证

政府对某些行业或职业发放许可证是对这些行业或职业市场的准入监管。当政府要求并发放一种许可证，允许某些人从事特定的经营职业或贸易时，就是根据界定限制某些潜在的新竞争者也来参与这些活动。

发放许可证的目的在于保护公众免于受骗或防止不称职者进入行业市场，给个人或企业造成不应有的危害。例如，医生应具备一定的专业能力，餐馆要符合公共健康标准，房地产代理商必须具有一定水平的专业知识，出租车司机要有营业执照，金融代理人一定要确保公众不受欺骗，等等。

多数情况下，对一些行业或职业发放许可证，是由于消费者收集这些行业的必要信息有困难而难以做出正确的选择，或所付费用较大，因此，要确定进入该行业的某些最低和可接受的标准。

2. 专利

专利是由合法政府授予的垄断权力。专利持有人可以防止他人制造或销售专利产品。但是，由专利形成的垄断不是绝对的：一是它限制在 17 年之内，且不允许延续这种特权；二是很多专利都受到竞争对手的挑战，限制了这种垄断授予权；三是垄断并不禁止竞争性厂商围绕现有专利进行工程研究，推出相关的不同设计。

没有专利，开发新品、服务或工艺的努力就会较少，新发明也会放慢。因此，有效的结果是一种妥协，它使更多发明的利益与新发明活动中暂时垄断力量的成本相平衡。

3. 知识产权

新知识创造的研究和开发活动同样创造外部利益。某一个人的新思维、新发现、新创造和新知识，可以被其他人照搬而不必付费。知识可能是唯一一种没有表现出边际收益递减的生产资源。知识存量增加没有出现收益递减的关键原因，从原则上说，是可以努力大量运用不同的技术。

当人们对新知识、新技术的研究与开发或对教育进行投入决策时，要使私人边际成本与私人边际收益相等，这往往低估了外部利益。因此，由市场力量决定的教育、研究与开发不是一个有效量，必须通过政府做出修改市场结果的公共选择。政府可以通过补贴、低于成本的供给、专利和版权的方法来支持具有外部利益的教育、研究和开发。

由于知识和科学技术是生产力，并创造了外部利益，就必须用公共政策来确保对开发新思想的人有所激励，这些激励能提高其努力程度。创造正确激励的主要方法是向知识创造者提供其发现的产权，即知识产权。知识产权的载体是专利和版权，即政府批准赋予一种物品、劳务或工艺的发明者在一定时期内生产、使用或出卖发明的排他性权利。专利使新思想开发者在一定年限之内可以防止其他人免费地从一种发明中获益，但是，为了得到法律保护，发明者必须把发明的知识公开。

四、收入再分配

政府进行的收入再分配方法主要有所得税、收入维持计划等。

所得税分为累进所得税、累退所得税和比例所得税。累进所得税是对收入按随收入水平增加而递增的边际税率所征的税收。累退所得税是对收入按随收入水平增加而递减的边际税率征收的税收。比例所得税是无论收入水平如何都按不变税率征收的税收。

收入维持计划是以现金、劳务或实物等形式直接支付给低收入人群的收入再分配的计划，主要有社会保障计划、失业津贴和福利计划三种类型。

社会保障计划主要有老年人保障、残疾人保障、丧失劳动能力人的保障及医疗保障，用从雇员和雇主那里强制征收的工薪税，按月向退休者或丧失劳动能力的工人或孤儿等支付观金。社会保障的其他部分是医疗，它为老年人和丧失劳动能力者提供医院和医疗保险。

失业津贴是指按每个就业工人的收入征收税收，而当这些工人成为失业者时就得到津贴。

福利计划是向那些不符合社会保障或失业津贴条件的人提供收入的计划。这些计划有：补充保障收入计划，目的是帮助需要帮助的老年人、丧失劳动能力者和盲人；困难家庭临时补助计划，目的是帮助那些经济资源不足的家庭；食品计划，目的是帮助最贫困的家庭得到基本食物；医疗援助计划，目的在于弥补需要帮助的老年人、丧失劳动能力者和盲人及贫困家庭的医疗费用。

五、自愿支付与合并

当一家生产厂商排放了污水或有害气体，造成生产的私人成本与社会成本或私人效益与社会效益之间的差异时，社会可以谋求通过协商议价向工厂支付费用以减少或消除污染。合并也是一种既有吸引力而又作用有限地将外在性内部化的方法。例如，一家造纸厂污染了湖水，使其临近的渔场受到损害，为治理湖水必须支出大量费用，那么可以使两家厂商合并，合并的新厂商考虑渔场治理环境的支出成本，来决定造纸应该排放什么质量的水。

以上关于纠正外在性的不同方法，有其适用的具体条件，不同方法在纠正外在性的实施过程中有其积极作用的一面，也有其存在的问题。无论采取什么方法，都要比较不同方法的成本和效益。这些方法可以指导政府选择净效益尽可能最大且社会成本被有效内部化的方法，激励并要求私人厂商把社会成本作为用于决策的相关成本的一部分。

➢本章提要

公共产品是指那些在消费上具有非排他性于非竞争性的产品。公共产品的性质决定了由私人部门来提供公共产品是不合适的，因此，必须依靠政府。由于“搭便车”等问题的存在，市场提供公共产品很难达到帕累托最优。

当市场经济有效运行的某个条件无法在现实中得到满足时，自由市场均衡将背离帕累托最优，从而出现市场失灵现象。市场失灵需要政府对之进行调节和干预，发挥“看得见的手”的功能。但由于市场经济运行的复杂性及政府机制本身的缺陷和官僚行为有限作用等现象的存在，政府这只“看得见的手”也往往会出现失灵的情况。

在政府这只“看得见的手”调节和管理市场经济的过程中，会产生围绕政府活动的寻租行为。寻租行为是现代社会中影响较广的非生产性经济行为。

➢关键概念

公共物品（public goods）
排他性（exclusion）
寻租行为（rent-seeking behavior）
公共决策（public decision-making）
政府失灵（government failure）
投票悖论（voting paradox）
官僚机构（bureaucracy）
偏好表露（preference revelation）
阿罗不可能定理（Arrow’s impossibility theorem）
搭便车问题（free rider problem）
林达尔均衡（Lindahl equilibrium）
产权（property rights）
科斯定理（Coase theorem）

➢复习思考题

1. 何谓政府失灵？何谓市场失灵？
2. 什么是寻租行为？为什么说寻租行为会耗费社会经济资源，造成经济资源配置的扭曲？
3. 什么是搭便车行为？它是如何产生的？
4. 私人产品的局部均衡分析与公共产品的局部均衡分析有何不同？
5. 弥补市场经济缺陷的政府的经济职能有哪些?为什么说政府的作用也是有限的?
6. 政府在政策决策与政策实施过程中会产生哪些问题?
7. 公共产品生产的帕累托最优条件是什么，与私人产品有何不同？
8. 判断分析题。

（1）在消费者数量达到一定的数量以前，增加公共物品的消费者数量一般不影响其他人对该商品的消费，如外交、国防、和路灯等。

（2）政府所提供的任何物品都是公共物品。

（3）公共物品的边际收益曲线所获得的方式与私人物品边际收益曲线相同。

（4）任何个人都消费同等量的公共产品。

（5）寻租是由于存在外部性引起的。

9. 案例分析。

阅读以下材料，联系实际情况，运用所学理论进行评析。

有朋友住在市区的某单位宿舍楼，经常抱怨有陌生人敲门，或推销物品，或谎称有东西要送给他，不安全因素相当高。从此，他对未预约的敲门声高度警觉。邻里关系也因此受到了影响。终于，有人倡议，在楼道统一安装对讲防盗门，以有效解决骗子及推销人员的干扰。于是，有热心人士对各家各户进行了调查，征求意见，并要求每户填写愿意支付的数额，准备集资安装防盗门。结果发现各户愿意支付的钱款总额不足购买最便宜的防盗门。后来，这位热心人士又提出一种方案，按照安装防盗门的预算，各户平摊收费，在让各住户确认的时候，发现有几户表示不愿意出资安装防盗门，并历数不装防盗门的各种好处。于是，朋友所住的宿舍楼最终没有装上防盗门。

10. 简述私人选择和公共选择的区别。

11. 简述公共政策失效的主要原因。

➢扩展性阅读资料

黄亚钧. 2005. 微观经济学. 第二版. 北京：高等教育出版社

曼斯菲尔德 E. 1999. 应用微观经济学. 王志伟，等译. 北京：经济科学出版社

平狄克 R S，鲁宾费尔德 D L. 2013. 微观经济学. 第八版. 李彬，高远，等译. 北京：中国人民大学出版社

萨缪尔森 P A，诺德豪斯 W D. 2005. 微观经济学. 萧琛译. 北京：人民邮电出版社

斯蒂格利茨 J E，沃尔什 C E. 2013. 经济学. 第四版. 黄险峰，张帆译. 北京：中国人民大学出版社